THREE-STEP APPROACH TO RESOLVE LABOR DISPUTES

商云　著

解决劳动争议三步法

准确认识争议或侵权情形　依法提出权利请求　全面提出主张并加以证明

法律出版社 | LAW PRESS
北京

图书在版编目（CIP）数据

解决劳动争议三步法 / 商云著. -- 北京 ：法律出版社，2024. -- ISBN 978 - 7 - 5197 - 9237 - 4

Ⅰ. D922.591.4

中国国家版本馆 CIP 数据核字第 2024MW5634 号

解决劳动争议三步法
JIEJUE LAODONG ZHENGYI SANBUFA

商　云　著

策划编辑 邢艳萍
责任编辑 邢艳萍
装帧设计 鲍龙卉

出版发行 法律出版社
编辑统筹 法律应用出版分社
责任校对 朱海波
责任印制 刘晓伟
经　　销 新华书店

开本 710 毫米×1000 毫米　1/16
印张 30　　**字数** 460 千
版本 2024 年 8 月第 1 版
印次 2024 年 8 月第 1 次印刷
印刷 三河市龙大印装有限公司

地址：北京市丰台区莲花池西里 7 号（100073）
网址：www.lawpress.com.cn
投稿邮箱：info@lawpress.com.cn
举报盗版邮箱：jbwq@lawpress.com.cn

销售电话：010 - 83938349
客服电话：010 - 83938350
咨询电话：010 - 63939796

书号：ISBN 978 - 7 - 5197 - 9237 - 4　　**定价**：118.00 元

凡购买本社图书，如有印装错误，我社负责退换。电话：010 - 83938349

前 言

——劳动者和用人单位败诉原因分析及本书写作目的

在劳动争议仲裁及诉讼中，劳动者或用人单位的仲裁请求或诉讼请求未得到支持，就属于在劳动争议官司中败诉。笔者通过对大量劳动争议案件进行总结分析，认为劳动者和用人单位在劳动争议官司中败诉的原因主要有以下几个方面。

一、不懂法、不守法，以及对法律法规存在误解

从大部分败诉劳动争议案件的案情可以看出，部分劳动者和用人单位本身不清楚法律法规的规定。不懂法自然就无从遵守，从而存在违法行为就在所难免，违法就当然要承担相应的法律责任。所以，不懂法是导致在劳动争议官司中败诉的重要原因。比如，部分用人单位不清楚不依法参加工伤保险的法律责任，从而在劳动者受伤甚至工亡后须支付大额的工伤保险待遇；劳动者不清楚在签订有竞业限制协议的情况下离职后须遵守竞业限制约定，从而须向用人单位支付违反竞业限制协议的违约金。

但部分情形则属于明知法律法规的规定而不遵守。劳动者或用人单位清楚法律法规的规定，但在履行劳动合同的过程中不依法履行法定义务。比如，用人单位安排劳动者加班后不依法支付加班费，劳动者依据法律去找用人单位要求支付，可用人单位明确表示拒绝支付，甚至还告诉劳动者“有本事你去告我啊！”，此即属于明显的“有法不依”，其在劳动争议官司中败诉就难以避免。

另外，对法律规定掌握不全面，略知一二、一知半解，也是败诉的重要原因。比如，根据法律法规的规定，只有在《劳动合同法》第四十条规定的三种情形下，用人单位解除劳动合同才需要提前30日书面通知或额外支付一个月工资（代通知金），但部分劳动者认为在任何情形下解除或终止劳动合同都需要提前30日书面通知，在用人单位未提前通知的情况下即申请仲裁要求用人单位额外支付一个月工资，从而承担败诉的结果。又如，计算解除劳动合同的经济补偿时，依法应按劳动者的应发工资数计算劳动者解除或终止劳动合同前12个月的月平均工资，可用人单位误认为按扣除劳动者个人承担的社会保险费用、住房公积金后的实发工资计算，从而引发争议并最终在诉讼中败诉。

二、没有准确确定争议当事人

解决劳动争议，维护自身劳动权利，需要找准权利义务人，反映到程序法中就构成当事人制度。在劳动争议实务中，经常有当事人告错对象。比如，当以劳动争议案由申请仲裁或起诉时，本应以用人单位作为仲裁被申请人或被告，可劳动者偏偏要告单位的负责人或股东，从而不被劳动争议仲裁机构或人民法院受理。另外，根据劳动关系的实际情况，本应以甲单位作为仲裁被申请人或被告，劳动者却告乙单位，主体错误，其结果也是不被受理，或者在受理后被驳回。

准确确定争议当事人，对解决劳动争议而言有着重要意义，而在劳动争议中，法律法规对“劳务派遣用工”“法人分立、合并”“存在发包、分包、转包、承包经营情形”“法人或者其他组织依法终止后行为人仍以其名义进行民事活动”“法人的分支机构用工”“单位未依法登记、未办理营业执照、被吊销营业执照、营业执照到期继续经营、被责令关闭、被撤销以及用人单位解散、歇业、破产、挂靠经营”“合伙组织用工”“争议主体死亡或者终止”“用人单位招用尚未解除劳动合同的劳动者”“工伤（含工亡）争议”等情形下如何确定当事人，都有相关的规定，劳动者和用人单位要注意掌握，避免因当事人错误而承担败诉的后果。

三、权利请求不明确、不准确

权利请求问题处理不当也是劳动者或用人单位败诉的原因之一。无论是劳动者一方，还是用人单位一方，都存在不能明确、准确提出权利请求的情况，进而使自身受损的权利未能得到充分的救济。概括而言，当事人在提出权利请求时，存在的问题主要表现为以下三个方面：

第一，提出的权利请求类型错误，即本应主张甲权利，却主张乙权利。比如，在用人单位违法解除劳动合同的情况下，劳动者本可以主张违法解除劳动合同的赔偿金，却主张解除劳动合同的经济补偿（比违法解除劳动合同的赔偿金少一半），由于仲裁机构和人民法院只能在当事人主张的范围内裁判，故只能支持解除劳动合同的经济补偿诉求。部分读者可能会问，在仲裁机构或人民法院裁判支付经济补偿后，再行仲裁或诉讼主张赔偿金或赔偿金的差额是否可以呢？答案是否定的。再行主张的，基于同样的争议事实，仲裁机构或人民法院一般会以"一事不再理"为由不予受理。

第二，提出的权利请求不明确。权利请求的基本要求是明确和具体，但在争议处理实务中，部分当事人第一步即不能明确其权利请求，甚至经仲裁员或法官依法释明后仍不能明确，从而导致仲裁申请或起诉不被受理，或者受理后被驳回申请或起诉。

第三，提出的权利请求不准确。准确的权利请求，相较于明确的权利诉求而言，是更高的要求。权利请求是否准确，关系到自身能否胜诉以及权利能否得到充分实现。比如，用人单位违法解除劳动合同时，依法应当支付10万元的违法解除劳动合同的赔偿金，而劳动者只主张用人单位支付8万元，那么依据处分原则，仲裁机构或人民法院只会裁判用人单位支付8万元，此即属于因权利请求计算不准确而导致权利未能充分实现。

四、未全面提出主张

在劳动争议仲裁及诉讼中，根据辩论原则特别是约束性辩论原则的要求，仲裁机构和人民法院裁判案件，应当以当事人主张的事实及提出的证据为基础，除有损国家、集体或第三方利益外，当事人未主张的事实，不得作为裁判依据。因此，便产生了当事人的主张责任。当事人要使自己胜诉，就应当全面提出有利于自身的主张并加以证明。

例如，某劳动者主张某公司支付某年度的未休年休假工资若干元，对该主张，用人单位可能从以下方面答辩：该劳动者未曾连续工作满12个月，不具备享受带薪年休假的资格；或者认可劳动者可享受带薪年休假，但其已安排该劳动者休年休假；或者认可其确实未安排劳动者休年休假，但其已支付劳动者未休年休假工资。而根据《职工带薪年休假条例》第四条的规定，职工有下列情形之一的，不享受当年的年休假：“（一）职工依法享受寒暑假，其休假天数多于年休假天数的；（二）职工请事假累计20天以上且单位按照规定不扣工资的；（三）累计工作满1年不满10年的职工，请病假累计2个月以上的；（四）累计工作满10年不满20年的职工，请病假累计3个月以上的；（五）累计工作满20年以上的职工，请病假累计4个月以上的。”但用人单位的答辩意见中，未将《职工带薪年休假条例》第四条规定的相关情形作为答辩理由，未提出相关主张，即使劳动者事实上存在其中的某种或某几种情形，按约束性辩论原则的要求，法院也不能据此驳回劳动者的请求，而只能审查用人单位提出的“不具有享受年休假的资格”“已安排休年休假”“已支付未休年休假工资”的答辩理由是否成立，如果成立，则驳回劳动者的请求；如果不成立，则支持劳动者的请求。

在很多的劳动争议案件中，尽管存在有利于自身的事实，但劳动者或用人单位在仲裁或诉讼中未提出来，仲裁员或法官便无从知晓，不能作为定案的依据，从而导致即使存在有利于自身的事实也要承担败诉的后果。

五、证据意识不强

根据法律法规的规定，当事人对自己提出的诉求所依据的事实或者反驳对方诉求所依据的事实，应当提供证据加以证明，但法律另有规定的除外；在作出裁判前，当事人未能提供证据或者证据不足以证明其事实主张的，由负有举证证明责任的当事人承担不利的后果。在劳动争议仲裁及诉讼中，要使自身在证据问题上不吃亏，就需要全面掌握举证证明责任分配规则、证明对象、证明标准、证据种类、举证期限、证据提交、申请调查取证、证据保全、证据的质证、证据的审核认定等内容。但在仲裁及诉讼实践中，当事人的证据意识普遍不强，劳动合同履行过程中不注重生成、收集及保存相关证据，导致产生争议后无证据可用；争议处理过程中缺乏对证据法律制度的全面掌握，导致在举证、质证等问题上存在一定的认识误区。例如，经常有当事人认为应当由仲裁机构或人民法院主动调查、收集证据证明相关事实，他们常对仲裁员或法官说的一句话就是："你可以去调查。"但根据法律法规的规定，人民法院无论是依申请调查取证，还是依职权主动调查取证，都有法定的范围及条件限制，违反上述规定，即属于程序违法。

证据法律制度相对复杂，本书限于篇幅，未全面展开介绍，主要在各争议专题中的"全面提出主张及加以证明"中，列明了相关争议应证明的事项。此外，本书介绍了劳动争议中的常用证据及使用方法，并在"解决劳动争议为什么要用'三步法'""劳动争议中的常用证据及使用方法"等章节中介绍了证明责任、证明责任分配规则、举证期限、申请调查收集证据、证据保全等相关证据法律制度，建议读者在阅读本书之余，通过其他方式全面掌握证据法律制度。

六、时效意识淡薄

有句法律谚语叫作"法律不保护躺在权利上睡觉的人"，意思是说对于法律赋予的权利，当事人应当及时主张和行使，法律才予以保护，否则法律不予保护，与之相关的法律制度即为时效制度。

劳动争议中，主要适用申请仲裁时效。相较于一般诉讼时效期间（3 年）而言，申请仲裁时效期间（1 年）更短，因此就更需要劳动争议当事人及时行使权利。但在劳动争议实践中，特别是劳动者一方，时效意识比较淡薄。比如，在无时效中断、中止的情况下，入职几年后，才申请劳动争议仲裁要求支付未订立书面劳动合同的二倍工资差额；或在劳动关系解除几年后，才要求支付解除劳动关系的经济补偿及在职期间的加班费。当用人单位提出时效抗辩后，在无时效中断、中止的情形下，劳动者便会败诉。

此外，时效的适用规则以及时效的中断、中止，是一方当事人对抗对方当事人时效抗辩的理由和方法，但在劳动争议仲裁及诉讼中，部分当事人却不懂运用，导致对方的时效抗辩成立，而自身承担败诉的后果。

七、时间观念不强

做事情要有时间观念，解决劳动争议也是一样。劳动争议处理制度中，涉及时间问题的制度之一就是期间制度。如果不按法律规定的期间办事，则可能丧失相应的权利。比如，当事人不服非终局仲裁裁决，却未在收到裁决书后的15日内提起诉讼，超过期限起诉时被人民法院不予受理。

当事人在解决劳动争议的过程中，不按期间规定从事相关法律活动的现象屡见不鲜。比如，无正当理由不按指定期间提交证据、不按通知日期参加庭审等。不遵守期间规定，导致丧失相应的程序性权利，甚至由此导致丧失实体性权利（如当仲裁申请人或原告无正当理由不依法参加开庭时）。

上述败诉原因中，既涉及实体性法律问题，也涉及程序性法律问题，鉴于此，笔者特编写《解决劳动争议三步法》一书，分类整理解决劳动争议、维护劳动权利所涉及的实体性和程序性法律法规，并详解相关法律规范的适用方法。

针对实体性法律问题，笔者将解决劳动争议、维护劳动权利分为“认识争议或侵权情形”“提出权利诉求”“提出主张并加以证明”三个步骤，创立解决劳动争议“三步法”。该方法以各项劳动权利诉求为主线，列明每项劳动权利诉求所对应的争议或侵权情形，介绍各项权利诉求的提法及计算方法，根据基础法律规范分析各项请求权或抗辩权的构成要件及对应的要件事实，指出当事人行使请求权及抗辩权时所应提出的主张和需要证明的事项，从而引导当事人准确认识争议或侵权情形、准确提出权利诉求、全面提出主张并加以证明。其中在“提出主张并加以证明”部分，详细列明该项权利诉求所涉及的实体性法律规范。

针对程序性法律问题，本书主要介绍了解决劳动争议、维护劳动权利过程中涉及的证据、主管、管辖、当事人、时效、期间等法律制度，指导当事人合理运用维护劳动权利的法律途径、找对解决争议的部门、准确确定当事人、把握好办理相关事项的时间节点、解决好证明问题。其中，在证据方面，本书分类介绍诸如劳动合同、考勤记录、工资条等不同类型证据的证明对象、生成和收集方法，并配以具体图片，直观展示各类证据的使用方法。此外，本书还介绍了诸如劳动争议仲裁申请书、答辩状、起诉状、上诉状、执行申请书、保全申请书等劳动争议常用法律文书的制作及使用方法，通过法律文书样式指导当事人办理相关程序性事项。

目录

第一讲 解决劳动争议为什么要用“三步法”

第二讲 “三步法”在解决各类劳动争议中的运用

第四讲 维护劳动权利应合理选择法律途径
——兼谈主管（受案范围）制度

第五讲 维护劳动权利要找对说理的地方
——管辖制度

第六讲 解决劳动争议应准确确定权利义务人——当事人制度

第七讲 解决劳动争议要有时间观念——期间制度

第八讲 解决劳动争议不能躺在权利上睡大觉——时效制度

第九讲 解决劳动争议要会写文书——常用法律文书及制作方法

第一讲

解决劳动争议

为什么要用“三步法”

解决劳动争议、维护劳动权利为什么要用“三步法”？下面，让笔者详解“三步法”的主要内容，分析保护自身劳动权利宜采用“三步法”的主要原因。

一 “三步法”的具体内容

（一）认识争议或侵权情形

劳动者和用人单位都享有劳动权利，也应当履行法定义务。当一方不履行法定义务时，一般情况下会侵害对方的权利。不同的争议或侵权情形，对应着不同的权利义务。因此，保护自身劳动权利，首先要认识到双方存在什么争议，并弄清楚自身的什么权利被侵害了。

如果不能认识到争议或侵权情形，以及不能将争议或侵权情形与法定的权利义务相对应，那么解决争议就会走弯路。比如，用人单位没有依法安排劳动者休年休假，劳动者本应要求用人单位安排休年休假或支付未休年休假工资，而劳动者却主张了加班费，劳动者就没有将侵权情形与受损害的权利相对应，如果就此“打官司”，劳动争议仲裁机构或人民法院则不会支持劳动者的诉求。

劳动用工实务中，劳动争议及劳动侵权情形多种多样，本书列举了常见的劳动争议或侵权情形，涵盖从招聘应聘到劳动关系解除的全过程，劳动者和用人单位可对照判断自身是否存在相应情形，进而采取本书第二步和第三步的相关方法维护自身权利。比如，当用人单位无法定理由、未采取法定程序违法解除劳动关系时，劳动者就应当意识到自身的权利被侵害，从而可以主张继续履行劳动合同或要求用人单位支付违法解除劳动关系的赔偿金。又如，当劳动者违反双方约定的保密义务或竞业限制义务时，用人单位就应当意识到劳动者违约并侵犯了自身的商业秘密等权利，进而可以要求劳动者承担违约或损害赔偿责任。

（二）准确提出权利请求

权利请求（如仲裁请求、诉讼请求等），是指当事人为保护自己的权利而提出的诉求。有明确的权利请求是劳动争议仲裁和人民法院立案受理的条件之一，且因劳动争议仲裁及诉讼均遵循“不告不理”的原则，仲裁机构和人民法院只在当事人的权利请求范围内进行审理，当事人没有提出的权利请求，仲裁机构和人民法院不会主动处理。另外，所提请求是否合法合理，还关系到能否被仲裁机构和人民法院支持。因此，提出明确、全面、准确的权利请求，对解决劳动争议及维护自身劳动权利至关重要。可以说，权利请求是劳动争议仲裁和诉讼的基本出发点，没有权利请求则没有劳动争议仲裁及诉讼。

权利请求应当明确。简言之，就是要求权利请求的定性及定量应明确具体。比如，某劳动者提出“要求某某单位支付违法解除劳动合同的赔偿金”的诉求，这就是一个不明确的诉求，因为没有“定量”；或者提出“要求某某单位支付人民币若干元”的诉求，也是一个不明确的诉求，因为没有“定性”。而诸如“要求某某单位支付违法解除劳动合同的赔偿金若干元”的诉求，才算是一个明确的权利诉求。

本书在第二讲各争议专题的第二步“提出权利诉求”中，列举了该争议或侵权情形下可提出的权利请求，以及权利请求的具体提法和计算方法。各位读者在处理自身的劳动争议时，可参照该部分内容，结合自身的实际情况提出具体的权利请求。

由于劳动争议仲裁是劳动争议诉讼的前置程序，诉讼请求往往是在仲裁请求的基础上提出或转化的。如果仲裁结果是支持一方当事人的仲裁请求，另一方当事人不服时提起诉讼，所提诉讼请求就是要求人民法院判决其无须承担仲裁裁决所确定的义务；如果仲裁结果不支持一方当事人的仲裁请求，那么提出仲裁请求的一方当事人提起诉讼，则应将仲裁请求变为诉讼请求后继续通过诉讼程序主张。比如，仲裁机构作出确认双方之间存在劳动关系、用人单位向劳动者支付解除劳动关系的经济补偿等裁决，用人单位对此不服，提起诉讼的，相应的诉讼请求可以是请求人民法院判决双方之间不存在劳动关系、不需要向劳动者支付解除劳动关系的经济补偿等。

劳动争议一般表现为双方当事人之间的对抗，即一方提出权利请求，另一方则进行抗辩。与请求权相对立的权利即抗辩权。当事人行使抗辩权的目的，在于阻止或妨碍请求权的实现或者减弱请求权。无论是请求权还是抗辩权，都是当事人在劳动争议仲裁和诉讼中可以行使的权利。

请求权和抗辩权都必须依据法律规范提出，法律规范是请求权和抗辩权的基础。因此，请求权和抗辩权最终指向的必然是法律条文，当事人在提出请求权及抗辩权时，应当首先找到支持自身权利的法律条文。

（三）全面提出主张并加以证明

所谓提出主张，通俗一点讲，即提出自己的意见或观点，如陈述事实和理由、提出法律依据、对法律规定发表自身的理解或意见等。

在解决劳动争议的过程中，提出主张可以有多种方式，也可以发生在不同的环节。比如，劳动争议仲裁申请人在仲裁申请书中或者原告在起诉状中，仲裁被申请人或被告在答辩状中，以及仲裁或诉讼代理人在代理意见中，写明相关案件事实，提出相关法律依据，均属于提出自身主张；当事人在庭审调查、质证、辩论等环节陈述事实与理由、发表法律意见等，也属于提出自身主张。无论通过何种方式，无论在哪个环节，当事人均应注意根据自身的权利请求或抗辩提出自身主张，包括事实主张和法律主张，并努力促使自身的主张被裁判者采纳。

在解决劳动争议及维护自身劳动权利的过程中，该如何提出主张呢？每一项权利诉求或者抗辩，都有法律规范构成要件，当事人欲实现自身的权利，或使自身的抗辩成立，则需要围绕着相应构成要件提出自身主张并加以证明。比如，对于“支付违法解除劳动合同的赔偿金 10 万元”这一权利诉求，其最基础的法律规范构成要件包括以下三个：

1. 用人单位存在违法解除劳动合同的行为

根据《劳动合同法》第四十八条的规定，支付违法解除劳动合同的赔偿金，以用人单位违法解除劳动合同为前提。因此，劳动者主张由用人单位支付违法解除劳动合同的赔偿金，首先应提出用人单位解除劳动合同的行为属于违法解除的主张。至于违法的具体情形，要根据用人单位解决劳动合同的依据而定，进而衍生出其他须提出的主张。例如，用人单位以劳动者的相关行为严重违反规章制度为由解除劳动合同，劳动者可以进一步主张用人单位的规章制度本身不符合《劳动合同法》第四条的规定（如规章制度内容违法、未将规章制度公示或告知劳动者等）。

2. 当事人所主张的劳动合同解除前12个月的月平均工资与法律规定及实际事实相符

根据《劳动合同法》第四十七条、第八十七条的规定，违法解除劳动合同的赔偿金以劳动者的解除劳动合同前12个月的月平均工资为基数进行计算。因此，当事人应提出解除劳动合同前12个月的月平均工资具体金额的主张。在劳动者一方提出具体金额的主张后，用人单位一方不认可的，也应当提出自身关于具体金额的主张。

3. 当事人所主张的根据劳动者的工作年限折算的应当支付经济补偿的月数与法律规定及事实相符

违法解除劳动合同的赔偿金为解除劳动合同的经济补偿的两倍，而根据《劳动合同法》第四十七条、《最高人民法院关于审理劳动争议案件适用法律问题的解释（一）》第四十六条等的规定，计算解除劳动合同的经济补偿时，需要根据劳动者在本单位以及非本单位但应当合并计算的工作年限确定补偿月数，故在违法解除劳动合同的赔偿金争议中，当事人应提出关于本单位的以及应当合并计算的工作年限的主张。

从上述例子可以看出，当事人在仲裁及诉讼中提出主张，首先应确定权利诉求或抗辩所依据的法律规范，然后分析这些法律规范的构成要件，最后与相关构成要件一一对照，提出自身的主张。

在提出主张后，就要对自身提出的主张加以证明。比如，对于解除劳动合同前12个月的平均工资，劳动者主张为12000元/月，用人单位主张为10000元/月，双方需要就各自的主张提供诸如工资台账、工资条、工资签收表等证据进行证明，仲裁机构或人民法院则采信通过证据能有效证明的一方当事人的主张。

在证明过程中，当事人要注意穷尽证明资源和证明方法，尽量把能提供的证据都拿出来，避免有证据却因未提供而失权。而能否穷尽证明资源和证明方法，又与是否全面提出主张有关，如果未意识到应提出某项主张，一般也不会意识到应提供相应证据证明该项主张。因此，提出主张与提供证据往往是相辅相成的。

劳动争议仲裁及诉讼实践中，经常存在当事人提出主张不全面和提供证据不足的问题。不能全面提出主张，进而导致提供证据不足，除了证据生成、保存以及提交存在问题外，一般是因为对相关诉求所涉及的法律规范以及法律规范的构成要件了解不全面。针对该问题，“三步法”中的第三步“提出主张并加以证明”中，汇集了该争议专题所涉及的法律法规的规定，并就具体法律规范的构成要件进行解析，从而使各位读者能够明晰在某项具体的劳动争议中应当提出的主张以及应当证明的对象或事项。

二 处分原则与“三步法”

《民事诉讼法》第十三条规定：“民事诉讼应当遵循诚信原则。当事人有权在法律规定的范围内处分自己的民事权利和诉讼权利。”这条规定一般被解读为我国民事诉讼当事人处分权及处分原则的法律依据。

处分原则，是指民事诉讼当事人有权在法律规定的范围内，对自己依法享有的民事权利和诉讼权利决定是否行使以及如何行使的原则。

处分原则的具体内容包括以下五个方面：

第一，诉讼程序只能因当事人起诉而启动，并可以因当事人自主撤诉而结束，其他人或审理机关无权替当事人启动诉讼程序。

第二，诉讼请求的具体范围及内容由当事人自行决定，当事人没有提出的诉求事项，法院等审理机关不能主动作出裁判。其中包括当事人撤回的诉求，上诉中没有上诉的事项等，法院都不能主动裁判。

第三，在诉讼中当事人可以依法变更、增加或撤回诉求。

第四，一方当事人（主要指原告、上诉人等）可以放弃已经提出的诉求，对方当事人可以承认原告、上诉人等的诉求。

第五，双方当事人在诉讼中可以自行和解、调解并达成和解协议或调解协议。

处分原则主要解决的是诉讼程序由谁启动，以及审理范围由谁决定的问题，由此规定裁判主体只能在当事人请求的范围作出裁判。比如，原告要求被告支付违法解除劳动合同的赔偿金 20 万元，即使依法计算出该赔偿金应为 30 万元，法院也只能判决被告支付 20 万元，而不能超出原告主张的金额判决被告支付 30 万元。又如，在某个劳动争议案件中，劳动者主张用人单位支付解除劳动合同的经济补偿，但经审理发现，用人单位未安排劳动者休带薪年休假，应支付未休年休假工资，但因劳动者未主张，审理机关不得直接判决用人单位支付未休年休假工资。

我们通常所说的“不告不理”，就是此种处分原则的体现。所谓的“不告不理”，意思就是说没有当事人的起诉，法院等审理机关不会主动处理相关争议；当事人起诉没有提出的诉求，法院也不会主动审理。

此外，当事人在诉讼程序之外对自身权利的处分行为，也会在后续的诉讼程序中产生相关的效力和影响。例如，根据《企业劳动争议协商调解规定》第十一条，《最高人民法院关于审理劳动争议案件适用法律问题的解释（一）》第三十五条、第五十一条的规定，当事人达成的和解协议可以作为仲裁程序中的证据，调解协议可以作为裁判根据，且在司法实践中，当事人达成和解或调解协议但未实际履行而进入仲裁或诉讼程序的，很多情形下是依据相关和解或调解协议作出裁判。而在协商和调解过程中，难免会涉及对自身权利的处分，依据相关协议作出裁判，从某种意义上讲也是对当事人处分权的尊重。

处分原则的上述含义，决定了在解决劳动争议及维护劳动权利的过程中，当事人应提出明确、准确的权利请求，使自身被侵害的权利得到充分维护。处分原则，是“三步法”的法律制度依据之一。

三 辩论原则与“三步法”

根据《劳动争议调解仲裁法》第三十八条、《民事诉讼法》第十二条的规定，当事人在仲裁及诉讼过程中有权进行辩论。另根据《最高人民法院关于适用〈中华人民共和国民事诉讼法〉的解释》第三百二十三条、第三百八十九条的规定，违法剥夺当事人辩论权利的，属于严重违反法定程序的情形。剥夺当事人辩论权利的情形包括：“(一)不允许当事人发表辩论意见的;(二)应当开庭审理而未开庭审理的;(三)违反法律规定送达起诉状副本或者上诉状副本，致使当事人无法行使辩论权利的;(四)违法剥夺当事人辩论权利的其他情形。”

以上是我国关于劳动争议仲裁及诉讼的辩论权及辩论原则的基本规定，是辩论原则的法律依据。

所谓辩论，指的是当事人双方在仲裁机构或人民法院的主持下，就案件事实和适用法律的相关问题，发表各自的主张和意见，以争取对自己有利的结果，维护自身的合法权益。

对于辩论权及辩论原则，我们宜掌握以下与之相关的五方面内容：

一是辩论权是当事人的一项重要仲裁及诉讼权利。当事人及第三人有权就仲裁或诉讼请求陈述事实和理由，有权对对方当事人的陈述和仲裁或诉讼请求进行反驳和答辩。

二是辩论原则贯穿仲裁及民事诉讼的全过程。除特别程序外，在劳动争议仲裁及民事诉讼一审、二审和审判监督程序中，均须遵循辩论原则。

三是辩论的行使可以是口头形式，也可以是书面形式。口头辩论主要集中在仲裁庭审或法庭审理阶段，书面辩论主要在其他阶段。

四是辩论的内容既可以是实体方面的问题，也可以是程序方面的问题。但是与案件的事实和适用法律无关的问题，或者虽与案件的事实和适用法律有关，但双方没有争议的问题，一般不属于辩论的内容。

五是仲裁机构和人民法院在仲裁及诉讼过程中应当保障当事人充分行使辩论权。

由于我国现行法律法规没有规定当事人的辩论结果形成对仲裁裁决或法院判决的约束，一般被称为“非约束性辩论原则”，不同于“约束性辩论原则”。“约束性辩论原则”既约束当事人，也约束仲裁机构、法院等审理机关，其基本含义包括三个方面：

第一，作为定案依据的事实，或者说直接决定法律效果发生或消灭的事实，应当由当事人在辩论中提出，当事人未在辩论中提出的事实不能作为法院裁判的依据。

第二，对于双方无争议的事实，或者一方提出而对方无争议的事实，法院应当将之作为裁判的依据。

第三，要求法院对案件证据的调查只能限于双方当事人在辩论中提出过的证据。

“约束性辩论原则”使当事人对自身权利的处分能更加完整和充分，同时更能使仲裁机构、法院处于中立的第三方立场。当然，“约束性辩论原则”虽然使法院等审理机关处于相对被动的地位，但并不是说审理机关就完全不能作为，在当事人的诉求或者陈述不充分、不恰当，或者由于当事人的认识偏差而未将应提出的证据予以提出等情况下，审理机关还是可以适当引导或释明，以使相关问题更加明确清晰，从而有利于查明事实真相，进而正确适用法律，作出更加公正公平的裁判。

虽然“约束性辩论原则”在我国尚未完全明确，但相关司法解释的规定体现出了“约束性辩论原则”的相关要求，主要表现为：

一是明确了民事诉讼中自认规则对法院的约束力。《最高人民法院关于适用〈中华人民共和国民事诉讼法〉的解释》第九十二条、《最高人民法院关于民事诉讼证据的若干规定》第三条至第八条的规定，对自认规则对法院的约束力予以明确。

二是界定了法院依职权主动调查收集证据的范围，合理调整了法院和当事人之间调查收集证据的责任分担。如《最高人民法院关于适用〈中华人民共和国民事诉讼法〉的解释》第九十六条对我国“民事诉讼法第六十七条第二款”规定的人民法院认为审理案件需要的证据的范围进行界定。司法实践中，当事人对提供证据的重视程度越来越高，法官调查收集证据的范围得到实质性限缩。

三是确立了证据交换以及举证期限和失权等相关法律制度。《最高人民法院关于适用〈中华人民共和国民事诉讼法〉的解释》第九十九条至第一百零二条、《最高人民法院关于民事诉讼证据的若干规定》第五十条至第五十九条规定了举证期限的确定方式及逾期提供证据的法律后果。

四是进一步明确了质证的法律效力。根据《民事诉讼法》第七十一条的规定，证据应当在法庭上出示，并由当事人互相质证；根据《最高人民法院关于适用〈中华人民共和国民事诉讼法〉的解释》第一百零三条的规定，未经当事人质证的证据，不得作为认定案件事实的根据。

根据上述辩论原则特别是“约束性辩论原则”的基本含义，在解决劳动争议的过程中，要尽量全面地掌握相关法律法规的规定，全面收集与案件相关的证据，在辩论中提出全面的事实依据和主张，避免相关权利因自身未主张而得不到实现。辩论原则特别是“约束性辩论原则”的基本含义，是“三步法”法律制度依据之一。

四 主张责任及证明责任与“三步法”

根据《劳动争议调解仲裁法》第六条的规定，发生劳动争议，当事人对自己提出的主张，有责任提供证据。与争议事项有关的证据属于用人单位掌握管理的，用人单位应当提供；用人单位不提供的，应当承担不利后果。《民事诉讼法》第六十七条第一款规定：“当事人对自己提出的主张，有责任提供证据。”

上述规定通常被称为“谁主张，谁举证”，即当事人对自己的事实主张，无论是一方当事人提出权利主张，还是对方当事人提出抗辩，均应当依法提供证据加以证明，法官通过证据来认定或判断当事人的主张或抗辩是否成立。但该规定一般被视为行为责任意义的证明责任，因为其未规定结果责任。

《最高人民法院关于适用〈中华人民共和国民事诉讼法〉的解释》第九十条规定：“当事人对自己提出的诉讼请求所依据的事实或者反驳对方诉讼请求所依据的事实，应当提供证据加以证明，但法律另有规定的除外。在作出判决前，当事人未能提供证据或者证据不足以证明其事实主张的，由负有举证证明责任的当事人承担不利的后果。”该条规定表明我国在立法上正式确立了“证明责任”制度，因为与《民事诉讼法》第六十七条第一款的规定相比，该条明确规定了“结果责任”，即未能提供证据或者证据不足以证明当事人的事实主张的，由负有举证证明责任的当事人承担不利的后果。

证明责任又称举证责任（《最高人民法院关于适用〈中华人民共和国民事诉讼法〉的解释》第九十条使用了“举证证明责任”这一概念），我们可以按照如下的思路来理解：

第一，《民事诉讼法》第七条明确规定：“人民法院审理民事案件，必须以事实为根据，以法律为准绳。”法院审理案件并作出裁判，必须首先对案件事实作出认定，在认定事实的基础上适用法律解决争议。

第二，事实主要通过什么途径或方法来认定呢？我们常说“空口无凭”“铁证如山”等，即在人们的思维或文化传统中，认为应当通过证据甚至“铁证”来对事实进行证明或认定，法律对此也予以认可和采纳，例如，《民事诉讼法》第六十六条第二款规定，“证据必须查证属实，才能作为认定事实的根据”，第七十八条第一款规定，“人民法院对当事人的陈述，应当结合本案的其他证据，审查确定能否作为认定事实的根据”；《最高人民法院关于适用〈中华人民共和国民事诉讼法〉的解释》第一百零四条第二款规定，“能够反映案件真实情况、与待证事实相关联、来源和形式符合法律规定的证据，应当作为认定案件事实的根据”；《最高人民法院关于民事诉讼证据的若干规定》第八十五条第一款规定，“人民法院应当以证据能够证明的案件事实为根据依法作出裁判”。可见，证据是认定事实及裁判案件的基础，且经过质证及查证属实的证据才能被采信。

第三，通过证据是否就一定能完全还原事实真相、查清事实呢？还原事实真相，把案件事实完全查清楚，是一种理想状态，也是司法活动追求的目标。但现实生活中，受各种因素的影响，在案件事实已经过去、已成历史的情况下，还原事实真相往往很难实现，在很多情况下，依据现有证据，案件事实处于一种真伪不明的状态，除当事人自身心里清楚外（甚至在某些情况下当事人自身对案件事实都是模糊或不确定的），其他人不清楚案件事实到底是怎么一回事。

第四，当案件事实无法查清，处于真伪不明的状态时，裁判人员比如法官是否可以拒绝裁判案件呢？依据民事诉讼制度，答案是不可以的。即使案件事实真伪不明，裁判人员也不能拒绝作出裁判。

第五，案件事实真伪不明而裁判人员又不能拒绝裁判，那么应该依据什么作出裁判呢？依据裁判人员的主观想象和臆断吗？显然是不可以的。为解决这一问题，在法律的发展过程中，逐渐设立了证明责任制度，即按照一定的标准，将待证事实的证明责任在当事人之间进行分配，如果承担证明责任的一方当事人未能完成其举证证明的任务（此处不能理解为义务），使案件事实（特别是主要事实或法律要件事实）处于真伪不明的状态时，则该方当事人就要承担相应的不利后果，也就是其请求不被支持或败诉的风险。由此，即使在事实真伪不明时，根据证明责任，法官也可以依法作出裁判。

通过上述分析，我们可以得出证明责任的概念，即证明责任就是指当据以作出裁判的事实无法查清而处于真伪不明的状态时，一方当事人因此而承担的相应不利后果。由此可以看出，证明责任中的“责任”，是指承担相应不利后果。

证明责任只有在据以作出裁判的事实处于真伪不明的状态时才会发挥作用，如果事实真伪本身是明确的，则不存在适用证明责任的前提。因此，不能简单将证明责任理解为因为当事人没有举证或提出证据而要承担的责任，即使当事人没有提出证据，但如果事实真伪本身是明确的，那么当事人就不会因此而承担败诉的不利后果。此外，因为负责证明某项事实的主体只会是一方当事人，所以证明责任只能由一方当事人承担，不可能由双方当事人共同承担。

从以上关于证明责任的介绍可以看出，证明责任与当事人的主张息息相关，当一方当事人提出有利于自己的事实主张，并且对方当事人不予认可而产生争执时，才产生证明责任的问题。从这个意义上讲，当事人的主张直接决定了其应当提供证据的范围。

在仲裁及诉讼中，是否可以不提出相关主张而避免承担相关证明责任呢？答案是否定的。根据《劳动争议调解仲裁法》第二十八条的规定，“仲裁请求和所根据的事实、理由”是仲裁申请书应当载明的事项之一；根据《劳动人事争议仲裁办案规则》第三十条的规定，“有明确的仲裁请求和事实理由”是仲裁委员会受理仲裁申请的条件之一；根据《民事诉讼法》第一百二十二条的规定，“有具体的诉讼请求和事实、理由”是起诉必须符合的条件之一。以上法律法规规定中的“事实、理由”，实际上就是当事人的仲裁或诉讼主张。可见，提出相关主张，是当事人提交仲裁申请或起诉阶段即应当履行的责任，当事人的主张是仲裁或诉讼得以成立的一个要件。

根据辩论原则特别是“约束性辩论原则”的基本要求，只有当事人主张的事实和理由，才能成为仲裁机构或人民法院裁判的基础和依据。因此，除为使自己的仲裁申请或起诉得到受理而提出“事实、理由”即提出主张外，当事人为获得对自己有利的裁判，就应当向仲裁机构或人民法院提出于己有利的主张。换言之，当事人提出了相关的权利请求后，就应当根据自己所依据的法律规范提出自己的仲裁或诉讼主张，并使自己的主张成为裁判的基础。主张责任中的“责任”，实质上也是一种风险，即当事人未完成主张责任，会导致败诉的风险和后果。

主张责任及证明责任的上述含义，要求当事人在解决劳动争议时，应围绕着法律规范的构成要件提出相应的主张，并就自身主张加以证明，这便是“三步法”的第三步“提出主张并加以证明”的法律制度依据之一。

五 证明责任分配规则与“三步法”

如本讲第四部分所述，证明责任是指据以作出裁判的事实不能得到有效证明而处于真伪不明的状态时，负有证明责任的一方当事人就应承担相应的不利后果，即败诉的风险。正因为这种不利后果或败诉风险由负有证明责任的一方当事人承担，必定要涉及证明责任如何分配的问题。由此，可以得出证明责任分配的概念，即按照一定的标准，将因事实真伪不明而应承担的不利后果在当事人之间进行划分。

《最高人民法院关于适用〈中华人民共和国民事诉讼法〉的解释》第九十一条规定:“人民法院应当依照下列原则确定举证证明责任的承担，但法律另有规定的除外:(一)主张法律关系存在的当事人，应当对产生该法律关系的基本事实承担举证证明责任;(二)主张法律关系变更、消灭或者权利受到妨害的当事人，应当对该法律关系变更、消灭或者权利受到妨害的基本事实承担举证证明责任。”该条被认为规定了证明责任分配的一般原则。根据这一规定，除非法律对证明责任分配已有明确规定，否则人民法院均应遵守该条所规定的一般原则进行证明责任的分配。

《最高人民法院关于适用〈中华人民共和国民事诉讼法〉的解释》第九十一条中规定的“但法律另有规定的除外”，表明证明责任的分配首先是由法律规定的。在法律对证明责任分配有具体规定的情况下，应优先适用法律的具体规定;在法律没有明确规定的情况下，才依照“下列原则”确定证明责任的承担。事实上，在实务中，不管是实体法还是程序法，都不乏对证明责任分配的具体规定。下面列举一些规定了证明责任分配的法律条文，以便各位读者知晓证明责任分配在具体法律规定中以何种形式呈现。

概括而言，法律法规在规定证明责任分配问题时，主要有直接规定和间接规定两种方式。

直接规定，即法律条文直接规定由某方主体对某种事实承担举证或证明责任，如《民法典》第一千二百三十条规定："因污染环境、破坏生态发生纠纷，行为人应当就法律规定的不承担责任或者减轻责任的情形及其行为与损害之间不存在因果关系承担举证责任。"《最高人民法院关于审理劳动争议案件适用法律问题的解释（一）》第四十四条规定："因用人单位作出的开除、除名、辞退、解除劳动合同、减少劳动报酬、计算劳动者工作年限等决定而发生的劳动争议，用人单位负举证责任。"

间接规定，即法律没有明确规定"由某方主体对某种事实承担举证或证明责任"，但将能够证明某种事实存在作为承担或不承担某种法律责任的条件，相关的责任主体就要对相应的事实承担证明责任。

间接分配证明责任的表现形式主要有规定某某主体"有证据证明……"和规定某某主体"不能证明……"两种。例如,《民法典》第六百一十四条规定："买受人有确切证据证明第三人对标的物享有权利的，可以中止支付相应的价款，但是出卖人提供适当担保的除外。"即买受人以第三人对标的物享有权利为由主张中止支付相应价款的，应当对第三人对该标的物享有权利的事实承担证明责任。《民法典》第一千一百六十五条规定："行为人因过错侵害他人民事权益造成损害的，应当承担侵权责任。依照法律规定推定行为人有过错，其不能证明自己没有过错的，应当承担侵权责任。"即将证明自己没有过错的证明责任，分配给了依照法律规定推定有过错的行为人，当该行为人不能证明自己没有过错时，就要承当相应的不利后果，即要承担侵权责任。又如,《最高人民法院关于民事执行中变更、追加当事人若干问题的规定》第二十条规定："作为被执行人的一人有限责任公司，财产不足以清偿生效法律文书确定的债务，股东不能证明公司财产独立于自己的财产，申请执行人申请变更、追加该股东为被执行人，对公司债务承担连带责任的，人民法院应予支持。"即将"公司财产是否独立于自己的财产"这一事实的证明责任分配给了一人有限责任公司的股东，如果申请执行人与该股东就公司财产是否独立于该股东自己的财产这一事实产生争议，并处于真伪不明的状态时，该股东就要承担相应的不利后果，即被认定公司财产不独立于其自己的财产，其要被变更、追加为被执行人，并对公司债务承担连带责任。

综上所述，在具体争议中，要结合法律法规的具体规定把握证明责任的分配问题。

如果法律能针对所有情形或事实作出明确具体的证明责任分配规定，那是再理想不过了。但实际上，由于社会生活及争议情形包罗万象、千差万别，法律无法实现这个目标，无法对每一种情形都进行明确而具体的证明责任分配。因此，就需要对证明责任的分配作出原则性的规定，从而避免法官滥用自由裁量权而肆意进行证明责任的分配。

证明责任分配的一般原则规定于《最高人民法院关于适用〈中华人民共和国民事诉讼法〉的解释》第九十一条中：主张法律关系存在的当事人，应当对产生该法律关系的基本事实承担举证证明责任；主张法律关系变更、消灭或者权利受到妨害的当事人，应当对该法律关系变更、消灭或者权利受到妨害的基本事实承担举证证明责任。该规定将需要证明的基本事实分为三类，一是产生法律关系的基本事实，二是法律关系变更或消灭的基本事实，三是妨害权利的基本事实。这些基本事实就权利角度而言，可以分为产生权利的事实、妨害权利的事实、制约权利的事实以及消灭权利的事实。

在仲裁及诉讼中，一般都是一方当事人提出权利主张，另一方当事人与之对抗。在主张与对抗中，根据上述证明责任分配的一般原则，凡主张权利或法律关系存在的当事人，需要对产生该权利或法律关系的事实负证明责任，但不必对不存在妨害、制约该权利或法律关系发生的事实负证明责任，存在妨害、制约权利发生的事实应由对方当事人负证明责任；主张权利未产生或已变更或被消灭的一方当事人，需要对阻碍权利产生，或存在变更或消灭权利的事实负证明责任，但其也无须对不存在阻碍权利产生或导致权利变更或消灭的事实负证明责任。

以上说明可能比较空洞，下面以工资支付争议为例，简要说明一下证明责任的分配问题。

某劳动者甲与某用人单位乙就某月的工资支付问题产生争议成诉，甲主张应由乙支付该月工资 1 万元。对于该争议，证明责任在双方之间该如何分配呢？

首先，对于劳动者甲一方而言，其属于提出权利主张者，应就产生该权利（支付工资请求权）的相关事实承担证明责任。根据劳动法律法规的规定，该劳动者需要进行举证的基本事实包括两点。第一，该月与用人单位乙存在劳动关系并为该单位提供了正常劳动，或者虽未提供正常劳动但符合法律法规所规定的用人单位应当支付工资的情形。一般情况下，支付工资以存在劳动关系及劳动者提供了正常劳动为前提；如果在劳动关系存续期间未能提供正常劳动，则只有在法律法规规定的情形下，用人单位才负有依法支付工资的义务（比如，劳动者在依法享受带薪假期期间、工伤职工在停工留薪期内、患病或非因工负伤职工在法定医疗期内等，用人单位应当依法支付工资）。因此，劳动者需要对上述事实举证，比如通过考勤记录、工作记录等证据证明提供了正常劳动，或者提交证据证明根据其工作年限应当享受相应的带薪假期等。第二，关于确定工资金额的相关事实。劳动者请求支付工资 1 万元，就需要举证证明用人单位欠付的工资是 1 万元，而不是 8000 元。为证明该工资金额，就需要围绕双方关于工资标准的约定、当月出勤情况或者可享受的假期情况等事实进行举证。

其次，对于用人单位一方而言，要对抗该支付工资请求权的话，根据具体情况可以选择从不同的角度抗辩，选择的角度不同，要承担的证明责任也不同。第一，如果选择从阻碍该支付工资请求权的角度抗辩，就要对阻碍权利产生的基本事实承担证明责任。比如，用人单位可以主张双方之间不属于劳动关系，而属于承揽关系，且甲未能完成承揽任务，不符合支付报酬的条件，并提交双方签订的承揽协议或证明属于承揽关系的相关证据；或者举证证明劳动者当月请事假未提供正常劳动等。或者认可未支付工资，但对金额有异议，并提交关于工资标准的约定、当月出勤情况等证据证明工资金额应为 6000 元（相当于否定了 4000 元工资请求权的产生）。第二，如果选择从限制或制约该支付工资请求权的角度抗辩，就要对限制该权利的相关事实承担举证责任。比如，用人单位提交证据证明双方约定了工资支付周期及支付时间，且相关约定合法，而此时尚未到支付工资的时间。第三，如果选择从消灭该支付工资请求权的角度抗辩，就要对消灭该权利的事实承担证明责任。比如，提供银行转账记录证明已足额支付该工资，则因已支付的事实消灭了劳动者主张的该权利。

在解决劳动争议的过程中，劳动者及用人单位应注意掌握上述证明责任的分配规则，知悉哪些事项应由自己承担证明责任，进而完成自己的证明责任，从而使“三步法”中的第三步“提出主张并加以证明”真正发挥作用。

第二讲 “三步法”在解决各类劳动争议中的运用

本讲将劳动争议划分为确认劳动关系、支付工资和加班费、未休年休假工资、未依法订立劳动合同的二倍工资、变更劳动合同、解除或终止劳动关系的经济补偿及代通知金、违法解除或终止劳动关系的赔偿金、违法约定试用期的赔偿金、竞业限制经济补偿、违反法律法规强制性规定的相关损害赔偿、社会保险等 42 种争议类型，基本涵盖招聘应聘到劳动关系解除或终止后的期间内可能发生的争议情形。在每种争议类型下，列明该类争议所对应的争议或侵权情形，指出相应争议或侵权情形下当事人可主张的权利以及权利诉求的提法和计算方法，分析该类权利请求的构成要件及对应的要件事实，指出当事人在解决该类争议过程中应提出的主张及应证明的事项，以期指导劳动者和用人单位准确认识争议或侵权情形、准确提出权利诉求、全面提出主张并加以证明。其中，各争议专题中第三步“提出主张并加以证明”中的内容是核心内容，该部分基本列明了相应争议类型所涉及的法律规范及法律问题，是当事人提出权利主张及进行抗辩的重要依据，第一步“认识争议或侵权情形”及第二步“提出权利诉求”亦应结合第三步“提出主张并加以证明”中的内容具体把握。

一 确认劳动关系争议

第一步：认识争议或侵权情形

“用人单位”否认与“劳动者”之间存在劳动关系，或者当事人就劳动关系的主体、存续期间等问题产生争议。

劳动争议实务中，一般在进行工伤认定、补缴社会保险前就劳动关系问题产生争议的较多。此外，当“劳动者”主张加班费、未休年休假工资、解除劳动关系的经济补偿或违法解除劳动关系的赔偿金、工伤保险待遇等劳动权利时，部分“用人单位”提出双方之间不构成劳动关系，而属于雇佣关系、承揽关系等法律关系的抗辩，从而拟从根本上否定劳动者提出的劳动权利诉求。

第二步：提出权利诉求

请求确认 ××（劳动者）与 ××（单位）之间于 ×××× 年 ×× 月 ×× 日至 ×××× 年 ×× 月 ×× 日存在劳动关系。

注：该请求应明确劳动关系主体（劳动者和用人单位）、劳动关系的存续期间（劳动关系从开始到结束的时间）。

第三步：提出主张并加以证明

确认 ××（劳动者）与 ××（单位）之间于特定期间内存在劳动关系，需要满足以下构成要件：一是请求确认的存在劳动关系的主体与实际产生法律关系的主体相符，二是产生法律关系的主体具有建立劳动关系的主体资格，三是主体之间产生的法律关系符合劳动关系的定义及特征，四是请求确认的劳动关系存续期间与实际用工时间相符。除上述条件外，司法实务中，一般还要求当事人之间具有建立劳动关系的合意。为此，在确认劳动关系争议中，当事人应就建立劳动关系的主体、相关主体是否具有建立劳动关系的主体资格、双方之间的关系是否符合劳动关系的法律特征、双方是否具有建立劳动关系的合意、劳动关系存续期间等事项，提出自身主张并加以证明。

（一）建立劳动关系的主体

请求确认劳动关系，首先要明确谁和谁产生了劳动关系。如果张三本身是和甲单位之间建立的劳动关系，张三却要请求与乙单位之间存在劳动关系，那么张三的本次请求就会被驳回。一般而言，建立劳动关系的主体为产生实际用工关系的劳动者和用人单位。劳务派遣用工时，劳动关系主体为劳务派遣单位和被派遣劳动者。未签订劳动合同时，须结合招聘录用主体、工资支付主体、实施考勤行为的主体、社会保险参保主体等情况综合认定；实施前述行为的主体不统一时，关键看哪方主体安排、管理劳动者的工作从而对劳动者有一定的管理、支配权，并可考虑各主体对劳动者构成混同用工从而同时与劳动者存在劳动关系。

（二）案涉主体是否具有建立劳动关系的主体资格

根据《劳动和社会保障部关于确立劳动关系有关事项的通知》第一条“用人单位招用劳动者未订立书面劳动合同，但同时具备下列情形的，劳动关系成立。（一）用人单位和劳动者符合法律、法规规定的主体资格……”的规定，只有双方具备建立劳动关系的主体资格，劳动关系才得以建立。因此，在明确劳动关系的主体之后，便要主张并证明案涉“劳动者”及“用人单位”具有法律、法规规定的主体资格。关于劳动者和用人单位的主体资格问题，请参阅以下“与建立劳动关系的主体资格相关的问题”的具体内容。

（三）双方之间的关系是否符合劳动关系的法律特征

根据《劳动和社会保障部关于确立劳动关系有关事项的通知》第一条第二项、第三项的规定，成立劳动关系，应符合"用人单位依法制定的各项劳动规章制度适用于劳动者，劳动者受用人单位的劳动管理，从事用人单位安排的有报酬的劳动""劳动者提供的劳动是用人单位业务的组成部分"的情形，即劳动者和用人单位之间具有一定的人身隶属性和经济依赖性，劳动者需要遵守用人单位依法制定的各项劳动规章制度，受用人单位的劳动管理，从事用人单位安排的有报酬的劳动；生产资料由用人单位提供，生产经营风险由用人单位承担等。

（四）双方是否具有建立劳动关系的合意

《劳动合同法》第三条第一款规定："订立劳动合同，应当遵循合法、公平、平等自愿、协商一致、诚实信用的原则。"既然应"协商一致"，则表明双方应具有建立劳动关系的合意，即双方进行了直接的接触和协商，就建立劳动关系问题达成了一致意见。司法实务中，对于承包工程的自然人"包工头"直接招用的人员，因为被招用的人员与发包单位之间未直接协商，无建立劳动关系的合意，一般不予确认与发包单位之间存在劳动关系。

（五）劳动关系的存续期间

从劳动关系建立之日至劳动关系解除或终止之日，劳动者与用人单位之间存在劳动关系。

根据《劳动合同法》第七条的规定，用人单位自用工之日起即与劳动者建立劳动关系。该规定明确了劳动关系的建立时间（起始时间），还明确了劳动关系的判断标准即存在实际用工。因此，即使签订了劳动合同，但未实际履行，没有实际用工，劳动关系也没有建立；即使没有签订劳动合同，但发生了实际用工，劳动关系也已建立。关于"用工"的概念，法律法规没有明确规定。司法实务中，"用工"一般是指用人单位对劳动者有实际的管理、控制权，除劳动者实际到岗开始提供劳动外，部分情形下的"岗前培训""试工"等，也被认定为

“用工”。

劳动关系的建立时间也与劳动者及用人单位获得主体资格的时间有关，一般情况下，劳动者达到法定最低就业年龄时，才具有建立劳动关系的主体资格；单位只有依法成立，具有民事权利能力和民事行为能力后，才具备建立劳动关系的能力。

劳动关系解除或终止之日要根据具体情况判断，一般而言，解除或终止劳动关系的意思表示（如解除或终止通知）到达对方时，或者达到法定的劳动关系终止条件时（如劳动者达到法定退休年龄、用人单位注销等），双方的劳动关系结束。另外，根据《民法典》第五百六十五条第二款的规定，当事人一方未通知对方，直接以提起诉讼或者申请仲裁的方式依法主张解除合同，人民法院或者仲裁机构确认该主张的，合同自起诉状副本或者仲裁申请书副本送达对方时解除。该款的规定在目前的司法实践中，已被适用于调处劳动争议。因此，如果劳动者或用人单位是以申请劳动争议仲裁或提起诉讼的方式依法主张解除合同，且得到劳动争议仲裁机构或人民法院确认，解除劳动关系的行为自劳动争议仲裁申请书副本或起诉状副本送达对方时生效。

劳动用工实践中，解除劳动合同所采取的方式多种多样，如口头通知、邮寄送达书面的解除通知、通过媒体公告解除通知等。解除劳动合同的行为作为民事法律行为的一种，对于各种解除方式所对应的生效时间的认定，我们可以根据《民法典》的相关规定从整体上把握。《民法典》第一百三十六条第一款规定，“民事法律行为自成立时生效，但是法律另有规定或者当事人另有约定的除外”，即民事法律行为生效的时间为该行为成立时。何为民事法律行为成立？《民法典》第一百三十四条规定：“民事法律行为可以基于双方或者多方的意思表示一致成立，也可以基于单方的意思表示成立。法人、非法人组织依照法律或者章程规定的议事方式和表决程序作出决议的，该决议行为成立。”

具体到劳动合同解除问题上，解除劳动合同的行为可以基于双方意思表示一致成立，如《劳动合同法》第三十六条规定的协商一致解除；也可以基于单方的意思表示成立，如《劳动合同法》第三十七条至第四十一条规定的劳动者预告解除、被迫辞职、用人单位过失性辞退、无过失性辞退以及经济性裁员。另外，解除权属于形成权的一种，而形成权是指依照权利人单方意思表示就可以使法律关系发生变化的权利。因此，除协商一致解除外，劳动关系解除行为基于劳动者和用人单位任何一方的意思表示即告成立。

对于意思表示的生效,《民法典》第一百三十七条和第一百三十八条分别根据是否有相对人，对意思表示的生效时间作出了规定。显然，解除劳动合同是有相对人的意思表示（劳动者和用人单位是劳动关系的双方主体）。

《民法典》第一百三十七条规定:“以对话方式作出的意思表示，相对人知道其内容时生效。以非对话方式作出的意思表示，到达相对人时生效。以非对话方式作出的采用数据电文形式的意思表示，相对人指定特定系统接收数据电文的，该数据电文进入该特定系统时生效；未指定特定系统的，相对人知道或者应当知道该数据电文进入其系统时生效。当事人对采用数据电文形式的意思表示的生效时间另有约定的，按照其约定。”第一百三十九条规定:“以公告方式作出的意思表示，公告发布时生效。”

上述规定具体到劳动合同解除行为上，如果劳动者或用人单位是以口头方式作出解除劳动关系的意思表示，比如劳动者向用人单位法定代表人口头提出辞职，或者用人单位法定代表人口头通知解雇劳动者，那么相对方了解该内容时解除行为即生效。

如果劳动者和用人单位以非对话的方式作出解除劳动关系的意思表示，如劳动者将书面的辞职书或解除劳动关系通知书邮寄给用人单位，或用人单位将解除劳动关系通知书邮寄给劳动者，那么该通知书到达对方时解除劳动关系的意思表示生效（此时，如果邮件上注明了内件为解除劳动关系通知书，对方故意不签收，应被视为意思表示已到达，不能认为对方签收了邮件才是到达）。

如果劳动者、用人单位通过手机短信、微信、QQ、电子邮件等数据电文方式向对方作出解除劳动关系的意思表示，对方指定了特定系统的，意思表示进入该特定系统时生效；未指定特定系统的，对方知道或者应当知道该数据电文进入其系统时生效。

如果劳动者下落不明，用人单位通过公告的方式解除双方的劳动关系，那么发布公告的时间就是解除的意思表示生效的时间。

《民法典》第一百五十八条规定:“民事法律行为可以附条件，但是根据其性质不得附条件的除外。附生效条件的民事法律行为，自条件成就时生效。附解除条件的民事法律行为，自条件成就时失效。”第一百六十条规定:“民事法律行为可以附期限，但是根据其性质不得附期限的除外。附生效期限的民事法律行为，自期限届至时生效。附终止期限的民事法律行为，自期限届满时失效。”如果解除劳动关系的意思表示构成附条件或附期限，则要根据上述规定确定解除行为的生效时间。

《劳动法》第二十三条,《劳动合同法》第四十四条、第四十五条及《劳动合同法实施条例》第二十一条是关于劳动关系终止的相关规定。根据上述规定，劳动关系可以或应当终止的情形包括:(1)劳动合同期满且不具有《劳动合同法》第四十二条所规定的情形;(2)当事人约定的劳动合同终止条件出现;(3)劳动者开始依法享受基本养老保险待遇;(4)劳动者达到法定退休年龄;(5)劳动者死亡，或者被人民法院宣告死亡或者宣告失踪;(6)用人单位被依法宣告破产;(7)用人单位被吊销营业执照、责令关闭、撤销或者用人单位决定提前解散的。此外，用人单位注销的，劳动关系也终止。

上述情形中，劳动合同期满且不具有《劳动合同法》第四十二条所规定的情形，当事人约定的劳动合同终止条件出现，用人单位被依法宣告破产，用人单位被吊销营业执照、责令关闭、撤销或者用人单位决定提前解散的，属于可以终止的情形，是否真正结束劳动关系，还需要当事人一定的作为或不作为。比如，虽然用人单位依法被宣告破产，但在未注销之前，其主体资格仍然存在，如果劳动者继续为其提供劳动，用人单位未明确终止双方的劳动关系，则双方的劳动关系依然存续。因此，这些情形终止劳动关系，需要作出明确的终止劳动关系的意思表示。终止劳动关系的意思表示的生效时间，参照上述关于解除劳动关系的意思表示的生效时间确定。

劳动者达到法定退休年龄或开始依法享受基本养老保险待遇，劳动者死亡或者被人民法院宣告死亡或者宣告失踪，用人单位注销，属于应当终止的情形。也就是说，在这些情形下，不管当事人如何作为或不作为，劳动关系均终止，此时劳动关系的结束不依赖于当事人作出终止劳动关系的意思表示。

（六）建立劳动关系的主体资格问题及其他问题

1. 建立劳动关系的劳动者应处于法定就业年龄内

根据《劳动法》第十五条的规定，我国的法定最低就业年龄为16周岁，禁止用人单位招用未满16周岁的未成年人，文艺、体育和特种工艺单位招用未满16周岁的未成年人，必须遵守国家有关规定，并保障其接受义务教育的权利。根据《劳动合同法》第四十四条以及《劳动合同法实施条例》第二十一条的规定，劳动者开始依法享受基本养老保险待遇，以及达到法定退休年龄的，劳动关系终止，此后不再享有建立劳动关系的主体资格。根据《国务院关于安置老弱病残干部的暂行办法》和《国务院关于工人退休、退职的暂行办法》的规定，我国的法定退休年龄为男职工年满60周岁，工人身份的女职工年满50周岁，干部身份的女职工年满55周岁，符合法定条件时可以提前退休。

2. 不适用劳动法的人员范围

根据《关于〈劳动法〉若干条文的说明》第二条、《关于贯彻执行〈中华人民共和国劳动法〉若干问题的意见》第四条等规定，公务员和比照实行公务员制度的事业组织和社会团体的工作人员，以及农业劳动者、现役军人和家庭保姆等，不适用劳动法，该类人员与相关单位或雇主之间，不构成劳动关系。但国家机关、事业组织、社会团体的工勤人员，实行企业化管理的事业组织的非工勤人员，以及其他通过劳动合同（包括聘用合同）与国家机关、事业单位、社会团体建立劳动关系的劳动者，适用劳动法。

3. 在校学生涉及的建立劳动关系主体资格问题

根据《关于贯彻执行〈中华人民共和国劳动法〉若干问题的意见》第十二条的规定，在校学生利用业余时间勤工助学的，与单位之间未建立劳动关系，可以不签订劳动合同。司法实务中，部分地区的劳动争议仲裁及人民法院认为，在校学生在用人单位进行实习，应当根据具体事实进行判断，对完成学校的社会实习安排或自行从事社会实践活动的实习，不认定劳动关系。但用人单位与在校学生之间名为实习、实为劳动关系的除外。

4. 劳动者与保险公司之间的关系认定问题

根据《保险法》第一百一十七条的规定，保险代理人是根据保险人的委托，向保险人收取佣金，并在保险人授权的范围内代为办理保险业务的机构或者个人。根据《中国保险监督管理委员会关于个人保险代理人法律地位的复函》的规定，个人保险代理人属于保险代理人的一种，其与保险公司之间属于委托代理关系。故不构成劳动关系，不属于劳动法律法规调整范围，保险代理合同关系主要受民事法律法规调整。

在保险代理关系中，保险代理人获得佣金，该佣金主要由双方通过合同约定，通常依据保险代理人完成的保险销售业绩决定，在形式上通常表现为每月的佣金数额不固定，这与劳动关系下劳动者所获得工资性质不同。

根据法律法规的规定，保险公司应当建立保险代理人登记管理制度，保险公司对个人保险代理人有培训和管理的责任，加强对保险代理人的培训和管理，以确保个人保险代理人的职业道德和业务素质。这使保险公司对保险代理人拥有一定的管理权。但这种管理权与劳动关系中用人单位对劳动者的管理权存在本质区别，保险公司行使这种管理权的主要目的在于完成法定的对保险代理人的培训和管理义务，其强度和范围均与用人单位对劳动者的管理权存在区别。

劳动者与保险公司之间究竟属于保险代理关系还是劳动关系，要具体情况具体分析，主要依据二者间订立的具体协议的法律性质，以及双方实际履行情况确定。此外，法律法规并不排斥劳动关系和保险代理关系同时存在，实践中也存在劳动者与保险公司建立劳动关系的同时，兼职从事保险代理业务。

5. 出租汽车司机涉及的劳动关系认定问题

《国务院办公厅关于进一步规范出租汽车行业管理有关问题的通知》第四条规定："……各地要采取有效措施，依法理顺出租汽车企业与司机的劳动用工关系，切实保障司机的合法权益。出租汽车企业必须依法与司机签订劳动合同，并向司机详细解释合同的主要条款。有关部门要结合实际情况制订示范合同，加强合同管理。有条件的地区可积极推行集体协商、集体合同制度，依法通过集体协商，保障司机劳动报酬、保险福利等权益。出租汽车企业要依法参加社会保险，按照国家规定为司机按时、足额缴纳基本养老、基本医疗、失业等保险费。有关部门要加大检查力度，对不按规定执行的企业责令限期改正，逾期不改的依法取消其经营权，并予以处罚。”据此，一般认为出租汽车司机与出租汽车企业之间构成劳动关系。但也有部分人民法院认为：“《国务院办公厅关于进一步规范出租汽车行业管理有关问题的通知》以及其他有关出租汽车行业用工的文件系特定时期行业主管部门的行政指导性质文件，不影响人民法院依据案件现有证据，根据事实和法律对双方的法律关系作出判断。”“《国务院办公厅关于进一步规范出租汽车行业管理有关问题的通知》属规范性文件，不属于必须执行的法律、法规。”基于前述观点，相关人民法院对出租汽车司机与出租汽车公司之间未明确签订劳动合同的，不确认双方之间构成事实劳动关系。

6. 我国香港特别行政区、澳门特别行政区和台湾地区（以下简称港澳台）人员在内地（大陆）就业时建立劳动关系的主体资格问题

2018 年 7 月 28 日印发的《国务院关于取消一批行政许可等事项的决定》，决定取消港澳台人员在内地的就业许可。2018 年 8 月 23 日，人力资源和社会保障部发布《关于废止〈台湾香港澳门居民在内地就业管理规定〉的决定》以及《关于香港澳门台湾居民在内地（大陆）就业有关事项的通知》，规定自 2018 年 7 月 28 日起，港澳台人员在内地（大陆）就业不再需要办理台港澳人员就业证；自 2018 年 8 月 23 日起，各地不再受理台港澳人员就业证申请。因此，关于港澳台人员在内地（大陆）就业时的劳动关系问题，分为两个阶段，在 2018 年 7 月 28 日《国务院关于取消一批行政许可等事项的决定》出台之前，港澳台在内地（大陆）就业，需要持有有效台港澳人员就业证，才能与用人单位之间构成劳动关系；在此之后，则不受此限制。这意味着，在 2018 年 7 月 28 日之前，港澳台人员在内地（大陆）就业没有依法办理就业证的，根据“法不溯及既往”原则，其与单位之间就不构成劳动关系。

7. 外国人、无国籍人在中国就业时建立劳动关系的主体资格问题

根据《外国人在中国就业管理规定》《国家外国专家局、人力资源社会保障部、外交部、公安部关于全面实施外国人来华工作许可制度的通知》等法律法规的规定，外国人、无国籍人在中国就业，需持有有效外国人就业证（持有外国专家局签发的外国专家证的外国人，持有外国人在中华人民共和国从事海上石油作业工作准证从事海上石油作业、不需登陆、有特殊技能的外籍劳务人员，经原文化部批准持临时营业演出许可证进行营业性文艺演出的外国人除外，2015 年 12 月 31 日起，外国人入境就业许可和外国专家来华工作许可整合为外国人来华工作许可；2017 年 4 月 1 日起，全国统一实施外国人来华工作许可制度，来华工作的外国人凭外国人工作许可通知和外国人工作许可证办理相关签证和居留手续），否则，不仅不能被认定为劳动关系［详见《最高人民法院关于审理劳动争议案件适用法律问题的解释（一）》第三十三条的规定］，相关外国人及国内用人单位还可能触犯其他法律法规。需要提请注意的是，即使劳动关系成立，也不是所有人民法院都认为外国人在中国就业时完全适用中国劳动法律法规。部分人民法院认为，因《外国人在中国就业管理规定》第二十一条、第二十二条只规定“用人单位支付所聘用外国人的工资不得低于当地最低工资标准”以及“在中国就业的外国人的工作时间、休息、休假劳动安全卫生以及社会保险按国家有关规定执行”，当事人在上述规定之外的其他劳动权利义务，则应按当事人之间的书面劳动合同、单项协议或其他协议以及实际履行的内容予以确定，而不当然适用《劳动法》《劳动合同法》等劳动法律法规。比如，在双方无明确约定的情况下，对在我国就业的外国人、无国籍人，是否能享有解除劳动关系的经济补偿，在司法实务中存在不同的裁判标准。

8. 停薪留职人员、内退人员、下岗待岗人员、富余人员、放长假的职工、被指派到外单位工作的人员等劳动者建立劳动关系的主体资格问题

根据《最高人民法院关于审理劳动争议案件适用法律问题的解释（一）》第三十二条第二款,《关于贯彻执行〈中华人民共和国劳动法〉若干问题的意见》第六条、第七条、第九条、第十四条等相关规定，停薪留职、下岗待岗、内退、放长假、“长期两不找人员”等劳动者在与原单位保留劳动关系的同时，到新用人单位工作的，与新用人单位之间可构成劳动关系。劳动者被指派到外单位工作，可以约定与原单位（签订劳动合同的单位）之间仍保留劳动关系，原单位仍是用人单位并承担相关法律义务和责任；也可以解除与原单位之间的劳动关系，与新单位之间建立起劳动关系。如果约定不明确，则需要根据法律法规规定的劳动关系特征和认定依据，来判断劳动关系的归属问题。当劳动者与指派单位、实际工作单位之间发生争议时，指派单位和实际工作单位可以作为共同当事人。被指派到外单位工作的人员主张与指派单位之间存在劳动关系的，关键要证明与原单位之间未解除劳动关系以及属于受原单位指派的事实，比如提供与原单位之间的劳动合同、相关指派函件、原单位进行管理支配的证据等。

9. 关于用人单位建立劳动关系的主体资格问题

《劳动法》第二条,《劳动合同法》第二条,《劳动合同法实施条例》第三条、第四条等法律法规，主要采用了列举的方法，对用人单位的类型进行了界定，包括在我国境内的企业、个体经济组织、民办非企业单位等组织，依法成立的会计师事务所、律师事务所等合伙组织和基金会等。对于《劳动合同法》规定的用人单位设立的分支机构，依法取得营业执照或者登记证书的，可以作为用人单位与劳动者订立劳动合同；未依法取得营业执照或者登记证书的，受用人单位委托可以与劳动者订立劳动合同。国家机关、事业组织、社会团体与劳动者之间建立劳动合同关系的，可以作为劳动关系的一方主体。此外，相关主体是否具有建立劳动关系的主体资格，还要根据《民法典》关于民事主体的相关规定判断。例如，根据《民法典》第五十四条的规定，个体工商户应依法登记；根据《民法典》第七十七条的规定，营利法人经依法登记成立。

10. 用人单位被宣告破产，被吊销营业执照、责令关闭、撤销或者用人单位决定提前解散但未注销期间的劳动关系认定问题

根据《劳动合同法》第四十四条的规定，用人单位被依法宣告破产，被吊销营业执照、责令关闭、撤销或者用人单位决定提前解散的，劳动合同终止。因此，在用人单位被依法宣告破产，被吊销营业执照、责令关闭、撤销或者用人单位决定提前解散但未注销期间，劳动者未再继续提供正常劳动的，该单位与其劳动者之间的劳动关系自此终止，双方劳动关系的终止时间为被依法宣告破产，被吊销营业执照、责令关闭、撤销或用人单位决定提前解散之日，而不是单位最终被注销之日。但要注意，用人单位被宣告破产，被吊销营业执照、责令关闭、撤销或者用人单位决定提前解散但未注销期间，仍具有劳动关系的主体资格，在此期间，用人单位与劳动者未解除、终止劳动关系，且劳动者继续在用人单位从事相关工作，符合劳动关系认定条件的，仍应当按劳动关系处理。

11. 村民委员会、居民委员会、农村集体经济组织建立劳动关系的主体资格问题

根据《民法典》的规定，村民委员会、居民委员会、农村集体经济组织具有法人资格，因此也具有建立劳动关系的主体资格。为上述组织工作和提供劳动，符合劳动关系特征的，应被认定为劳动关系。但村民委员会、居民委员会成员（主任、副主任和委员等），一般依法选举产生，与该组织之间则不属于劳动关系。

12. 外国企业常驻代表机构涉及的建立劳动关系的主体资格问题

根据《国务院关于管理外国企业常驻代表机构的暂行规定》《外国企业常驻代表机构登记管理条例》等规定，外国企业常驻代表机构，是指外国企业依照我国相关法律法规的规定，在我国境内设立的从事与该外国企业业务有关的非营利性活动的办事机构，此种代表机构不具有法人资格。在其注册登记信息上，名称一般为“×××代表处”。该类代表机构要聘请工作人员，须委托当地外事服务单位或者中国政府指定的其他单位办理。也就是说，如果外国企业常驻代表机构直接招用了劳动者，双方之间也不能构成劳动关系。在《国务院关于管理外国企业常驻代表机构的暂行规定》出台后，各地也出台了相关地方性规定，如广东省出台了《广东省外国企业常驻代表机构聘用中国雇员管理规定》（粤府函〔1999〕584号）。但在实施一定时间后，部分地区废止了相关规定，如经2015年12月25日广东省人民政府第十二届第六十五次常务会议通过，决定废止《广东省无线电管理实施办法》和《广东省外国企业常驻代表机构聘用中国雇员管理规定》两项政府规章，并自公布之日（2016年2月4日）起施行，广大劳动者及用人单位要注意查询所在地的相关规定。

13. 个人承包经营、挂靠其他单位对外经营招用劳动者，以及违法发包、分包、转包时建立劳动关系的主体资格问题

在社会生产实践中，普遍存在个人（自然人）承包经营、挂靠其他单位对外经营的情况，也普遍存在相关单位将自身业务发包、分包、转包给个人经营的情况。个人招用劳动者，首先在建立劳动关系的主体资格上，便不符合法律法规的要求。虽然法律法规对个人承包经营、挂靠其他单位对外经营以及违法发包、分包、转包时的相关责任的承担作出了一些特殊规定，例如《劳动合同法》第九十四条、《劳动和社会保障部关于确立劳动关系有关事项的通知》第四条、《人力资源和社会保障部关于执行〈工伤保险条例〉若干问题的意见》第七条等规定，但由发包单位、被挂靠单位等主体承担相关责任，并不等于应确认存在劳动关系。对于此类确认劳动关系争议，在司法实务中，主要审查劳动者与发包的组织（单位）之间是否存在建立劳动关系的因素和条件。比如，个人招用劳动者时，是否以发包的组织、被挂靠单位的名义对外招用；在工作过程中，发包的组织、被挂靠的单位是否实施了劳动管理和支配（比如，直接安排劳动者的工作，对劳动者进行考勤、奖惩等）；发包的组织、被挂靠的单位是否直接向劳动者支付劳动报酬、是否为劳动者缴纳社会保险或商业保险等。

14. 对外劳务合作或对外承包工程时涉及的劳动关系问题

根据《国务院对外劳务合作管理条例》《对外贸易经济合作部、劳动部关于切实加强保护外派劳务人员合法权益的通知》等的规定，对外劳务合作，是指组织我国劳务人员赴其他国家或者地区为国外的企业或者机构工作的经营性活动。前述相关条例及规章中规定国外的企业、机构或者个人不得在中国境内招收劳务人员赴国外工作，同时也规定我国的任何单位和个人不得以商务、旅游、留学等名义组织劳务人员赴国外工作。企业从事对外劳务合作，应当按照省、自治区、直辖市人民政府的规定，经省级或者设区的市级人民政府商务主管部门批准，取得对外劳务合作经营资格。未依法取得对外劳务合作经营资格证书并办理登记，不得从事对外劳务合作。取得对外劳务合作经营资格证书的对外劳务合作企业，不得允许其他单位或者个人以本企业的名义组织劳务人员赴国外工作。当然，不具备相应资质的，也不一定就会否定双方之间的事实劳动关系。对外劳务合作企业可以组织与其本单位建立劳动关系的劳务人员赴国外工作，也可以组织与其订立书面服务合同的劳务人员赴国外工作。因此，在劳动关系问题上，对外劳务合作企业与相关劳务人员之间既可能构成劳动关系，也可能不构成劳动关系而构成其他民事法律关系，认定的标准主要在于双方的合意以及签订的合同性质。

根据《对外承包工程管理条例》《商务部、住房和城乡建设部关于加强对外承包工程外派人员管理工作的紧急通知》的规定，对外承包工程，是指我国的企业或者其他单位承包境外建设工程项目的活动。对外承包工程企业和分包单位必须与外派人员签订劳动合同，明确劳动关系，履行用人单位责任，不得滥用国内劳务派遣，转嫁劳动关系。对未与外派人员签订劳动合同的对外承包工程企业和分包单位，商务、建设等有关主管部门按规定依法予以查处，直至取消相关资格和资质。此外，对外承包工程的单位可以通过中介机构招用外派人员，但注意应当选择依法取得许可并合法经营的中介机构，不得通过未依法取得许可或者有重大违法行为的中介机构招用外派人员。

二 工资支付争议

第一步：认识争议或侵权情形

用人单位未依法及时足额支付劳动者的工资（包括计时工资、计件工资、奖金、津贴和补贴以及特殊情况下支付的工资等）。

第二步：提出权利诉求

请求××（单位）支付××××年××月××日至××××年××月××日的工资或劳动报酬××元。

计算方法：

日工资、小时工资的折算：日工资＝月工资收入÷月计薪天数；小时工资＝月工资收入÷月计薪天数÷8小时；月计薪天数＝（365天－104天）÷12个月＝21.75天；

计时工资＝工资标准×应支付工资的期间，工资标准依据双方的约定以及法律法规的规定确定；

计件工资＝计件单价×计件数量，具体金额根据实行的超额累进计件、直接无限计件、限额计件、超定额计件等计件方式，以及双方约定的具体计算方法确定；

提成＝提成基数×提成系数，根据双方的约定具体确定；

奖金、津贴和补贴、特殊情况下支付的工资等根据双方的约定、用人单位规章制度的规定、法律法规的规定确定。

第三步：提出主张并加以证明

由用人单位向劳动者支付工资××元，需要满足以下构成要件：一是被诉一方主体负有支付工资的义务，二是请求支付工资的期间属于依法应当支付工资的期间，三是请求支付的工资金额符合法律法规的规定。因此，在工资支付争议中，当事人应就负有支付工资义务的主体、应当支付工资的期间以及工资标准、工资结构、计件单价、计件数量、提成计算方式及提成基数、奖金以及津贴补贴标准、特殊情形下的工资标准等与计算工资金额相关的事项提出自身的主张并进行证明。

（一）负有支付工资义务的主体

一般情况下，与劳动者建立劳动关系的用人单位，应当依法向劳动者支付工资；法律有特别规定的，按特别规定执行。如《保障农民工工资支付条例》第十八条规定："用工单位使用个人、不具备合法经营资格的单位或者未依法取得劳务派遣许可证的单位派遣的农民工，拖欠农民工工资的，由用工单位清偿，并可以依法进行追偿。"第二十条规定："合伙企业、个人独资企业、个体经济组织等用人单位拖欠农民工工资的，应当依法予以清偿；不清偿的，由出资人依法清偿。"第三十条规定："分包单位对所招用农民工的实名制管理和工资支付负直接责任。施工总承包单位对分包单位劳动用工和工资发放等情况进行监督。分包单位拖欠农民工工资的，由施工总承包单位先行清偿，再依法进行追偿。工程建设项目转包，拖欠农民工工资的，由施工总承包单位先行清偿，再依法进行追偿。"

（二）应当支付工资的期间

一般为劳动者为用人单位提供正常劳动的期间；部分情形下基于法律法规的特别规定应当依法支付工资，如劳动者在病假、工伤、产假、计划生育假、婚丧假、探亲假、定期休假、停工学习、执行国家或社会义务、参加社会活动、被派遣劳动者等待派遣期间等期间内用人单位应当依法支付工资。

（三）工资标准、工资结构、计件单价、计件数量、提成计算方式及提成基数、奖金以及津贴补贴标准、特殊情形下的工资标准等与计算工资金额相关的事项

以上与计算工资金额相关的事项，依据双方的约定以及法律法规的规定提出相应主张，具体根据以下法律制度结合自身的实际情况确定。

1. 关于同工同酬问题。根据《劳动法》第四十六条的规定，实行同工同酬是我国工资分配应当遵循的原则之一。根据《关于〈劳动法〉若干条文的说明》第四十六条第三款的规定，同工同酬，并非仅指相同岗位，从事相同工作，还要求付出等量劳动且取得相同劳绩。另根据《劳动合同法》第六十三条的规定，劳务派遣中，被派遣劳动者享有与用工单位的劳动者同工同酬的权利，用工单位应当按照同工同酬原则，对被派遣劳动者与本单位同类岗位的劳动者实行相同的劳动报酬分配办法。该规定虽然是针对劳务派遣而言的，但其所规定的“与本单位同类岗位的劳动者实行相同的劳动报酬分配办法”，可以作为认定是否同工同酬的一个依据。当劳动者主张“同工同酬”时，要注意根据上述“同工同酬”的定义及司法实务的认定标准，围绕“从事相同工作”“付出等量劳动”“取得相同劳绩”等方面举证证明。

2. 关于用人单位的工资分配自主权。根据《劳动法》第四十七条的规定，用人单位享有工资分配自主权，有权根据本单位的生产经营特点和经济效益，依法自主确定本单位的工资分配方式和工资水平，包括自主决定工资构成、工资标准、工资形式、工资增长机制等。但该自主权不可滥用，应遵守劳动合同、集体合同的约定，还应按自身的规章制度执行，不得随意调整、降低劳动者的工资。因此，在工资支付争议中，工资分配自主权可以作为用人单位的抗辩理由之一，而劳动者主张用人单位应支付相关工资的，应证明依据双方的既成约定、法律法规或用人单位规章制度的规定用人单位应当支付，从而排除用人单位的工资分配自主权的适用。

3. 关于正常工作时间工资。根据《关于贯彻执行〈中华人民共和国劳动法〉若干问题的意见》第五十五条的规定，正常工作时间工资是指劳动合同规定的劳

动者本人所在工作岗位（职位）相对应的工资。各地的工资支付相关规定亦有解释，如《广东省工资支付条例》第六十二条规定："……正常工作时间工资，是指劳动者在法定工作时间内提供了正常劳动，用人单位依法应当支付的劳动报酬。正常工作时间工资不包括下列各项：1.延长工作时间工资；2.中班、夜班、高温、低温、井下、有毒有害等特殊工作环境、条件下的津贴；3.法律、法规和国家规定的劳动者福利待遇等……"

4.关于标准工资和基本工资。《国家统计局〈关于工资总额组成的规定〉若干具体范围的解释》第五条规定："关于标准工资（基本工资，下同）和非标准工资（辅助工资，下同）的定义（一）标准工资是指按规定的工资标准计算的工资（包括实行结构工资制的基础工资、职务工资和工龄津贴）。（二）非标准工资是指标准工资以外的各种工资。"此外，根据《国家统计局〈关于工资总额组成的规定〉若干问题的解答》第九条的规定，在计算标准工资时，应当包括实行结构工资制的教龄津贴和护龄津贴，即标准工资包括实行结构工资制的基础工资、职务工资、工龄津贴、教龄津贴和护龄津贴。可以看出，此处标准工资和基本工资是同一概念。

5.关于计时工资。根据《国家统计局关于工资总额组成的规定》第五条的规定，计时工资是指按计时工资标准（包括地区生活费补贴）和工作时间支付给个人的劳动报酬，包括：（1）对已做工作按计时工资标准支付的工资；（2）实行结构工资的单位支付给职工的基础工资和职务（岗位）工资；（3）新参加工作职工的见习工资（学徒的生活费）；（4）运动员体育津贴。实行计时工资制，一般会预先设定或约定相应的工资标准，然后按劳动者实际工作时间计算和支付工资。在计时工资制下，劳动者的工资只与工作时间挂钩，而不与劳动量、工作业绩、工作成果等因素挂钩。计时工资制根据计算单位的不同，可以分为小时工资制、日工资制、月工资制和年薪制。在用工实务中，用人单位规定的或者与劳动者约定的工资结构可能五花八门，但不管如何规定或约定，凡是工资的获得只与实际工作时间相关的，就是计时工资的组成部分，比如工资结构中的基础工资、岗位工资、级别工资、工龄工资等。

6.关于计件工资。根据《国家统计局关于工资总额组成的规定》第六条的规定，计件工资是指对已做工作按计件单价支付的劳动报酬，包括：(1)实行超额累进计件、直接无限计件、限额计件、超定额计件等工资制，按劳动部门或主管部门批准的定额和计件单价支付给个人的工资；(2)按工作任务包干方法支付给个人的工资；(3)按营业额提成或利润提成办法支付给个人的工资。计件工资属于工资总额的组成部分，也属于劳动者工资的组成部分，且根据《国家统计局〈关于工资总额组成的规定〉若干问题的解答》第二条的规定，“计件超额工资”也属于计件工资，进而属于工资总额的组成部分，不能以属于超额部分为由主张该部分对应的工资不属于工资的组成部分。计件工资中的“件”，实质上就是劳动者完成工作的“量”，其表现形式多种多样，如产品数量、营业额、销售额、利润、客户数量、建筑面积等，具体根据工作业务性质而定。

实行计件工资制，必须满足两个条件：一是劳动者的工作量能够准确或明确计量，否则，计算计件工资则缺少一个必要因子，便无法确定计件工资的金额。而工作量能否准确或明确计量，要根据具体的工作性质、工作内容、工作成果的表现形式等因素而定。二是计价单价明确，否则，计算计件工资缺少另一个必要因子，也无法确定计件工资的金额。而计件单价，一般由用人单位和劳动者约定。

实行计件工资制的，比较关键的一个问题即劳动定额问题。劳动定额一般要确定两方面的“额”：一是时间定额，即完成一定的工作量所需要的时间；二是工作量定额，即单位时间内（如8小时内）应当完成的工作量。首先要确定时间定额，即根据技术水平、生产条件等因素，确定完成一定工作量所需要的时间，比如生产一件产品，需要10分钟，这就是时间定额。其次，在确定了时间定额之后，就可以确定单位时间内的工作量定额，比如，确定生产一件产品需要10分钟，那么8小时内的工作量定额就是48件产品（60分钟/小时 ×8小时 ÷10分钟/件）。劳动定额的确定，直接影响到劳动者在单位时间内（如8小时内）能否完成工作任务，进而影响其获得的报酬，所以《劳动法》第三十七条在规定实行计件工作要符合法定工时制度的同时，还规定劳动定额和计件报酬标准要做到“合理”。至于何为“合理”，该法未予明确，部分地方立法对此作出了规定，比如《广东省工资支付条例》第二十一条规定，确定的劳动定额原则上应当使本单位同岗位 70% 以上的劳动者在法定劳动时间内能够完成（如果本单位同岗位 30% 以上的劳动者在法定劳动时间内不能够完成劳动定额，就说明该劳动定额是不合理的，也是不合法的）。各位读者要注意查询自己所在地区有无类似规定以及规定的具体标准。

根据劳动和社会保障部《最低工资规定》第十二条第二款“实行计件工资或提成工资等工资形式的用人单位，在科学合理的劳动定额基础上，其支付劳动者的工资不得低于相应的最低工资标准”的规定，对于实行计件工资制的，也要遵守最低工资的相关规定，但应当建立在科学合理的劳动定额基础上。

7. 关于奖金。根据《国家统计局关于工资总额组成的规定》第七条的规定，奖金是指支付给职工的超额劳动报酬和增收节支的劳动报酬，包括生产奖、节约奖、劳动竞赛奖、机关及事业单位的奖励工资、其他奖金。另根据《国家统计局关于工资总额组成的规定》第十一条的规定，根据国务院发布的有关规定颁发的创造发明奖、自然科学奖、科学技术进步奖和支付的合理化建议和技术改进奖以及支付给运动员、教练员的奖金不列入工资总额的范围。

奖金在劳动者的工资结构中较为常见，比如绩效奖金、季度奖金、年度奖金、生产节约奖金以及其他奖金等。劳动者要求用人单位支付奖金的诉求，在劳动争议中也较为常见。但在很多情况下，因劳动者无法证明主张奖金的具体依据（如劳动合同的约定、用人单位规章制度的规定或相关的绩效方案等），从而被劳动争议仲裁机构和人民法院依据《劳动法》第四十七条的规定，以用人单位享有工资分配的自主权为由，驳回劳动者的请求。也就是说，对于奖金，在用人单位与劳动者无支付奖金的具体约定，或用人单位的规章制度未明确规定奖金问题的情况下，用人单位可以自主决定是否支付奖金。

此外，在某些情况下，在劳动者入职时，用人单位与其口头约定奖金的相关事项，但劳动者未予录音或者通过其他方式留存证据，导致出现争议时，也无法举证。因此，在奖金问题上，劳动者要注意积极主动收集、留存相关证据，以能初步证明自己享有获得奖金的权利。

8. 关于津贴和补贴。根据《国家统计局关于工资总额组成的规定》第八条的规定，津贴和补贴是指为了补偿职工特殊或额外的劳动消耗和因其他特殊原因支付给职工的津贴，以及为了保证职工工资水平不受物价影响支付给职工的物价补贴。津贴包括补偿职工特殊或额外劳动消耗的津贴、保健性津贴、技术性津贴、年功性津贴及其他津贴。物价补贴包括为保证职工工资水平不受物价上涨或变动影响而支付的各种补贴。另外，《国家统计局〈关于工资总额组成的规定〉若干具体范围的解释》第三条对津贴和补贴的范围作了更为具体详细的规定。

在劳动用工及劳动争议实务中，要注意用人单位将劳动者的部分工资“津贴化”或“补贴化”而拟降低劳动者相关工资基数的问题。根据《国家统计局关于工资总额组成的规定》第十一条、《国家统计局关于〈工资总额组成的规定〉若干具体范围的解释》第四条、《财政部关于企业加强职工福利费财务管理的通知》、《劳动和社会保障部社会保险事业管理中心关于规范社会保险缴费基数有关问题的通知》第三条和第四条的规定及意见，除出差伙食补助费、误餐补助、调动工作的旅费和安家费，尚未实行货币化改革的企业为职工提供的交通、住房、通讯待遇，作为专款专用存入专门的账户用于住房补贴或房改补贴等项目外，其他津贴、补贴应计入工资总额内。

9. 关于最低工资。应注意掌握以下要点：（1）最低工资，是指劳动者在法定工作时间或依法签订的劳动合同约定的工作时间内提供了正常劳动的前提下，用人单位依法应支付的最低劳动报酬。如果劳动者未提供正常劳动，则支付的工资可以低于最低工资。（2）正常劳动，一般是指在法定工作时间或劳动合同约定的工作时间内从事的劳动。劳动者依法享受带薪年休假、探亲假、婚丧假、生育（产）假、节育手术假等国家规定的假期间，以及法定工作时间内依法参加社会活动期间，视为提供了正常劳动。（3）最低工资标准包括月最低工资标准和小时最低工资标准，月最低工资标准适用于全日制就业劳动者，小时最低工资标准适用于非全日制就业劳动者。（4）用人单位应在最低工资标准发布后 10 日内，将最低工资标准向本单位全体劳动者公示。（5）最低工资一般包括基本工资和奖金、津贴、补贴，但不包括延长工作时间的工资报酬，以货币形式支付的住房和用人单位支付的伙食补贴，中班、夜班、高温、低温、井下、有毒、有害等特殊工作环境和劳动条件下的津贴，国家法律、法规、规章规定的社会保险福利待遇。（6）因《最低工资规定》中规定确定最低工资标准一般考虑城镇居民生活费用支出、职工个人缴纳社会保险费、住房公积金、职工平均工资、失业率、经济发展水平等因素，故衡量劳动者工资是否低于最低工资标准时，用人单位代扣的劳动者个人应缴的社会保险费用应包含在最低工资之内。（7）用人单位与劳动者应当在劳动合同中依法约定正常工作时间工资，约定的工资不得低于所在地政府公布的本年度最低工资标准。在劳动合同中，双方当事人约定的劳动者在未完成劳动定额或承包任务的情况下，用人单位可低于最低工资标准支付劳动者工资的条款不具有法律效力。（8）劳动者与用人单位形成或建立劳动关系后，在试用、熟练、见习期间，在法定工作时间内提供了正常劳动，其所在的用人单位应当支付不低于最低工资标准的工资。（9）用人单位低于当地最低工资标准支付劳动者工资的，由劳动行政部门责令限期支付其差额部分；逾期不支付的，责令用人单位按应付金额 50% 以上 100% 以下的标准向劳动者加付赔偿金。但要注意，部分地区（如广东、北京等地）的司法实务意见认为，劳动者依据《劳动合同法》第八十五条的规定请求用人单位支付赔偿金的，应提供劳动行政部门责令用人单位限期支付劳动报酬、加班费、经济补偿或低于最低工资标准的差额部分的限期整改指令书和用人单位逾期未履行该指令书的证据。（10）外国人依法在中国就业时，用人单位支付所聘用外国人的工资不得低于当地最低工资标准。

10. 关于跨地区生产经营或异地用工时工资标准问题。根据《劳动合同法实施条例》第十四条的规定：当劳动合同履行地与用人单位注册地不一致时，有关最低工资标准、劳动保护、劳动条件、职业危害防护和本地区上年度职工月平均工资标准等事项，按照劳动合同履行地的有关规定执行；如果用人单位注册地的有关标准高于劳动合同履行地的有关标准，要实行用人单位注册地的标准的，则需要双方明确约定，否则，不能当然适用用人单位注册地的较高标准。该条规定还暗含一层意思，即劳动合同履行地的标准高于用人单位注册地的，双方不得约定适用用人单位注册地的较低标准。因为该条前半部分已经明确适用劳动合同履行地的标准，除法律法规允许外，双方的约定不得违反该规定。关于异地劳务派遣的工资标准问题，详见后述的“劳务派遣用工时工资支付应遵守的规定”的相关内容。

11. 特殊情况下支付的工资。根据国家法律法规的规定，在劳动者出现因病、工伤、产假、计划生育假、婚丧假、事假、探亲假、定期休假、停工学习、执行国家或社会义务等情形时，按计时工资标准或计时工资标准的一定比例支付工资。用人单位和劳动者双方可以约定特殊情况下支付的工资，但约定的工资标准不得低于法律法规规定的标准。比如，对于患病或非因工负伤的医疗期工资，约定的标准不得低于最低工资的 80%。

12. 社会活动的概念以及劳动者参加社会活动时的工资支付问题。根据《工资支付暂行规定》第十条的规定，劳动者在法定工作时间内依法参加社会活动期间，用人单位应视同其提供了正常劳动而支付工资。社会活动包括：依法行使选举权或被选举权，当选代表出席乡（镇）、区以上政府、党派、工会、青年团、妇女联合会等组织召开的会议，出任人民法庭证明人，出席劳动模范、先进工作者大会，《工会法》规定的不脱产工会基层委员会委员因工会活动占用的生产或工作时间，其他依法参加的社会活动。此外，各地关于工资支付的地方立法也对“社会活动”作出了规定，如《广东省工资支付条例》第二十六条规定：“劳动者在正常工作时间内依法参加下列社会活动的，用人单位应当支付正常工作时间工资：（一）依法行使选举权或者被选举权；（二）人大代表、政协委员依法履行职责；（三）当选代表出席乡（镇）以上政府、党派以及工会、共青团、妇联等组织召开的会议；（四）人民陪审员参加审判活动；（五）不脱产工会基层委员会委员依法参加工会活动；（六）职工代表参加集体合同协商活动；（七）法律、法规规定的其他情形。”劳动者及用人单位要注意查询当地的相关规定，准确把握法律法规对“社会活动”的界定。

13. 劳动者请事假期间的工资支付问题。根据《对〈工资支付暂行规定〉有关问题的补充规定》第三条的规定，因劳动者请事假等相应减发工资，不属于用人单位“克扣”工资。即在劳动者请事假的情况下，用人单位有权相应减发工资。部分地方对劳动者请事假的工资问题也予以明确。如《广东省工资支付条例》第二十五条规定：“劳动者因事假未提供劳动期间，用人单位可以不支付工资。”但劳动合同、集体合同、规章制度等对事假工资有约定或规定的，应当按合同的约定或规章制度的规定执行。

14. 用人单位停工、停产时的工资支付问题。《工资支付暂行规定》第十二条规定："非因劳动者原因造成单位停工、停产在一个工资支付周期内的，用人单位应按劳动合同规定的标准支付劳动者工资。超过一个工资支付周期的，若劳动者提供了正常劳动，则支付给劳动者的劳动报酬不得低于当地的最低工资标准；若劳动者没有提供正常劳动，应按国家有关规定办理。"部分地区的地方立法对此亦有规定，如《广东省工资支付条例》第三十九条规定："非因劳动者原因造成用人单位停工、停产，未超过一个工资支付周期（最长三十日）的，用人单位应当按照正常工作时间支付工资。超过一个工资支付周期的，可以根据劳动者提供的劳动，按照双方新约定的标准支付工资；用人单位没有安排劳动者工作的，应当按照不低于当地最低工资标准的百分之八十支付劳动者生活费，生活费发放至企业复工、复产或者解除劳动关系。"读者要注意查询当地立法的相关规定。

15. 劳动合同被确认无效后劳动报酬支付的相关问题。虽然劳动合同被确认无效，但劳动者已付出劳动，而且劳动一经付出即无法收回，故作为劳动的对价，用人单位还是应当支付劳动报酬。对此,《劳动合同法》第二十八条规定："劳动合同被确认无效，劳动者已付出劳动的，用人单位应当向劳动者支付劳动报酬。劳动报酬的数额，参照本单位相同或者相近岗位劳动者的劳动报酬确定。"《最高人民法院关于审理劳动争议案件适用法律问题的解释（一）》第四十一条规定："劳动合同被确认为无效，劳动者已付出劳动的，用人单位应当按照劳动合同法第二十八条、第四十六条、第四十七条的规定向劳动者支付劳动报酬和经济补偿。由于用人单位原因订立无效劳动合同，给劳动者造成损害的，用人单位应当赔偿劳动者因合同无效所造成的经济损失。"对于该条要注意，既然该条将劳动合同被确认无效后的"劳动报酬""经济补偿"与"经济损失"并列规定，即表明因劳动合同无效给劳动者造成的损失中，不包括劳动报酬和经济补偿。笔者认为，对于劳动合同被确认无效后劳动报酬的金额或支付标准，应区分导致劳动合同无效的原因而定：如果不是劳动合同整体无效，也并非关于劳动报酬的约定无效，而是劳动报酬之外的其他部分条款无效，那么仍应当执行关于劳动报酬的约定，按约定的标准支付劳动报酬；如果是合同整体无效，或者关于劳动报酬的约定无效（如约定的劳动报酬低于最低工资标准），根据《劳动合同法》第二十八条的规定，则参照本单位相同或者相近岗位劳动者的劳动报酬确定。

16. 劳动者被采取司法强制措施、被行政拘留以及执行刑罚期间的工资支付问题。根据《对〈工资支付暂行规定〉有关问题的补充规定》第五条的规定，劳动者受刑事处分期间，其待遇按国家有关规定执行。根据《关于贯彻执行〈中华人民共和国劳动法〉若干问题的意见》第二十八条的规定，劳动者涉嫌违法犯罪被有关机关收容审查、拘留或逮捕的，用人单位在劳动者被限制人身自由期间，可与其暂时停止劳动合同的履行。暂时停止履行劳动合同期间，用人单位不承担劳动合同规定的相应义务。部分地方立法对此问题亦有规定，如《广东省工资支付条例》第二十七条规定：“劳动者被人民法院判处管制、拘役适用缓刑或者有期徒刑适用缓刑，被假释、取保候审、监外执行期间，为用人单位提供正常劳动的，用人单位应当支付工资。”第二十八条规定：“劳动者因涉嫌违法犯罪被采取司法强制措施或者被行政拘留期间，未提供劳动的，用人单位可以不支付工资。”如果劳动者被错误采取强制措施，或者被改判无罪，其劳动关系及工资问题该如何处理呢？根据《关于贯彻执行〈中华人民共和国劳动法〉若干问题的意见》第二十八条的规定，劳动者经证明被错误限制人身自由的，暂时停止履行劳动合同期间劳动者的损失，可由其依据《国家赔偿法》要求有关部门赔偿。

17. 用人单位解除或终止劳动合同的决定被撤销或被确认无效后的工资支付问题。根据《劳动合同法》第四十八条的规定，用人单位违法解除或者终止劳动关系的，劳动者有两种选择，一是要求继续履行劳动合同，二是要求用人单位支付违法解除或终止关系的赔偿金。当然，劳动者主张继续履行，但劳动合同已经不能继续履行的，则由用人单位支付违法解除的赔偿金。根据部分地方立法的规定（如《广东省工资支付条例》第二十九条），用人单位解除劳动关系的决定被撤销或者确认无效的，应当支付劳动者在被违法解除或终止劳动关系期间的工资，即使劳动者在此期间未提供正常劳动。因此，用人单位违法解除或终止劳动关系后，须承担什么样的法律责任，与劳动者的选择有关；用人单位解除劳动关系的决定是否需要被撤销或者确认无效，也与劳动者的选择有关。如果劳动者提出支付违法解除或终止劳动关系的赔偿金的请求，那么在支持该赔偿金的情况下，无须另行对用人单位解除或终止的决定进行撤销或确认无效，因为支付该赔偿金，前提是解除或终止决定产生解除或终止的效力，对解除或终止的决定进行撤销或确认无效，则导致支付赔偿金失去前提条件。既然未被撤销或确认无效，且用人单位已承担支付赔偿金的法律责任，那么无须再支付违法解除或终止期间的工资。如果劳动者对解除或终止的决定直接提出撤销或确认无效的请求，并提出支付违法解除或终止期间的工资以及继续履行劳动合同的请求，在用人单位构成违法解除或终止且劳动合同能继续履行的情况下，其请求均可得到支持。如果劳动者提出前述请求，但劳动合同不能继续履行，则用人单位须承担支付违法解除或终止劳动关系的赔偿金的责任。从用人单位作出解除或终止的决定，到劳动合同确定不能继续履行，二者可能需要一段时间而不是同时发生，在这段时间内，用人单位违法解除或终止的决定是可以被撤销或被确认无效的，相应地，用人单位也应当支付该期间的工资。而自确定不能继续履行起，因产生了新的应当解除或终止的法定情形，劳动合同应当解除或终止，从而产生解除或终止的法律责任，此后用人单位无须继续支付工资。例如，甲单位于 2020 年 5 月 1 日违法解除与小明之间的劳动关系，后小明申请劳动争议仲裁要求确认甲单位的解除行为无效，并要求继续履行劳动合同及支付违法解除期间的工资。但经审理查明，甲单位于 2020 年 7 月 1 日注销，双方不能再继续履行劳动合同。那么在 2020 年 5 月 1 日至 6 月 30 日，双方存在继续履行的可能性和条件，故该期间内甲单位违法解除的决定可以被确认无效，同时甲单位应支付该期间的工资；自 2020 年 7 月 1 日起，因双方事实上无继续履行劳动合同的可能性，甲单位无须再支付工资，但权利义务承受人应当承担解除或终止劳动关系的相关责任。

另外，并不是在所有情形下，解除或终止的决定被撤销或被确认无效后，均会产生支付违法解除或终止期间的工资的法律责任，比如，根据《工伤保险条例》第三十五条、第三十六条的规定，用人单位不能解除与一级至六级伤残职工之间的劳动关系，否则就是违法解除，从而可以被撤销或确认无效。但上述规定中，除五级、六级伤残职工外（五级、六级的伤残职工由用人单位安排适当工作，不能安排的则按月支付伤残津贴），即使劳动关系存续，也未规定用人单位需支付工资，而是规定由工伤保险基金按月支付伤残津贴，由用人单位和职工依法缴纳基本医疗保险费（五级、六级伤残职工由用人单位按照规定为其缴纳应缴纳的各项社会保险费)。既然法律法规都未规定此种情况下用人单位应支付工资，那么在违法解除或终止期间，用人单位也无须支付。当然，因用人单位违法解除或终止，以及解除或终止后未依法参加社会保险，未依法履行本应由用人单位履行的义务，导致工伤职工有上述待遇损失的，用人单位应当赔偿相应的损失。

在实务中，劳动者应根据具体情况来主张违法解除或终止期间的待遇损失，不一定有工资损失，也不一定只限于工资损失。

计算违法解除或终止期间的工资时，涉及工资标准的认定问题。上述原劳动部的规定对此未予明确,《广东省工资支付条例》规定为“劳动者本人前十二个月的平均正常工作时间工资”(此处的前12个月应理解为用人单位作出解除或终止决定的前12个月)，读者可以自行查询自身所在地区有无相关规定。

对于该问题，还涉及“违法解除或终止期间”的认定问题。如上所述，在违法解除或终止后，劳动合同不能继续履行的，用人单位作出解除或终止决定至劳动合同确定不能继续履行时止的期间，为用人单位应当支付工资的期间。如果劳动合同能继续履行，笔者认为，用人单位作出解除或终止决定至解除或终止的决定被撤销或被确认无效时止，为用人单位应当支付工资的期间。被撤销或被确认无效后，双方继续履行劳动合同的，则按实际履行情况支付工资，或者按法律法规的规定办理(如上述关于1级至6级伤残职工的相关规定)。

18. 劳务派遣用工时工资支付应遵守的规定。劳务派遣用工存在两种协议，即劳务派遣单位和用工单位之间的劳务派遣协议、劳务派遣单位和被派遣劳动者之间的劳务派遣合同。其中，劳动报酬是劳务派遣协议和劳务派遣合同中都应当载明的事项和必备条款，但由于被派遣劳动者不是劳务派遣协议的一方主体，对劳务派遣协议的内容可能不清楚，为了保护劳动者的知情权及合法权益，法律规定劳务派遣单位应当将劳务派遣协议的内容告知被派遣劳动者，并在此基础上规定劳务派遣单位不得克扣用工单位按照劳务派遣协议支付给被派遣劳动者的劳动报酬。如果不规定上述告知义务，被派遣劳动者根本不知晓用工单位支付的劳动报酬的标准，从而要求劳务派遣单位将用工单位支付的劳动报酬支付给被派遣劳动者而不得克扣，可能落不到实处。劳务派遣协议中不仅要载明被派遣劳动者劳动报酬数额和支付方式，而且所载明的劳动报酬应当符合同工同酬的原则。劳务派遣中的同工同酬，是被派遣劳动者与用工单位的劳动者之间的同工同酬，同时是指用工单位应当对被派遣劳动者与本单位同类岗位的劳动者实行相同的劳动报酬分配办法，如果用工单位无同类岗位劳动者，则参照用工单位所在地相同或者相近岗位劳动者的劳动报酬确定。劳动报酬分配办法属于用工单位规章制度的范畴，故该分配办法应当符合《劳动合同法》第四条关于规章制度的相关规定。关于同工同酬的其他内容，可参阅前述“关于同工同酬问题”的相关内容。

除劳务派遣单位应当将劳务派遣协议的内容包括劳动报酬情况告知被派遣劳动者外，用工单位也应当将劳动报酬的情况告知被派遣劳动者，从而充分维护被派遣劳动者的知情权，防止被派遣劳动者的劳动报酬被克扣。

劳务派遣协议及劳务派遣合同一般于被派遣劳动者入职之初签订，而用工过程中的加班、绩效奖金的核算及支付、工资调整等事项，在入职之初尚未发生，劳务派遣协议和劳务派遣合同中可能未约定，之后在实际用工中，用工单位安排劳动者加班的，应当依法支付加班费；发放绩效奖金及进行正常的工资调整的，也应当依法给被派遣劳动者发放和调整。除工资外，被派遣劳动者所在岗位应当享受相关福利待遇的，用工单位应当提供。支付加班费、绩效奖金、福利，以及进行正常的工资调整，是用工单位应当履行的法定义务，不以劳务派遣协议和劳务派遣合同有约定为前提。

根据《劳动合同法》第五十八条的规定，当劳务派遣单位未给被派遣劳动者安排用工单位，被派遣劳动者在等待被派遣而无工作期间，虽然未提供劳动，但劳务派遣单位仍应当按照所在地人民政府规定的最低工资标准向其按月支付报酬。

根据《劳动合同法》第六十一条的规定，跨地区派遣劳动者的，被派遣劳动者享有的劳动报酬和劳动条件，按照用工单位所在地的标准执行。该条没有规定适用劳务派遣单位所在地标准的例外。即不管用工单位所在地的标准比劳务派遣单位所在地的标准高还是低，都适用用工单位所在地的标准。这与《劳动合同法实施条例》第十四条关于劳动合同履行地与用人单位注册地不一致时，有关劳动者的最低工资标准、劳动保护、劳动条件、职业危害防护和本地区上年度职工月平均工资标准等事项，执行劳动合同履行地的标准的规定不一样。

19. 用人单位从劳动者的工资中扣除因劳动者造成的经济损失赔偿问题。根据《工资支付暂行规定》第十六条的规定，因劳动者本人原因给用人单位造成经济损失，用人单位可按照劳动合同的约定要求其赔偿经济损失。另外，用人单位从劳动者的工资中扣除经济损失的赔偿，每月扣除部分不得超过劳动者当月工资的20%，且扣除后的剩余工资部分不得低于当地月最低工资标准。比如，某地最低工资标准为2000元/月，小明因其自身原因给甲单位造成经济损失，甲单位欲从小明的工资中扣除经济损失的赔偿，假设小明当月工资为2200元，如果甲单位按20%的比例扣除，则当月可扣除440元（2200元×20%），但扣除之后，小明当月的工资低于最低工资2000元（2200元−440元=1760元），故甲单位当月最多只能扣除200元（2200元−2000元），剩余未赔偿的损失只能留待其他月份扣除。此外，要注意查询当地立法对该问题的规定。如《广东省工资支付条例》第十五条的规定中，除了对扣除金额的限制外，还有程序性要求，即用人单位“应当提前书面告知扣除原因及数额；未书面告知的不得扣除”。

20. 关于用人单位可以从劳动者工资中代扣代缴的项目。根据《工资支付暂行规定》第十五条的规定，劳动者应当缴纳的个人所得税，个人应当负担的各项社会保险费用和住房公积金，人民法院判决、裁定中要求代扣的抚养费、赡养费、扶养费，以及法律、法规规定或者双方约定的其他款项，用人单位可以在支付工资时从劳动者的工资中代扣代缴。除上述法定的代扣代缴项目外，在用工实务中，用人单位还会从劳动者的工资扣除其他一些项目，比如，经双方协商一致后，用人单位提供餐饮、宿舍、班车等福利，虽然不是按市场价收费但需要劳动者支付一定的费用，从而在支付工资时扣除这些费用。这种做法是法律法规所允许的。

正因为法律法规规定“可以代扣劳动者工资”“从劳动者工资中代扣”，这些被代扣的项目仍属于劳动者的工资范畴，在计算诸如加班费、未休年休假工资、解除劳动关系的经济补偿、工伤职工的停工留薪期工资、生育津贴或产假工资等待遇时，被代扣的部分也应当计入相关计算基数内。在被代扣之前，一般叫“应发工资”或“应得工资”；代扣之后实际支付的工资，一般叫“实发工资”或“实得工资”。在计算劳动者的平均工资时，一般应按应发工资计算，除非法律法规规定有需要扣除的项目（如未休年休假工资的计算基数中要去除加班费），如根据《劳动合同法实施条例》第二十七条的规定,《劳动合同法》第四十七条规定的经济补偿的月工资按照劳动者应得工资计算，包括计时工资或者计件工资以及奖金、津贴和补贴等货币性收入。

21. 关于工资支付形式、支付时间及支付对象。在工资的支付形式方面，法律法规规定工资应当以货币形式支付，不得以实物及有价证券替代货币支付；而且应当以法定货币支付，我国的法定货币是人民币（我国香港特别行政区和澳门特别行政区的法定货币分别是港元和澳门元），故以其他货币支付工资也是不合法的。

在工资的支付时间方面，法律法规规定的最长工资支付周期为一个月，也就是说，工资至少每月支付一次，即使实行年薪制、提成制、计件工资制等工资制度的，也应当每月支付一次工资。当然，用人单位和劳动者双方可以约定或者实行更短的工资支付周期，即可以以半月、周、日、小时为工资支付周期，双方对工资支付时间有具体约定的，应当按约定支付工资。如遇节假日或公休日，应提前在最近的工作日支付工资。

此外，法律法规对工资支付时间有特别规定的，要遵守相关特别规定。如根据《劳动合同法》第七十二条的规定，实行非全日制用工的，劳动报酬的支付周期最长不得超过 15 日。双方可以约定更短的支付周期。根据《工资支付暂行规定》第八条的规定，对完成一次性临时劳动或某项具体工作的劳动者，用人单位应按有关协议或合同规定在其完成劳动任务后即支付工资。根据《工资支付暂行规定》第九条的规定，劳动关系解除或终止的，应当在解除或终止之时一次性付清工资。部分地区的地方立法对此亦有规定，如《广东省工资支付条例》第十三条明确规定解除或终止劳动关系的“当日”应当结清并一次性支付劳动者的工资。

在工资的支付对象方面，工资应当支付给劳动者本人，同时劳动者也有依法受领工资的义务。劳动者本人因故不能领取工资时，可以委托他人代领，此时用人单位应注意让劳动者出具相应的委托书，避免产生相关争议或损失。用人单位委托银行代发工资的，应当注意将工资存入劳动者本人账户；以微信、支付宝转账等方式支付工资的，要注意核实微信、支付宝等账户持有人的真实身份，最好让劳动者出具一份承诺或声明。

22. 关于工资支付台账及工资清单。根据《工资支付暂行规定》第六条的规定，用人单位支付工资，应当予以书面记录，书面记录的内容，包括支付的工资数额、时间、领取者的姓名及签字。部分地区还要求包括工资项目（相当于工资结构，如基本工资、岗位工资、各项补贴、各种奖金等）、代扣代缴的项目和数额、实发工资数额等。此种记录一般被称为工资台账。该种工资台账依法应当保存两年以上备查（根据《保障农民工工资支付条例》第十五条的规定，涉及农民工工资支付的，台账至少保存三年）。要注意，工资支付台账应当保存两年或三年，即意味着用人单位要对两年或三年以内的工资支付问题承担相应的举证责任。

法律法规在要求用人单位编制工资台账的同时，还要求用人单位依法向劳动者发放工资清单，并要求工资清单与工资支付台账应当一致。有了符合法律规定的工资清单，则工资支付情况一目了然，即劳动者的工资结构和金额、代扣代缴项目、加班费支付情况、应发工资数、实发工资数等信息均可清晰展现。但用工实践中，用人单位不依法发放工资清单的现象比较普遍，导致劳动者无法知晓自身工资的具体情况。比如，在用人单位未依法发放工资清单的情况下，劳动者便无法核实工资结构、代扣代缴的金额以及应发工资数（通过银行转账支付的往往是代扣代缴后实发工资数）等。劳动争议实务中，我们也经常见到劳动者因不知道自身的应发工资数，而在主张加班费、解除劳动合同的经济补偿等待遇时，以实发工资数作为计算基数，加之适用处分原则，最终导致实际权益受损。因此，劳动者要注意向用人单位索要工资清单，用人单位不依法发放的，可以向劳动保障行政部门投诉。

23. 克扣工资、无故拖欠工资的概念。根据《关于〈劳动法〉若干条文的说明》第五十条,《对〈工资支付暂行规定〉有关问题的补充规定》第三条、第四条，以及部分地方立法（如《广东省工资支付条例》第六十二条）的规定,“克扣工资”是指用人单位无正当或法定理由扣减劳动者应得工资。即在劳动者已依法或依规定提供了正常劳动前提下，用人单位未依法或依约定给劳动者支付全部劳动报酬。但对于因国家的法律、法规中有明确规定的，依法签订的劳动合同中有约定的，“用人单位依法制定并经职代会批准的厂规、厂纪中有明确规定的”，“企业工资总额与经济效益相联系，经济效益下浮时，工资必须下浮的（但支付给劳动者工资不得低于当地的最低工资标准）”，“因劳动者请事假”等而减发工资的，不属于“克扣”。

“无故拖欠”是指用人单位无正当理由在规定时间内或超过规定付薪时间故意不支付劳动者工资，但不包括：（1）用人单位遇到非人力所能抗拒的自然灾害、战争等原因，无法按时支付工资；（2）用人单位确因生产经营困难、资金周转受到影响，在征得本单位工会同意后，可暂时延期支付劳动者工资，延期时间的最长限制可由各省、自治区、直辖市劳动行政部门根据各地情况确定。

三 加班费争议

第一步：认识争议或侵权情形

用人单位安排加班但未足额支付加班费，或休息日安排加班但未依法安排补休且未依法支付加班费。

第二步：提出权利诉求

请求××（单位）支付××××年××月××日至××××年××月××日的加班费××元（包括延长工作时间加班费、休息日加班费、法定休假日加班费）。

计算方法：

工作日延长工作时间的加班费＝加班费计算基数÷21.75÷8×加班时数×1.5倍；

休息日加班费＝加班费计算基数÷21.75×休息日加班天数×2倍；

法定休假日加班费＝加班费计算基数÷21.75×法定休假日加班天数×3倍；

加班费计算基数根据法律法规的规定、双方的约定、实际工资结构等因素确定。

第三步：提出主张并加以证明

由用人单位向劳动者支付××××年××月××日至××××年××月××日的加班费××元，需要满足以下构成要件：一是双方之间存在劳动关系（支付加班费以双方之间的关系属于劳动关系为前提），二是主张支付加班费的期间与实际加班时间相符，三是主张的加班费计算基数、计算方式等与双方的约定或法律法规的规定相符。为此，在加班费争议中，当事人应就支付加班费的义务主体、用人单位安排加班的事实、具体的加班时间及时长、加班费的计算基数等事项提出相关主张并加以证明；用人单位欲反驳劳动者的加班费请求的，可以从是否存在无须支付加班费的法定情形、是否已部分或足额支付劳动者的加班费等方面提出自身主张并加以证明。

另外，加班费争议中，为增加提出主张及证据的针对性和有效性，首先宜掌握关于加班费问题的举证证明责任分配规则。《最高人民法院关于审理劳动争议案件适用法律问题的解释（一）》第四十二条规定:“劳动者主张加班费的，应当就加班事实的存在承担举证责任。但劳动者有证据证明用人单位掌握加班事实存在的证据，用人单位不提供的，由用人单位承担不利后果。”该条规定了加班费争议举证证明责任分配的一般规则，即劳动者主张用人单位支付加班费的，应举证证明加班事实的存在，否则应承担相应的不利后果，即关于加班费的诉求可能会被驳回。但劳动用工实务中，与加班费问题相关的考勤记录、工资支付台账或记录等证据，往往由用人单位掌握，劳动者获取相关证据的能力较弱，因此，对于由用人单位掌握的能证明加班事实存在的证据，应由用人单位提供，否则需要承担相应的不利后果，即劳动者关于加班费的诉求可能会得到支持。但要注意，由用人单位提供与加班事实相关的证据，前提是劳动者有证据证明用人单位掌握有相关证据，否则，由于“否定者不承担举证责任”，当劳动者无证据证明用人单位掌握有相关证据时，用人单位只需否定其掌握或持有便无须承担相应的不利后果。因此，在履行劳动合同过程中，存在加班情况的，劳动者要注意生成、收集和保存相关证据，如留存用人单位关于加班的工作安排或通知、通过录音录像等方式证明存在加班事实、要求用人单位在工资清单中如实记录支付加班费的情况等，以便发生争议时能完成属于自身的举证证明责任。

在司法实务中，一般要求劳动者对加班事实承担初步的举证证明责任，即劳动者应提交初步或表面证据证明存在加班事实。在劳动者完成初步举证证明责任后，则由用人单位对加班的具体情况以及是否足额支付加班费承担举证责任。比如，劳动者主张用人单位未足额支付加班费，其提供的工资条中载明有“加班费”项目及具体金额，则劳动者已完成其初步举证责任，接下来，应由用人单位提供具体考勤记录、已支付的加班费的具体计算依据等证据来证明是否已足额支付加班费。如果依据用人单位提供的考勤记录，结合劳动者的工资标准及法律法规规定的加班费的计算方法，得出的加班费与用人单位实际已支付的加班费不相吻合，则用人单位需要支付相应的差额。

在遵循上述关于加班费问题的举证证明责任分配规则的基础上，劳动者和用人单位要注意就以下相关问题，提出各自的法律主张和事实主张，并提供相应的证据证明。

（一）负有支付加班费义务的主体

加班费属于劳动法律权利，以成立劳动关系为前提，如果不成立劳动关系，比如属于劳务关系、承揽关系等，则不存在加班费。因此，加班费的支付主体一般为与劳动者建立劳动关系的用人单位。根据《劳动合同法》第六十二条、第九十二条的规定，劳务派遣用工时，支付加班费的义务主体为用工单位，劳务派遣单位承担连带责任。

（二）是否存在无须支付加班费的情形

用人单位主张无须支付加班费的，应就此主张予以证明。

1. 根据《劳动法》第四十四条的规定，休息日安排劳动者加班但安排了补休的，不需要支付加班费。《国务院关于职工工作时间的规定》第七条规定：“国家机关、事业单位实行统一的工作时间，星期六和星期日为周休息日。企业和不能实行前款规定的统一工作时间的事业单位，可以根据实际情况灵活安排周休息日。”对于国家机关、事业单位（不能实行星期六、星期日休息的事业单位除外），明确规定星期六和星期日休息两天，而对于企业，则规定“可以根据实际情况灵活安排周休息日”。对于“每周是否必须休息两天”的问题，原劳动部作了回应，在其印发的《〈国务院关于职工工作时间的规定〉问题解答》中，问：“1995 年 2 月 17 日《国务院关于职工工作时间的规定》（以下简称《规定》）发布后，企业职工每周工作时间不超过 40 小时，是否一定要每周休息两天？”答：“有条件的企业应尽可能实行职工每日工作 8 小时、每周工作 40 小时这一标准工时制度。有些企业因工作性质和生产特点不能实行标准工时制度的，应将贯彻《规定》和贯彻《劳动法》结合起来，保证职工每周工作时间不超过 40 小时，每周至少休息 1 天；有些企业还可以实行不定时工作制、综合计算工时工作制等其他工作和休息办法。”在《劳动部关于职工工作时间有关问题的复函》中，针对“企业和部分不能实行统一工作时间的事业单位，可否不实行‘双休日’而安排每周工作六天，每天工作不超过 6 小时 40 分钟”的问题，原劳动部的回答是：“根据《劳动法》和《国务院关于职工工作时间的规定》（国务院令第 174 号）的规定，我国目前实行劳动者每日工作 8 小时，每周工作 40 小时这一标准工时制度。有条件的企业应实行标准工时制度。有些企业因工作性质和生产特点不能实行标准工时制度，应保证劳动者每天工作不超过 8 小时、每周工作不超过 40 小时、每周至少休息一天。此外，根据一些企业的生产实际情况还可实行不定时工作制和综合计算工时工作制。实行不定时工作制和综合计算工时工作制的企业应按《劳动部关于企业实行不定时工作制和综合计算工时工作制的审批办法》的规定办理审批手续。”从上述原劳动部的解答可以看出，其并未明确答复“每周必须休息两天”。司法实务中，如果劳动者每周休息一天、每周工作时间不超过 40 小时的，比如有的企业安排劳动者每周工作 6 天，每天工作 6.5 小时，一般不认定属于休息日加班。

2. 关于法定工作日延长工作时间能否以安排补休代替支付加班费的问题。《对〈工资支付暂行规定〉有关问题的补充规定》第二条“第十三条第（一）、（二）、（三）款规定的在符合法定标准工作时间的制度工时以外延长工作时间及安排休息日和法定休假节日工作应支付的工资，是根据加班加点的多少，以劳动合同确定的正常工作时间工资标准的一定倍数所支付的劳动报酬，即凡是安排劳动者在法定工作日延长工作时间或安排在休息日工作而又不能补休的，均应支付给劳动者不低于劳动合同规定的劳动者本人小时或日工资标准150%、200%的工资；安排在法定休假节日工作的，应另外支付给劳动者不低于劳动合同规定的劳动者本人小时或日工资标准300%的工资"的规定有一定的歧义，即其中的"而又不能补休的"针对的是前面"安排劳动者在法定工作日延长工作时间""安排在休息日工作"两种情况，还是只针对"安排在休息日工作"一种情况。司法实务中，如果双方对以安排补休的方式代替支付法定工作日延长工作时间的加班费有约定，对双方的约定一般予以认可。

3. 实行不定时工作制的，则不存在加班费。《工资支付暂行规定》第十三条第四款规定："实行不定时工时制度的劳动者，不执行上述规定。"即不执行第十三条前三款的规定。该条前三款规定："用人单位在劳动者完成劳动定额或规定的工作任务后，根据实际需要安排劳动者在法定标准工作时间以外工作的，应按以下标准支付工资：（一）用人单位依法安排劳动者在日法定标准工作时间以外延长工作时间的，按照不低于劳动合同规定的劳动者本人小时工资标准的150%支付劳动者工资；（二）用人单位依法安排劳动者在休息日工作，而又不能安排补休的，按照不低于劳动合同规定的劳动者本人日或小时工资标准的200%支付劳动者工资；（三）用人单位依法安排劳动者在法定休假节日工作的，按照不低于劳动合同规定的劳动者本人日或小时工资标准的300%支付劳动者工资。实行计件工资的劳动者，在完成计件定额任务后，由用人单位安排延长工作时间的，应根据上述规定的原则，分别按照不低于其本人法定工作时间计件单价的150%、200%、300%支付其工资。经劳动行政部门批准实行综合计算工时工作制的，其综合计算工作时间超过法定标准工作时间的部分，应视为延长工作时间，并应按本规定支付劳动者延长工作时间的工资。"即在实行标准工时制、综合计算工时工作制以及实行计件工资制的情况下，存在加班事实的，均应当依法支付加班费。"实行不定时工时制度的劳动者，不执行上述规定"，即表明实行不定时工作制的，不管是计时工资制，还是计件工资制，均不存在加班费问题。实行不定时工作制的，用人单位应提交劳动行政部门的批准文件及与劳动者约定实行不定时工作制的相关证据。

4. 实行综合计算工时工作制时只存在延长工作时间加班费和法定休假日加班费，而无休息日加班费。根据《劳动部关于职工工作时间有关问题的复函》第五条的规定，综合计算工时工作制采用的是以周、月、季、年等为周期综合计算工作时间，但其平均日工作时间和平均周工作时间应与法定标准工作时间基本相同。也就是说，在综合计算周期内，某一具体日（或周）的实际工作时间可以超过 8 小时（或 40 小时），但综合计算周期内的总实际工作时间不应超过总法定标准工作时间，超过部分应视为延长工作时间并按《劳动法》第四十四条第一款的规定支付工资报酬，其中法定休假日安排劳动者工作的，按《劳动法》第四十四条第三款的规定支付工资报酬。根据上述规定，实行综合计算工时工作制的，对于周期内的总实际工作时间超过总法定标准工作时间的部分，只按《劳动法》第四十四条第一款、第三款的规定支付工资报酬，而不按《劳动法》第四十四条第二款的规定支付工资报酬。即综合计算工时工作制下，只存在延长工作时间的“1.5 倍的加班费”和法定休假日的“3 倍的加班费”，而不存在休息日的“2 倍的加班费”。实行综合计算工时工作制的，用人单位应提交劳动行政部门批准文件及与劳动者约定实行综合计算工时工作制的相关证据。

5. 在部分公民放假的节日期间上班的，不能享受加班费。根据《全国年节及纪念日放假办法》第三条的规定，部分公民放假的节日及纪念日包括：妇女节（3 月 8 日），妇女放假半天；青年节（5 月 4 日），14 周岁以上的青年放假半天；儿童节（6 月 1 日），不满 14 周岁的少年儿童放假 1 天；中国人民解放军建军纪念日（8 月 1 日），现役军人放假半天。根据该办法第四条的规定，少数民族习惯的节日，由各少数民族聚居地区的地方人民政府，按照各该民族习惯，规定放假日期。根据《劳动和社会保障部办公厅关于部分公民放假有关工资问题的函》的规定，在部分公民放假的节日期间，对参加社会或单位组织庆祝活动和照常工作的职工，单位应支付工资报酬，但不支付加班工资；如果该节日恰逢星期六、星期日，单位安排职工加班工作，则应当依法支付休息日的加班工资。

6.“值班”时的加班费问题。司法实务中，对于用人单位因安全、消防、节假日等需要，安排劳动者从事与本职工作无关的值班任务，或者用人单位安排劳动者从事与其本职工作有关的值班任务，但值班期间可以休息的情形，劳动者要求用人单位支付加班工资的，一般不予支持，但劳动者可以要求用人单位按照劳动合同、规章制度、集体合同等支付相应待遇。

（三）用人单位安排加班的事实

《劳动法》第四十四条明确规定“安排劳动者延长工作时间的，支付不低于工资的百分之一百五十的工资报酬”“休息日安排劳动者工作又不能安排补休的，支付不低于工资的百分之二百的工资报酬”“法定休假日安排劳动者工作的，支付不低于工资的百分之三百的工资报酬”。可见，加班应基于用人单位的安排，劳动者自行延长工作时间的，司法实务中一般不予支持加班费。

劳动者主张加班费的，要注意提供用人单位安排加班的相关证据。可通过劳动合同关于工作时间的约定、用人单位的出勤制度、安排加班的通知等证据予以证明。

（四）具体加班时间及时长

加班时长应结合法律法规关于工作时间的规定、用人单位实行的工时制度、加班的具体时间等因素确定。

1. 法定每周工作时间应是40小时而非不超过44小时。《劳动法》第三十六条规定：“国家实行劳动者每日工作时间不超过八小时、平均每周工作时间不超过四十四小时的工时制度。”《国务院关于职工工作时间的规定》第三条规定：“职工每日工作8小时、每周工作40小时。”第九条规定：“……1995年5月1日施行有困难的企业、事业单位，可以适当延期；但是，事业单位最迟应当自1996年1月1日起施行，企业最迟应当自1997年5月1日起施行。”在《劳动法》和《国务院关于职工工作时间的规定》出台时，《立法法》尚未出台，《国务院关于职工工作时间的规定》第一条亦明确是“根据宪法有关规定”制定，故《国务院关于职工工作时间的规定》不存在违反上位法的问题。原劳动部在《〈国务院关于职工工作时间的规定〉问题解答》第九条中也明确指出："1997 年 5 月 1 日以前，以企业所执行的工时制度为基础。即实行每周 40 小时工时制度的企业，以每周 40 小时为基础计算加班加点时间；实行每周 44 小时工时制度的企业，以每周 44 小时为基础计算加班加点时间。上述加班加点，仍然按《劳动法》的有关规定执行。1997 年 5 月 1 日以后，一律应以每周 40 小时为基础计算。"即对于企业而言，自 1997 年 5 月 1 日后，应实行每日工作 8 小时、每周工作 40 小时的工时制度。此外，根据《劳动部关于职工工作时间有关问题的复函》第二条的规定，如果用人单位要求劳动者每周工作超过 40 小时但不超过 44 小时，且不作延长工作时间处理，劳动行政机关有权要求其改正。

2. 关于法定休假日。根据《全国年节及纪念日放假办法》第二条的规定，全体公民放假的节日包括：新年，放假 1 天（1 月 1 日）；春节，放假 3 天（农历正月初一、初二、初三）；清明节，放假 1 天（农历清明当日）；劳动节，放假 1 天（5 月 1 日）；端午节，放假 1 天（农历端午当日）；中秋节，放假 1 天（农历中秋当日）；国庆节，放假 3 天（10 月 1 日、2 日、3 日）。根据《劳动法》第四十四条的规定，在上述法定休假日安排劳动者工作的，支付不低于工资的 300% 的工资报酬。

3. 关于制度工作时间的计算。根据《劳动和社会保障部关于职工全年月平均工作时间和工资折算问题的通知》的规定，"年工作日：365 天 −104 天（休息日）−11 天（法定休假日）= 250 天""季工作日：250 天 ÷4 季 = 62.5 天 / 季""月工作日：250 天 ÷12 个月 = 20.83 天 / 月""工作小时数的计算：以月、季、年的工作日乘以每日的 8 小时"。对于实行综合计算工时工作制的，上述制度工作时间的计算可用于判断综合计算工时周期内是否存在加班情况。

4. 实行综合计算工时工作制和不定时工作制时应遵守的工时制度。根据《劳动法》第三十九条的规定，企业因生产特点不能实行《劳动法》第三十六条、第三十八条规定的，经劳动行政部门批准，可以实行其他工作和休息办法。综合计算工时工作制和不定时工作制属于"其他工作和休息办法"，即依法实行综合计算工时工作制、不定时工作制等其他工作和休息办法的，可以不受《劳动法》第三十六条、第三十八条的限制。《劳动法》第三十六条规定："国家实行劳动者每日工作时间不超过八小时、平均每周工作时间不超过四十四小时的工时制度。”第三十八条规定：“用人单位应当保证劳动者每周至少休息一日。”故实行综合计算工时工作制、不定时工作制等其他工作和休息办法的，可以不按每日工作时间不超过8小时、平均每周工作时间不超过44小时（注:《国务院关于职工工作时间的规定》出台后为每周工作40小时）、保证劳动者每周至少休息1日的规定执行。但要注意,《劳动法》并未规定实行综合计算工时工作制、不定时工作制等其他工作和休息办法的，可以不受《劳动法》第四十一条的限制；同时,《劳动法》第四十二条对不受第四十一条限制的情形作了明确规定，其中并不包括实行综合计算工时工作制和不定时工作制的情形。《劳动法》第四十三条还特别强调“用人单位不得违反本法规定延长劳动者的工作时间”。此外,《劳动部关于企业实行不定时工作制和综合计算工时工作制的审批办法》第一条明确规定:“根据《中华人民共和国劳动法》第三十九条的规定，制定本办法。”即该审批办法的制定依据为《劳动法》第三十九条的规定。该办法第三条亦规定:“企业因生产特点不能实行《中华人民共和国劳动法》第三十六条、第三十八条规定的，可以实行不定时工作制或综合计算工时工作制等其他工作和休息办法。”该审批办法也明确实行不定时工作制或综合计算工时工作制等其他工作和休息办法的，只是不受《劳动法》第三十六条、第三十八条的限制。因此，实行综合计算工时工作制和不定时工作制的，仍应当执行《劳动法》第四十一条的规定，即“延长工作时间每日不得超过三小时，但是每月不得超过三十六小时”。

在上述结论的基础之上，实行综合计算工时工作制和不定时工作制时，每月是否延长工作时间（包括是否延长超过36小时），应以月制度工作时间或当月实际工作日为依据判断。因为法律法规只规定实行综合计算工时工作制和不定时工作制的，在综合计算周期内的某一具体日的实际工作时间可以超过8小时或某一具体周超过40小时，而未规定在某个月可以超过法定工作时间。故在以季、年为周期综合计算工作时间的情况下，即使该周期内的总工作时间未超过法定标准，但其中某月的工作时间超过法定工作时间，也是与前述相关规定不符的。

从实际影响来看，如果认可在实行综合计算工时工作制时和不定时工作制时，综合计算周期内某天延长工作时间可以超过 3 小时、某月延长工作时间可以超过 36 小时，则会实际上损害劳动者的利益。用人单位可能在综合计算周期内的某天或某段时间安排劳动者超长时间或超高强度的工作，这对保护劳动者的身心健康不利；如果劳动者不服从用人单位的安排，用人单位以不服从安排为由解除劳动合同，这种“认可”反而使用人单位解除劳动合同具有合法性。

但现行有效的部门规章中，存在与上述分析不一致的相关规定：

一是《关于贯彻执行〈中华人民共和国劳动法〉若干问题的意见》第六十七条的规定。该条规定：“经批准实行不定时工作制的职工，不受劳动法第四十一条规定的日延长工作时间标准和月延长工作时间标准的限制，但用人单位应采用弹性工作时间等适当的工作和休息方式，确保职工的休息休假权利和生产、工作任务的完成。”可以看出，该条规定与《劳动法》第三十九条的规定不一致。此外，根据《劳动法》第四十二条第三项的规定，属于“法律、行政法规规定的其他情形”的，延长工作时间不受该法第四十一条规定的限制。但《关于贯彻执行〈中华人民共和国劳动法〉若干问题的意见》属于部门规章，不属于法律及行政法规。

二是《劳动部关于职工工作时间有关问题的复函》第六条的规定。该条主要答复原广州市劳动局请示的“某企业经劳动行政部门批准以季为周期综合计算工时(总工时应为 508 小时 / 季)。该企业因生产任务需要，经商工会和劳动者同意，安排劳动者在该季的第一、二月份刚好完成了 508 小时的工作，第三个月整月休息”的操作是否合法的问题。该情形也正好提供了一个实际案例说明问题。如果企业“安排劳动者在该季的第一、二月份刚好完成了 508 小时的工作，第三个月整月休息”，则前两个月平均每月工作时间为 254 小时（508 小时 ÷2）。按当时的规定计算，每月的制度工作时间应为 169.28 小时（21.16 天 ×8 小时 / 天）；即使按一年中最长月工作日 23 天（没有工作日超过 23 天的月份）计算，月工作时间也是 184 小时（23 天 ×8 小时 / 天）。故该企业的操作不仅导致该两月内每月延长了工作时间，而且延长工作时间还超过 36 小时（254 小时 −169.28 小时 = 84.72 小时或 254 小时 −184 小时 = 70 小时）。但《劳动部关于职工工作时间有关问题的复函》第六条中认为“该企业这样做应视为合法且没有延长工作时间”。

三是《劳动部关于职工工作时间有关问题的复函》第五条的规定。该条中，原广州市劳动局请示“经批准实行综合计算工时工作制的用人单位，在计算周期内若日(或周)的平均工作时间没超过法定标准工作时间，但某一具体日(或周)的实际工作时间超过8小时(或40小时)，‘超过’部分是否视为加点(或加班)且受《劳动法》第四十一条的限制”。对此，原劳动部的答复为:“依据劳动部《关于企业实行不定时工作制和综合计算工时工作制的审批办法》第五条的规定，综合计算工时工作制采用的是以周、月、季、年等为周期综合计算工作时间，但其平均日工作时间和平均周工作时间应与法定标准工作时间基本相同。也就是说，在综合计算周期内，某一具体日(或周)的实际工作时间可以超过8小时(或40小时)，但综合计算周期内的总实际工作时间不应超过总法定标准工作时间，超过部分应视为延长工作时间并按《劳动法》第四十四条第一款的规定支付工资报酬，其中法定休假日安排劳动者工作的，按《劳动法》第四十四条第三款的规定支付工资报酬。而且延长工作时间的小时数平均每月不得超过36小时。”该答复最后一句“延长工作时间的小时数平均每月不得超过36小时”，与前述关于实行综合计算工时工作制和不定时工作制应遵守的工时制度的分析的不一致之处，就在于其中的“平均每月”。如上述案例，在综合计算周期内，总工作时间为508小时，以3个月平均计算，每月的工作时间并未超过法定标准，但其属于两个月就完成了该“508个小时”的工作时间，则前两个月平均延长工作时间超过了36小时。另外，该答复对实行综合计算工时工作制是否“受《劳动法》第四十一条的限制”未直接明确回应。

四是《劳动部关于职工工作时间有关问题的复函》第七条的规定。该条规定“如果在整个综合计算周期内的实际工作时间总数不超过该周期的法定标准工作时间总数，只是该综合计算周期内的某一具体日(或周、或月、或季)超过法定标准工作时间，其超过部分不应视为延长工作时间”，其中的“或月”“或季”的规定与前述笔者的分析不一致。根据前述关于实行综合计算工时工作制和不定时工作制应遵守的工时制度的分析，实行综合计算工时工作制和不定时工作制的，只是综合计算周期内的某日、某周可以超过法定标准工作时间，某月或某季则不可以超过。

五是《劳动部关于职工工作时间有关问题的复函》第九条的规定。原广州市劳动局在《关于职工工作时间有关问题的请示》中请示:“本市拟在审批综合计算工时过程中强制性地附加‘保证劳动者每周至少休息一天’和‘每日实际工作时间不得超过11小时’两个条件，是否妥当?”该复函答复为:“实行综合计算工时工作制是从部分企业生产实际出发，允许实行相对集中工作、集中休息的工作制度，以保证生产的正常进行和劳动者的合法权益。因此，在审批综合计算工时工作制过程中不宜再要求企业实行符合标准工时工作制的规定。但是，在审批综合计算工时工作制过程中应要求企业做到以下两点：1. 企业实行综合计算工时工作制以及在实行综合计算工时工作制中采取何种工作方式，一定要与工会和劳动者协商。2. 对于第三级以上(含第三级)体力劳动强度的工作岗位，劳动者每日连续工作时间不得超过11小时，而且每周至少休息一天。”如前述笔者的分析，实行综合计算工时工作制和不定时工作制的，每日的工作时间可以超过8小时，但每天延长工作时间不得超过3小时；每月延长工作时间不得超过36小时。笔者猜想，原广州市劳动局可能也是基于上述考虑，请示了该问题。但原劳动部的答复只是明确“对于第三级以上(含第三级)体力劳动强度的工作岗位，劳动者每日连续工作时间不得超过11小时，而且每周至少休息一天”，而其中的“每日连续工作时间不得超过11小时”不等于“每日延长工作时间不得超过三小时”,“每周至少休息一天”突破了《劳动法》关于综合计算工时工作制可以不受“每周至少休息一天”限制的规定。

另外要注意，在部门规章作出上述规定之时,《立法法》尚未出台。

5. 实行综合计算工时工作制和不定时工作日时法定工作时间的计算方法。综合计算工时工作制下，每个计算周期内法定标准工作时间，应根据《劳动和社会保障部关于职工全年月平均工作时间和工资折算问题的通知》所规定的制度工作时间计算。根据该通知第一条的规定，季工作日为62.5天（250天 ÷4季）；月工作日为20.83天（250天 ÷12个月）；以月、季、年的工作日乘以每日的8小时，即为工作小时数。比如，以季度为周期综合计算工作时间，则季度的法定标准工作时间为62.5天，合计500小时（62.5天 ×8小时/天）。超过该法定标准工作时间，则属于延长工作时间。另外要注意，根据上述的“实行综合计算工时工作制和不定时工作制应遵守的工时制度”介绍的相关内容，在保证综合计算周期内的总工作时间不超过法定工作时间的同时，还应保证每天延长工作时间不得超过 3 小时、每月的工作时间不得超过法定工作时间（当然包括每月不得超过 36 小时）。

6. 实行计件工资制时的加班费问题。《工资支付暂行规定》第十三条第二款规定:“实行计件工资的劳动者，在完成计件定额任务后，由用人单位安排延长工作时间的，应根据上述规定的原则，分别按照不低于其本人法定工作时间计件单价的 150%、200%、300% 支付其工资。”当然，与计时工资制只从工作时间上考虑是否构成加班不同，计件工资制要根据工作时间和是否完成劳动定额两方面认定是否构成加班。如果在完成劳动定额任务后，用人单位在法定工作时间之外安排延长工作时间，就构成加班；劳动者未完成定额任务而延长工作时间完成的，或者在法定工作时间完成了定额任务而多完成工作量的，均不宜认定为加班（但对于超过劳动定额多完成的工作量，要依规定或约定标准支付计件工资）。另外，与计时工资制下加班费的计算基数为日或小时工资标准不同，在计件工资制下，一般以计件单价作为加班费的计算基数。

7. 超时加班问题。根据《劳动法》第四十一条的规定：一般每日延长工作时间不得超过 1 小时；因特殊原因需要延长工作时间的，在保障劳动者身体健康的条件下延长工作时间每日不得超过 3 小时，但是每月不得超过 36 小时。根据《劳动部关于职工工作时间有关问题的复函》第三条的规定,《劳动法》第四十一条中的“每月不得超过三十六小时”，是指每月工作日的加点、休息日和法定休假日的加班的总时数不得超过 36 小时。例如，休息日加班一天，即加班了 8 小时。但具有《劳动法》第四十二条、《关于〈国务院关于职工工作时间的规定〉的实施办法》第七条规定的情形，则不受前述限制。对于违法延长工作时间的,《劳动法》第九十条规定:“用人单位违反本法规定，延长劳动者工作时间的，由劳动行政部门给予警告，责令改正，并可以处以罚款。”《劳动保障监察条例》第二十五条规定:“用人单位违反劳动保障法律、法规或者规章延长劳动者工作时间的，由劳动保障行政部门给予警告，责令限期改正，并可以按照受侵害的劳动者每人100元以上500元以下的标准计算，处以罚款。”但对于超时加班（每日延长工作时间超过3小时、每月延长工作时间超过36小时）的加班费问题，法律法规无特别规定，部分地区给予了相关指导意见。如《广州市中级人民法院关于审理劳动争议案件的参考意见》（2009年）第十条指出：“劳动者每月加班时间超过三十六小时部分的，用人单位应当向劳动者支付加班工资，加班工资按照正常加班工资标准计算。”

8. 司法实务中对加班费的支持年限问题。在无时效中断、中止的情况下，劳动者能主张多长时间的加班费，目前的司法实务中主要有三种意见：一是适用一年的申请仲裁时效而支持一年的加班工资。根据《劳动争议调解仲裁法》第二十七条第一款的规定，劳动争议申请仲裁的时效期间为一年，从而支持申请仲裁前一年的加班工资。二是支持两年的加班工资。根据《工资支付暂行规定》第六条第三款的规定，用人单位应当保存两年以上的工资支付记录（工资支付台账）备查，故支持申请仲裁前两年的加班工资，且对于该两年内的加班工资，由劳动者承担初步举证证明责任，由用人单位对具体的加班情况、是否足额支付加班费等事实承担举证证明责任。三是适用特殊仲裁时效而支持多年的加班工资。即认为加班工资属于《劳动争议调解仲裁法》第二十七条第四款所规定的“劳动报酬”的范畴，只要劳动者在职期间或者劳动关系解除后一年内主张加班工资，则不受一年仲裁时效的限制。适用特殊仲裁时效时，在举证证明责任问题上，一般认为申请仲裁前两年内的加班工资，由劳动者承担初步举证证明责任，由用人单位对具体的加班情况、是否足额支付加班费等事实承担举证责任；申请仲裁两年之外的加班工资，则完全由劳动者承担举证责任。

（五）加班费的计算基数

关于加班费的计算基数，我国法律法规的规定或表述不尽一致。《劳动法》第四十四条规定该基数为“工资”，对于该“工资”的概念，《关于〈劳动法〉若干条文的说明》第四十四条解释为“实行计时工资的用人单位，指的是用人单位规定的其本人的基本工资”，并说明计算方法为：“用月基本工资除以月法定工作天数（23.5天）即得日工资，用日工资除以日工作时间即得小时工资；实行计件工资的用人单位，指的是劳动者在加班加点的工作时间内应得的计件工资。"对于该说明中的"基本工资"，根据《国家统计局〈关于工资总额组成的规定〉若干具体范围的解释》第五条的规定，基本工资即标准工资，是指按规定的工资标准计算的工资（包括实行结构工资制的基础工资、职务工资和工龄津贴）。《国家统计局〈关于工资总额组成的规定〉若干问题的解答》第九条还规定，"在计算标准工资时，应当包括实行结构工资制的教龄津贴和护龄津贴。即：标准工资包括实行结构工资制的基础工资、职务工资、工龄津贴、教龄津贴和护龄津贴"。

《工资支付暂行规定》第十三条将加班工资计算基数规定为"劳动合同规定的劳动者本人日或小时工资标准"，即加班费的计算基数可根据劳动合同的约定而确定。

各地的地方立法规定也不尽相同，如《广东省工资支付条例》第二十条将加班工资的计算基数规定为"劳动者本人日或者小时正常工作时间工资"。对于"正常工作时间工资"，该条例第六十二条规定："劳动者在法定工作时间内提供了正常劳动，用人单位依法应当支付的劳动报酬。正常工作时间工资不包括下列各项：1．延长工作时间工资；2．中班、夜班、高温、低温、井下、有毒有害等特殊工作环境、条件下的津贴；3．法律、法规和国家规定的劳动者福利待遇等。"另外，该条例第八条规定："用人单位与劳动者应当在劳动合同中依法约定正常工作时间工资，约定的工资不得低于所在地政府公布的本年度最低工资标准。未约定的或者约定不明确的，以用人单位所在地县级人民政府公布的上年度职工月平均工资作为正常工作时间工资；实际支付的工资高于当地政府公布的上年度职工月平均工资的，实际支付的工资视为与劳动者约定的正常工作时间工资。"即正常工作时间工资由用人单位与劳动者约定，且双方的约定不得违反法律法规的规定（如不得低于所在地政府公布的本年度最低工资标准、不得包含法定应当排除于正常工作时间工资范畴的项目等）；在双方未明确约定的情况下，则按该条第二款的规定进行认定。根据《广东省工资支付条例》第八条、第六十二条对"工资"和"正常工作时间工资"的规定，正常工作时间工资不等同于劳动者从用人单位处获得的全部工资。综合《广东省工资支付条例》的上述规定，由于正常工作时间工资可以由用人单位和劳动者约定，而正常工作时间工资又是加班费的计算基数，故加班费计算基数可以依据双方的约定而确定。

综上所述，在加班工资的计算基数问题上，现行法律法规出现了“基本工资”“劳动合同规定的劳动者的工资标准”“劳动者正常工作时间工资”等概念。此外，各地的劳动争议仲裁机构及人民法院也出台了一些关于加班、加点工资的司法实务意见，广大劳动者和用人单位可参阅相关规定，全面认识和把握加班工资的计算基数问题。

笔者认为，可以从总体原则上把握加班费的计算基数问题，即在双方未明确约定加班费基数，或者约定的计算基数不合法（如约定的加班费计算基数低于最低工资）的情况下，劳动者每月工资中，除用人单位已支付的加班工资部分，其他相对固定的部分或金额可以作为加班费的计算基数。

（六）已支付加班费的相关情况

用人单位主张已足额或部分支付加班费的，应结合加班时长、加班费的计算基数等情况予以证明。

四 未休年休假工资争议

第一步：认识争议或侵权情形

用人单位未依法安排劳动者休带薪年休假，且不依法支付未休年休假工资。

第二步：提出权利诉求

请求××（单位）支付××××年××月××日至××××年××月××日的未休年休假工资××元。

计算方法：

根据《企业职工带薪年休假实施办法》第十条第一款的规定，如果劳动者未休年休假期间，用人单位已支付正常工作期间的工资，则按劳动者日工资收入的200%另行支付未休年休假工资报酬。根据该实施办法第十一条第一款、第二款的规定，计算未休年休假工资报酬的日工资收入按照职工本人的月工资除以月计薪天数（21.75天）进行折算，职工本人的月工资是指职工在用人单位支付其未休年休假工资报酬前12个月剔除加班工资后的月平均工资。在本用人单位工作时间不满12个月的，按实际月份计算月平均工资。

结合上述的未休年休假工资的计算倍数，在用人单位已支付正常工资的前提下，未休年休假工资=劳动者在用人单位支付其未休年休假工资报酬前12个月内的剔除加班工资后的月平均工资÷21.75天/月×未休年休假天数×200%。例如，小明在甲单位工作期间，未休2018年的年休假，甲单位支付了小明本年度全部正常工作时间的工资报酬，小明2018年度可享受的年休假天数为5天，工资收入共计14万元，其中包括2万元的加班费，则小明2018年度的未休年休假工资为4597.7元［计算公式:（14万元－2元）÷12个月 ÷21.75天/月 ×5天 ×200%］。

根据《企业职工带薪年休假实施办法》第十三条的规定，劳动合同、集体合同约定的或者用人单位规章制度规定的年休假天数、未休年休假工资报酬高于法定标准的，用人单位应当按照有关约定或者规定执行。即对于年休假天数、未休年休假工资报酬，在劳动合同和集体合同约定的标准、用人单位规章制度规定的标准以及法定标准之间，适用“就高”的原则，哪个标准高，就适用哪个标准。此外，部分地区还对此问题出台了司法实务意见，如《深圳市中级人民法院关于审理劳动争议案件的裁判指引》（2015年）第一百一十条规定:“劳动合同、集体合同或规章制度约定了超过法定天数的年休假天数，并对超过法定年休假天数的未休年休假约定了是否予以补偿或具体的补偿标准的，该约定有效。劳动合同、集体合同或规章制度对超过法定年休假天数的未休年休假未约定补偿，或约定了补偿但未明确具体补偿标准的，劳动者要求按照法定标准支付超过法定年休假天数的未休年休假工资的，应予支持。”

如果用人单位虽安排了劳动者休年休假，但未支付休年休假期间的工资，则劳动者可主张该期间的工资，计算方法：休年休假期间的工资＝正常工作时间月工资标准 ÷21.75× 休年休假天数。

第三步：提出主张并加以证明

由用人单位向劳动者支付未休年休假工资 ×× 元，需要满足以下构成要件：一是双方之间成立劳动关系（劳动者享受带薪年休假以双方之间成立关系为前提），二是劳动者主张的未休年休假天数与双方的约定或法律法规的规定相符，三是主张的未休年休假工资金额与双方的约定或法律法规的规定相符。为此，在未休年休假工资争议中，当事人应就劳动者是否符合享受带薪年休假的条件、劳动者可享受的带薪年休假天数、未休年休假工资的计算基数等事项提出主张并加以证明，具体如下:

（一）劳动者是否符合享受带薪年休假的条件

劳动者连续工作一年（12个月）以上的，可享受带薪年休假。根据《国务院法制办对〈关于《职工带薪年休假条例》有关问题的请示〉的复函》《人力资源和社会保障部办公厅关于〈企业职工带薪年休假实施办法〉有关问题的复函》的规定，对于连续工作1年以上，没有限定必须是同一单位，既包括在同一单位连续工作1年以上的情形，也包括在不同单位连续工作1年以上的情形，只要是连续不间断即可。另外，根据《劳动部关于实行劳动合同制度若干问题的通知》第十九条的规定，因经济性裁员而被用人单位裁减的职工，在6个月内又被原单位重新录用的，对职工裁减前和重新录用后的工作年限应当连续计算为本单位工作时间。即劳动者被用人单位经济性裁员后，在6个月内被重新录用，虽然其工作时间有间断，但根据该条规定，此种情况下其被裁员前和重新录用后的工作时间连续计算。既然是连续计算，就可以作为判断是否能享受带薪年休假的依据。

（二）劳动者是否具有不可享受当年度或下年度带薪年休假的情形

详见《职工带薪年休假条例》第四条,《企业职工带薪年休假实施办法》第七条、第八条的规定。对于此问题，应由用人单位承担举证责任。

（三）是否存在无须支付未休年休假工资的情形

例如，根据《企业职工带薪年休假实施办法》第十条第二款的规定，当用人单位安排劳动者休年休假，而劳动者因本人原因且书面提出不休年休假时，用人单位可以只支付其正常工作期间的工资收入。根据该实施办法第十四条第二款的规定：被派遣职工在劳动合同期限内无工作期间由劳务派遣单位依法支付劳动报酬的天数多于其全年应当享受的年休假天数的，不享受当年的年休假；少于其全年应当享受的年休假天数的，劳务派遣单位、用工单位应当协商安排补足被派遣职工年休假天数。

（四）劳动者可享受的年休假天数

劳动者每年度（指公历年度，即从每年公历的 1 月 1 日起至 12 月 31 日止）可享受的带薪年休假天数，要根据其本人的累计工作年限确定。根据《职工带薪年休假条例》第三条第一款的规定：职工累计工作已满 1 年不满 10 年的，年休假 5 天；已满 10 年不满 20 年的，年休假 10 天；已满 20 年的，年休假 15 天。

根据《国务院法制办对〈关于《职工带薪年休假条例》有关问题的请示〉的复函》第二条的规定：从事全日制工作的时间，才能作为年休假天数计算依据的"累计工作"时间；从事非全日制工作的时间，不能作为"累计工作时间"。《企业职工带薪年休假实施办法》第四条规定："年休假天数根据职工累计工作时间确定。职工在同一或者不同用人单位工作期间，以及依照法律、行政法规或者国务院规定视同工作期间，应当计为累计工作时间。"《人力资源和社会保障部办公厅关于〈企业职工带薪年休假实施办法〉有关问题的复函》第二条作了进一步解释："《企业职工带薪年休假实施办法》第四条中的'累计工作时间'，包括职工在机关、团体、企业、事业单位、民办非企业单位、有雇工的个体工商户等单位从事全日制工作期间，以及依法服兵役和其他按照国家法律、行政法规和国务院规定可以计算为工龄的期间（视同工作期间）。职工的累计工作时间可以根据档案记载、单位缴纳社保费记录、劳动合同或者其他具有法律效力的证明材料确定。"

劳动用工实务中，当劳动者年度中入职或离职时，则会涉及非整年度的年休假天数的折算问题。《企业职工带薪年休假实施办法》第五条规定："职工新进用人单位且符合本办法第三条规定的，当年度年休假天数，按照在本单位剩余日历天数折算确定，折算后不足 1 整天的部分不享受年休假。前款规定的折算方法为：（当年度在本单位剩余日历天数 ÷365 天）× 职工本人全年应当享受的年休假天数。"第十二条规定："用人单位与职工解除或者终止劳动合同时，当年度未安排职工休满应休年休假的，应当按照职工当年已工作时间折算应休未休年休假天数并支付未休年休假工资报酬，但折算后不足 1 整天的部分不支付未休年休假工资报酬。前款规定的折算方法为：（当年度在本单位已过日历天数 ÷365 天）× 职工本人全年应当享受的年休假天数 – 当年度已安排年休假天数。用人单位当年已安排职工年休假的，多于折算应休年休假的天数不再扣回。”例如，小明与甲单位于 2018 年 5 月 31 日解除劳动关系，解除前小明尚未休 2018 年的年休假，假设小明 2018 年全年可享受的年休假天数为 10 天，则小明解除劳动关系前未休年休假的天数经折算后为 4.41 天［计算公式：（31 天 +28 天 +31 天 +30 天 +31 天）÷ 365 天 ×10 天 = 4.41 天］；又因“折算后不足 1 整天的部分不支付未休年休假工资报酬”，故小明解除劳动关系前应得未休年休假工资报酬的天数为 4 天。此处要注意不是根据折算天数的“四舍五入”确定，可理解为只计折算结果小数点前的天数。

根据《职工带薪年休假条例》第三条第二款、《关于〈劳动法〉若干条文的说明》第四十条、《企业职工带薪年休假实施办法》第六条的规定，国家法定休假日、休息日、探亲假、婚丧假、产假等国家规定的假期，以及因工伤停工留薪期间，不计入年休假假期，即这些假期不占用当年度的年休假天数。

当就劳动者可享受的年休假天数，以及涉及的累计工作年限发生争议时，一般由劳动者对累计工作年限承担举证责任。

（五）未休年休假工资的计算基数

该计算基数为劳动者在用人单位支付未休年休假工资报酬前 12 个月剔除加班工资后的月平均工资，双方另有高于法定标准的约定的，按双方的约定。

（六）未休年休假工资的申请仲裁时效期间问题

《劳动争议调解仲裁法》第二十七条第一款和第四款规定了两种类型的申请仲裁时效，即第一款规定的一般申请仲裁时效和第四款规定的特别申请仲裁时效。劳动争议申请仲裁的一般时效期间为一年，从当事人知道或者应当知道其权利被侵害之日起计算；特别申请仲裁时效，即对于劳动关系存续期间因拖欠劳动报酬发生争议的，在劳动关系存续期间不受一年申请仲裁时效的限制，可以在知道或者应当知道权利被侵害之日后任何时间申请劳动争议仲裁，但劳动关系解除或终止的，应当自劳动关系解除或终止之日起一年内提出。劳动者应休未休年休假的，用人单位应按照其日工资收入的 300% 支付未休年休假工资报酬，其中包含正常工作期间的工资收入。《北京市高级人民法院、北京市劳动人事争议仲裁委员会关于审理劳动争议案件法律适用问题的解答》（2017 年）将年休假工资报酬划分为两部分，一部分是未休年休假期间的正常工作时间工资收入，另一部分是法定补偿（正常工作时间工资收入的 200%），并对这两部分分别适用不同的申请仲裁时效。对于年休假期间的正常工作时间工资收入，适用上述的特别申请仲裁时效，即在劳动关系存续期间不受一年的申请仲裁时效的限制，但劳动关系解除或终止的，应当自解除或终止之日起的一年内提出。对于法定补偿部分，适用一年的一般申请仲裁时效；同时，因法律法规规定在征得劳动同意的情况下，年休假可以跨年度安排。故未休年休假工资报酬中的法定补偿部分，申请仲裁时效可以从第三个年度的 1 月 1 日起算。例如，小明 2018 年的年休假，其单位在征得小明同意的情况下，可以在 2019 年安排其休假，但至 2019 年 12 月 31 日结束，单位仍未安排，故自 2020 年 1 月 1 日起，小明即知道或应当知道其 2018 年的年休假权益受到侵害，应开始计算申请仲裁时效。

五 患病或非因工负伤的医疗期工资争议

第一步：认识争议或侵权情形

劳动者患病或非因工负伤在规定的医疗期内治病休息，用人单位不依法支付工资。

第二步：提出权利诉求

请求××（单位）支付××××年××月××日至××××年××月××日患病或非因工负伤的医疗期工资××元。

计算方法：

患病或非因工负伤的医疗期工资＝相关工资标准（计算基数）×法定医疗期内实际请休的医疗期。

第三步：提出主张并加以证明

由用人单位向劳动者支付患病或非因工负伤的医疗期工资××元，需要满足以下构成要件：一是双方之间成立劳动关系，二是请求支付工资的期间属于劳动者可享受的患病或非因工负伤的医疗期期间，三是请求支付的工资金额与法律法规的规定相符。因此，当事人宜就双方之间是否成立劳动关系、劳动者在本单位可享受的患病或非因工负伤的医疗期以及与之相关的累计工作年限和在本单位的工作年限、劳动者的工资标准等问题，提出自身主张并加以证明。

（一）双方之间是否成立劳动关系

享受患病或非因工负伤的医疗期待遇，以成立劳动关系为前提。如果双方之间不构成劳动关系，则不享有此项劳动权利。故主张患病或非因工负伤的医疗期工资，应首先证明双方之间成立劳动关系。用人单位主张无须支付患病或非因工负伤的医疗期工资的，可以从双方之间不构成劳动关系的角度进行抗辩，比如主张双方之间属于劳务关系、承揽关系等。

（二）劳动者可享受的患病或非因工负伤的医疗期期限

患病或非因工负伤的医疗期期限主要由两方面因素决定：一是劳动者的工作年限，包括累计工作年限和在本单位的工作年限；二是医疗机构的诊断意见或劳动能力鉴定部门的鉴定意见。即在根据累计工作年限和在本单位的工作年限而确定的医疗期内，具体可享受的医疗期时长，根据医疗机构的诊断意见或劳动能力鉴定部门的鉴定意见确定。根据《企业职工患病或非因工负伤医疗期规定》的规定："企业职工因患病或非因工负伤，需要停止工作医疗时，根据本人实际参加工作年限和在本单位工作年限，给予三个月到二十四个月的医疗期：（一）实际工作年限十年以下的，在本单位工作年限五年以下的为三个月；五年以上的为六个月。（二）实际工作年限十年以上的，在本单位工作年限五年以下的为六个月；五年以上十年以下的为九个月；十年以上十五年以下的为十二个月；十五年以上二十年以下的为十八个月；二十年以上的为二十四个月。"另根据《劳动部关于贯彻〈企业职工患病或非因工负伤医疗期规定〉的通知》第二条、《关于贯彻执行〈中华人民共和国劳动法〉若干问题的意见》第七十六条的规定，对某些患特殊疾病（如癌症、精神病、瘫痪等）的职工，在 24 个月内尚不能痊愈的，经企业和劳动主管部门批准，可以适当延长医疗期。

根据《劳动部企业职工患病或非因工负伤医疗期规定》第四条、《劳动部关于贯彻〈企业职工患病或非因工负伤医疗期规定〉的通知》第一条的规定，医疗期 3 个月的按 6 个月内累计病休时间计算，6 个月的按 12 个月内累计病休时间计算，9 个月的按 15 个月内累计病休时间计算，12 个月的按 18 个月内累计病休时间计算，18个月的按24个月内累计病休时间计算，24个月的按30个月内累计病休时间计算。医疗期计算从病休第一天开始，累计计算。例如，应享受3个月医疗期的职工，如果从1995年3月5日起第一次病休，那么，该职工的医疗期应在3月5日至9月5日之间确定，在此期间累计病休3个月即视为医疗期满。其他依此类推。病休期间，公休、假日和法定节日包括在内。

为证明可享受的患病或非因工负伤的医疗期期限，一般需要证明实际工作年限即累计工作年限。累计工作年限，包括职工在机关、团体、企业、事业单位、民办非企业单位、有雇工的个体工商户等单位从事全日制工作期间，以及依法服兵役和其他按照国家法律、行政法规和国务院规定可以计算为工龄的期间（视同工作期间）。另根据《劳动部办公厅对〈关于如何理解“同一用人单位连续工作时间”和“本单位工作年限”的请示〉的复函》第二条、第三条的规定：劳动者患病或非因工负伤依法享有的医疗期，本身应计算在工作年限之内，不应扣除；在计算新的医疗期时，也不应扣除劳动者此前依法享有的医疗期时间。累计工作时间可以根据档案记载、缴纳社保费记录、劳动合同或者其他具有法律效力的证明材料确定。

（三）患病或非因工负伤的医疗期工资标准

对于患病或非因工负伤的医疗期的工资标准，《关于贯彻执行〈中华人民共和国劳动法〉若干问题的意见》第五十九条规定，由企业按有关规定确定，可以低于当地最低工资标准支付，但不能低于最低工资标准的80%。部分地方立法对此也有相关规定，如《广东省工资支付条例》第二十四条规定：“劳动者因病或者非因工负伤停止工作进行治疗，在国家规定医疗期内，用人单位应当依照劳动合同、集体合同的约定或者国家有关规定支付病伤假期工资。用人单位支付的病伤假期工资不得低于当地最低工资标准的百分之八十。法律、法规另有规定的，从其规定。”因此，可根据当地的具体规定，结合劳动合同、集体合同的相关约定，具体确定病假工资标准，并提交相关证据证明。

六 未订立书面劳动合同的二倍工资争议

第一步：认识争议或侵权情形

用人单位自用工之日起超过一个月不满一年期间未依法与劳动者订立书面劳动合同。

第二步：提出权利诉求

请求××（单位）支付××××年××月××日至××××年××月××日未订立书面劳动合同的二倍工资差额××元。

计算方法：

未订立书面劳动合同的二倍工资差额=应订立而未订立书面劳动合同期间所有应发工资相加之和。

第三步：提出主张并加以证明

由用人单位向劳动者支付××××年××月××日至××××年××月××日未订立书面劳动合同的二倍工资差额××元，需要满足以下构成要件：一是双方之间已成立劳动关系（存在用工事实），二是不存在依法不需要支付未订立书面劳动合同的二倍工资的情形，三是用人单位自用工之日起超过一个月不满一年期间未依法与劳动者订立书面劳动合同，四是主张的未订立书面劳动合同的二倍工资差额与实际工资支付情况相符。为此，双方应就是否存在已建立劳动关系的事实、劳动关系的具体存续期间、劳动关系存续期间劳动者的实际工资情况、是否存在无须支付未订立书面劳动合同的二倍工资的情形等事项，提出自身主张并加以证明。

（一）双方之间存在劳动关系

订立书面劳动合同的义务以存在劳动关系为前提，劳动者主张支付未订立书面劳动合同的二倍工资的，应首先主张并证明双方之间存在劳动关系。

（二）是否存在无须支付未订立书面劳动合同的二倍工资的情形

劳动合同在劳动用工实务中有各种不同的外在表现形式，哪些类型的文件或材料，可以据以认定双方已订立书面劳动合同并决定用人单位是否需要支付二倍工资呢？对于该问题，天津市高级人民法院出台的《天津法院劳动争议案件审理指南》第十八条指出：“虽然未订立名称为劳动合同的文本，但订立的其他书面文件已经包含了劳动合同期限、工作内容和工作地点、工作时间和休息休假、劳动报酬、社会保险等内容，明确了双方的主要劳动权利义务，具备劳动合同本质特征的，应当认定双方已经订立了书面劳动合同。”

司法实务中，对于某些特殊情形，一般不予支持未订立书面劳动合同的二倍工资，如《北京市高级人民法院、北京市劳动争议仲裁委员会关于劳动争议案件法律适用问题研讨会会议纪要（二）》（2014 年）第三十一条指出：用人单位法定代表人依据《劳动合同法》第八十二条规定向用人单位主张二倍工资的，一般不予支持。用人单位高管人员依据《劳动合同法》第八十二条规定向用人单位主张二倍工资的，可予支持，但用人单位能够证明该高管人员职责范围包括管理订立劳动合同内容的除外。对有证据证明高管人员向用人单位提出签订劳动合同而被拒绝的，仍可支持高管人员的二倍工资请求。用人单位的人事管理部门负责人或主管人员依据《劳动合同法》第八十二条规定向用人单位主张二倍工资的，如用人单位能够证明订立劳动合同属于该人事管理部门负责人的工作职责，可不予支持。有证据证明人事管理部门负责人或主管人员向用人单位提出签订劳动合同，而用人单位予以拒绝的除外。

对于补签、倒签劳动合同时所涉及的二倍工资问题，部分地区给予了司法实务意见，如《北京市高级人民法院、北京市劳动争议仲裁委员会关于劳动争议案件法律适用问题研讨会会议纪要（二）》（2014 年）第二十九条指出：“用人单位与劳动者建立劳动关系后，未依法自用工之日一个月内订立书面劳动合同，在劳动关系存续一定时间后，用人单位与劳动者在签订劳动合同时将日期补签到实际用工之日，视为用人单位与劳动者达成合意，劳动者主张二倍工资可不予支持，但劳动者有证据证明补签劳动合同并非其真实意思表示的除外。用人单位与劳动者虽然补签劳动合同，但未补签到实际用工之日的，对实际用工之日与补签之日间相差的时间，依法扣除一个月订立书面劳动合同的宽限期，劳动者主张未订立劳动合同二倍工资的可以支持。”《深圳市中级人民法院关于审理劳动争议案件的裁判指引》（2015 年）第六十六条指出：“用人单位未按照法定期限与劳动者签订书面劳动合同，即使后来双方签订了劳动合同，劳动者要求用人单位支付二倍工资至签订之日的，应予支持。但双方将劳动合同的签字日期倒签在法定期限之内或者双方约定的劳动合同期间包含了已经履行的事实劳动关系期间的，应视为双方自始签订了劳动合同，劳动者要求用人单位支付二倍工资的，不予支持。”

（三）应支付未依法订立书面劳动合同的二倍工资差额的期间

根据《劳动合同法》第八十二条第一款，《劳动合同法实施条例》第六条、第七条的规定，支付未依法订立书面劳动合同的二倍工资的期间为：自用工之日起满一个月的次日至双方劳动关系存续满一年的前一日，或自用工之日起满一个月的次日至双方补订书面劳动合同的前一日（用工未满一年），或自用工之日起满一个月的次日至双方劳动关系解除或终止时的前一日（至解除或终止时双方一直未订立书面劳动合同且用工未满一年）。

根据《劳动合同法》第十四条第三款、《劳动合同法实施条例》第七条的规定，用人单位自用工之日起满一年不与劳动者订立书面劳动合同的，视为自用工之日起满一年的当日已经与劳动者订立无固定期限劳动合同，并应当立即与劳动者补订书面劳动合同（此处宜理解为补订书面的无固定期限劳动合同）。但即使双方未补订书面劳动合同，根据《人力资源社会保障部、最高人民法院关于劳动人事争议仲裁与诉讼衔接有关问题的意见（一）》第二十条的规定，用人单位也无须支付未订立书面劳动合同的二倍工资。

原劳动合同期满后继续用工，未依法订立或续订劳动合同的，照样会产生未订立书面劳动合同的二倍工资法律责任。部分地区的地方立法或司法实务中，也对该问题进行了规范或给出了指导意见，如《江苏省劳动合同条例》第五十二条规定：劳动合同期满继续留用劳动者工作，但自期满之日起超过一个月不满一年未与劳动者续订书面劳动合同的，应当立即与劳动者补订书面劳动合同，并向劳动者每月支付二倍的工资；支付二倍工资的起算时间为劳动合同期满之日起满一个月的次日，截止时间为补订书面劳动合同的前一日；用人单位拒绝与劳动者补订书面劳动合同并解除劳动关系的，还应当按照经济补偿标准的二倍向劳动者支付赔偿金。《北京市高级人民法院、北京市劳动争议仲裁委员会关于劳动争议案件法律适用问题研讨会会议纪要（二）》（2014 年）第二十七条指出：劳动合同期满后未订立劳动合同，劳动者仍在原用人单位继续工作，应适用《劳动合同法》第十条、第十四条第三款、第八十二条,《劳动合同法实施条例》第六条、第七条的规定进行处理。在此情况下，因为用人单位对原劳动合同期满和继续用工的法律后果均有预期，因此不需要再给予一个月的宽限期，原劳动合同期满次日，即是用人单位应当订立劳动合同之日和承担未订立劳动合同的法律后果之日。第二十八条指出：如果劳动合同期满后，劳动者仍在用人单位工作，用人单位未与劳动者订立书面劳动合同的，计算二倍工资的起算点为自劳动合同期满的次日，截止点为双方补订书面劳动合同的前一日，最长不超过 12 个月。第三十二条指出：因用人单位与劳动者在劳动合同中已经约定劳动合同到期续延，但未约定续延期限，在劳动合同到期后，劳动者仍继续工作，双方均未提出解除或终止劳动合同时，属于双方意思表示一致续延劳动合同，可视为双方订立一份与原劳动合同内容和期限相同的合同，故劳动者主张未签订劳动合同的二倍工资不应支持。《天津法院劳动争议案件审理指南》（津高法〔2017〕246 号）第十四条指出：劳动合同期满未续签书面劳动合同，劳动者继续在原用人单位工作，原用人单位未表示异议，劳动者主张用人单位支付未与其签订书面劳动合同二倍工资的，应予支持。二倍工资的支付期限为劳动合同期满一个月的次日至双方补签书面劳动合同的前一日，但最长不超过 11 个月。

从上述地方立法及司法实务意见可以看出，对于原劳动合同期满后继续用工所产生的未订立书面劳动合同的二倍工资问题，各地在支付二倍工资的起始时间、支付的最长期限等方面存在一定的差异，各位读者要注意查询当地的相关规定。

（四）未依法订立书面劳动合同的二倍工资差额的计算基数

明确未依法订立书面劳动合同期间二倍工资差额的计算基数，才能计算出未订立书面劳动合同的二倍工资差额的具体金额。该计算基数一般以劳动者相对应的月份的应得工资为准，可依据约定有工资标准的劳动合同、工资清单等证据证明。部分地区的司法实务意见认为应当扣除加班工资、非常规性奖金、支付周期超过一个月的劳动报酬（如季度奖、半年奖、年终奖、年底双薪以及按照季度、半年、年结算的业务提成等）、未确定支付周期的劳动报酬（如一次性的奖金，特殊情况下支付的津贴、补贴等），各位读者可以自行查询当地有无相关具体司法实务意见。

七 未订立无固定期限劳动合同的二倍工资争议

第一步：认识争议或侵权情形

用人单位应当与劳动者订立无固定期限劳动合同而未依法订立。

第二步：提出权利诉求

请求××（单位）支付××××年××月××日至××××年××月××日未订立无固定期限劳动合同的二倍工资差额××元，并请求确认××（劳动者）与××（单位）之间自××××年××月××日起存在无固定期限劳动合同关系。

计算方法：

未订立无固定期限劳动合同的二倍工资差额＝应订立而未订立无固定期限劳动合同期间所有应发工资相加之和。

主张未订立无固定期限劳动合同的二倍工资差额时，要注意申请仲裁时效问题。司法实务中，当对方当事人提出时效抗辩时，一般最多支持12个月的未订立无固定期限劳动合同的二倍工资差额。

第三步：提出主张并加以证明

由用人单位向劳动者支付××××年××月××日至××××年××月××日未订立无固定期限劳动合同的二倍工资差额××元，需要满足以下构成要件：一是符合订立无固定期限劳动合同的条件且劳动者提出订立无固定期限劳动合同，二是主张支付该二倍工资差额的期间与法律法规规定的应予订立无固定期限劳动合同的期间一致，三是主张该二倍工资差额的金额与实际工资情况相符。为此，当事人应就是否符合订立无固定期限劳动合同的法定条件以及与之相关的在本单位的连续工作年限、连续订立固定期限劳动合同的次数、事实上已存在的无固定期限劳动合同关系存续期间、未依法订立无固定期限劳动合同期间劳动者的实际工资情况等事项，提出自身主张并加以证明。

（一）双方之间存在劳动关系

主张支付未订立无固定期限劳动合同二倍工资差额的，应首先主张并证明双方之间存在劳动关系。

（二）是否符合订立无固定期限劳动合同的法定条件

根据《劳动合同法》第十四条第二款的规定，有下列情形之一，劳动者提出或者同意续订、订立劳动合同的，除劳动者提出订立固定期限劳动合同外，应当订立无固定期限劳动合同：（1）劳动者在该用人单位连续工作满 10 年的；（2）用人单位初次实行劳动合同制度或者国有企业改制重新订立劳动合同时，劳动者在该用人单位连续工作满 10 年且距法定退休年龄不足 10 年的；（3）连续订立二次固定期限劳动合同，且劳动者没有本法第三十九条和第四十条第一项、第二项规定的情形，续订劳动合同的。

在劳动用工实务中，存在用人单位与劳动者约定劳动合同到期后自动续延的现象。自动续延期满后，劳动者以连续订立两次固定期限劳动合同为由，提出或者同意续订、订立无固定期限劳动合同的，能否支持呢？对此，《北京市高级人民法院、北京市劳动争议仲裁委员会关于劳动争议案件法律适用问题研讨会会议纪要（二）》（2014 年）第三十三条指出：“用人单位与劳动者约定劳动合同到期续延，且实际续延劳动合同的，合同约定了续延期限的，续延期限届满时，劳动者以连续订立两次固定期限劳动合同为由，提出或者同意续订、订立无固定期限劳动合同，用人单位应当与劳动者订立无固定期限劳动合同。用人单位不与劳动者订立无固定期限劳动合同的，可以依劳动者的主张确认存在无固定期限劳动合同关系。”

（三）与签订无固定期限劳动合同条件有关的工作年限的认定与计算

劳动者在本单位连续工作满 10 年，可要求与用人单位订立无固定期限劳动合同，因此，在主张未依法订立无固定期限劳动合同的二倍工资时，一个重要的证明事项就是劳动者在本单位的工作年限问题。《劳动合同法实施条例》第九条规定:《劳动合同法》第十四条第二款规定的连续工作满 10 年的起始时间，应当自用人单位用工之日起计算，包括《劳动合同法》施行前的工作年限。即不管是《劳动合同法》实施前还是实施后，只要用人单位开始用工，就开始计算劳动者在本单位的工作年限。根据《关于贯彻执行〈中华人民共和国劳动法〉若干问题的意见》第二十二条的规定,“连续工作满十年”中的“连续”是指“不间断”的意思，如果有间断，那么间断前在本单位的工作年限，不作为判断是否符合签订无固定期限劳动合同的依据。

另外，司法实务中部分地区也对该问题给出了指导意见，如《北京市高级人民法院、北京市劳动争议仲裁委员会关于劳动争议案件法律适用问题研讨会会议纪要（二）》（2014 年）第三十七条指出:“用人单位存在规避《劳动合同法》第十四条规定的下列行为，劳动者订立固定期限劳动合同和工作年限的次数仍应连续计算:（一）为减少计算劳动者的工龄，迫使劳动者与其解除或终止劳动合同后重新与其签订劳动合同的;（二）通过设立关联用人单位，在与劳动者签订合同时交替变换用人单位名称的;（三）仅就劳动合同的终止期限进行变更，用人单位无法做出合理解释的;（四）采取注销原单位、设立新单位的方式，将劳动者重新招用到新单位，且单位经营内容与劳动者的工作地点、工作内容均没有实质性变化的;（五）其他明显违反诚信和公平原则的规避行为。”《天津法院劳动争议案件审理指南》（津高法〔2017〕246 号）第十七条指出:“根据《中华人民共和国劳动合同法》第四十二条、四十五条的规定，劳动合同期满，有下列情形劳动合同应当延续至相应情形消失时终止而使劳动者连续工作满十年的，除劳动者提出订立固定期限劳动合同外，用人单位拒绝与劳动者订立无固定期限劳动合同的，不予支持：（1）从事接触职业病危害作业的劳动者未进行离岗前职业健康检查，或者疑似职业病病人在诊断或者医学观察期间的；（2）患病或者非因工负伤，在规定的医疗期内的；（3）女职工在孕期、产期、哺乳期的。”即劳动合同期满但基于法律法规的规定自动延续而使劳动者在本单位的工作年限达到签订无固定期限劳动合同条件的，用人单位应当与劳动者订立无固定期限劳动合同。

（四）是否存在无须订立无固定期限劳动合同的情形

根据《劳动合同法》第十四条的规定，虽然劳动者与用人单位连续订立二次固定期限劳动合同，但如果劳动者存在《劳动合同法》第三十九条和第四十条第一项、第二项规定的情形，用人单位可以不与劳动者续订劳动合同。

《劳动合同法实施条例》第十二条规定：“地方各级人民政府及县级以上地方人民政府有关部门为安置就业困难人员提供的给予岗位补贴和社会保险补贴的公益性岗位，其劳动合同不适用劳动合同法有关无固定期限劳动合同的规定以及支付经济补偿的规定。”即对于该条规定的公益性岗位的劳动者，不管订立了几次固定期限劳动合同，也不管劳动关系连续存续多久，都无权主张订立无固定期限劳动合同。

根据《劳动合同法》第五十八条的规定，劳务派遣单位应当与被派遣劳动者订立二年以上的固定期限劳动合同。即规定劳务派遣合同的期限为两年以上，合同类型为固定期限劳动合同。当同一劳务派遣单位与同一被派遣劳动者连续订立两次固定期限劳动合同，或者双方的劳动关系连续存续十年以上时，被派遣劳动者能否要求与劳务派遣单位订立无固定期限劳动合同呢？对于该问题，部分地区给出了司法实务指导意见，如《江苏省高级人民法院劳动争议案件审理指南》（2010年）指出：“《劳动合同法》第五十八条第二款规定，劳务派遣单位应与被派遣劳动者订立两年以上的固定期限劳动合同。该规定应视为《劳动合同法》的特别规定，被派遣劳动者请求与劳务派遣单位订立无固定期限劳动合同的，不予支持，但劳务派遣单位同意的除外。”《二〇一〇年广州市民事审判若干问题的解答（劳动争议部分）》第十七条指出：派遣单位与劳动者连续签订两次劳务派遣合同且符合《劳动合同法》第十四条第三款的规定，则劳务派遣单位应与被派遣劳动者签订无固定期限劳动合同，其理由在于劳务派遣虽为特殊的劳动合同，但法律并无特别规定，因此也应适用《劳动合同法》关于无固定期限劳动合同的一般规定。

此外，如果劳动者达到了签订无固定期限劳动合同的条件，但与用人单位签订了固定期限劳动合同，在新合同期内，劳动者要求与用人单位签订无固定期限劳动合同，或主张未订立无固定期限劳动合同的二倍工资，司法实务中一般不予支持。

（五）应支付未依法订立无固定期限劳动合同的二倍工资的期间

《劳动合同法》第八十二条第二款规定：“用人单位违反本法规定不与劳动者订立无固定期限劳动合同的，自应当订立无固定期限劳动合同之日起向劳动者每月支付二倍的工资。”即支付未订立无固定期限劳动合同二倍工资的起始时间为“应当订立无固定期限劳动合同之日”。对于“应当订立无固定期限劳动合同之日”，应根据法律法规的规定（如《劳动合同法》第十四条）的规定确定。

《天津法院劳动争议案件审理指南》（津高法〔2017〕246号）第十五条指出：“劳动者要求订立无固定期限劳动合同，用人单位违反《中华人民共和国劳动合同法》第十四条的规定不与劳动者订立无固定期限劳动合同，用人单位自应当订立无固定期限劳动合同之日起至补签无固定期限劳动合同的前一日，向劳动者每月支付二倍工资。本条规定的二倍工资性质不属于劳动报酬，应当按照《中华人民共和国劳动争议调解仲裁法》第二十七条第一款的规定按月计算仲裁时效。”《深圳市中级人民法院关于审理劳动争议案件的裁判指引》（2015年）第六十七条指出：“用人单位拒绝与符合《劳动合同法》第十四条第二款规定的条件的劳动者签订无固定期限劳动合同，劳动者要求其支付二倍工资至补订无固定期限劳动合同前一日的，应予支持。”即根据上述司法实务意见，应支付未订立无固定期限劳动合同二倍工资的期间为：自应当订立无固定期限劳动合同之日起至补签无固定期限劳动合同的前一日。但因未订立无固定期限劳动合同的二倍工资差额应适用按照《劳动争议调解仲裁法》第二十七条第一款所规定的一年申请仲裁时效，当用人单位提出时效抗辩时，则最多支持12个月的未订立无固定期限劳动合同的二倍工资差额。

（六）未订立无固定期限劳动合同期间的应发工资情况

该应发工资情况用以确定未订立无固定期限劳动合同二倍工资差额的具体金额，可依据约定有工资标准的劳动合同、工资清单等证据证明。

八 变更劳动合同争议

第一步：认识争议或侵权情形

用人单位违法变更劳动合同，比如违法降低工资标准或福利待遇，变更工作岗位、工作地点等。

第二步：提出权利诉求

请求裁决或判决双方按原劳动合同约定或在履行劳动合同过程中形成条件（如工资标准、工作岗位、工作地点、福利待遇等）继续履行劳动合同，并由××（单位）支付违法变更期间的相关待遇差额。

计算方法：

根据原劳动合同和变更后的劳动合同的具体情况，确定相关待遇差额。

第三步：提出主张并加以证明

基于变更劳动合同而请求继续履行原劳动合同的权利请求要获得支持，需要满足以下构成要件：一是原劳动合同明确约定了或通过实际履行形成了相对固定的劳动条件，二是用人单位单方变更了劳动合同，三是用人单位变更劳动合同的行为不符合双方的约定或法律法规的规定。为此，当事人应就原劳动合同约定或在履行劳动合同过程中实际形成的条件、用人单位是否违法变更劳动合同、变更后的劳动合同是否降低了原劳动条件等事项，提出自身主张并加以证明。

（一）原劳动合同约定或在履行劳动合同过程中实际形成的条件

劳动合同文本，以及在履行劳动合同过程中形成的工作记录、工资支付记录、社会保险费缴费记录等证据，可用于证明原劳动合同条件。

（二）用人单位未经协商一致变更了劳动合同且降低了原劳动合同条件

根据《劳动合同法》第二十六条的规定，以欺诈、胁迫的手段或者乘人之危，使对方在违背真实意思的情况下变更劳动合同的，应属无效或部分无效。根据《劳动合同法》第三十五条的规定，变更劳动合同，改变原劳动合同约定的条件，应当由用人单位与劳动者协商一致，否则任何一方不可强行变更。同时，该条要求变更劳动合同应当采用书面形式，但根据《最高人民法院关于审理劳动争议案件适用法律问题的解释（一）》第四十三条的规定，用人单位与劳动者双方经协商一致（如口头协商）变更劳动合同，实际履行变更后的劳动合同超过一个月，且变更后的劳动合同的内容不违反法律、行政法规且不违背公序良俗的，即使未采用书面形式，也应认定有效。

劳动合同条件是否降低，要根据变更前后的具体情形判断，比如劳动者的劳动报酬是否降低、工作量是否加大、工作难度是否提高等。

（三）用人单位变更劳动合同不属于行使自主用人权及经营自主权的范畴

根据《就业促进法》第八条的规定，用人单位享有自主用人权，同时规定用人单位应当依法保障劳动者的合法权益，即用人单位应当在依法保障劳动者的合法权益的前提下行使自主用人权。在变更劳动合同的过程中，如劳动者的工作岗位、工作地点、工资标准等事项的变更，往往也会涉及用人单位的自主用人权问题。当双方不能协商一致，用人单位单方面变更或调整时，一般需要审查用人单位的行为是否属于依法行使用人自主权的范畴。对此，部分地区也出台了一些指导性意见，如《北京市高级人民法院、北京市劳动人事争议仲裁委员会关于审理劳动争议案件法律适用问题的解答》（2017年）第六条指出:“用人单位与劳动者在劳动合同中宽泛地约定工作地点是‘全国’、‘北京’等，如无对用人单位经营模式、劳动者工作岗位特性等特别提示，属于对工作地点约定不明。劳动者在签订劳动合同后，已经在实际履行地点工作的，视为双方确定具体的工作地点。用人单位不得仅以工作地点约定为‘全国’、‘北京’为由，无正当理由变更劳动者的工作地点。用人单位与劳动者在劳动合同中明确约定用人单位可以单方变更工作地点的，仍应对工作地点的变更进行合理性审查。具体审查时，除考虑对劳动者的生活影响外，还应考虑用人单位是否采取了合理的弥补措施（如提供交通补助、班车）等。”《天津法院劳动争议案件审理指南》（津高法〔2017〕246号）第十九条指出:“用人单位对劳动者的工作岗位进行调整，应当同时具备以下条件:（1）符合劳动合同的约定或者用人单位规章制度的规定;（2）符合用人单位生产经营的客观需要;（3）调整后的工作岗位的劳动待遇水平与原岗位基本相当，但根据《中华人民共和国劳动合同法》第四十条第一项、第二项，因劳动者患病或者非因工负伤，在规定的医疗期满后不能从事原工作而被调整岗位，或者因劳动者不能胜任工作而调整岗位的除外;（4）调整工作岗位不具有歧视性、侮辱性;（5）不违反法律法规的规定。用人单位因生产经营状况发生较大变化，经济效益出现下滑等客观情况，对内部经营进行调整，属于用人单位经营自主权的范畴，由此导致劳动者岗位变化、待遇水平降低，劳动者主张用人单位违法调整工作岗位、降低待遇水平的，不予支持。用人单位主张调整劳动者工作岗位合法，应承担举证证明责任。”第二十条指出:“用人单位有权根据经营需要调整劳动者的工作地点，但有以下情形之一的，劳动者主张用人单位未经协商一致单方调整工作地点违法的，应予支持:（1）工作地点的调整具有歧视性、侮辱性;（2）明显增加劳动者工作成本，但用人单位提供了相应补偿或者替代条件可以基本弥补劳动者增加的工作成本的除外;（3）即使用人单位提供了相应补偿或者替代条件，但劳动者订立劳动合同的目的仍然落空的;（4）违反劳动合同对工作地点约定的。劳动者对用人单位调整工作地点存在上述情形承担举证证明责任。”在处理劳动合同变更问题时，上述相关司法实务指导意见可供参考。

九 解除或终止劳动关系的经济补偿争议

第一步：认识争议或侵权情形

解除或终止劳动关系后，用人单位不依法支付解除或终止劳动关系的经济补偿。

第二步：提出权利诉求

请求 ××（单位）支付解除或终止劳动关系的经济补偿 ×× 元。

计算方法：

解除或终止劳动关系的经济补偿 = 解除或终止劳动合同前 12 个月劳动者的月平均工资 × 按工作年限折算的应当补偿的月数。平均工资的确定、补偿月数的折算问题，具体根据下述的相关内容确定。

第三步：提出主张并加以证明

由用人单位向劳动者支付解除或终止劳动关系的经济补偿 ×× 元，需要满足以下构成要件：一是双方的劳动关系已解除或终止（司法实务中，经常有劳动者在双方的劳动关系尚未解除或终止时即主张该经济补偿），二是双方解除或终止劳动关系的情形属于依法应当由用人单位支付经济补偿的情形，三是主张解除或终止劳动关系的经济补偿的金额符合法律法规的规定。为此，当事人应就劳动关系已解除或终止的事实、解除或终止劳动关系具体情形、按劳动者的工作年限折算的应当支付经济补偿的月数、解除或终止劳动关系前 12 个月内劳动者的月平均工资等事项，提出自身主张并加以证明。

（一）劳动关系是否已解除或终止

劳动关系已解除或终止，是支付解除或终止劳动关系的经济补偿的前提条件之一。

劳动合同的解除，根据《关于贯彻执行〈中华人民共和国劳动法〉若干问题的意见》第二十六条的规定，是指劳动合同订立后，尚未全部履行以前，由于某种原因导致劳动合同一方或双方当事人提前消灭劳动关系的法律行为。劳动合同的解除分为法定解除和约定解除两种。

劳动关系的终止情形，主要规定于《劳动合同法》第四十四条之中，包括"劳动合同期满的""劳动者开始依法享受基本养老保险待遇的""劳动者死亡，或者被人民法院宣告死亡或者宣告失踪的""用人单位被依法宣告破产的""用人单位被吊销营业执照、责令关闭、撤销或者用人单位决定提前解散的""法律、行政法规规定的其他情形"。同时，根据《劳动合同法实施条例》第十三条的规定，用人单位与劳动者不得在《劳动合同法》第四十四条规定的劳动合同终止情形之外约定其他的劳动合同终止条件。另外，根据《劳动合同法实施条例》第五条、第六条的规定，自用工之日起不满一年内，用人单位要求与劳动者订立书面劳动合同，而劳动者拒绝订立的，用人单位可终止劳动关系。根据该条例第二十一条的规定，劳动者达到法定退休年龄的，劳动合同终止。根据《最高人民法院关于审理劳动争议案件适用法律问题的解释（一）》第三十四条第一款的规定，劳动合同期满后，劳动者仍在原用人单位工作，原用人单位未表示异议的，视为双方同意以原条件继续履行劳动合同。一方可提出终止劳动关系。

解除或终止劳动关系，一般需要一方当事人向对方当事人作出明确的解除或终止劳动关系的意思表示，劳动关系于该意思表示达到对方当事人时解除。劳动法律法规对解除或终止劳动合同的方式或形式有特殊规定和要求的，要遵循劳动法律法规的相关规定，比如《劳动合同法》第三十八条第二款规定："用人单位以暴力、威胁或者非法限制人身自由的手段强迫劳动者劳动的，或者用人单位违章指挥、强令冒险作业危及劳动者人身安全的，劳动者可以立即解除劳动合同，不需事先告知用人单位。"另外，根据《民法典》第五百六十五条第二款的规定，当事人一方未通知对方，直接以提起诉讼或者申请仲裁的方式依法主张解除合同，人民法院或者仲裁机构确认该主张的，合同自起诉状副本或者仲裁申请书副本送达对方时解除。

（二）是否符合用人单位应当支付解除或终止劳动关系的经济补偿的情形

用人单位应当支付解除或终止劳动关系的经济补偿的情形包括：

1. 劳动合同期满，用人单位终止劳动合同，或降低原劳动合同条件导致劳动合同不能续订的。但如果原劳动合同期满后达到应当签订无固定期限劳动合同条件，司法实务中，部分人民法院认为用人单位不能终止劳动合同，否则即属于违法终止［可参阅（2019）粤民再234号民事判决书］。另外，用人单位终止地方各级人民政府及县级以上地方人民政府有关部门为安置就业困难人员提供的给予岗位补贴和社会保险补贴的公益性岗位的劳动者的劳动合同，以及终止非全日制劳动合同，无须支付经济补偿。（依据《劳动合同法》第四十六条第五项）

2. 用人单位自用工之日起超过一个月不满一年未与劳动者订立书面劳动合同，与劳动者补订书面劳动合同时，劳动者不与用人单位订立书面劳动合同，用人单位经书面通知劳动者终止劳动关系的。（依据《劳动合同法实施条例》第六条）

3. 劳动合同因用人单位被依法宣告破产而终止的。（依据《劳动合同法》第四十六条第六项）

4. 劳动合同因用人单位被吊销营业执照、责令关闭、撤销或者用人单位决定提前解散而终止的。（依据《劳动合同法》第四十六条第六项）

5. 劳动合同因用人单位经营期限届满不再继续经营导致劳动合同不能继续履行的。［依据《最高人民法院关于审理劳动争议案件适用法律问题的解释（一）》第四十八条］

6. 经用人单位向劳动者提出并与劳动者协商一致解除劳动合同的。司法实务中，如果双方均不能证明解除劳动合同的原因，一般推定由用人单位提出协

商一致解除，用人单位支付解除劳动合同的经济补偿。（依据《劳动合同法》第四十六条第二项）

7. 因用人单位未按照劳动合同约定提供劳动保护或者劳动条件而使劳动者解除劳动合同的。（依据《劳动合同法》第四十六条第一项）

8. 因用人单位未及时足额支付劳动报酬而使劳动者被迫解除劳动合同的。司法实务中，部分地区的司法实务意见认为，用人单位因主观故意或者重大过失导致未及时足额支付劳动报酬的，劳动者才享有被迫辞职权，用人单位应当支付解除劳动合同的经济补偿；对于确因客观原因如自然灾害、不可抗力等因素，或者双方对劳动报酬的计算基数、计算方法等问题理解不一致而存在争议，导致用人单位未能“及时、足额”支付劳动报酬，不能作为劳动者解除合同的依据。另外，司法实务中，一般认为此处的“劳动报酬”不包括未休年休假工资中的法定补偿部分（200% 部分）、未依法订立劳动合同的二倍工资差额部分和高温津贴，即劳动者因用人单位未及时足额支付未休年休假工资中的法定补偿部分（200% 部分）、未依法订立劳动合同的二倍工资差额部分和高温津贴而解除劳动合同，一般不支持解除劳动合同的经济补偿。（依据《劳动合同法》第四十六条第一项）

9. 因用人单位未依法为劳动者缴纳社会保险费而使劳动者解除劳动合同的。但要注意，此种情形下支付解除劳动合同的经济补偿，补偿年限从 2008 年 1 月 1 日起计算。（依据《劳动合同法》第四十六条第一项、第九十七条第三款）

10. 因用人单位的规章制度违反法律、法规的规定，损害劳动者权益而使劳动者解除劳动合同的。（依据《劳动合同法》第四十六条第一项）

11. 因《劳动合同法》第二十六条第一款规定的情形致使劳动合同无效而使劳动者解除劳动合同的。（依据《劳动合同法》第四十六条第一项）

12. 用人单位以暴力、威胁或者非法限制人身自由的手段强迫劳动者劳动的，或者用人单位违章指挥、强令冒险作业危及劳动者人身安全，劳动者即时解除劳动合同的。（依据《劳动合同法》第四十六条第一项）

13. 劳动者患病或者非因工负伤，在规定的医疗期满后不能从事原工作，也不能从事由用人单位另行安排的工作，用人单位提前 30 日以书面形式通知劳动者本人或者额外支付劳动者一个月工资后解除劳动合同，且不存在《劳动合同法》第四十二条所规定的限制解除情形的。（依据《劳动合同法》第四十六条第三项）

14. 劳动者不能胜任工作，经过培训或者调整工作岗位，仍不能胜任工作的，用人单位提前30日以书面形式通知劳动者本人或者额外支付劳动者一个月工资后解除劳动合同，且不存在《劳动合同法》第四十二条所规定的限制解除情形的。（依据《劳动合同法》第四十六条第三项）

15. 劳动合同订立时所依据的客观情况发生重大变化，致使劳动合同无法履行，经用人单位与劳动者协商，未能就变更劳动合同内容达成协议，用人单位提前30日以书面形式通知劳动者本人或者额外支付劳动者一个月工资后解除劳动合同，且不存在《劳动合同法》第四十二条所规定的限制解除情形的。（依据《劳动合同法》第四十六条第三项）

16. 用人单位依法进行经济性裁员，且不存在《劳动合同法》第四十二条所规定的限制解除情形的。（依据《劳动合同法》第四十六条第四项）

17. 被派遣劳动者被用工单位依法退回，劳务派遣单位重新派遣时维持或者提高劳动合同约定条件，被派遣劳动者不同意，劳务派遣单位解除劳动合同的。（依据《劳务派遣暂行规定》第十五条）

18. 被派遣劳动者被用工单位依法退回，劳务派遣单位重新派遣时降低劳动合同约定条件，被派遣劳动者不同意并解除劳动合同的。（依据《劳务派遣暂行规定》第十五条）

19. 劳务派遣单位被依法宣告破产、被吊销营业执照、被责令关闭、被撤销、决定提前解散或者经营期限届满不再继续经营，劳动合同终止的。（依据《劳务派遣暂行规定》第十六条）

20. 法律法规规定的其他应当支付解除或终止劳动关系的经济补偿的情形。

（注:《劳动合同法》第四十二条所规定的限制解除情形包括:（1）从事接触职业病危害作业的劳动者未进行离岗前职业健康检查，或者疑似职业病病人在诊断或者医学观察期间的;（2）在本单位患职业病或者因工负伤并被确认丧失或者部分丧失劳动能力的;（3）患病或者非因工负伤，在规定的医疗期内的;（4）女

职工在孕期、产期、哺乳期的；(5) 在本单位连续工作满 15 年，且距法定退休年龄不足 5 年的；(6) 法律、行政法规规定的其他情形。)

(三) 按劳动者的工作年限折算的应当支付经济补偿的月数

《劳动合同法》第四十七条第一款规定："经济补偿按劳动者在本单位工作的年限，每满一年支付一个月工资的标准向劳动者支付。六个月以上不满一年的，按一年计算；不满六个月的，向劳动者支付半个月工资的经济补偿。"第二款规定："劳动者月工资高于用人单位所在直辖市、设区的市级人民政府公布的本地区上年度职工月平均工资三倍的，向其支付经济补偿的标准按职工月平均工资三倍的数额支付，向其支付经济补偿的年限最高不超过十二年。"第九十七条第三款规定："本法施行之日存续的劳动合同在本法施行后解除或者终止，依照本法第四十六条规定应当支付经济补偿的，经济补偿年限自本法施行之日起计算；本法施行前按照当时有关规定，用人单位应当向劳动者支付经济补偿的，按照当时有关规定执行。"

根据《劳动合同法实施条例》第十条、《最高人民法院关于审理劳动争议案件适用法律问题的解释（一）》第四十六条的规定，劳动者非因本人原因从原用人单位被安排到新用人单位工作，劳动者在原用人单位的工作年限合并计算为新用人单位的工作年限。原用人单位已经向劳动者支付经济补偿的，新用人单位在依法解除、终止劳动合同计算支付经济补偿的工作年限时，不再计算劳动者在原用人单位的工作年限。原用人单位未支付经济补偿，在计算支付经济补偿或赔偿金的工作年限时，则把劳动者在原用人单位的工作年限合并计算为新用人单位工作年限。用人单位符合下列情形之一的，应当认定属于"劳动者非因本人原因从原用人单位被安排到新用人单位工作"：(1) 劳动者仍在原工作场所、工作岗位工作，劳动合同主体由原用人单位变更为新用人单位；(2) 用人单位以组织委派或任命形式对劳动者进行工作调动；(3) 因用人单位合并、分立等原因导致劳动者工作调动；(4) 用人单位及其关联企业与劳动者轮流订立劳动合同；(5) 其他合理情形。

根据《劳动部关于实行劳动合同制度若干问题的通知》第十九条的规定，如果用人单位在经济性裁员时未依法支付经济补偿，劳动者被裁员后在6个月内又被原单位重新录用，后双方劳动关系解除或终止而应当支付经济补偿的，前后的工作年限应合并计算为支付经济补偿的年限。

根据对《劳动部办公厅〈关于如何理解“同一用人单位连续工作时间”和“本单位工作年限”的请示〉的复函》第二条、第三条的规定，劳动者患病或非因工负伤，依法享有医疗期，在计算“同一用人单位连续工作时间”时，不应扣除劳动者依法享有的医疗期时间。在计算医疗期、经济补偿时，“本单位工作年限”与“同一用人单位连续工作时间”为同一概念，也不应扣除劳动者此前依法享有的医疗期时间。根据《劳动和社会保障部办公厅关于复转军人军龄及有关人员工龄是否作为计算职工经济补偿金年限的答复意见》的规定，军队退伍、复员、转业军人的军龄，计算为接收安置单位的连续工龄，解除劳动关系计发法定的经济补偿时，退伍、转业军人的军龄应当计算为“本单位工作年限”。

（四）劳动者解除或终止劳动合同前12个月的平均工资

根据《劳动合同法》第四十七条第二款的规定，劳动者解除或终止劳动合同的经济补偿的计算基数的上限，为用人单位所在直辖市、设区的市级人民政府公布的本地区上年度职工月平均工资三倍。

根据《劳动合同法实施条例》第二十七条的规定，计算劳动者解除或终止劳动合同前12个月的平均工资时，应按劳动者的应得工资计算，而不是采用实得工资。应得工资与实得工资的主要差别，主要在于应得工资包括劳动者个人应当承担的由用人单位代扣代缴的社会保险费用、个人所得税、住房公积金等税费。此外，计算解除或者终止劳动合同的经济补偿时，所采用的月工资不得低于当地最低工资标准。

司法实务中，对于用人单位未依法订立劳动合同需支付二倍工资的，其中加付的一倍工资，一般不计入解除或终止劳动关系的经济补偿的计算基数。劳动者应得的年终奖或年终双薪，计入解除或终止劳动关系的经济补偿的计算基数时应按每年12个月平均分摊。

十 违法解除或终止劳动关系的赔偿金争议

第一步：认识争议或侵权情形

用人单位违法解除或终止劳动关系。

第二步：提出权利诉求

请求××（单位）支付违法解除或终止劳动关系的赔偿金××元。

计算方法：

违法解除或终止劳动关系的赔偿金=解除或终止劳动关系的经济补偿×2倍。解除或终止劳动关系的经济补偿的计算方法详见“解除或终止劳动关系的经济补偿争议”专题。

另外，根据《劳动合同法实施条例》第二十五条的规定，用人单位违反《劳动合同法》的规定解除或者终止劳动合同，依照《劳动合同法》第八十七条的规定支付了赔偿金的，不再支付经济补偿。赔偿金的计算年限自用工之日起计算。

第三步：提出主张并加以证明

支持劳动者要求用人单位支付违法解除或终止劳动关系赔偿金××元的请求，需要满足以下条件：一是属于用人单位单方解除或终止了劳动关系，二是用人单位解除或终止劳动关系违反法律法规的规定，三是劳动者主张违法解除或终止劳动关系的赔偿金的金额符合法律法规的规定。因此，当事人应就劳动关系解除或终止的具体情形（包括解除或终止方式、理由、时间等)、解除或终止劳动关系前12个月内劳动者的月平均工资、与计算赔偿金相关的工作年限等事项提出自身主张并加以证明。

(一)劳动关系是否已由用人单位解除或终止

用人单位支付违法解除或终止劳动关系的赔偿金的前提条件之一，是双方的劳动关系已解除或终止，而且应当由用人单位解除或终止，即实施解除或终止行为的主体必须是用人单位。如果是劳动者一方解除或终止，则不存在支付违法解除或终止劳动关系的赔偿金的前提(但可能需要支付解除或终止劳动关系的经济补偿)。

(二)用人单位是否违法解除或终止劳动关系

用人单位未依法解除或终止劳动关系，就属于违法解除终止劳动关系。所以，要证明用人单位违法解除或终止劳动关系，首先要弄清楚用人单位如何依法解除或终止劳动关系。

概括而言，用人单位作为解除或终止主体解除或终止劳动关系，主要有以下几种类型：一是由用人单位提出而与劳动者协商一致解除；二是用人单位即时解除(用人单位以劳动者存在过失或过错为由解除劳动关系)；三是用人单位预告解除(是指某些特殊情形的出现，导致劳动合同无法继续履行，虽然劳动者并没有过失，但用人单位仍可以依法解除劳动关系)；四是原劳动合同期满后用人单位终止劳动合同；五是用人单位被依法宣告破产而终止劳动关系；六是用人单位被吊销营业执照、责令关闭、撤销或者用人单位决定提前解散、经营期限届满不再继续经营而终止劳动关系。上述每种解除或终止类型，都有合法解除或终止的构成要件，只有符合法律法规规定，才是合法解除或终止，否则即构成违法解除。

第一，根据《劳动合同法》第四十三条的规定，用人单位单方解除劳动合同，应当事先将理由通知工会。用人单位违反法律、行政法规规定或者劳动合同约定的，工会有权要求用人单位纠正。用人单位应当研究工会的意见，并将处理结果书面通知工会。对于未建立工会的用人单位，司法实务中，部分地区不要求履行上述程序；部分地区，则要求通知用人单位所在地工会。如《江苏省劳动合同条例》第三十一条第二款规定："……用人单位尚未建立工会的，通知用人单位所在地工会。"用人单位不履行该项程序和义务，则可能会被认定为违法解除，从而支付违法解除劳动关系的赔偿金。

第二，由用人单位提出而与劳动者协商解除关系的，必须是经双方协商一致，就解除问题达成一致的意思表示，且不存在欺诈、胁迫、乘人之危、重大误解等情形。符合协商一致解除条件的，用人单位只需支付解除劳动关系的经济补偿；协商过程中尚未协商一致用人单位即单方解除劳动关系，或者在协商过程中存在用人单位欺诈、胁迫、乘人之危等情形，则可能属于用人单位违法解除。

第三，对于用人单位即时解除劳动关系，即用人单位以劳动者存在过失或过错为由解除劳动合同的，根据《劳动法》第二十五条、《劳动合同法》第三十九条等相关法律法规的规定，合法性要件在于：（1）劳动者存在过失或过错情形。即劳动者存在"在试用期间被证明不符合录用条件""严重违反用人单位的规章制度""严重失职，营私舞弊，给用人单位造成重大损害""同时与其他用人单位建立劳动关系，对完成本单位的工作任务造成严重影响，或者经用人单位提出，拒不改正""因本法第二十六条第一款第一项规定的情形致使劳动合同无效""被依法追究刑事责任"等情形之一。（2）用人单位解除劳动合同的具体理由应符合相应法律法规的规定。例如，用人单位以劳动者"在试用期间被证明不符合录用条件"为由解除劳动合同，则需要证明招聘入职时已明确告知录用条件、试用期间对劳动者的工作做了相关记录和考核、考核结果达不到录用条件的标准等；又如，用人单位以劳动者"严重违反用人单位的规章制度"为由解除劳动合同，则需要证明其规章制度符合《劳动合同法》第四条的相关规定（经过民主程序制定、规章制度的内容不违反法律法规的强制性规定且具有合理性、已向劳动者公示等）、劳动者的行为构成严重违反其规章制度。

第四，对于用人单位预告解除劳关系，根据《劳动法》第二十六条、第二十九条,《劳动合同法》第四十条、第四十二条等法律法规的规定，合法性要件在于:（1）存在用人单位可以据以无过失性解除劳动合同的情形。即存在"劳动者患病或者非因工负伤，在规定的医疗期满后不能从事原工作，也不能从事由用人单位另行安排的工作""劳动者不能胜任工作，经过培训或者调整工作岗位，仍不能胜任工作""劳动合同订立时所依据的客观情况发生重大变化，致使劳动合同无法履行，经用人单位与劳动者协商，未能就变更劳动合同内容达成协议"的情形之一。其中，对于患病或非因工负伤的医疗期，需要结合劳动者的累计工作年限、本单位的工作年限等条件判断，具体详见"患病或非因工负伤的医疗期工资争议"专题。劳动者医疗期满后不能从事原工作，主要表现为劳动者不能返岗，或不能完成原岗位的工作任务等。对于"不能胜任工作"，根据《关于〈劳动法〉若干条文的说明》第二十六条的规定，是指劳动者不能按要求完成劳动合同中约定的任务或者同工种、同岗位人员的工作量，同时规定用人单位不得故意提高定额标准，使劳动者无法完成。对于"劳动合同订立时所依据的客观情况发生重大变化"，根据《关于〈劳动法〉若干条文的说明》第二十六条的规定，"客观情况"是指发生不可抗力或出现致使劳动合同全部或部分条款无法履行的其他情况，如企业迁移、被兼并、企业资产转移等，并且排除《劳动法》第二十七条所列的客观情况，而《劳动法》第二十七条所规定的情形，包括用人单位濒临破产进行法定整顿，或者生产经营状况发生严重困难。根据《劳动合同法》第四十一条的规定，如果用人单位存在"依照企业破产法规定进行重整的""生产经营发生严重困难的""企业转产、重大技术革新或者经营方式调整，经变更劳动合同后，仍需裁减人员的""其他因劳动合同订立时所依据的客观经济情况发生重大变化，致使劳动合同无法履行的"的情形之一，需要裁减人员 20 人以上或者裁减不足 20 人但占企业职工总数 10% 以上的，在履行相关法定程序后，可以进行经济性裁员。根据《关于〈劳动法〉若干条文的说明》第二十六条的规定，如果满足经济性裁员的条件，则用人单位不得依据《劳动合同法》第四十条第三项的规定解除劳动合同。另外，部分地区的司法实务意见认为，"劳动合同订立时所依据的客观情况发生重大变化"，是指劳动合同订立后发生了用人单位和劳动者订立合同时无法预见的变化，致使双方订立的劳动合同全部或者主要条款无法履行，或者若继续履行将出现成本过高等显失公平的情况，致使劳动合同目的难以实现，并指出“地震、火灾、水灾等自然灾害形成的不可抗力”“受法律、法规、政策变化导致用人单位迁移、资产转移或者停产、转产、转（改）制等重大变化”“特许经营性质的用人单位经营范围等发生变化”等情形，一般属于“劳动合同订立时所依据的客观情况发生重大变化”。另有部分地区的司法实务意见指出：“企业因自身发展规划进行的搬迁，属于劳动合同订立时所依据的客观情况发生重大变化，用人单位应与劳动者协商变更劳动合同内容。未能就变更劳动合同内容达成协议的，劳动者要求解除劳动合同以及用人单位支付解除劳动合同的经济补偿金的，予以支持。但如企业搬迁未对劳动者造成明显的影响，且用人单位采取了合理的弥补措施（如提供班车、交通补贴等），劳动者解除劳动合同理由不充分的，用人单位无须支付解除劳动合同的经济补偿金。”（2）应当履行法定程序。即当劳动者患病或非因工负伤不能从事原工作时，应当先行“另行安排工作”。劳动者不能胜任工作时，应当先行“培训或者调整工作岗位”，而且就常理而言，另行安排的工作或调整的工作岗位，劳动难度或强度应低于原工作岗位，如果未实施前述程序而直接解除，则可能被认定属于违法解除。客观情况发生重大变化时，应当先行“协商变更劳动合同内容”，而不能直接解除劳动合同。此外，要履行“提前30日以书面形式通知劳动者本人或者额外支付劳动者一个月工资”的义务。（3）不存在用人单位不得无过失性解除劳动合同的情形。当劳动者存在《劳动合同法》第四十二条所规定的情形之一时，用人单位不得实施无过失性解除劳动合同行为。用人单位实行无过失性解除依法成立的，应当支付解除劳动合同的经济补偿；无过失性解除的条件不成立的，司法实务中一般裁判用人单位支付违法解除劳动合同的赔偿金。

第五，对于用人单位经济性裁员而解除劳动关系的，根据《劳动法》第二十七条、《劳动合同法》第四十一条以及《企业经济性裁减人员规定》（劳部发〔1994〕447号）等的规定，合法性要件主要包括：（1）存在可以实施经济性裁员的相关情形。即存在“依照企业破产法规定进行重整”“生产经营发生严重困难”“企业转产、重大技术革新或者经营方式调整，经变更劳动合同后，仍需裁减人员”“其他因劳动合同订立时所依据的客观经济情况发生重大变化，致使劳动合同无法履行”的情形之一，需要裁减人员20人以上或者裁减不足20人但占企业职工总数10%以上。（2）应当履行法定程序。即应当提前30日向工会或者全体职工说明情况，听取工会或者职工的意见，并向劳动行政部门报告裁减人员方案。（3）应当符合限制性规定。即劳动者存在《劳动合同法》第四十二条规定的情形之一的，用人单位不得实施经济性裁员。同时，应当优先留用存在“与本单位订立较长期限的固定期限劳动合同”“与本单位订立无固定期限劳动合同”“家庭无其他就业人员，有需要扶养的老人或者未成年人”情形之一的劳动者。裁减人员后，在6个月内重新招用人员的，应当通知被裁减的人员，并在同等条件下优先招用被裁减的人员。用人单位实施经济性裁员依法成立的，须支付解除合同的经济补偿；依法不能成立的，司法实务中一般裁判用人单位支付违法解除劳动合同的赔偿金。

第六，对于劳动合同期满用人单位终止劳动关系的，根据法律法规的规定，原劳动合同期满，用人单位依法可以终止劳动合同，但当存在法律法规规定的不得终止而应当顺延劳动合同期限的情形除外。即劳动者存在《劳动合同法》第四十二条规定的情形之一的，劳动合同应当续延至相应的情形消失时终止。丧失或者部分丧失劳动能力的劳动者的劳动合同的终止，按照国家有关工伤保险的规定执行。除用人单位维持或者提高劳动合同约定条件续订劳动合同，劳动者不同意续订的情形外，用人单位应当依法支付经济补偿。此外，当原劳动合同期满而达到签订无固定期限劳动合同的条件时，用人单位是否还享有终止劳动合同的权利，各地的司法实践还存在一定的差异，如果认为此时用人单位无终止劳动合同的权利，那么用人单位终止劳动合同后就需要支付违法终止劳动合同的赔偿金；如果认为此时用人单位享有终止权，那么用人单位终止劳动合同就只需要支付终止劳动合同的经济补偿。

第七，对于用人单位被依法宣告破产、被吊销营业执照、责令关闭、撤销或者用人单位决定提前解散、经营期限届满不再继续经营而终止劳动关系的，用人单位应当证明其确属被依法宣告破产，或证明符合“被吊销营业执照、责令关闭、撤销或者用人单位决定提前解散、经营期限届满不再继续经营”的情形及条件，如相关行政处罚决定书、股东会决议等。同时，上述情形下终止劳动关系，用人单位应当支付终止劳动关系的经济补偿。

（三）按工作年限折算的应当支付赔偿金的月数

详见“解除或终止劳动关系的经济补偿争议”专题。

（四）劳动者的劳动关系解除或终止前 12 个月的平均工资

详见“解除或终止劳动关系的经济补偿争议”专题。

十一 继续履行劳动合同争议（解除或终止劳动关系时）

第一步：认识争议或侵权情形

用人单位违法解除或终止劳动关系，但劳动者不主张由用人单位支付违法解除或终止劳动关系的赔偿金。

第二步：提出权利诉求

请求××（单位）自××××年××月××日起继续履行劳动合同。

第三步：提出主张并加以证明

劳动关系解除或终止后，劳动者要求继续履行劳动合同的，需要满足以下条件：一是劳动关系由用人单位违法解除或终止，二是双方的原劳动合同能够继续。因此，当事人应就劳动关系解除或终止的具体情形、继续履行劳动合同的条件和基础等情形提出主张并加以证明。

（一）用人单位是否违法解除或终止劳动关系

是否属于违法解除，详见“违法解除或终止劳动关系的赔偿金争议”专题的相关内容。

（二）劳动合同是否能够继续履行

司法实务中，劳动合同能否继续履行，一般由仲裁机构或人民法院根据实际情况判断。如果仲裁机构或人民法院认为不能继续履行，一般会释明劳动者是否主张违法解除或终止劳动合同的赔偿金：如果劳动者选择主张，那么在裁决或判决不继续履行劳动合同的同时，裁决或判决用人单位支付违法解除或终止劳动合同的赔偿金；如果劳动者选择不主张赔偿金而坚持要求继续劳动合同，那么在劳动合同无法继续履行的情况下，裁决或判决驳回劳动者的请求，但劳动者可以另行主张用人单位支付违法解除或终止劳动合同的赔偿金。

十二 解除劳动合同的代通知金争议

第一步：认识争议或侵权情形

用人单位以“劳动者患病或者非因工负伤，在规定的医疗期满后不能从事原工作，也不能从事由用人单位另行安排的工作”“劳动者不能胜任工作，经过培训或者调整工作岗位，仍不能胜任工作”“劳动合同订立时所依据的客观情况发生重大变化，致使劳动合同无法履行，经用人单位与劳动者协商，未能就变更劳动合同内容达成协议”的理由之一解除劳动合同，但未提前30日书面通知。

第二步：提出权利诉求

请求××（单位）支付未提前30日书面通知而解除劳动合同需额外支付的一个月工资（代通知金）××元。

计算方法：

代通知金的标准为劳动合同解除时劳动者的上一个月的工资标准。

第三步：提出主张并加以证明

由用人单位向劳动者支付解除劳动合同的代通知金，需要满足以下构成要件：一是用人单位据以解除劳动合同的理由属于《劳动合同法》第四十条所规定的三种情形之一，二是用人单位解除劳动合同未提前30日以书面形式通知，三是劳动者主张的代通知金金额符合法律法规的规定。为此，当事人应就解除劳动合同的具体情形、用人单位是否履行提前30日以书面形式通知的程序、解除劳动合同时劳动者上一个月的工资情况等事项，提出主张并加以证明，具体如下：

（一）用人单位据以解除劳动合同的理由是否符合《劳动合同法》第四十条的规定

如果双方之间的情形不构成《劳动合同法》第四十条所规定的三种情形之一，而用人单位却以此为由解除了劳动合同，则产生的不是支付代通知金及经济补偿的责任，而是违法解除的法律责任。

另外要注意，当且仅当符合三种情形而解除劳动合同时，才存在代通知金，不是任何解除情形下都存在代通知金，即不是任何情形下用人单位解除劳动合同均需提前30日以书面形式通知，如用人单位依据《劳动合同法》第三十九条的规定解除劳动合同的，无须提前30日以书面形式通知。

对于是否满足《劳动合同法》第四十条所规定的情形，详见“违法解除或终止劳动关系的赔偿金争议”专题中的相关内容。

（二）用人单位是否履行提前30日以书面形式通知的程序

用人单位主张已履行该程序，应提交相关证据证明，其中，“书面形式”，根据《民法典》第四百六十九条的规定，是指合同书、信件、电报、电传、传真等可以有形地表现所载内容的形式；以电子数据交换、电子邮件等方式能够有形地表现所载内容，并可以随时调取查用的数据电文，视为书面形式。

（三）劳动合同解除时劳动者的上一个月的工资标准

根据《劳动合同法实施条例》第二十条的规定，用人单位依照《劳动合同法》第四十条的规定，选择额外支付劳动者一个月工资解除劳动合同的，其额外支付的工资应当按照该劳动者上一个月的工资标准确定。

十三 未出具解除或终止劳动合同证明的损害赔偿争议

第一步：认识争议或侵权情形

解除或者终止劳动合同后，用人单位不依法出具解除或者终止劳动合同的证明，给劳动者造成损失。

第二步：提出权利诉求

请求××（单位）依法出具解除或终止劳动合同的证明，及支付未依法出具解除或终止劳动合同的证明所造成的损失××元。

如果劳动者要求用人单位出具解除或终止劳动合同的证明，部分劳动争议仲裁机构和人民法院不予受理，因为根据《劳动合同法》第八十九条的规定，该种情况应当由劳动行政部门责令改正，劳动者应当向劳动行政部门投诉；如果劳动者的诉求为赔偿由此造成的损失，仲裁机构和人民法院一般予以受理。

计算方法：

根据具体损失情况确定；如果确实造成经济损失，但无法确定经济损失具体数额，部分地区的司法机关认为可以按照劳动者在解除或终止劳动合同前12个月平均工资确定。

例如，新用人单位给劳动者发送了入职通知书，并注明了工资标准，要求劳动者提供原用人单位的解除或终止劳动合同证明后方可入职，但原用人单位拒绝出具，导致劳动者不能入职新单位，那么用新用人单位给予劳动者的工资标准乘以被耽误入职的期间，就属于未依法出具解除或终止劳动合同证明的具体损失。

根据《实施〈中华人民共和国社会保险法〉若干规定》第十九条的规定，如果用人单位在终止或者解除劳动合同时拒不向职工出具终止或者解除劳动关系证明，导致职工无法享受社会保险待遇，用人单位也应当依法承担赔偿责任。具体损失即为劳动者无法享受的社会保险待遇，比如失业保险待遇等。

第三步：提出主张并加以证明

由用人单位向劳动者支付未依法出具解除或终止劳动合同的证明所造成的损害 ×× 元，应满足以下条件：一是双方的劳动合同已解除或终止，二是用人单位存在未依法出具解除或终止劳动合同的证明的行为，三是用人单位未依法出具解除或终止劳动合同的证明与劳动者的损害之间具有因果关系，四是劳动者主张的损害赔偿金额与劳动者的实际损害情况相符。为此，当事人应就劳动关系已解除或终止的事实、用人单位未依法出具解除或终止劳动合同的证明的事实、劳动者所遭受的损害、劳动者的损害与用人单位的违法行为之间存在因果关系等事实，提出自身主张并加以证明。

（一）双方的劳动关系是否已解除或终止

可通过解除或终止劳动合同的通知、其他能认定双方的劳动合同已解除或终止的证据材料予以证明。

（二）用人单位是否存在未依法出具解除或终止劳动合同的证明的行为

根据《劳动合同法》第五十条的规定，用人单位应当在解除或者终止劳动合同时出具解除或者终止劳动合同的证明。《劳动合同法实施条例》第二十四条规定：“用人单位出具的解除、终止劳动合同的证明，应当写明劳动合同期限、解除或者终止劳动合同的日期、工作岗位、在本单位的工作年限。”即解除、终止劳动合同的证明应写明该条所规定的内容。故在实务中，部分用人单位在离职证明中写明诸如因劳动者严重违纪而解除劳动合同，便不符合该条的规定。另外，根据《劳动部关于实行劳动合同制度若干问题的通知》第十五条的规定，如果劳动者要求，用人单位可在解除或终止劳动合同证明中客观地说明解除劳动合同的原因。

用人单位未依法出具离职证明的，劳动者对此不承担举证责任，由用人单位承担已依法出具离职证明的举证责任。

（三）劳动者的具体损害情况

劳动者的损害根据实际损害情况确定，如因此耽误的就业收入损失、社会保险待遇损失等。

（四）用人单位未依法出具解除或终止劳动合同证明与劳动者的损害之间是否具有因果关系

司法实务中，劳动者主张由用人单位赔偿因不依法出具解除或终止劳动合同证明产生的损失，一般需要对用人单位过错与其无法就业、不能依法享受社会保险等损害之间有直接的因果关系承担举证责任，不能证明有直接因果关系的一般不予支持。

十四 劳动者违法解除或终止劳动关系的损害赔偿争议

第一步：认识争议或侵权情形

劳动者违法解除劳动关系，比如未提前30日通知用人单位而解除劳动关系，给用人单位造成损失。

第二步：提出权利诉求

请求××（劳动者）支付违法解除劳动关系造成的损失××元。

计算方法：

《关于贯彻执行〈中华人民共和国劳动法〉若干问题的意见》第三十三条规定："劳动者违反劳动法规定或劳动合同的约定解除劳动合同（如擅自离职），给用人单位造成经济损失的，应当根据劳动法第一百零二条和劳动部《违反〈劳动法〉有关劳动合同规定的赔偿办法》（劳部发〔1995〕223号）的规定，承担赔偿责任。"而根据《违反〈劳动法〉有关劳动合同规定的赔偿办法》第四条的规定，此类损失可以包括：（1）用人单位招收录用该劳动者所支付的费用；（2）用人单位为该劳动者支付的培训费用，双方另有约定的按约定办理；（3）对生产、经营和工作造成的直接经济损失；（4）劳动合同约定的其他赔偿费用。

第三步：提出主张并加以证明

由劳动者向用人单位赔偿违法解除劳动关系造成的损失××元，需要满足以下构成要件：一是劳动者违法解除了劳动关系，二是劳动者违法解除劳动关系给用人单位造成了损失，三是用人单位主张损失金额符合法律法规的规定。因此，在解决此类争议时，当事人应就劳动者是否存在违法解除劳动关系的行为、劳动者违法解除劳动关系的行为是否给用人单位造成损失、用人单位的损失如何具体确定和计算等事项，提出自身主张并加以证明。

（一）劳动者是否违法解除了劳动关系

根据《劳动合同法》第三十七条的规定，劳动者提前30日以书面形式通知用人单位，或在试用期内提前3日通知用人单位，可以解除劳动合同。此处要注意，法律未规定劳动者在试用期内解除劳动合同应以书面方式通知用人单位。

（二）用人单位损失的具体情况

用人单位主张由劳动者赔偿因违法解除劳动关系造成的损失，应就具体损失承担举证证明责任。具体损失可参照上述的计算方法，根据实际损失情况确定。

（三）劳动者违法解除劳动关系与用人单位的具体损失之间是否存在因果关系

用人单位应证明劳动者违法解除劳动关系的行为与其自身损失之间存在因果关系。

十五 因劳动者患病或非因工负伤而解除或终止劳动关系后的医疗补助费争议

第一步：认识争议或侵权情形

劳动者患病或非因工负伤医疗期满后，经劳动能力鉴定委员会鉴定为大部分丧失劳动能力，不能从事原工作，也不能从事用人单位另行安排的工作，用人单位解除或终止劳动合同，但不依法支付医疗补助费。

第二步：提出权利诉求

请求××（单位）支付劳动者患病或非因工负伤解除或终止劳动关系后的医疗补助费××元。

计算方法：

患病或非因工负伤的医疗补助费＝劳动者本人工资×补助月数。

补助月数根据劳动能力鉴定结果确定，不低于6个月，患重病或绝症的，还应适当增加。

第三步：提出主张并加以证明

由用人单位向劳动者支付患病或非因工负伤解除或终止劳动关系后的医疗补助费××元，需要满足以下构成要件：一是劳动者患病或非因工负伤医疗期满后被劳动能力鉴定委员会鉴定为大部分丧失劳动能力，二是用人单位因劳动者大部分丧失劳动能力不能从事原工作也不能从事另行安排的工作而解除或终止劳动关系，三是劳动者主张的医疗补助费金额符合法律法规的规定。因此，在解决此类争议时，当事人应就劳动者患病或非因工负伤是否大部分丧失劳动能力、劳动者是否能从事原工作或用人单位另行安排的工作、用人单位是否已解除或终止劳动关系以及解除或终止理由、医疗补助费的标准及计算方式等事项，提出自身主张并加以证明。

（一）劳动关系是否已解除或终止及解除或终止理由

用人单位支付劳动者患病或非因工负伤后解除或终止劳动关系时的医疗补助费，以劳动关系已解除或终止为前提条件之一，且解除或终止原因为劳动者不能从事原工作，也不能从事用人单位另行安排的工作。

（二）劳动者患病或非因工负伤后被劳动能力鉴定委员会鉴定为大部分丧失劳动能力

根据《关于贯彻执行〈中华人民共和国劳动法〉若干问题的意见》第三十五条，以及《劳动部办公厅关于对劳部发〔1996〕354号文件有关问题解释的通知》第二条的规定，并非所有患病或非因工负伤的劳动者在解除或终止劳动合同后，均可以享受医疗补助费，而只有医疗期满或者医疗终结被劳动能力鉴定委员会鉴定为5～10级的（新鉴定标准为大部分丧失劳动能力），才享有医疗补助费；而对于鉴定为1～4级的（新鉴定标准为完全丧失劳动能力），则应当办理退休、退职手续，享受退休、退职待遇，用人单位无须支付医疗补助费。

关于劳动能力鉴定问题，《职工非因工伤残或因病丧失劳动能力程度鉴定标准（试行）》将原1～4级和5～6级伤残程度，分别列为完全丧失劳动能力和大部分丧失劳动能力的范围。

（三）补助费的补偿月数及工资标准

对于劳动者患病或非因工负伤医疗补助费的标准，法律法规规定为不低于6

个月工资，对患重病或绝症的，还应适当增加医疗补助费，部分地方立法还规定了增加的具体标准，各位读者注意查询当地的规定。

其中，对于“六个月工资”中的“工资”，具体是什么“工资”，法律法规未明确规定，司法实务中，一般按劳动者解除或终止劳动关系前12个月的月平均工资计算。

十六 就业歧视损害赔偿争议

第一步：认识争议或侵权情形

用人单位招用人员、职业中介机构从事职业中介活动时实施就业歧视，如民族、种族、性别、宗教信仰、健康、地域歧视等，劳动者可主张损害赔偿。但应注意，因此时劳动关系尚未建立，劳动争议仲裁机构一般不予受理，根据《就业促进法》第六十二条的规定，劳动者可提起民事诉讼主张该权利。

第二步：提出权利诉求

请求 ××（单位）支付就业歧视损害赔偿金 ×× 元。

计算方法：

具体金额一般由人民法院在当事人请求的金额范围内酌情裁判。

第三步：提出主张并加以证明

由用人单位或职业中介机构向劳动者支付就业歧视损害赔偿金 ×× 元，需要满足以下构成要件：一是用人单位或职业中介机构存在就业歧视行为，二是用人单位或职业中介机构的就业歧视行为给劳动者造成损害，三是劳动者主张的损害赔偿金额与法律法规的规定相符。为此，在解决此类争议时，当事人应就用人单位或职业中介机构是否存在就业歧视行为以及歧视行为的具体表现、劳动者因就业歧视行为遭受的具体损害等事项，提出自身主张并加以证明。

（一）用人单位、职业中介机构等是否存在就业歧视行为

如发布的招用人员简章或招聘广告中包含歧视性内容；除国家规定的不适合妇女的工种或者岗位外，以性别为由拒绝录用妇女或者提高对妇女的录用标准；在劳动合同中规定限制女职工结婚、生育的内容；歧视少数民族劳动者；招用人员时以是传染病病原携带者为由拒绝录用（但经医学鉴定传染病病原携带者在治愈前或者排除传染嫌疑前，不得从事法律、行政法规和国务院药品监督管理部门规定禁止从事的易使传染病扩散的工作）；社会身份歧视；年龄歧视；身高歧视；“颜值”歧视；户籍或地域歧视；等等。

（二）就业歧视行为给劳动者造成的具体损害

就业歧视行为给劳动者造成的损害包括物质损害和精神损害，应注意证明受损害的具体情况或程度。

十七 违法招用劳动者的损害赔偿争议

第一步：认识争议或侵权情形

用人单位招用尚未解除劳动合同的劳动者，给原用人单位造成损失。

第二步：提出权利诉求

根据《劳动法》第九十九条及《劳动合同法》第九十一条的规定，原用人单位可提出以下诉求：请求××（单位）支付（或请求××单位与××劳动者连带支付）违法招用劳动者造成的损失××元。

计算方法：

《违反〈劳动法〉有关劳动合同规定的赔偿办法》第六条规定："用人单位招用尚未解除劳动合同的劳动者，对原用人单位造成经济损失的，除该劳动者承担直接赔偿责任外，该用人单位应当承担连带赔偿责任。其连带赔偿的份额应不低于对原用人单位造成经济损失总额的百分之七十。向原用人单位赔偿下列损失：（一）对生产、经营和工作造成的直接经济损失；（二）因获取商业秘密给原用人单位造成的经济损失。赔偿本条第（二）项规定的损失，按《反不正当竞争法》第二十条（注：2019 年修正后为第十七条）的规定执行。"原用人单位可根据以上规定，结合实际损失情况主张赔偿金额。

第三步：提出主张并加以证明

由其他用人单位或用人单位与劳动者连带向原用人单位支付违法招用劳动者造成的损失××元，需要满足以下构成要件：一是其他用人单位存在招用与原用人单位尚未解除或者终止劳动合同的劳动者的行为，二是前述行为给原用人单位造成了损失，三是原用人单位主张的损失赔偿金额与法律法规相符。因此，在解决此类争议时，当事人应就是否存在用人单位招用与其他用人单位尚未解除或者终止劳动合同的劳动者的情形、前述招用行为是否给原用人单位造成损失以及损失的具体情况等事项，提出自身主张并加以证明。

（一）本单位与该劳动者是否存在劳动关系

原用人单位主张其他用人单位赔偿或其他用人单位与劳动者连带赔偿违法招用劳动者所造成的损失，应首先证明本单位与劳动者之间存在劳动关系，即其他用人单位招用该劳动者时，本单位与劳动者之间的劳动合同尚未解除或终止。对于该事项，原用人单位可通过劳动合同、工作记录、考勤记录、工资支付记录、社会保险费缴费记录等证据予以证明。

（二）其他用人单位是否招用了尚未与本单位解除或终止劳动关系的劳动者

通过其他用人单位与本单位劳动者签订的劳动合同、为本单位劳动者参加社会保险的记录、支付工资的凭证等，以及本单位劳动者为其他用人单位提供劳动的相关证据，可以证明其他用人单位招用了尚未与本单位解除劳动关系的劳动者。

（三）违法招用劳动者时的责任主体（或当事人）

根据《劳动法》第九十九条和《劳动合同法》第九十一条的规定，用人单位招用尚未解除劳动合同的劳动者，对原用人单位或其他用人单位造成经济损失的，应当承担连带赔偿责任。对于此类争议当事人的确定，《最高人民法院关于审理劳动争议案件适用法律问题的解释（一）》第二十七条区分了三种情形：一是原用人单位与劳动者发生的劳动争议，原用人单位与劳动者为劳动争议案件的当事人，但可以将新用人单位列为第三人；二是如果原用人单位以新用人单位侵权为由起诉，原用人单位和新用人单位为当事人，可以列劳动者为第三人；三是如果原用人单位以新用人单位和劳动者共同侵权为由起诉的，则新用人单位和劳动者列为共同当事人。

（四）其他用人单位招用本单位的劳动者给本单位造成的具体损失

具体损失可参照上述权利诉求计算方法中的相关内容确定。

十八 用人单位违法向劳动者收取财物的损害赔偿争议

第一步：认识争议或侵权情形

用人单位违法以担保或者其他名义向劳动者收取财物，给劳动者造成除被收取的财物以外的其他损害。

第二步：提出权利诉求

根据《劳动合同法》第八十四条的规定，劳动者可提出如下权利请求：请求 ××（单位）赔偿以担保或者其他名义向劳动者收取财物造成的损失 ×× 元。

计算方法：

根据造成的具体损害确定赔偿金额。

第三步：提出主张并加以证明

由用人单位向劳动者赔偿以担保或其他名义向劳动者收取财物造成的损失 ×× 元，需要满足以下构成要件：一是用人单位存在违法向劳动者收取财物的行为，二是用人单位违法收取财物的行为给劳动者造成了除被收取的财物本身之外的损失。因此，在解决此类争议时，当事人应就用人单位是否存在违法向劳动者收取财物的行为、劳动者损失的具体情况以及劳动者的损失与用人单位违法收取财物行为之间有无因果关系等事项，提出自身主张并加以证明。

（一）用人单位是否存在以担保或其他名义向劳动者收取财物的行为

通过用人单位发出的提供担保的通知或要求、收取财物的收据、收取财物过程的录音录像等证据，可以证明用人单位的该类违法行为。

（二）用人单位以担保或者其他名义收取财物给劳动者造成损害的具体情况

《劳动合同法》第八十四条第二款规定：“用人单位违反本法规定，以担保或者其他名义向劳动者收取财物的，由劳动行政部门责令限期退还劳动者本人，并以每人五百元以上二千元以下的标准处以罚款；给劳动者造成损害的，应当承担赔偿责任。”从该条规定可以看出，用人单位以担保或其他名义向劳动者收取财物给劳动者造成的损害，是指除被收取的财物之外的其他损害，收取的财物本身，属于应当退还的对象，不属于该条所规定的损害的范畴。因此，劳动者应举证证明除被收取的财物外，还存在其他损害的事实。如果原物损毁，则产生相应的物权请求权，应依据《民法典》的相关规定处理。

（三）用人单位以担保或者其他名义收取财物的行为与劳动者的损害结果之间存在因果关系

劳动者应对该事项承担举证责任。

十九 劳动合同文本未载明法定必备条款的损害赔偿争议

第一步：认识争议或侵权情形

用人单位提供的劳动合同文本未载明法定的劳动合同必备条款，给劳动者造成损害。

第二步：提出权利诉求

根据《劳动合同法》第八十一条的规定，劳动者可提出如下权利请求：请求 ××（单位）赔偿因提供的劳动合同文本未载明法定的劳动合同必备条款造成的损害 ×× 元。

计算方法：

根据具体损害情况确定赔偿金额。

第三步：提出主张并加以证明

由用人单位向劳动者赔偿因提供的劳动合同文本未载明法定的劳动合同必备条款造成的损害 ×× 元，需要满足以下条件：一是双方已订立书面劳动合同且劳动合同未载明法定必备条款，二是劳动者因劳动合同文本未载明法定必备条款而遭受损害，三是劳动者主张的赔偿金额与实际损害情况及法律法规的规定相符。因此，在解决此类争议时，当事人应就已订立的劳动合同条款以及应当具备而未具备的条款、劳动者受损害的具体情况以及该损害与劳动合同未载明法定必备条款之间具有因果关系等事项，提出自身主张并加以证明。

（一）双方已订立的书面劳动合同的内容

该事项可通过提交双方签订的劳动合同文本予以证明。

（二）劳动合同文本是否存在应当载明但未载明的法定必备条款

劳动合同的法定必备条款可根据《劳动法》第十九条第一款，《劳动合同法》第十七条第一款、第五十八条，《职业病防治法》第三十三条，《对外劳务合作管理条例》第二十三条第二款等法律法规的规定，结合实际用工情况确定。

（三）劳动者因劳动合同文本未载明法定必备条款而遭受损害的具体情况

劳动者主张存在损害的，应就损害的具体情况承担举证责任，并须证明该损害是由于用人单位交付的劳动合同文本未载明法定必备条款所造成。

二十 用人单位未交付劳动合同文本的损害赔偿争议

第一步：认识争议或侵权情形

用人单位未交付劳动合同文本给劳动者，给劳动者造成损害。

第二步：提出权利诉求

根据《劳动合同法》第八十一条的规定，劳动者可提出如下权利请求：请求××（单位）赔偿因未交付劳动合同文本而造成的损害××元。

计算方法：

根据具体损害情况确定赔偿金额。

第三步：提出主张并加以证明

由用人单位向劳动者赔偿因未交付劳动合同文本而造成的损害××元，需要满足以下构成要件：一是双方已订立书面劳动合同，二是用人单位未依法将劳动合同文本交付给劳动者，三是劳动者因用人单位未交付劳动合同文本而遭受损害，四是劳动者主张的损害赔偿金额与实际损害情况及法律法规的规定相符。因此，在解决此类争议时，当事人宜就是否订立书面劳动合同、用人单位是否依法将劳动合同文本交付给劳动者、劳动者是否因用人单位未依法交付劳动合同文本而遭受损害以及损害的具体情况等事项，提出自身主张并加以证明。

（一）双方是否订立书面劳动合同

如果双方未订立书面劳动合同，则用人单位无从交付合同文本，自然不会产生未依法交付劳动合同文本的损害赔偿责任，但可能需要承担未依法订立书面劳动合同的法律责任（如向劳动者支付未依法订立书面劳动合同的二倍工资等）。劳动者主张已订立书面劳动合同的，可通过订立书面劳动合同过程中的录音录像、聊天记录等证据证明。

（二）用人单位是否依法向劳动者交付劳动合同文本

根据《劳动合同法》第十六条和第三十五条的规定，签订劳动合同或变更劳动合同后，相应的劳动合同文本由用人单位和劳动者各执一份，即用人单位应当交付一份劳动合同文本给劳动者。

劳动者不承担未交付劳动合同文本的举证责任，但也可以提供用人单位明确拒绝交付劳动合同文本的录音录像、聊天记录等证据；用人单位对已向劳动者交付劳动合同文本的事实承担举证责任。

（三）劳动者的损害具体情况

比如，因劳动者无劳动合同文本而无法办理相关事宜的，劳动者从办理相关事宜中能获得的收益，就属于损害的范畴。

（四）用人单位未交付劳动合同文本与劳动者的损害结果之间存在因果关系

劳动者应对该事项承担举证责任。

二十一 确认劳动合同无效或部分无效争议

第一步：认识争议或侵权情形

以欺诈、胁迫的手段或者乘人之危，使对方在违背真实意思的情况下订立或者变更劳动合同；用人单位在劳动合同中免除自己的法定责任、排除劳动者权利；劳动合同违反法律、行政法规强制性规定等。

第二步：提出权利诉求

根据《劳动合同法》第二十六条的规定，劳动者或用人单位可提出如下权利请求：请求确认双方订立的劳动合同无效或部分无效（如关于劳动报酬、工作时间、社会保险等部分条款无效）。

第三步：提出主张并加以证明

确认劳动合同无效或部分无效，需要满足以下构成要件：一是双方已订立劳动合同，二是劳动合同存在法定的无效情形。因此，当事人宜就劳动合同的具体内容、劳动合同无效的具体情形等事项，提出自身主张并加以证明。

（一）双方是否已订立劳动合同

可提交劳动合同文本予以证明。

（二）已订立的劳动合同是否存在无效或部分无效情形

《劳动合同法》第二十六条规定："下列劳动合同无效或者部分无效：（一）以欺诈、胁迫的手段或者乘人之危，使对方在违背真实意思的情况下订立或者变更劳动合同的；（二）用人单位免除自己的法定责任、排除劳动者权利的；（三）违反法律、行政法规强制性规定的。对劳动合同的无效或者部分无效有争议的，由劳动争议仲裁机构或者人民法院确认。"因此，在确认劳动合同无效或部分无效的争议中，应围绕着是否存在该条所规定的导致劳动合同无效或部分无效的情形提出主张和加以证明。

1. 以欺诈、胁迫的手段或者乘人之危，使对方在违背真实意思的情况下订立或者变更劳动合同的情形而导致劳动合同无效或部分无效

一般情况下，一方当事人故意告知对方虚假情况，或者故意隐瞒真实情况，诱使对方当事人作出错误意思表示的，可以被认定为欺诈行为；以给公民及其亲友的生命健康、荣誉、名誉、财产等造成损害或者以给法人的荣誉、名誉、财产等造成损害为要挟，迫使对方作出违背真实的意思表示的，可以被认定为胁迫行为；一方当事人乘对方处于危难之机，为牟取不正当利益，迫使对方作出不真实的意思表示，严重损害对方利益的，可以被认定为乘人之危。

另外，《劳动合同法》第八条规定了用人单位和劳动者的如实说明义务，违反此规定的，应属于欺诈的情形之一。

2. 用人单位免除自己的法定责任、排除劳动者权利导致劳动合同无效或部分无效

在订立劳动合同实务中，很多情况下用人单位与劳动者之间未就合同的每一条款进行具体磋商或协商，而是由用人单位提出预先拟定的、部分条款已经成型或明确的、适用于不特定劳动者的劳动合同，双方只需要就合同主体、合同期限、工作岗位等内容达成具体合意即可订立。此类劳动合同中的部分条款，符合格式条款的定义和特征。因此，在订立格式劳动合同时，要符合格式条款的相关法律规则。《民法典》第四百九十六条第二款规定："采用格式条款订立合同的，提供格式条款的一方应当遵循公平原则确定当事人之间的权利和义务，并采取合

理的方式提示对方注意免除或者减轻其责任等与对方有重大利害关系的条款，按照对方的要求，对该条款予以说明。提供格式条款的一方未履行提示或者说明义务，致使对方没有注意或者理解与其有重大利害关系的条款的，对方可以主张该条款不成为合同的内容。”《民法典》第四百九十七条规定：“有下列情形之一的，该格式条款无效：（一）具有本法第一编第六章第三节和本法第五百零六条规定的无效情形；（二）提供格式条款一方不合理地免除或者减轻其责任、加重对方责任、限制对方主要权利；（三）提供格式条款一方排除对方主要权利。”另外，《民法典》第五百零六条规定：“合同中的下列免责条款无效：（一）造成对方人身损害的；（二）因故意或者重大过失造成对方财产损失的。”

3. 劳动合同因违反法律、行政法规的强制性规定而无效

法律、行政法规对劳动合同的订立主体、应当具备或不应当约定的条款或内容、劳动基准等问题，作了相关强制性规定，违反这些强制性规定的，会导致合同无效或部分无效。法律、行政法规关于劳动合同的强制性规定主要表现为以下方面：

（1）对订立劳动合同的主体资格的限制

根据《劳动法》第十六条的规定，劳动合同是劳动者与用人单位确立劳动关系、明确双方权利和义务的协议。建立劳动关系，应当具备法律法规规定的用人单位和劳动者的主体资格，当不具备相关主体资格时，双方之间建立的非劳动关系进而也导致双方订立的劳动合同无效或部分无效。关于建立劳动关系的主体资格问题，请参阅“确认劳动关系争议”专题内容。

（2）劳动合同中不得约定由劳动者承担除违反服务期协议违约金、竞业限制协议违约金之外的违约金

《劳动合同法》第二十五条规定：“除本法第二十二条和第二十三条规定的情形外，用人单位不得与劳动者约定由劳动者承担违约金。”其中，《劳动合同法》第二十二条即关于违反服务期协议违约金的规定，第二十三条即关于违反竞业限制协议违约金的规定。

（3）劳动合同不得约定超出法定终止情形的劳动合同终止条件

《劳动合同法实施条例》第十三条规定：“用人单位与劳动者不得在劳动合

同法第四十四条规定的劳动合同终止情形之外约定其他的劳动合同终止条件。”《劳动合同法》第四十四条规定的劳动合同终止情形包括：①劳动合同期满；②劳动者开始依法享受基本养老保险待遇；③劳动者死亡，或者被人民法院宣告死亡或者宣告失踪；④用人单位被依法宣告破产；⑤用人单位被吊销营业执照、责令关闭、撤销或者用人单位决定提前解散；⑥法律、行政法规规定的其他情形。另外，根据《劳动合同法实施条例》第二十一条的规定，劳动者达到法定退休年龄的，劳动合同终止。除上述法定劳动合同终止情形外，用人单位与劳动者在劳动合同中不得约定其他终止条件。

（4）劳动合同中不得有限制女职工合法权益的条款

《妇女权益保障法》第四十四条第一款规定：“用人单位在录（聘）用女职工时，应当依法与其订立劳动（聘用）合同或者服务协议，劳动（聘用）合同或者服务协议中应当具备女职工特殊保护条款，并不得规定限制女职工结婚、生育等内容。”

（5）劳动合同中约定的条件或标准不得低于劳动基准

劳动基准是法定最低劳动标准，是劳动者可享受的劳动权益的底线或下限，其内容涉及工资、工时、休息休假、劳动安全卫生、劳动保护、社会保险等各个方面。比如对于工资标准，劳动合同中约定的正常工作时间工资不得低于当地最低工资标准。劳动合同中约定的条件或标准低于劳动基准的，相关约定应属无效。

二十二 劳动合同无效或部分无效的损害赔偿争议

第一步：认识争议或侵权情形

劳动合同被确认无效或部分无效，有过错的一方给无过错的一方造成损害。

第二步：提出权利诉求

根据《劳动合同法》第八十六条的规定，劳动合同依照本法第二十六条规定被确认无效，给对方造成损害的，有过错的一方应当承担赔偿责任。因此，无过错的一方可提出如下请求：请求××（对劳动合同被确认无效或部分无效有过错的一方）赔偿因劳动合同无效或部分无效造成的损害××元。

计算方法：

根据具体损害情况确定赔偿金额。

第三步：提出主张并加以证明

由对劳动合同被确认无效或部分无效有过错的一方向无过错的一方赔偿因劳动合同无效或部分无效造成的损害××元，需要满足以下构成要件：一是劳动合同已被确认为无效或部分无效，二是无过错一方因劳动合同无效或部分无效而遭受了损害，三是另一方当事人对劳动合同无效或部分存在过错，四是无过错一方主张的损害赔偿金额与实际损害情况及法律法规的规定相符。因此，当事人宜就劳动合同是否已被确认为无效或部分无效、一方当事人对劳动合同被确认无效或部分无效是否存在过错、无过错一方遭受损害的具体情况以及劳动合同无效或部分无效与无过错一方遭受的损害之间是否存在因果关系等事项，提出自身主张并加以证明。

（一）劳动合同是否已被劳动争议仲裁机构或人民法院确认无效或部分无效

根据《劳动合同法》第二十六条第二款的规定，对劳动合同的无效或者部分无效有争议的，由劳动争议仲裁机构或者人民法院确认。因此，主张因劳动合同无效或部分无效造成的损害，应首先证明劳动合同已被劳动争议仲裁机构或人民法院确认无效或部分无效，如提交劳动争议仲裁机构的裁决书或人民法院的判决书进行证明。当然，请求确认劳动合同无效或部分无效与主张劳动合同无效或部分无效的损害赔偿可以同步进行。

（二）一方当事人对劳动合同被确认无效或部分无效是否有过错

例如，存在欺诈、胁迫或者乘人之危的行为，用人单位免除自己的法定责任、排除劳动者权利等。具体可结合“确认劳动合同无效或部分无效争议”专题掌握。

（三）因劳动合同被确认无效或部分无效造成的具体损害情况

无过错一方主张损害赔偿的，应证明自身遭受损害的具体情况，并证明自身损害因劳动合同无效或部分无效所造成的。

二十三 违法约定试用期的赔偿金争议

第一步：认识争议或侵权情形

用人单位违法与劳动者约定试用期并已经履行。

第二步：提出权利诉求

根据《劳动合同法》第八十三条的规定：用人单位违反本法规定与劳动者约定试用期，尚未履行的，劳动者可向劳动行政部门投诉，由劳动行政部门责令改正；违法约定的试用期已经履行的，由用人单位以劳动者试用期满月工资为标准，按已经履行的超过法定试用期的期间向劳动者支付赔偿金。因此，在用人单位违法与劳动者约定试用期并已经履行的情况下，劳动者可提出如下权利请求：请求××（单位）支付××××年××月××日至××××年××月××日违法约定试用期的赔偿金××元。

计算方法：

违法约定试用期的赔偿金＝试用期满月工资标准×已经履行的超过法定试用期的期间（不足一个月的部分，按“试用期满后的月工资标准÷21.75×实际天数”计算）。

例如，用人单位与劳动者第二次约定试用期2个月并已履行，试用期满后的月工资为6000元，因法律法规规定同一用人单位与同一劳动者只可约定一次试用期，则第二次约定2个月试用期属违法约定的试用期，该用人单位应支付违法约定试用期的赔偿金12000元（6000元/月×2个月）；又如，劳动合同期限为1年，约定试用期4个月并已履行，试用期满后月工资标准为6000元，因法律法规规定劳动合同期限1年以上不满3年的，试用期不得超过2个月，超出法定试用期上限的2个月属违法约定的试用期，该用人单位应支付违法约定试用期的赔偿金12000元（6000元/月 ×2个月）。

第三步：提出主张并加以证明

由用人单位向劳动者支付违法约定试用期的赔偿金××元，需要满足以下构成要件：一是用人单位与劳动者违法约定了试用期，二是违法约定的试用期已经实际履行，三是劳动者主张的赔偿金额与法律法规的规定相符。因此，当事人宜就试用期的约定是否违法、违法约定的试用期是否已实际履行、违法约定且实际履行的试用期期间、试用期满后劳动者的月工资标准等事项，提出自身主张并加以证明。

（一）试用期的约定是否违法

根据《劳动合同法》第十九条、第七十条的规定：同一用人单位与同一劳动者只能约定一次试用期；以完成一定工作任务为期限的劳动合同，或者合同期限不满3个月的劳动合同，以及非全日制用工劳动合同，不得约定试用期；劳动合同期限3个月以上不满1年的，试用期不得超过1个月；劳动合同期限1年以上不满3年的，试用期不得超过2个月；3年以上固定期限和无固定期限的劳动合同，试用期不得超过6个月。

根据《劳务派遣暂行规定》第六条的规定，劳务派遣单位与同一被派遣劳动者只能约定一次试用期。

对于劳动合同仅约定试用期时是否需要支付违法约定试用期的赔偿金的问题，《劳动合同法》第十九条第四款规定：“试用期包含在劳动合同期限内。劳动合同仅约定试用期的，试用期不成立，该期限为劳动合同期限。”即劳动合同只约定试用期的，该“试用期”直接作为劳动合同期限，履行完毕后，即相当于履行了一次固定期限的劳动合同。但此处应注意，法律规定劳动合同只约定试用期的，试用期不成立，立法视为双方未约定试用期，既然无试用期，所以笔者认为就不存在违法约定试用期的赔偿金。

（二）违法约定的试用期期间

约定的试用期减去法定最高限的试用期，为违法约定的试用期期间。

（三）违法约定的试用期是否已履行

违法约定的试用期是否已履行，可从劳动者的工作岗位、工作内容、工资支付情况等事项是否与试用期约定相符进行判断。例如，在违法约定的试用期期间内，用人单位仍按约定的试用期内的工资标准支付工资，而未按约定的试用期满后的工资标准支付工资，则表明违法约定的试用期已经履行。

（四）劳动者试用期满后的月工资标准

根据《劳动合同法》第八十三条的规定，违法约定试用期的赔偿金以劳动者试用期满月工资为标准进行计算。试用期满月工资如何确定？主要根据用人单位与劳动者的约定、试用期满后实际履行的工资标准以及法律法规的规定确定。如果用人单位与劳动者约定了试用期满后的工资标准，且试用期满后实际也是按双方约定的标准履行，或者尚未到双方约定的试用期满劳动者即主张违法约定试用期的赔偿金，则违法约定试用期的赔偿金以双方约定的试用期满后的工资标准为基数进行计算；如果约定的试用期满后的工资标准与试用期满后实际履行的工资标准不一致，且实际履行的工资标准低于约定的工资标准，则应根据双方是否协商一致变更工资标准来确定采用约定的标准还是实际履行的标准（用人单位未经协商一致而单方降低约定的试用期满后的工资标准的，应以双方约定的标准作为违法约定试用期的赔偿金的计算基数）；但如果试用期满后实际履行的工资标准高于双方约定的标准，则应采用实际履行的工资标准；如果双方未约定试用期满后的工资标准，且约定的试用期尚未届满，劳动者即主张违法约定试用期的赔偿金，则无“试用期满月工资”可采用。此时，笔者认为，应根据《劳动合同法》第十八条的规定确定工资标准，该条规定：“劳动合同对劳动报酬和劳动条件等标准约定不明确，引发争议的，用人单位与劳动者可以重新协商；协商不成的，适用集体合同规定；没有集体合同或者集体合同未规定劳动报酬的，实行同工同酬；没有集体合同或者集体合同未规定劳动条件等标准的，适用国家有关规定。”

二十四 试用期工资差额争议

第一步：认识争议或侵权情形

用人单位与劳动者约定的试用期工资标准或试用期内实际支付的工资，低于法律法规规定的试用期工资标准。

第二步：提出权利诉求

请求××（单位）支付××××年××月××日至××××年××月××日试用期工资差额××元。

计算方法：

试用期工资差额=本单位相同岗位最低档工资的80%与劳动合同约定工资的80%中取低者（如果低于用人单位所在地的最低工资标准则用最低工资）－实际支付的试用期工资。

例如，劳动合同约定试用期内每月工资8000元，试用期满后月工资标准为18000元，本单位相同岗位最低档工资为15000元/月，则试用期内的月工资差额为4000元（15000元×80%－8000元）。

第三步：提出主张并加以证明

由用人单位向劳动者支付试用期工资差额××元，需要满足以下构成要件：一是双方约定了试用期，二是试用期内用人单位向劳动者支付的工资不符合法律法规的规定，三是劳动者主张的工资差额与法律法规的规定相符。因此，当事人宜就试用期约定情况、试用期内工资支付情况、试用期满后工资标准或本单位相同岗位最低档工资标准等事项，提出自身主张并加以证明。

（一）双方是否约定了试用期

主张试用期工资差额的，应以约定了试用期为前提。

（二）试用期的工资标准及支付情况

主张试用期内的工资差额，应证明双方约定的试用期工资标准，或在试用期内用人单位实际支付的工资，然后才能与法定标准比较是否存在工资差额。通过劳动合同、工资清单或工资条、支付工资的银行转账记录等，可以证明试用期内的工资情况。

（三）试用期内的工资是否低于法定标准

根据《劳动合同法》第二十条及《劳动合同法实施条例》第十五条的规定，劳动者在试用期的工资不得低于本单位相同岗位最低档工资的80%，或者不得低于劳动合同约定工资的80%，并不得低于用人单位所在地的最低工资标准。即在满足不低于用人单位所在地的最低工资标准的前提下，劳动者在试用期内的工资符合“不低于本单位相同岗位最低档工资的80%”或“不得低于劳动合同约定工资的80%”的条件之一即可。其中，“劳动合同约定工资”应理解为劳动合同约定的试用期满后的工资。

对于本单位相同岗位的最低档工资，因属于用人单位掌控的事项，应由用人单位承担举证证明责任，即当劳动者主张试用期工资差额时，应由用人单位证明该劳动者试用期内的工资不低于本单位相同岗位最低档工资的80%。对于劳动合同约定的试用期满后的工资标准，通过劳动合同予以证明即可。

如果双方未约定试用期满后劳动者的工资标准，那么是否只需要将试用期内的工资与本单位相同岗位最低档工资的80%进行对比即可呢？笔者不赞同此种观点。双方未约定试用期满后劳动者的工资标准的，应适用《劳动合同法》第十八条的规定：首先由双方重新协商确定；协商不成的，适用集体合同规定；没有集体合同或者集体合同未规定劳动报酬的，实行同工同酬；没有集体合同或者集体合同未规定劳动条件等标准的，适用国家有关规定。据此确定试用期满后的工资标准后，再对比该工资标准与用人单位相同岗位最低档工资孰高孰低，进而依法判断是否应当支付试用期内的工资差额。

二十五 劳动者违反服务期协议的违约金争议

第一步：认识争议或侵权情形

用人单位为劳动者提供专项培训费用，对劳动者进行专业技术培训，与该劳动者订立服务期协议并约定了违约金，劳动者违反服务期协议，或者因劳动者的原因而在服务期内提前解除劳动合同。

第二步：提出权利诉求

根据《劳动合同法》第二十二条的规定，用人单位可提出如下权利请求：请求 ××（劳动者）支付违反服务期协议的违约金 ×× 元。

计算方法：

违约金的金额按照双方的约定确定，但违约金的数额不得超过用人单位提供的培训费用，且不得超过服务期尚未履行部分所应分摊的培训费用。例如，用人单位提供 10 万元培训费用为劳动者进行专业技术培训，与劳动者约定服务期 5 年，约定劳动者违反服务期约定的违约金为 10 万元，如果劳动者为用人单位服务 4 年后因自身原因解除劳动合同，那么，劳动者应承担的违约金为 2 万元［10 万元 ×（5 年 −4 年）÷5 年］。

第三步：提出主张并加以证明

由劳动者向用人单位支付违反服务期协议的违约金 ×× 元，需要满足以下构成要件：一是用人单位为劳动者提供专项培训费用对劳动者进行了专业技术培训，二是双方已明确约定了服务期，三是双方明确约定了违反服务期协议的违约金，四是因劳动者的原因或过错导致服务期内解除了劳动合同，五是用人单位主张的违约金金额符合法律法规的规定。因此，当事人应就用人单位为劳动者提供的培训是否属于专业技术培训、服务期及违约金协议的具体内容、是否属于劳动者的原因或过错导致劳动合同在服务期内解除、劳动者应予支付的违约金金额等事项，提出自身主张并加以证明。

（一）用人单位是否为劳动者提供专项培训费用对劳动者进行了专业技术培训

《劳动合同法》第二十二条第一款规定："用人单位为劳动者提供专项培训费用，对其进行专业技术培训的，可以与该劳动者订立协议，约定服务期。"可见，约定服务期，以及在此基础上约定违约金，以用人单位为劳动者提供专项培训费用对其进行专业技术培训为前提条件。何为专业技术培训?《劳动合同法》未明确定义，但《劳动合同法实施条例》第十六条对专项培训费用进行了界定，即专项培训费用包括用人单位为了对劳动者进行专业技术培训而支付的有凭证的培训费用、培训期间的差旅费用以及因培训产生的用于该劳动者的其他直接费用。上述规定为司法实务中认定用人单位为劳动者提供的培训是否属于专业技术培训提供了一个思路，即审查是否有相关费用凭证，如培训费用发票等。此外，用人单位有为劳动者提供法定或必要培训的义务，属于这些法定培训的，不宜认定为专业技术培训。诸如《劳动法》第五十五条、第六十八条,《职业病防治法》第三十四条,《对外劳务合作管理条例》第十二条等法律法规所规定的特种作业或从事技术工种的上岗前培训、安全生产教育培训、职业卫生培训、赴国外工作时所需的职业技能、安全防范知识、外语以及所在国家或者地区相关法律、宗教信仰、风俗习惯等知识的培训等，属于用人单位应当提供的法定培训。提供此类培训的，不能与劳动者约定服务期。

（二）双方是否已明确约定了服务期及违反服务期协议的违约金

《劳动合同法》第二十二条第二款规定：“劳动者违反服务期约定的，应当按照约定向用人单位支付违约金……”可见，用人单位主张由劳动者支付违反服务期约定的违约金，前提条件之一为与劳动者明确约定了服务期及违约金。即使用人单位为劳动者提供专项培训费用，对劳动者进行专业技术培训，但未与劳动者订立相关协议，未明确约定服务期，或者虽约定了服务期但未约定违约金，劳动者也无须支付违反服务期约定的违约金。

（三）是否属于劳动者一方的原因或过错而导致服务期内解除合同

用人单位与劳动者订立服务期协议，可能和劳动合同一并订立，也可能在订立劳动合同后订立；约定的服务期可以与劳动合同期限一致，也可以短于或长于劳动合同期限。根据《劳动合同法实施条例》第十七条的规定，劳动合同期满，但是用人单位与劳动者依照《劳动合同法》第二十二条的规定约定的服务期尚未到期的，劳动合同应当续延至服务期满，但双方另有约定的除外。即双方可以约定在劳动合同到期后，服务期也相应届满或剩余的服务期不再履行。

劳动者违反服务期约定，一般表现为在服务期尚未届满，劳动者提前解除劳动合同。是否所有的劳动者在服务期内解除劳动合同的情形都应当由劳动者支付违反服务期约定的违约金呢？答案是否定的。根据《劳动合同法实施条例》第二十六条第一款的规定，用人单位与劳动者约定了服务期，劳动者依照《劳动合同法》第三十八条的规定解除劳动合同的，不属于违反服务期的约定，用人单位不得要求劳动者支付违约金。除《劳动合同法》第三十八条所规定的情形外，劳动者在服务期内单方解除劳动合同的，应按双方的约定支付违反服务期协议的违约金。

在服务期内，除了劳动者解除劳动合同外，也存在用人单位解除劳动合同的情形。用人单位在服务期内单方解除劳动合同的，劳动者是否需要承担违反服务期约定的违约金呢?《劳动合同法实施条例》第二十六条第二款规定:“有下列情形之一,用人单位与劳动者解除约定服务期的劳动合同的,劳动者应当按照劳动合同的约定向用人单位支付违约金:(一)劳动者严重违反用人单位的规章制度的;(二)劳动者严重失职,营私舞弊,给用人单位造成重大损害的;(三)劳动者同时与其他用人单位建立劳动关系,对完成本单位的工作任务造成严重影响,或者经用人单位提出,拒不改正的;(四)劳动者以欺诈、胁迫的手段或者乘人之危,使用人单位在违背真实意思的情况下订立或者变更劳动合同的;(五)劳动者被依法追究刑事责任的。”可见,在劳动者存在上述情形之一时,因劳动者存在过错,即使是用人单位单方解除劳动合同,劳动者也应当支付违反服务期约定的违约金。

对于劳动合同的解除方式,除劳动者依据《劳动合同法》第三十八条的规定被迫解除、用人单位依据《劳动合同法》第三十九条的规定以劳动者存在过错为由解除外,还包括《劳动合同法》第三十六条所规定的协商一致解除、第三十七条规定的劳动者预告解除(提前30日或试用期内提前3日以书面形式通知用人单位后主动解除)、第四十条规定的用人单位预告解除(无过错性辞退)以及第四十一条规定的用人单位经济性裁员。在这些解除情形中,协商一致解除的,属于双方就解除劳动合同问题达成协议,不应属于劳动者违反服务期约定,故劳动者无须支付违反服务期约定的违约金;劳动者预告解除的,属于违反服务期约定的行为,也应当支付违反服务期约定的违约金;而对于用人单位实施无过错性辞退以及经济性裁员的,因为解除主体为用人单位,且劳动者无过错,故笔者认为劳动者不应当承担违反服务期约定的违约金。

二十六 违反竞业限制协议的违约金或损失赔偿争议

第一步：认识争议或侵权情形

在双方订立了合法有效的竞业限制协议的情况下，劳动者违反竞业限制约定，到与本单位生产或者经营同类产品、从事同类业务的有竞争关系的其他用人单位工作，或者自己开业生产或者经营同类产品、从事同类业务。

第二步：提出权利诉求

请求××（劳动者）支付违反竞业限制协议违约金××元，或请求××（劳动者）赔偿违反竞业限制协议造成的损失××元（注：竞业限制违约责任与侵权损害赔偿责任发生竞合时，司法实务中一般优先适用违约金条款）。

计算方法：

违约金的具体数额根据双方的约定确定，损害赔偿金额根据实际损害情况确定。《民法典》第五百八十五条规定："当事人可以约定一方违约时应当根据违约情况向对方支付一定数额的违约金，也可以约定因违约产生的损失赔偿额的计算方法。约定的违约金低于造成的损失的，人民法院或者仲裁机构可以根据当事人的请求予以增加；约定的违约金过分高于造成的损失的，人民法院或者仲裁机构可以根据当事人的请求予以适当减少。当事人就迟延履行约定违约金的，违约方支付违约金后，还应当履行债务。"《第八次全国法院民事商事审判工作会议（民事部分）纪要》第二十八条规定："用人单位和劳动者在竞业限制协议中约定的违约金过分高于或者低于实际损失，当事人请求调整违约金数额的，人民法院可以参照《最高人民法院关于适用〈中华人民共和国合同法〉若干问题的解释（二）》第二十九条的规定予以处理。"《最高人民法院关于适用〈中华人民共和国合同法〉若干问题的解释（二）》（已废止）第二十九条规定："当事人主张约定的违约金过高请求予以适当减少的，人民法院应当以实际损失为基础，兼顾合同的履行情况、当事人的过错程度以及预期利益等综合因素，根据公平原则和诚实信用原则予以衡量，并作出裁决。当事人约定的违约金超过造成损失的百分之三十的，一般可以认定为合同法第一百一十四条第二款规定的'过分高于造成的损失'"。《最高人民法院关于审理商品房买卖合同纠纷案件适用法律若干问题的解释》（法释〔2020〕17号）第十二条规定："当事人以约定的违约金过高为由请求减少的，应当以违约金超过造成的损失30％为标准适当减少；当事人以约定的违约金低于造成的损失为由请求增加的，应当以违约造成的损失确定违约金数额。"可见，违约金是否超过造成损失的30％，是司法实务中判断违约金是否过分高于所造成损失的考量标准。

第三步：提出主张并加以证明

由劳动者向用人单位支付违反竞业限制协议的违约金××元，需要满足以下构成要件：一是双方订立了合法有效的竞业限制协议且约定了违反竞业限制协议的违约金，二是劳动者存在违反竞业限制协议的行为，三是用人单位主张的违约金金额符合双方的约定以及法律法规的规定。如果双方未约定违约金而用人单位主张由劳动者赔偿因违反竞业限制协议而造成的损失，需要满足劳动者违反竞业限制协议的行为与用人单位的损失之间具有因果关系的条件。因此，在解决此类争议时，当事人宜就签订的竞业限制协议的具体内容、劳动者违反竞业限制协议的具体行为或表现方式、劳动者应承担的违约金金额等事项，提出自身主张并加以证明。

（一）双方是否签订了竞业限制协议并约定了违反竞业限制协议的违约金

根据《劳动合同法》第二十三条第二款的规定，劳动者违反竞业限制约定的，应当按照约定向用人单位支付违约金。因此，用人单位主张负有竞业限制义务的劳动者支付违约金的，以双方有具体约定为前提。如果未作约定，司法实务中一般不支持劳动者支付违约金。但未约定违约金时，用人单位可主张劳动者承担侵权责任。

在此还要注意保密义务与竞业限制义务的区别：保密义务是法定义务，不管用人单位与劳动者是否订立保密协议，劳动者一生中都有依法保守用人单位商业秘密的义务，如果侵犯了商业秘密，用人单位可以依法追究劳动者的侵权责任。而竞业限制义务是约定义务，如果用人单位与劳动者之间没有订立竞业限制协议，那么劳动者就不存在竞业限制义务，但应注意不得违反《公司法》所规定的竞业禁止业务。

（二）双方签订的竞业限制协议是否符合法律法规的规定

劳动者是否应当支付违反竞业限制协议的违约金，在审查双方是否签订竞业限制协议的基础上，还需要进一步审查双方签订的竞业限制协议是否合法有效。

根据《劳动合同法》第二十三条的规定，用人单位与劳动者可以在劳动合同中约定保守用人单位的商业秘密和与知识产权相关的保密事项。对负有保密义务的劳动者，用人单位可以在劳动合同或者保密协议中与劳动者约定竞业限制条款，并约定在解除或者终止劳动合同后，在竞业限制期限内按月给予劳动者经济补偿。即用人单位可与之签订竞业限制协议的对象，包括“负有保密义务的劳动者”。根据《劳动合同法》第二十四条第一款的规定，竞业限制人员限于用人单位的高级管理人员、高级技术人员和其他负有保密义务的人员。其中“高级管理人员”，根据《公司法》第二百六十五条的规定，是指公司的经理、副经理、财务负责人，上市公司董事会秘书和公司章程规定的其他人员。因此，用人单位也可利用公司章程对可以约定竞业限制的人员作出具体界定。

根据《劳动合同法》第二十四条第一款的规定，竞业限制的范围、地域、期限由用人单位与劳动者约定，但相关约定不得违反法律、法规的规定。例如，对于竞业限制期限，根据《劳动合同法》第二十四条第二款的规定，不得超过两年。

此处要注意，竞业限制协议中对竞业限制经济补偿未约定或约定不明，并不必然导致竞业限制协议无效。根据《最高人民法院关于审理劳动争议案件适用法律问题的解释（一）》第三十六条的规定，即使竞业限制协议中未约定解除或者终止劳动合同后给予劳动者经济补偿，竞业限制协议依然有效，竞业限制经济补偿可以按照劳动者在劳动合同解除或者终止前 12 个月平均工资的 30%（不得低于劳动合同履行地最低工资标准）的标准支付。

（三）劳动者是否存在违反竞业限制协议的行为

劳动者支付违反竞业限制协议的违约金，以其存在违反竞业限制协议的行为为前提条件之一。根据《劳动合同法》第二十四条的规定，竞业限制的基本要求在于解除或者终止劳动合同后，与原用人单位签订了竞业限制的劳动者不得到与本单位生产或者经营同类产品、从事同类业务的有竞争关系的其他用人单位就业，不得自己开业生产或者经营同类产品、从事同类业务等。劳动者存在上述相关行为的，即属于违反竞业限制协议的具体表现。除上述法定基本要求之外，劳动者是否违反竞业限制协议，应根据双方之间的具体约定判断。

（四）用人单位主张侵权责任的，应证明劳动者违反竞业限制协议造成的具体损失情况以及因果关系

二十七 竞业限制经济补偿争议

第一步：认识争议或侵权情形

用人单位与劳动者签订了竞业限制协议，劳动者已实际履行，但用人单位不依法支付竞业限制经济补偿；或用人单位单方面解除竞业限制协议，但不依法支付竞业限制经济补偿。

第二步：提出权利诉求

请求 ××（单位）支付竞业限制经济补偿 ×× 元。

计算方法：

竞业限制经济补偿 = 竞业限制月经济补偿标准 × 履行竞业限制的期限（注：在竞业限制期限内用人单位单方面解除劳动合同，劳动者可要求用人单位额外支付 3 个月的竞业限制经济补偿）。

竞业限制经济补偿标准约定不明的，可以按照劳动合同解除或者终止前12个月平均工资的30%确定，但不得低于劳动合同履行地最低工资标准。

第三步：提出主张并加以证明

由用人单位向劳动者支付竞业限制经济补偿，需要满足以下构成要件：一是双方订立了合法有效的竞业限制协议，二是用人单位未明确解除竞业限制协议或通知劳动者无须履行竞业限制协议，三是劳动者履行了竞业限制协议，四是劳动者主张的竞业限制经济补偿金额符合双方的约定及法律法规的规定。因此，当事人宜就关于竞业限制协议的具体内容、用人单位是否解除竞业限制协议、劳动者是否履行竞业限制协议、竞业限制经济补偿的具体计算方式等事项，提出自身主张并加以证明。

（一）双方是否订立了合法有效的竞业限制协议且劳动者履行了竞业限制协议

根据《劳动合同法》第二十三条第二款、《最高人民法院关于审理劳动争议案件适用法律问题的解释（一）》第三十七条的规定，用人单位支付竞业限制经济补偿，以双方订立了竞业限制协议以及劳动者履行了竞业限制协议为前提。如果劳动者未履行竞业限制协议，不仅不可主张竞业限制经济补偿，还可能需要承担相应的违约或赔偿责任。

竞业限制协议是否合法有效，请参阅“违反竞业限制协议的违约金或损失赔偿争议”专题中的内容。

（二）竞业限制经济补偿标准

对于经济补偿的标准，有约定的，按照双方的约定执行；未约定或约定不明时，根据《最高人民法院关于审理劳动争议案件适用法律问题的解释（一）》第三十六条的规定，可按劳动者在劳动合同解除或者终止前12个月的平均工资的30%且不低于劳动合同履行地最低工资标准的标准执行。

（三）用人单位是否依法支付竞业限制经济补偿

劳动者对此不承担举证责任；用人单位主张已支付或不应支付的，应就其主张承担举证责任。

根据《劳动合同法》第二十三条第二款的规定，竞业限制的经济补偿原则上应当约定为“在解除或者终止劳动合同后，在竞业限制期限内按月”支付。最高人民法院民一庭负责人在就《最高人民法院关于审理劳动争议案件适用法律若干问题的解释（四）》答记者问时指出：“竞业限制经济补偿金不能包含在工资中，只能在劳动关系结束后，在竞业限制期限内按月给予劳动者。”因此，劳动用工实务中，部分用人单位与劳动者约定“在职期间支付的工资中已包含竞业限制经济补偿”是无效的，司法实务中一般裁判用人单位需要另行支付竞业限制经济补偿。另外，如果双方约定竞业限制的经济补偿在解除或终止劳动合同时一次性提前支付，在司法实务中，部分劳动争议仲裁机构或人民法院，以属于双方真实意思表示，且内容未违反法律、法规的强制性规定为由，认可该种约定的效力。

二十八 劳动者解除竞业限制协议争议

第一步：认识争议或侵权情形

用人单位和劳动者约定了竞业限制和经济补偿，但劳动合同解除或者终止后，因用人单位的原因导致3个月未支付经济补偿。

第二步：提出权利诉求

请求解除与××（单位）之间的竞业限制协议，并由××（单位）支付竞业限制经济补偿××元。

计算方法：

竞业限制经济补偿＝约定的竞业限制月经济补偿标准×已经履行的竞业限制期限（月）；经济补偿标准约定不明的，可以按照劳动合同解除或者终止前12个月平均工资的30%，但不得低于劳动合同履行地最低工资标准。

第三步：提出主张并加以证明

劳动者解除竞业限制协议，应满足以下构成要件：一是双方订立了合法有效的竞业限制协议；二是劳动者履行了竞业限制协议；三是因用人单位的原因导致3个月未支付竞业限制经济补偿。因此。当事人宜就关于竞业限制的具体约定、劳动者是否履行竞业限制协议、是否属于用人单位的原因导致3个月未支付竞业限制经济补偿等事宜，提出自身主张并加以证明。

（一）双方订立了合法有效的竞业限制协议

竞业限制协议是否合法有效，请参阅“违反竞业限制协议的违约金或损失赔偿争议”专题中的内容。

（二）劳动者履行了竞业限制协议

如果劳动者未履行竞业限制协议，则不属于因用人单位的原因导致未支付竞业限制经济补偿，劳动者无权主张解除。

（三）因用人单位的原因导致 3 个月未支付经济补偿

如果用人单位主张非自身原因导致未支付竞业限制经济补偿，应就该主张承担举证责任。

二十九 用人单位解除竞业限制协议争议

第一步：认识争议或侵权情形

在竞业限制期限内，用人单位要求解除竞业限制协议，双方就此产生争议。

第二步：提出权利诉求

请求解除与××（劳动者）之间的竞业限制协议（注：此时劳动者可主张用人单位额外支付3个月的竞业限制经济补偿）。

计算方法：

如果劳动者主张用人单位额外支付3个月的竞业限制经济补偿，竞业限制经济补偿=竞业限制月经济补偿标准×3个月。竞业限制经济补偿标准约定不明的，可以按照劳动合同解除或者终止前12个月平均工资的30%确定，但不得低于劳动合同履行地最低工资标准。

第三步：提出主张并加以证明

（一）双方订立了合法有效的竞业限制协议

竞业限制协议是否合法有效，请参阅“违反竞业限制协议的违约金或损失赔偿争议”专题中的内容。

（二）竞业限制协议尚未履行完毕（在竞业限制期限内）

《最高人民法院关于审理劳动争议案件适用法律问题的解释（一）》第三十九条第一款规定：“在竞业限制期限内，用人单位请求解除竞业限制协议的，人民法院应予支持。”如果竞业限制协议已经履行完毕，则无解除之必要，也无解除之前提。

三十 劳动者违反保密协议或保密事项的损害赔偿争议

第一步：认识争议或侵权情形

劳动者违反保密协议或劳动合同中约定的保密事项，给用人单位造成损失。

第二步：提出权利诉求

请求××（劳动者）赔偿因违反保密协议（或劳动合同中约定的保密事项）而造成的经济损失××元。

计算方法：

赔偿金额根据实际损失情况确定。

第三步：提出主张并加以证明

由劳动者向用人单位赔偿因违反保密协议或合同中约定的保密事项而给用人单位造成的损失，需要满足以下构成要件：一是双方订立了合法有效的保密协议，或在劳动合同中约定了保密事项；二是劳动者存在违反保密协议或劳动合同中约定的保密事项的行为；三是劳动者的前述行为给用人单位造成了损失。因此，在此类争议中，当事人应就保密协议或劳动合同中约定的保密事项的具体内容、劳动者是否存在违反保密协议或合同约定的保密事项的行为、前述行为是否给用人单位造成损失以及损失的具体情况等事项，提出自身主张并加以证明。

(一)双方是否订立保密协议或劳动合同中约定了保密事项

如果用人单位与劳动者没有订立保密协议，则用人单位不能追究劳动者的违反保密协议的损害赔偿责任，但可以在劳动者侵犯商业秘密的范围内，追究劳动者的侵权责任。以侵犯商业秘密为由主张权利的，以侵权之诉直接提起诉讼，不作为劳动争议处理，无须劳动争议仲裁前置。

对于商业秘密的定义和范围，可根据《反不正当竞争法》第九条第四款、《国家工商行政管理局关于禁止侵犯商业秘密行为的若干规定》第二条等的规定认定。

对于侵犯商业秘密的行为表现，可根据《反不正当竞争法》第九条、《国家工商行政管理局关于禁止侵犯商业秘密行为的若干规定》第三条的规定判断。

对于侵犯商业秘密的所造成的损害，《反不正当竞争法》第十七条规定："经营者违反本法规定，给他人造成损害的，应当依法承担民事责任。经营者的合法权益受到不正当竞争行为损害的，可以向人民法院提起诉讼。因不正当竞争行为受到损害的经营者的赔偿数额，按照其因被侵权所受到的实际损失确定；实际损失难以计算的，按照侵权人因侵权所获得的利益确定。经营者恶意实施侵犯商业秘密行为，情节严重的，可以在按照上述方法确定数额的一倍以上五倍以下确定赔偿数额。赔偿数额还应当包括经营者为制止侵权行为所支付的合理开支。经营者违反本法第六条、第九条规定，权利人因被侵权所受到的实际损失、侵权人因侵权所获得的利益难以确定的，由人民法院根据侵权行为的情节判决给予权利人五百万元以下的赔偿。"当事人可依据该规定主张自身的具体损赔偿数额。

关于商业秘密侵权之诉中的举证责任问题，《反不正当竞争法》第三十二条规定："在侵犯商业秘密的民事审判程序中，商业秘密权利人提供初步证据，证明其已经对所主张的商业秘密采取保密措施，且合理表明商业秘密被侵犯，涉嫌侵权人应当证明权利人所主张的商业秘密不属于本法规定的商业秘密。商业秘密权利人提供初步证据合理表明商业秘密被侵犯，且提供以下证据之一的，涉嫌侵权人应当证明其不存在侵犯商业秘密的行为：（一）有证据表明涉嫌侵权人有渠道或者机会获取商业秘密，且其使用的信息与该商业秘密实质上相同；

（二）有证据表明商业秘密已经被涉嫌侵权人披露、使用或者有被披露、使用的风险;（三）有其他证据表明商业秘密被涉嫌侵权人侵犯。”

（二）劳动者是否违反了保密协议或劳动合同中约定的保密事项

劳动者违反保密协议或劳动合同中约定的保密事项，主要表现为披露、使用或者允许他人使用其所掌握的根据双方约定而属于应当保密的信息或资料。

（三）劳动者违反保密协议的行为给用人单位造成损失的具体情况

用人单位主张由劳动者赔偿因违反保密约定而造成的损失的，应就具体损失情况承担举证证明责任。赔偿的费用，可根据《违反〈劳动法〉有关劳动合同规定的赔偿办法》第五条、《反不正当竞争法》第十七条的规定判断。

三十一 高温津贴争议

第一步：认识争议或侵权情形

根据当地规定，用人单位在特定时间段内应当支付高温津贴，但用人单位未依法支付。

第二步：提出权利诉求

请求××（单位）支付××××年××月××日至××××年××月××日的高温津贴××元。

计算方法：

高温津贴=月高温津贴标准×应当支付高温津贴的月数。

第三步：提出主张并加以证明

由用人单位向劳动者支付高温津贴××元，需要满足以下构成要件：一是劳动者的工作环境或情况属于可以享受高温津贴的情形，二是劳动者主张的高温津贴金额与法律法规的规定以及实际情况相符。因此，在此类争议中，双方当事人应就劳动者的工作环境（如温度）、用人单位是否已支付高温津贴、高温津贴的具体标准及计算方式等事项，提出自身主张并加以证明。

（一）双方之间是否成立劳动关系

高温津贴属于劳动权利，一般以双方之间成立劳动关系为享受该权利的前提。如果双方之间不成立劳动关系，比如超过法定退休年龄或已享受基本养老保险待遇的人员继续工作“发挥余热”，则需要双方对高温津贴有明确约定，但此时双方之间的争议不属于劳动争议。

（二）劳动者从事高温作业的情况以及是否符合享受高温津贴的条件

此项要根据各地关于高温津贴支付条件的具体规定，举证证明相关高温作业情况，进而证明是否符合享受高温津贴的条件。

（三）高温津贴的支付标准

根据各地的具体规定执行。

（四）用人单位支付高温津贴的相关情况

上述第（二）项、第（四）项的相关情况一般由用人单位承担举证责任。

三十二 规章制度违法而造成的损害赔偿争议

第一步：认识争议或侵权情形

用人单位直接涉及劳动者切身利益的规章制度违反法律、法规规定，给劳动者造成损害。

第二步：提出权利诉求

根据《劳动合同法》第八十条的规定，劳动者可提出如下权利请求：请求 ××（单位）赔偿因规章制度违法而造成的损失 ×× 元。

计算方法：

根据具体损失情况确定赔偿金额。

第三步：提出主张并加以证明

由用人单位向劳动者赔偿因规章制度违法而造成的损失 ×× 元，需要满足以下构成要件：一是用人单位的相关规章制度违反法律法规的规定，二是实施违法的规章制度给劳动者造成了具体损害，三是劳动者主张的损害赔偿金额与实际损害情况相符。因此，在此类争议中，双方当事人宜就用人单位规章制度的具体内容、规章制度违反法律法规的规定的具体表现、劳动者因用人单位违法的规章制度造成的具体损失等事项，提出自身主张并加以证明。

（一）用人单位规章制度的具体内容

劳动者主张用人单位赔偿因规章制度违法而造成的损失的，应就用人单位规章制度的具体内容举证，否则，用人单位可以否认存在此类规章制度，而“否定者不承担举证责任”。

（二）用人单位的规章制度是否违反法律、法规的规定

将规章制度的内容与法律法规的规定（如《劳动合同法》第四条）对照，进而判断相关规章制度的内容是否违法。

（三）因规章制度违反法律法规的规定而造成损失的具体情况

用人单位的规章制度违反法律法规的规定造成的损失可以表现为多个方面，如劳动报酬的降低，休息休假的减少，遭受用人单位不合法、不正当的“处罚”，造成人身损害（如当关于安全生产、职业病防护的规章制度违法时）等。劳动者应对因用人单位的规章制度违反法律法规的规定而造成的具体损失情况，承担举证证明责任。

三十三 劳动安全卫生保障违法行为损害赔偿争议

第一步：认识争议或侵权情形

用人单位的劳动安全设施和劳动卫生条件不符合国家规定，或者未向劳动者提供必要的劳动防护用品和劳动保护设施，或者用人单位强令劳动者违章冒险作业而发生重大伤亡事故。

第二步：提出权利诉求

根据《劳动法》第九十二条、第九十五条,《劳动合同法》第八十八条等规定，劳动者可提出如下权利请求：请求 ××（单位）赔偿因劳动安全保障违法行为而造成的损害 ×× 元。

因生产安全事故受到损害的从业人员，除依法享有工伤保险外，依照有关民事法律尚有获得赔偿的权利的，有权向本单位提出赔偿要求。

计算方法：

赔偿金额根据实际损害情况确定。

第三步：提出主张并加以证明

由用人单位向劳动者赔偿因劳动安全保障违法行为而造成的损害 ×× 元，需要满足以下构成要件：一是用人单位存在未履行劳动安全卫生保护义务的情形，二是劳动者因此而遭受了损害，三是劳动者主张的损害赔偿金额与实际损害情况相符。因此，当事人应就用人单位存在未履行劳动安全卫生保护义务的具体情形、劳动者的损害情况、用人单位未履行劳动安全卫生保护义务的行为与劳动者损害之间的因果关系等事项，提出自身主张并加以证明。

（一）用人单位是否存在未履行劳动安全卫生保护义务的情形

用人单位的劳动安全卫生保护义务主要体现为以下方面，用人单位违反相关规定的，即属于未履行劳动安全卫生保护义务。

（1）用人单位必须建立、健全劳动安全卫生制度，严格执行国家劳动安全卫生规程和标准。同时，在作出涉及安全生产的经营决策时，应当听取安全生产管理机构以及安全生产管理人员的意见。

（2）用人单位必须为劳动者提供符合国家规定的劳动安全卫生条件和必要的劳动防护用品，对从事有职业危害作业的劳动者应当定期进行健康检查。劳动安全卫生设施必须符合国家规定的标准。新建、改建、扩建工程的劳动安全卫生设施必须与主体工程同时设计、同时施工、同时投入生产和使用。

（3）用人单位应当对劳动者进行劳动安全卫生教育和培训，保证从业人员具备必要的安全生产知识，熟悉有关的安全生产规章制度和安全操作规程，掌握本岗位的安全操作技能，了解事故应急处理措施，知悉自身在安全生产方面的权利和义务。未经安全生产教育和培训合格的从业人员，不得上岗作业。同时，应当建立安全生产教育和培训档案，如实记录安全生产教育和培训的时间、内容、参加人员以及考核结果等情况。

（4）用人单位与劳动者订立的劳动合同，应当载明有关保障劳动者劳动安全、防止职业危害的事项，以及依法为从业人员办理工伤保险的事项。用人单位不得以任何形式与劳动者订立协议，免除或者减轻其对从业人员因生产安全事故伤亡依法应承担的责任。

（5）用人单位应当履行对女职工的劳动保护义务。例如，用人单位应当遵守女职工禁忌从事的劳动范围的规定，应根据女职工的特点，依法保护女职工在工作和劳动时的安全和健康，不得安排不适合女职工从事的工作和劳动，并将本单位属于女职工禁忌从事的劳动范围的岗位书面告知女职工；禁止安排女职工从事矿山井下、国家规定的第四级体力劳动强度的劳动和其他禁忌从事的劳动；妇女在经期、孕期、产期、哺乳期受特殊保护，不得安排女职工在经期从事低温、冷水、食品冷冻库内作业和《体力劳动强度分级》国家标准中第Ⅲ级体力劳动强度的作业、《高处作业分级》标准中第二级（含二级）以上的作业；不得安排女职工在怀孕期间从事国家规定的第三级体力劳动强度的劳动和孕期禁忌从事的劳动；不得安排孕期、哺乳期的女职工从事对本人和胎儿、婴儿有危害的作业；女职工在孕期不能适应原劳动的，用人单位应当根据医疗机构的证明，予以减轻劳动量或者安排其他能够适应的劳动；怀孕女职工在劳动时间内进行产前检查，所需时间计入劳动时间；对怀孕 7 个月以上的女职工，不得安排其延长工作时间和夜班（当日 22 点至次日 6 点）劳动，并应当在劳动时间内安排一定的休息时间；不得安排女职工在哺乳未满一周岁的婴儿期间从事国家规定的第三级体力劳动强度的劳动和哺乳期禁忌从事的其他劳动，不得安排其延长工作时间和夜班劳动；应当在每天的劳动时间内为哺乳期女职工安排 1 小时哺乳时间（多胞胎的，每多哺乳 1 个婴儿每天增加 1 小时）；等等。

（6）用人单位应当履行对未成年工的劳动保护义务。未成年工是指年满 16 周岁未满 18 周岁的劳动者。根据《未成年工特殊保护规定》第九条的规定，国家对未成年工的使用和特殊保护实行登记制度，用人单位招收使用未成年工，除符合一般用工要求外，还须向所在地的县级以上劳动行政部门办理登记，未成年工须持未成年工登记证上岗。另外，《未成年人保护法》第六十一条、第六十二条规定了未成年工特殊保护的相关问题：一是营业性娱乐场所、酒吧、互联网上网服务营业场所等不适宜未成年人活动的场所不得招用已满 16 周岁的未成年人；二是任何组织或者个人不得组织未成年人进行危害其身心健康的表演等活动，在经未成年人的父母或者其他监护人同意而让未成年人参与演出、节目制作等活动时，活动组织方应当根据国家有关规定，保障未成年人合法权益；三是密切接触未成年人的单位招聘工作人员时，应当向公安机关、人民检察院查询应聘者是否具有性侵害、虐待、拐卖、暴力伤害等违法犯罪记录，如果发现拟招聘的人员具有前述行为记录的则不得录用，且密切接触未成年人的单位应当每年定期对工作人员是否具有上述违法犯罪记录进行查询，如果通过查询或者其他方式发现其工作人员具有上述行为的则应当及时解聘。根据《未成年人保护法》第一百三十条的规定，密切接触未成年人的单位，是指学校、幼儿园等教育机构；校外培训机构；未成年人救助保护机构、儿童福利机构等未成年人安置、救助机构；婴幼儿照护服务机构、早期教育服务机构；校外托管、临时看护机构；家政服务机构；为未成年人提供医疗服务的医疗机构；其他对未成年人负有教育、培训、监护、救助、看护、医疗等职责的企业事业单位、社会组织等。学校，是指普通中小学、特殊教育学校、中等职业学校、专门学校。根据《未成年工特殊保护规定》第六条、第七条、第八条、第十条的规定，未成年工上岗前用人单位应对其进行有关的职业安全卫生教育、培训；未成年工体检和登记，由用人单位统一办理和承担费用；应当对未成年工定期进行健康检查，健康检查的相关事项应按《未成年工特殊保护规定》所附《未成年工健康检查表》列出的项目进行；应根据未成年工的健康检查结果安排其从事适合的劳动，对不能胜任原劳动岗位的，应根据医务部门的证明，予以减轻劳动量或安排其他劳动。

根据《未成年工特殊保护规定》第三条、第四条的规定，用人单位不得安排未成年工从事的劳动范围具体包括:《生产性粉尘作业危害程度分级》国家标准中第一级以上的接尘作业;《有毒作业分级》国家标准中第一级以上的有毒作业;《高处作业分级》国家标准中第二级以上的高处作业;《冷水作业分级》国家标准中第二级以上的冷水作业;《高温作业分级》国家标准中第三级以上的高温作业;《低温作业分级》国家标准中第三级以上的低温作业;《体力劳动强度分级》国家标准中第Ⅳ级体力劳动强度的作业；矿山井下及矿山地面采石作业；森林业中的伐木、流放及守林作业；工作场所接触放射性物质的作业；有易燃易爆、化学性烧伤和热烧伤等危险性大的作业；地质勘探和资源勘探的野外作业；潜水、涵洞、涵道作业和海拔3000米以上的高原作业（不包括世居高原者）；连续负重每小时在6次以上并每次超过20千克，间断负重每次超过25千克的作业；使用凿岩机、捣固机、气镐、气铲、铆钉机、电锤的作业；工作中需要长时间保持低头、弯腰、上举、下蹲等强迫体位和动作频率每分钟大于50次的流水线作业；锅炉司炉。未成年工患有某种疾病或具有某些生理缺陷（非残疾型）时，用人单位不得安排其从事以下范围的劳动:《高处作业分级》国家标准中第一级以上的高处作业,《低温作业分级》国家标准中第二级以上的低温作业,《高温作业分级》国家标准中第二级以上的高温作业,《体力劳动强度分级》国家标准中第三级以上体力劳动强度的作业,接触铅、苯、汞、甲醛、二硫化碳等易引起过敏反应的作业。《未成年工特殊保护规定》第五条规定了"患有某种疾病或具有某些生理缺陷(非残疾型)的未成年工"的具体情况。

(二)劳动者的损害情况

劳动者主张由用人单位承担因未履行劳动安全卫生保护义务而造成损害的赔偿责任,应就受损害的事实承担初步的举证责任,主要在于初步证明自身所受损害因用人单位未履行劳动安全卫生保护义务而导致。

在劳动安全卫生保护问题上,用人单位负有依法为劳动者进行健康检查、提供安全生产及职业卫生防护资料和信息等义务;工会有权对生产经营单位执行安全生产及职业卫生保护法律法规的情况进行监督,有权依法参加事故调查,并提出相关意见、建议或处理措施;各级人民政府安全生产及职业卫生保护监督管理部门有权依法进行相关检查、调查,调阅或责令用人单位提交相关的材料或信息;新闻、出版、广播、电影、电视等单位有对违反安全生产法律、法规的行为进行舆论监督的权利;职业病诊断、鉴定过程中,在确认劳动者职业史、职业病危害接触史时,当事人对劳动关系、工种、工作岗位或者在岗时间有争议的,可以向当地的劳动人事争议仲裁委员会申请仲裁;在仲裁过程中,劳动者无法提供由用人单位掌握管理的与仲裁主张有关的证据的,仲裁庭应当要求用人单位在指定期限内提供;用人单位在指定期限内不提供的,应当承担不利后果。因此,劳动者可通过向行政部门、工会、媒体等单位投诉或举报,或依法申请劳动争议仲裁等方式,获得相关的证据材料,以证明受损害的具体事实。

(三)用人单位未履行劳动安全卫生保护义务与劳动者受损害之间存在因果关系

劳动者应对该事项承担举证责任。

三十四 扣押档案或其他物品的损害赔偿争议

第一步：认识争议或侵权情形

解除或者终止劳动合同后用人单位扣押劳动者档案或者其他物品，给劳动者造成除扣押的档案或者其他物品之外的损害。

第二步：提出权利诉求

请求××（单位）赔偿扣押档案或其他物品造成的损害××元。

根据《劳动合同法》第八十四条的规定，用人单位在劳动者依法解除或终止劳动合同后扣押档案或其他物品的行为，没有给劳动者造成其他损害的，劳动者应当向劳动行政部门投诉，由劳动行政部门责令用人单位退还档案或其他物品给劳动者本人，并由劳动行政部门依法给予处罚；给劳动者造成其他损害的，劳动者可申请劳动争议仲裁，对仲裁结果不服的依法提起诉讼，要求用人单位承担赔偿责任。如果原物损毁，可依据《民法典》的相关规定主张权利，如物权请求权。

计算方法：

根据造成的具体损害确定赔偿金额。

第三步：提出主张并加以证明

由用人单位向劳动者赔偿因扣押档案或其他物品造成的损害××元，需要满足以下构成要件：一是用人单位存在违法扣押劳动者档案或其他物品的行为，二是前述行为给劳动者造成了具体损害，三是劳动者主张的损害赔偿金额与实际损害情况相符。因此，当事人应就用人单位违法扣押劳动者档案或其他物品的具体表现、劳动者的具体损害情况、用人单位扣押档案或其他物品的行为与劳动者的损害之间存在因果关系等事项，提出主张并加以证明。

（一）用人单位是否存在扣押劳动者档案或其他物品的行为

用人单位承担扣押劳动者档案或其他物品的损害赔偿责任，以存在扣押劳动者档案或其他物品的行为为前提条件之一，劳动者应对用人单位的该类行为承担举证证明责任。

根据《劳动合同法》第八十四条第二款、第三款的规定，此处的“物品”不应包括“居民身份证等证件”。根据《劳动合同法》第八十四条第一款的规定，对于用人单位扣押劳动者居民身份证等证件的行为，没有规定用人单位的损害赔偿责任，只规定了返还原物和行政处罚责任。因此，劳动者主张用人单位承担扣押档案或其他物品的损害赔偿责任的，要针对用人单位扣押居民身份证等证件之外的其他物品的行为。对于用人单位扣押居民身份证等证件的行为，劳动者应向劳动行政部门投诉寻求解决。

用人单位扣押劳动者档案或其他物品，从广义上讲也包括用人单位不依法办理档案转移手续的行为。而对于档案转移手续问题，根据《劳动合同法》第五十条第一款的规定，用人单位应当在解除或者终止劳动合同后的 15 日内，为劳动者办理档案和社会保险关系转移手续。因此，即使用人单位最终为劳动者办理了档案转移手续，但未在法定期限内（15 日内）办理，给劳动者造成损害，也应当承担损害赔偿责任。

（二）劳动者的具体损害情况

劳动者主张由用人单位赔偿因扣押档案或其他物品造成的损害，应就具体损害事实承担举证证明责任。

（三）扣押档案或其他物品的行为与损害结果之间存在因果关系

劳动者除证明相关损害结果外，还应证明用人单位扣押档案或其他物品的行为与损害结果之间存在因果关系。

三十五 违法劳务派遣的损害赔偿争议

第一步：认识争议或侵权情形

劳务派遣单位、用工单位违反法律法规有关劳务派遣的规定，给劳动者造成损害。

第二步：提出权利诉求

请求××（劳务派遣单位）赔偿因违反法律法规有关劳务派遣的规定而造成的损害××元（属于劳务派遣单位的责任时提出）；或者请求××（劳务派遣单位）与××（用工单位）共同赔偿因违反法律法规有关劳务派遣的规定而造成的损害××元（属于用工单位的责任时提出；用工单位给被派遣劳动者造成损害的，劳务派遣单位与用工单位承担连带赔偿责任）。

计算方法：

法律法规对相关违法行为的责任已有明确规定的，按相关规定主张权利（如欠付工资或者违反同工同酬原则的，主张相应工资或工资差额；违法解除或终止劳动合同的，主张违法解除或终止劳动合同的赔偿金；违法约定试用期并已履行的，主张违法约定试用期的赔偿金等）。法律法规规定“给被派遣劳动者造成损害依法承担赔偿责任”的，按具体损害情况确定赔偿金额。

第三步：提出主张并加以证明

由劳务派遣单位赔偿或劳务派遣单位与用工单位共同赔偿因违反法律法规有关劳务派遣的规定而造成的损害××元，需要满足以下构成要件：

一是存在劳务派遣用工法律关系，二是劳务派遣单位、用工单位存在违反法律法规有关劳务派遣规定的行为，三是前述行为给劳动者造成了具体损害，四是劳动者主张的损害赔偿金额与实际损害情况相符。因此，当事人应就劳务派遣用工法律关系的成立要件、劳务派遣单位及用工单位存在违反法律法规有关劳务派遣规定的具体表现、劳动者的具体损害、劳务派遣单位及用工单位的违法行为与劳动者的损害之间存在因果关系等事项，提出主张并加以证明。

（一）是否存在劳务派遣用工法律关系

可通过劳务派遣合同、劳务派遣协议等证据证明。

（二）劳务派遣单位、用工单位存在违反法律法规有关劳务派遣规定的情形

法律法规关于劳务派遣的规定主要为以下方面，劳务派遣和用工单位的行为不符合以下相关规定的，就属于违反法律法规有关劳务派遣规定的情形：

1. 经营劳务派遣业务应依法获得行政许可。未经许可，任何单位和个人不得经营劳务派遣业务。

2. 适用劳务派遣用工形式应符合法律法规规定的条件。《劳动合同法》第六十六条明确规定，劳务派遣用工只能在临时性、辅助性或者替代性的工作岗位上实施。临时性工作岗位是指存续时间不超过 6 个月的岗位；辅助性工作岗位是指为主营业务岗位提供服务的非主营业务岗位，且用工单位决定使用被派遣劳动者的辅助性岗位，应当经职工代表大会或者全体职工讨论，提出方案和意见，与工会或者职工代表平等协商确定，并在用工单位内公示；替代性工作岗位是指用工单位的劳动者因脱产学习、休假等无法工作的一定期间内，可以由其他劳动者替代工作的岗位。用工单位使用的被派遣劳动者数量不得超过其用工总量（用工单位订立劳动合同人数与使用的被派遣劳动者人数之和）的 10%。用工单位不得

将被派遣劳动者再派遣到其他用人单位。用人单位不得设立劳务派遣单位（用人单位或者其所属单位出资或者合伙设立的劳务派遣单位），向本单位或者所属单位派遣劳动者；劳务派遣单位不得以非全日制用工形式招用被派遣劳动者。

3. 劳务派遣合同应符合法律法规的规定。劳务派遣单位应当与被派遣劳动者订立二年以上的固定期限劳动合同，劳务派遣合同除应当载明《劳动合同法》第十七条规定的事项外，还应当载明被派遣劳动者的用工单位以及派遣期限、工作岗位等情况。

4. 劳务派遣协议应当符合法律法规的规定。劳务派遣单位应当与用工单位订立劳务派遣协议，用工单位应当根据工作岗位的实际需要与劳务派遣单位确定派遣期限，不得将连续用工期限分割订立数个短期劳务派遣协议。劳务派遣协议应当载明下列内容：派遣的工作岗位名称和岗位性质，工作地点，派遣人员数量和派遣期限，按照同工同酬原则确定的劳动报酬数额和支付方式，社会保险费的数额和支付方式，工作时间和休息休假事项，被派遣劳动者工伤、生育或者患病期间的相关待遇，劳动安全卫生以及培训事项，经济补偿等费用，劳务派遣协议期限，劳务派遣服务费的支付方式和标准，违反劳务派遣协议的责任，法律、法规、规章规定应当纳入劳务派遣协议的其他事项。劳务派遣单位应当将劳务派遣协议的内容告知被派遣劳动者。

5. 劳务派遣单位和用工单位不得向被派遣劳动者收取费用。

6. 向被派遣劳动者支付劳动报酬应符合法律法规的规定。被派遣劳动者享有与用工单位的劳动者同工同酬的权利。用工单位应当按照同工同酬原则，对被派遣劳动者与本单位同类岗位的劳动者实行相同的劳动报酬分配办法。用工单位无同类岗位劳动者的，参照用工单位所在地相同或者相近岗位劳动者的劳动报酬确定。劳务派遣单位与被派遣劳动者订立的劳动合同和与用工单位订立的劳务派遣协议，载明或者约定的向被派遣劳动者支付的劳动报酬应当符合前述规定。劳务派遣单位不得克扣用工单位按照劳务派遣协议支付给被派遣劳动者的劳动报酬，按月向被派遣劳动者支付劳动报酬，且被派遣劳动者在无工作期间，应当按照所在地人民政府规定的最低工资标准，向其按月支付报酬。劳务派遣单位跨地区派遣劳动者的，被派遣劳动者享有的劳动报酬和劳动条件，按照用工单位所在地的标准执行。

7. 劳务派遣单位和用工单位应当依法为被派遣劳动者参加社会保险。非跨地区派遣劳动者的，劳务派遣单位应当在其所在地为劳动者参加社会保险。跨地区派遣劳动者，劳务派遣单位在用工单位所在地设立分支机构的，由分支机构在用工单位所在地为被派遣劳动者办理参保手续，按照用工单位所在地的规定缴纳社会保险费；劳务派遣单位未在用工单位所在地设立分支机构的，由用工单位代劳务派遣单位为被派遣劳动者办理参保手续，缴纳社会保险费。

8. 劳务派遣和用工单位应当依法保障被派遣劳动者享受带薪年休假。劳务派遣单位的职工依法享受带薪年休假。被派遣劳动者在劳动合同期限内无工作期间由劳务派遣单位依法支付劳动报酬的天数多于其全年应当享受的年休假天数的，不享受当年的年休假；少于其全年应当享受的年休假天数的，劳务派遣单位、用工单位应当协商安排补足被派遣职工年休假天数。

9. 用工单位退回被派遣劳动者应当依法进行。用工单位可以将被派遣劳动者退回劳务派遣单位的情形包括：用工单位有《劳动合同法》第四十条第三项、第四十一条规定情形的，用工单位被依法宣告破产、被吊销营业执照、被责令关闭、被撤销、决定提前解散或者经营期限届满不再继续经营的，劳务派遣协议期满终止的。但被派遣劳动者有《劳动合同法》第四十二条规定情形的，在派遣期限届满前，用工单位不得依据前述情形将被派遣劳动者退回劳务派遣单位；派遣期限届满的，应当延续至相应情形消失时方可退回。

10. 劳务派遣合同的解除或终止应当符合法律法规的规定。劳务派遣单位和被派遣劳动者是劳动关系的双方主体，因此，在劳务派遣用工中，解除或终止劳动关系的意思表示应当由劳务派遣单位、被派遣劳动者向对方作出。劳务派遣单位行政许可有效期未延续或者劳务派遣经营许可证被撤销、吊销的，已经与被派遣劳动者依法订立的劳动合同应当履行至期限届满，但经双方经协商一致，可以解除劳动合同。被派遣劳动者因被用工单位依法退回，劳务派遣单位重新派遣时维持或者提高劳动合同约定条件，被派遣劳动者不同意的，劳务派遣单位可以解除劳动合同，但应当向被派遣劳动者支付解除劳动合同的经济补偿。被派遣劳动者被用工单位依法退回，劳务派遣单位重新派遣时降低劳动合同约定条件，被派遣劳动者不同意的，劳务派遣单位不得解除劳动合同，但被派遣劳动者可以提出解除劳动合同，劳务派遣单位应当向被派遣劳动者支付解除劳动合同的经济补偿。劳务派遣单位被依法宣告破产、被吊销营业执照、被责令关闭、被撤销、决定提前解散或者经营期限届满不再继续经营的，劳动合同终止，用工单位应当与劳务派遣单位协商妥善安置被派遣劳动者，终止劳动合同时劳务派遣单位应当向被派遣劳动者支付终止劳动合同的经济补偿。解除或终止劳动合同的情形符合《劳动合同法》第四十六条规定的情形，劳务派遣单位应当依法向被派遣劳动者支付经济补偿。被派遣劳动者提前30日（在试用期内提前3日）以书面形式通知劳务派遣单位，可以解除劳动合同，劳务派遣单位应当将被派遣劳动者通知解除劳动合同的情况及时告知用工单位。

11. 劳务派遣单位应当依法全面履行对被派遣劳动者的义务。具体义务包括：如实告知被派遣劳动者《劳动合同法》第八条规定的事项、应遵守的规章制度以及劳务派遣协议的内容；建立培训制度，对被派遣劳动者进行上岗知识、安全教育培训；按照国家规定和劳务派遣协议约定，依法支付被派遣劳动者的劳动报酬和相关待遇；按照国家规定和劳务派遣协议约定，依法为被派遣劳动者缴纳社会保险费，并办理社会保险相关手续；督促用工单位依法为被派遣劳动者提供劳动保护和劳动安全卫生条件；依法出具解除或者终止劳动合同的证明；协助处理被派遣劳动者与用工单位的纠纷；法律、法规和规章规定的其他事项。

12. 用工单位应当依法全面履行对被派遣劳动者的义务。具体义务包括：执行国家劳动标准，提供相应的劳动条件和劳动保护；告知被派遣劳动者的工作要求和劳动报酬；支付加班费、绩效奖金，提供与工作岗位相关的福利待遇；对在岗被派遣劳动者进行工作岗位所必需的培训；连续用工的，实行正常的工资调整机制。

（三）劳务派遣单位、用工单位的相关行为属于应当承担损害赔偿责任的情形

对于劳务派遣单位、用工单位的部分违反法律法规有关劳务派遣规定的行为，法律法规已明确相应的责任承担方式，例如劳务派遣单位违法与劳动者约定

试用期的，应支付违法约定试用期的赔偿金；劳务派遣单位违法解除或者终止被派遣劳动者劳动合同的，按照《劳动合同法》第四十八条、第八十七条规定执行：继续履行劳动合同，或者支付违法解除或终止劳动合同的赔偿金；劳务派遣单位、用工单位未依法及时足额支付劳动报酬，或者违反同工同酬原则的，应支付相应工资或工资差额；劳务派遣和用工单位未依法保障被派遣劳动者享受带薪年休假的，应支付相应的未休年休假工资；等等。法律法规已明确相应的责任承担方式的，不在承担损害赔偿责任之列。

而对于诸如“未依法获得行政许可即经营劳务派遣业务”“适用劳务派遣用工形式未在临时性、辅助性或者替代性的工作岗位上实施，或劳务派遣用工数量超过法定比例”“劳务派遣合同、劳务派遣协议违反法律法规的规定”“劳务派遣单位和用工单位未依法为被派遣劳动者参加社会保险”“用工单位违法退回被派遣劳动者”“劳务派遣单位、用工单位未依法全面履行对被派遣劳动者的义务”等行为，给被派遣劳动者造成具体损害的，可以主张相应的赔偿责任。

（四）属于劳务派遣单位和用工单位应当承担连带赔偿责任的情形

劳务派遣单位、用工单位违反法律法规有关劳务派遣规定的，并非所有情形都应当承担连带责任。根据《劳动合同法》第九十二条的规定，用工单位给被派遣劳动者造成损害的，劳务派遣单位与用工单位承担连带赔偿责任。属于劳务派遣单位给被派遣劳动者造成损害的，用工单位无须承担连带赔偿责任。对于本身属于用工单位的义务，而用工单位不履行，给劳动者造成损害的，劳务派遣单位应承担连带赔偿责任。

（五）劳动者的具体损害情况

劳动者应对自身的实际损害情况承担举证责任。

（六）违法劳务派遣与劳动者的损害之间存在因果关系

在证明实际损害情况的基础上，劳动者应进一步证明该因果关系。

三十六 工伤保险待遇争议

第一步：认识争议或侵权情形

劳动者发生工伤后，用人单位不依法支付工伤保险待遇。

第二步：提出权利诉求

请求 ××（单位）支付工伤保险待遇 ×× 元。

计算方法：

可主张工伤医疗费、住院伙食补助费、到统筹地区以外就医所需的交通和食宿费用、停工留薪期工资、辅助器具费用、生活护理费、一次性伤残补助金、伤残津贴、一次性工伤医疗补助金、一次性伤残就业补助金、一次性工亡补助金、丧葬补助金、供养亲属抚恤金等待遇；具体待遇项目及计算方法，结合自身的伤残等级以及是否工亡等情况，根据《工伤保险条例》及各地关于工伤保险的立法确定。

工伤保险待遇的具体计算方法，详见表 2-1。

第三步：提出主张并加以证明

不同的工伤情形，可以享受不同的工伤保险待遇，而不同的工伤保险待遇项目，又具有不同的构成要件。以下内容介绍了不同工伤待遇项目的支付条件及相关标准，当事人可结合自身的工伤情况，对照以下相关内容，确定自身可主张的工伤保险待遇项目，进而根据各项待遇的构成要件提出自身主张并加以证明。

（一）所受伤害是否被认定为工伤并经劳动能力鉴定（因工死亡无须劳动能力鉴定）

被认定为工伤是享受工伤保险待遇的前提，主张工伤保险待遇首先要被认定为工伤；通过劳动能力鉴定意见，一般可证明伤残等级、停工留薪期、生活护理等级。

工伤问题处理流程一般为：劳动者受到事故伤害→就医治疗→向工伤认定部门申请工伤认定（用人单位申请的，劳动者受伤后30日内提出；用人单位不申请的，劳动者及其近亲属可于受伤后1年内提出）→向劳动能力鉴定委员会申请劳动能力鉴定（因工死亡除外）→核发相关工伤保险待遇（参加了工伤保险的，属于工伤保险基金支付的项目要及时申请核发，属于用人单位支付的项目用人单位要依法支付；没有参加工伤保险的，所有工伤保险待遇由用人单位承担）。这是一个有先后顺序的流程，如果未能被认定工伤，则不能进行劳动能力鉴定，当然也不能享有工伤保险待遇；如果未进行劳动能力鉴定，工伤保险待遇的某些项目就没有支付依据和计算标准。

如果疑似患有职业病，劳动者可以选择用人单位所在地、本人户籍所在地或者经常居住地的职业病诊断机构进行职业病诊断，由职业病诊断机构作出职业病诊断结论。当事人对职业病诊断机构作出的职业病诊断结论有异议的，可以在接到职业病诊断证明书之日起30日内，向职业病诊断机构所在地设区的市级卫生行政部门申请鉴定；对该职业病鉴定意见不服的，可以在接到鉴定书之日起15日内，向原鉴定组织所在地省级卫生健康主管部门申请再次鉴定。职业病鉴定实行两级鉴定制，省级职业病鉴定意见为最终鉴定。经诊断和鉴定后，按上述申请工伤认定、劳动能力鉴定、主张工伤待遇的程序维护权益。

（二）本人工资的概念及相关工伤保险待遇的计算基数

多项工伤保险待遇项目，比如一级至十级伤残职工的一次性伤残补助金、一级至六级伤残职工的伤残津贴、因工死亡职工的近亲属可享有的供养亲属抚恤金，需要以本人工资为基数计算。根据《工伤保险条例》第六十四条的规定，本人工资，是指工伤职工因工作遭受事故伤害或者患职业病前12个月平均月缴费工资。从该定义可以看出，只有在参加了工伤保险并缴纳了工伤保险费的情况下，才存在本人工资，且本人工资与工伤保险费缴费数额挂钩。工伤保险基金在核发工伤保险待遇时，需要将本人工资、统筹地区职工平均工资进行比较，如果本人工资低于统筹地区职工平均工资的60%，或高于统筹地区职工平均工资的300%，则按统筹地区职工平均工资的60%或300%为基数计算工伤保险待遇；如果本人工资处于统筹地区职工平均工资的60%至300%之间，则按本人工资为基数计算相关工伤保险待遇。工伤保险基金支付工伤保险待遇时，会作出工伤待遇审核表，依据该审核表，结合自身的工伤级别及对应标准，可以计算出本人工资。比如，工伤保险基金支付七级工伤职工的一次性伤残补助金10万元，七级工伤的一次性伤残补助金的补助月数为13个月，二者相除的结果为7692.31元/月（10万元 ÷13个月）；如果该7692.31元不是统筹地区职工平均工资60%或300%，则该金额即为工伤职工的本人工资。

本人工资不等于劳动者的实际工资，如果用人单位未依据劳动者的实际工资缴纳工伤保险费，而劳动者的实际工资高于本人工资，就会使工伤职工应得工伤保险待遇与工伤保险基金核发的待遇之间产生差额，部分地区的工伤保险立法（如《广东省工伤保险条例》第五十六条）规定，这个差额由用人单位支付。

在未依法参加工伤保险的情况下，不存在缴费工资，进而也不存在本人工资，相关的工伤保险待遇依据工伤职工的实际工资与统筹地区职工平均工资的60%或300%相比较确定，并由用人单位支付。即工伤职工的实际工资低于统筹地区职工平均工资的60%或高于统筹地区职工平均工资的300%的，按统筹地区职工平均工资的60%或300%为基数计算；实际工资处于统筹地区职工平均工资的60%至300%之间的，按实际工资为基数计算。

（三）核定工伤保险待遇时上一年度相关数据尚未公布时的处理办法

根据《人力资源和社会保障部关于执行〈工伤保险条例〉若干问题的意见》第十四条的规定，核定工伤职工工伤保险待遇时，若上一年度相关数据尚未公布，可暂按前一年度的全国城镇居民人均可支配收入、统筹地区职工月平均工资核定和计发，待相关数据公布后再重新核定，社会保险经办机构或者用人单位予以补发差额部分。例如，某劳动者于 2019 年 1 月工伤死亡，于 2019 年 2 月上旬核算其一次性工亡补助金，如果此时上一年度即 2018 年的全国城镇居民人均可支配收入尚未公布，那么就先以前一年度即 2017 年的全国城镇居民人均可支配收入为基数核算，待 2018 年的全国城镇居民人均可支配收入公布，再补发相应的差额部分。

（四）工伤医疗待遇的确定和支付

在用人单位为劳动者办理了工伤保险并依法缴纳了工伤保险费的情况下，工伤医疗待遇由工伤保险基金支付，否则，由用人单位支付。但工伤医疗待遇不等于全部的工伤医疗费用，治疗工伤所需医疗费用中，只有符合工伤保险诊疗项目目录、工伤保险药品目录、工伤保险住院服务标准的部分，才由工伤保险基金或用人单位（未参保时）支付。工伤医疗费用产生后，由工伤保险经办机构依据相关目录、标准等核算哪些部分是属于工伤保险基金可报销的部分。对于工伤保险基金不能报销的部分应由谁承担，法律法规未明确规定，在目前的司法实务中，一般认为应由劳动者自己承担。工伤职工主张工伤医疗待遇，应举证证明工伤医疗费用的具体情况。

（五）住院伙食补助费、到统筹地区以外就医所需的交通和食宿费用的确定和支付

根据《工伤保险条例》第三十条第四款的规定，工伤职工住院治疗以及康复期间，可以享受伙食补助费，并由工伤保险基金支付（依法参加了工伤保险的情况下），具体标准由统筹地区人民政府规定，按照规定的标准乘以住院天数的方法计算。如果在统筹地区内无法治疗，应当由原医疗机构出具意见和证明，并经社会保险经办机构同意，可以转到统筹地区之外的医疗机构治疗，可享受在城市间往返一次的交通费用及在转入地所需的市内交通、食宿费用，由工伤保险基金支付，具体标准由统筹地区人民政府规定。此处要注意，法律法

规未规定在统筹地区内治疗的，可以享受交通、食宿费用待遇。主张此类待遇时，应举证证明住院天数、异地就医的同意书及相关的交通和食宿费用的具体情况。

（六）工伤辅助器具费用的支付问题

根据《工伤保险条例》第三十二条、《工伤保险辅助器具配置管理办法》等规定，工伤职工因日常生活或者就业需要，必须安装假肢、矫形器、假眼、假牙和配置轮椅、拐杖等辅助器具，或者辅助器具需要维修、更换的，可以依法提出申请和办理，所需费用按照国家规定的标准从工伤保险基金支付。具体办理程序如下：第一步，工伤职工或其近亲属或用人单位向劳动能力鉴定委员会提出辅助器具配置确认申请，劳动能力鉴定委员会作出予以配置或不予配置的结论。第二步，工伤职工持劳动能力鉴定委员会作出的予以配置的确认结论，向经办机构进行登记，由经办机构向工伤职工出具配置费用核付通知单，并告知“工伤职工应当到协议机构进行配置”“确认配置的辅助器具最高支付限额和最低使用年限”“配置辅助器具超目录或者超出限额部分的费用工伤保险基金不予支付”等事项。第三步，工伤职工持配置费用核付通知单选择协议机构配置辅助器具，由协议机构为工伤职工提供配置服务，并如实记录工伤职工信息、配置器具产品信息、最高支付限额、最低使用年限以及实际配置费用等配置服务事项。第四步，协议机构或者工伤职工与经办机构结算配置费用，由经办机构按照工伤保险辅助器具配置目录有关规定及时支付费用。

在遵循上述步骤的同时，还要注意以下问题：第一，工伤职工配置的辅助器具不得超目录或者超出限额，否则工伤保险基金不予支付相关费用。第二，工伤职工到统筹地区以外的协议机构配置辅助器具的，需要经过经办机构同意，经同意后发生的交通、食宿费用，可以按照统筹地区人力资源社会保障行政部门的规定，由工伤保险基金支付。第三，用人单位未依法参加工伤保险，工伤职工需要配置辅助器具的，也需要遵循上述关于程序和条件的规定，符合法律法规规定的配置费用由用人单位支付，并可主张由用人单位一次性支付。具体如何操作，请查询当地的相关规定。第四，工伤保险辅助器具配置机构违反国家规定的辅助器具配置管理服务标准，侵害工伤职工合法权益的，由民政、卫生健康主管部门在各自监管职责范围内依法处理；同时，工伤职工或者其近亲属认为经办机构未依法支付辅助器具配置费用，或者协议机构认为经办机构未履行有关协议的，可以依法申请行政复议或者提起行政诉讼。

（七）停工留薪期及停工留薪期内的待遇

停工留薪期，是指职工因工作遭受事故伤害或者患职业病需要暂停工作接受工伤医疗且原工资福利待遇不变并由所在单位按月支付的期限。停工留薪期一般不超过 12 个月。伤情严重或者情况特殊，经设区的市级劳动能力鉴定委员会确认，可以适当延长，但延长不得超过 12 个月。另外要注意，工伤停工留薪期间不计入年休假假期。

关于停工留薪期的期间，各地的确定方式存在差异，应根据各地的相关规定确定具体的停工留薪期。

工伤职工在停工留薪期内主要享有两项待遇：一是停工留薪期工资，二是生活不能自理时的护理待遇。停工留薪期工资由用人单位按月支付，计算基数为工伤职工受工伤前 12 个月的平均工资福利待遇，不足 12 个月的以实际月数计算平均工资福利待遇。即从受伤时往前数 12 个月，将该期间的应得工资福利待遇相加，再除以 12，得停工留薪期工资的计算基数。用计算基数乘以对应的停工留薪期时长，即得出工伤职工应得的全部停工留薪期工资。在实务中，会遇到一个问题，即本来在停工留薪期内工伤职工不用回单位上班，但现实中部分工伤职工在停工留薪期未满时即回单位上班，然后主张由单位支付“双份的工资”。此种主张，会得到支持吗？此问题在目前的司法实务中还存在争议，部分仲裁机构及人民法院认为停工留薪期工资属于法定工伤保险待遇，基于工伤保险法律关系而生，非以提供正常劳动为支付前提，故工伤职工在停工留薪期内返岗上班的，用人单位应支付停工留薪期工资及返岗上班期间的正常工资。

关于停工留薪期内的护理待遇问题。首先，是否需要护理，一般以医院诊断意见或建议为准。因此，工伤职工主张停工留薪期的护理待遇，应提供医院的相关意见作为证据。其次，需要护理的，由用人单位负责。负责的方式有两种，一种是派人护理，另一种是未派人护理的，支付护理费。护理费的标准，依据当地相关工伤保险立法确定。要注意，不要将停工留薪期内的护理费与《工伤保险条例》第三十四条所规定的生活护理费相混淆。

（八）工伤职工存在生活自理障碍时的生活护理费

生活护理费是指工伤职工因受伤导致生活自理障碍达到一定程度后所享受的待遇，即当工伤职工的生活自理障碍程度达到完全不能自理、大部分不能自理或者部分不能自理时所享有的生活护理费。首先，是否需要护理，由劳动能力鉴定委员会认定，一般在劳动能力鉴定意见中会载明。其次，工伤职工已参加工伤保险的，此种生活护理费由工伤保险基金支付；未依法参加工伤保险的，由用人单位支付。最后，对于支付标准，根据《工伤保险条例》第三十四条的规定，生活护理费按照生活完全不能自理、生活大部分不能自理或者生活部分不能自理 3 个不同等级支付，其标准分别为统筹地区上年度职工月平均工资的 50%、40% 或者 30%。部分地区另有不同规定，比如《广东省工伤保险条例》第二十六条的规定。各位读者要注意查询当地的相关规定。

（九）一级至四级伤残职工的一次性伤残补助金、伤残津贴以及劳动关系、基本医疗保险费如何计发和处理

对于一级至四级的伤残职工，根据《工伤保险条例》第三十五条的规定，应当保留劳动关系，退出工作岗位，即用人单位不得再要求一级至四级的工伤职工提供劳动，工伤职工则享有相应的工伤保险待遇。除工伤医疗费、住院伙食补助费、停工留薪期的工资及护理待遇、生活自理障碍的护理费等工伤保险待遇外，一级至四级工伤职工还享有一次性伤残补助金和伤残津贴。其中，一次性伤残补助金的标准按伤残级别依次为 27 个月、25 个月、23 个月、21 个月的"本人工资"；伤残津贴按月支付，每月的标准按伤残等级依次为"本人工资"的 90%、85%、80%、75%，并不得低于最低工资。既然伤残津贴按月支

付，那么应有支付终点，即支付至何时为止。这与工伤职工与用人单位的劳动关系保留至何时相关。对于一级至四级伤残职工，用人单位无权解除或终止劳动关系，但工伤职工能否解除或终止劳动关系呢？对此，《工伤保险条例》未规定工伤职工可以解除或终止劳动关系，但规定："工伤职工达到退休年龄并办理退休手续后，停发伤残津贴，按照国家有关规定享受基本养老保险待遇。基本养老保险待遇低于伤残津贴的，由工伤保险基金补足差额。"即劳动关系存续以及支付伤残津贴的终点均为工伤职工达到退休年龄并办理退休手续时，此后工伤职工则享受基本养老保险待遇（至工伤职工死亡时止），但如果养老保险待遇的标准低于伤残津贴，则应当补足差额。部分地区的地方立法有不同规定。比如广东省，则规定一级至四级工伤职工可以选择终止劳动关系，并办理伤残退休手续，伤残津贴一直支付至工伤职工死亡时止（不再享受基本养老保险待遇）；如果选择与原单位保留劳动关系，相关工伤保险待遇则按照上述《工伤保险条例》的有关规定执行。此外，还有一级至四级伤残职工的基本医疗保险费问题。根据《工伤保险条例》的规定，对于一级至四级伤残职工，由用人单位和职工个人以伤残津贴为基数，缴纳基本医疗保险费。但根据《广东省工伤保险条例》的规定：如果工伤职工与用人单位的劳动关系保留，基本医疗保险费则按前述工伤保险条例的规定执行；如果工伤职工选择终止劳动关系并办理伤残退休手续，仍应当按照规定参加职工基本医疗保险，但按照规定应当由用人单位缴纳的基本医疗保险费，则由工伤保险基金承担，即由工伤保险基金和工伤职工个人按规定缴纳基本医疗保险费。可见，我国各地对一级至四级伤残职工的劳动关系的解除或终止、伤残津贴、基本医疗保险费的缴纳等问题，存在不同的规定，各位读者在掌握《工伤保险条例》的相关规定的同时，要注意查询当地的相关规定。

（十）五级、六级伤残职工的一次性伤残补助金、伤残津贴、工伤医疗补助金、伤残就业补助金的计发以及劳动关系、工伤保险关系、社会保险费的处理

根据《工伤保险条例》第三十六条的规定，五级、六级伤残职工除享有工伤

医疗费、住院伙食补助费、停工留薪期的工资及护理待遇等工伤保险待遇外，还享有一次性伤残补助金、保留劳动关系并难以安排工作时的伤残津贴，以及解除或终止关系后的一次性工伤医疗补助金、一次性伤残就业补助金等工伤保险待遇。其中，五级、六级伤残的一次性伤残补助金分别为 18 个月、16 个月的“本人工资”；伤残津贴、一次性工伤医疗补助金、一次性伤残就业补助金如何支付则与工作的安排，以及劳动关系是否解除或终止相关。对于五级、六级伤残职工，应当保留与用人单位的劳动关系，即用人单位不得解除或终止与五级、六级伤残职工的劳动关系。在保留关系的基础上，还要由用人单位安排适当工作，能安排工作的，即意味着要支付相应的劳动报酬，故无须支付伤残津贴；难以安排工作的，由用人单位按月支付伤残津贴，五级、六级伤残每月的伤残津贴分别为“本人工资”的 70%、60%，且不得低于当地最低工资标准。五级、六级伤残职工可以选择与用人单位解除或者终止劳动关系，然后由工伤保险基金支付一次性工伤医疗补助金，由用人单位支付一次性伤残就业补助金。一次性工伤医疗补助金和一次性伤残就业补助金的具体标准由各地自行规定。另外，根据《工伤保险条例》的规定，在保留劳动关系的情况下，用人单位应当按照规定为五级、六级伤残职工缴纳应缴纳的各项社会保险费；解除或终止劳动关系后，社会保险费如何处理，则根据各地的规定执行。

（十一）七级至十级伤残职工的一次性伤残补助金、工伤医疗补助金、伤残就业补助金的计发以及劳动关系的处理

根据《工伤保险条例》第三十七条的规定，七级至十级伤残职工除享有工伤医疗费、住院伙食补助费、停工留薪期的工资及护理待遇等工伤保险待遇外，还享有一次性伤残补助金以及解除或终止关系后的一次性工伤医疗补助金、一次性伤残就业补助金等工伤保险待遇。其中，对于一次性伤残补助金，七级至十级伤残职工按伤残级别依次为 13 个月、11 个月、9 个月、7 个月的“本人工资”，由工伤保险基金支付。劳动、聘用合同期满终止，或者职工本人提出解除劳动、聘用合同的，由工伤保险基金支付一次性工伤医疗补助金，由用人单位支付一次性伤残就业补助金。即一次性工伤医疗补助金、一次性伤残就

业补助金的支付，以劳动关系解除或终止为前提。一次性工伤医疗补助金由工伤保险基金支付，一次性伤残就业补助金由用人单位支付，二者的具体标准由各地自行规定。此外，对于达到法定退休年龄的人员能否享受一次性工伤医疗补助金和一次性伤残就业补助金，《工伤保险条例》未明确规定，部分地方立法对此问题予以了明确。比如，根据《广东省工伤保险条例》第三十二条的规定：七级至十级工伤职工达到法定退休年龄而终止劳动关系后，如果未享受基本养老保险待遇的，可以享受一次性工伤医疗补助金和一次性伤残就业补助金；如果能享受基本养老保险待遇的，则不再享受一次性工伤医疗补助金和一次性伤残就业补助金。对于七级至十级工伤职工达到法定退休年龄后的一次性工伤医疗补助金和一次性伤残就业补助金问题，各位读者注意查询当地的相关规定。

（十二）工伤复发时可享受的待遇

工伤复发，经过劳动能力鉴定委员会确认需要治疗的，可以到签订协议的医疗机构治疗，并享受相应的工伤保险待遇。也就是说，是否属于工伤复发应经过劳动能力鉴定委员会的确认。如果不经过确认程序，则不能享受相应的工伤保险待遇。《工伤保险条例》第三十八条规定："工伤职工工伤复发，确认需要治疗的，享受本条例第三十条、第三十二条和第三十三条规定的工伤待遇。"即工伤复发可以享受的工伤保险待遇包括工伤医疗费、住院伙食补助费、到统筹地区以外就医所需的交通和食宿费用、辅助器具费用、停工留薪期工资及护理待遇。其他工伤保险待遇，比如一次性伤残补助金、一次性工伤医疗补助金、一次性伤残就业补助金等，则不重复享受。

（十三）多次发生工伤时的工伤保险待遇问题

同一劳动者可能多次发生工伤，既可能在同一用人单位多次发生工伤，也可能在不同用人单位多次发生工伤。对于多次发生工伤的工伤保险待遇问题，现行法律法规主要有两条特殊规定，一是《工伤保险条例》第四十五条，二是《人力资源和社会保障部关于执行〈工伤保险条例〉若干问题的意见》第十条。

根据《工伤保险条例》第四十五条的规定，职工再次发生工伤，根据规定应当享受伤残津贴的，按照新认定的伤残等级享受伤残津贴待遇，即多次发生工伤的，不能享受多份伤残津贴，只能按新认定的伤残等级享受伤残津贴。比如原六级伤残职工，再次发生工伤并被认定为四级伤残，那么自再次发生工伤后，就只能享受四级伤残的伤残津贴，不能六级伤残和四级伤残的伤残津贴叠加享受。关于该条规定，笔者认为：如果再次发生工伤的级别高于原工伤级别，则该条规定是合理的；如果再次发生工伤的级别低于原工伤级别，比如五级伤残职工，再次发生工伤后被认定为六级伤残，应当按六级伤残的标准享受伤残津贴，原五级标准的伤残津贴不再享有，明显降低了伤残津贴待遇，故显得不合理。

《人力资源和社会保障部关于执行〈工伤保险条例〉若干问题的意见》第十条主要规定了多次发生工伤时的一次性伤残就业补助金和一次性工伤医疗补助金的支付问题。一次性伤残就业补助金和一次性工伤医疗补助金，由解除或终止劳动关系后的五级至十级工伤职工享有。该条规定的前提条件是“职工在同一用人单位连续工作期间多次发生工伤”，既然是在同一用人单位连续工作，就说明劳动关系未曾解除或终止过，自然也就未曾享受过一次性伤残就业补助金和一次性工伤医疗补助金。多次发生工伤并解除或终止劳动关系后，是否可以将几次工伤的一次性伤残就业补助金和一次性工伤医疗补助金累加起来享受呢？根据该条的规定，答案是不可以的。此时，只能按多次工伤中最高伤残级别的标准享受一次性伤残就业补助金和一次性工伤医疗补助金。比如，同一劳动者在同一用人单位连续工作期间，先后三次受工伤，分别被鉴定为七级、九级、六级伤残，劳动关系解除或终止后，按六级伤残的标准计发一次性伤残就业补助金和一次性工伤医疗补助金。如果在不同用人单位工作期间多次发生工伤，或者虽然在同一用人单位工作期间多次发生工伤但不是连续工作，则不适用该条的规定；多次发生工伤的，按每一次的伤残级别确定一次性伤残就业补助金和一次性工伤医疗补助金的标准，工伤职工可累加享受。事实上，劳动者在不同用人单位工作，或者在同一用人单位不连续工作，则意味着劳动关系曾经解除或终止过，同时意味着前次发生工伤所产生的一次性伤残就业补助金和一次性工伤医疗补助金已在解除或终止时支付，再次发生工伤的，不能再去考虑已经支付的一次性伤残就业补助金和一次性工伤医疗补助金，而应当按新发生的工伤伤残级别支付一次性伤残就业补助金和一次性工伤医疗补助金。

除上述两条特殊规定外，多次发生工伤的，工伤职工可以按每次工伤的实际情况享受工伤医疗费、住院治疗工伤的伙食补助费、统筹地区以外就医所需的交通和食宿费用、安装或配置辅助器具的费用、停工留薪期内的工资及护理待遇、存在生活自理障碍时的生活护理费、一次性伤残补助金等工伤保险待遇。也就是说，对于这些工伤保险待遇项目，多次发生工伤的工伤职工可以照常享受。

（十四）职工因工死亡、一级至十级工伤职工死亡时其近亲属享有的丧葬补助金、供养亲属抚恤金、一次性工亡补助金的计发问题

职工因工死亡，其近亲属可享受丧葬补助金、供养亲属抚恤金和一次性工亡补助金等待遇。各项待遇的计算方法为：

1. 丧葬补助金。为 6 个月的统筹地区上年度职工月平均工资。

2. 供养亲属抚恤金。按照职工本人工资的一定比例发给由因工死亡职工生前提供主要生活来源、无劳动能力的亲属。标准为：配偶每月 40%，其他亲属每人每月 30%，孤寡老人或者孤儿每人每月在上述标准的基础上增加 10%。核定的各供养亲属的抚恤金之和不应高于因工死亡职工生前的工资。供养亲属的具体范围由国务院社会保险行政部门规定，主要依据《因工死亡职工供养亲属范围规定》确定。其中，关于核定的各供养亲属的抚恤金之和不应高于因工死亡职工生前的工资怎么理解呢？该规定可以理解为各供养亲属的抚恤金占职工生前工资的比例合计不超过 100%。比如，某劳动者因工死亡，假如其配偶、两个子女、父母都需要供养，那么配偶的抚恤金是其生前本人工资的 40%，两子女合计 60%，父母合计也是 60%，总共合计 160%，即超过了 100%。那怎么办呢？就再根据各人所占比例再折算，即配偶占 160% 中的 40%，也就是 25%；子女和父母各占 160% 中的 60%，也就是各占 37.7%。

3. 一次性工亡补助金。标准为上一年度全国城镇居民人均可支配收入的 20 倍。

一级至十级工伤职工，级别不同，死亡时间不同，其近亲属可享受的待遇不同。所有级别的工伤职工在停工留薪期内因工伤导致死亡的，其近亲属享受全部因工死亡待遇，即丧葬补助金、供养亲属抚恤金、一次性工亡补助金；一级至四级工伤职工在停工留薪期满后死亡的，其近亲属可以享受丧葬补助金和供养亲属抚恤金；而五级至十级工伤职工在停工留薪期满后死亡的，其近亲属不享有前述工伤保险待遇。

一级至四级工伤职工死亡，其近亲属同时符合领取工伤保险丧葬补助金、供养亲属抚恤金待遇和职工基本养老保险丧葬补助金、抚恤金待遇条件的，由其近亲属选择领取工伤保险或职工基本养老保险中的一种，当然是哪种高则选择哪种。

（十五）因工死亡职工的供养亲属如何确定的问题

主张供养亲属抚恤金等工伤保险待遇的，应证明符合需供养的亲属的范围。供养亲属范围，主要是针对“供养亲属抚恤金”这一待遇而言，而对于其他工伤保险待遇，如丧葬补助金、一次性工亡补助金等待遇的继承问题，在司法实务中一般按照继承法的相关规定执行。

根据《因工死亡职工供养亲属范围规定》的规定，因工死亡职工的供养亲属，主要依据身份、是否依靠因工死亡职工生前提供主要生活来源、丧失劳动能力与否、年龄四个方面确定。第一，身份方面，因工死亡职工供养亲属是指该职工的配偶、子女、父母、祖父母、外祖父母、孙子女、外孙子女、兄弟姐妹。其中，子女，包括婚生子女、非婚生子女、养子女和有扶养关系的继子女，且婚生子女、非婚生子女包括遗腹子女；父母，包括生父母、养父母和有扶养关系的继父母；兄弟姐妹，包括同父母的兄弟姐妹、同父异母或者同母异父的兄弟姐妹、养兄弟姐妹、有扶养关系的继兄弟姐妹。对于祖父母、外祖父母，前提是工亡职工父母均已死亡，才有可能纳入供养范围；孙子女、外孙子女，前提是工亡职工的子女已经死亡或完全丧失劳动能力，才有可能纳入供养范围；兄弟姐妹，前提是工亡职工的父母均已死亡或完全丧失劳动能力，才有可能纳入供养范围。第二，具有上述身份的人员，如果不依靠因工死亡职工生前提供主要生活来源，则直接不属于因工死亡职工供养亲属的范围，不必考虑其他因素。第三，如果依靠因工死亡职工生前提供主要生活来源，且丧失劳动能力，则不考虑年龄因素，直接纳入供养范围；如果未丧失劳动能力，则进一步审定年龄因素。第四，年龄方面，工亡职工的配偶应当男年满 60 周岁、女年满 55 周岁；工亡职工的父母应当男年满 60 周岁、女年满 55 周岁；工亡职工的子女应当未满 18 周岁；工亡职工父母均已死亡，其祖父、外祖父年满 60 周岁，祖母、外祖母年满 55 周岁；工亡职工的子女已经死亡或完全丧失劳动能力，其孙子女、外孙子女未满 18 周岁；工亡职工的父母均已死亡或完全丧失劳动能力，其兄弟姐妹未满 18 周岁的。根据上述步骤，即可最终确定因工死亡职工的供养亲属。

在参加了工伤保险且由工伤保险基金支付供养亲属抚恤金的情况下，因工死亡职工供养亲属享受抚恤金待遇的资格，由统筹地区社会保险经办机构核定，相关亲属应当依法提供相应的证明材料；因工死亡职工供养亲属的劳动能力鉴定，由因工死亡职工生前单位所在地设区的市级劳动能力鉴定委员会负责。

（十六）因工外出期间发生事故或者在抢险救灾中下落不明的供养亲属可享受的待遇问题

根据《民法典》第四十条、第四十六条的规定：自然人下落不明满二年的，利害关系人可以向人民法院申请宣告该自然人为失踪人；下落不明满四年，或者因意外事件下落不明满二年，或者因意外事件下落不明且经有关机关证明该自然人不可能生存的，利害关系人可以向人民法院申请宣告该自然人死亡。另根据该法第四十一条的规定，自然人下落不明的时间自其失去音讯之日起计算。战争期间下落不明的，下落不明的时间自战争结束之日或者有关机关确定的下落不明之日起计算。可见，除因意外事件下落不明且经有关机关证明该自然人不可能生存的以外，申请宣告自然人失踪或者死亡，都需要下落不明的状态达到一定的时间。

根据《工伤保险条例》第四十一条的规定：职工因工外出期间发生事故或者在抢险救灾中下落不明的，从事故发生当月起 3 个月内照发工资（此时应由用人单位支付给下落不明职工的亲属），从第4个月起停发工资，由工伤保险基金向其供养亲属按月支付供养亲属抚恤金；对于生活有困难的供养亲属，可以预支一次性工亡补助金的50%；职工被人民法院宣告死亡后，则按照《工伤保险条例》第三十九条职工因工死亡的规定处理，享受相应的因工死亡待遇。但如果被宣告死亡的职工重新出现，一般应当退还已发的供养亲属抚恤金和一次性工亡补助金。

（十七）因战、因公致残的军人退出现役参加工作后相关工伤保险问题

根据《工伤保险条例》第十五条的规定，职工原在军队服役，因战、因公负伤致残，已取得革命伤残军人证，到用人单位后旧伤复发的，视同工伤，并可以享受除一次性伤残补助金以外的工伤保险待遇。另根据《国务院法制办公室对山东省人民政府法制办公室〈关于安置在企业的伤残军人能否享受工伤医疗补助金待遇问题的请示〉的复函》的规定，企业伤残军人已在退役前享受残疾抚恤金的，除在企业工作中形成新的伤残或者旧伤复发外，不能重复享受一次性工伤医疗补助金和一次性伤残就业补助金。

（十八）车辆实际所有人将车辆挂靠其他单位经营时的工伤认定及工伤保险责任承担问题

《最高人民法院行政审判庭关于车辆挂靠其他单位经营车辆实际所有人聘用的司机工作中伤亡能否认定为工伤问题的答复》（已废止）规定："……个人购买的车辆挂靠其他单位且以挂靠单位的名义对外经营的，其聘用的司机与挂靠单位之间形成了事实劳动关系，在车辆运营中伤亡的，应当适用《劳动法》和《工伤保险条例》的有关规定认定是否构成工伤。"后被《最高人民法院关于废止部分司法解释和司法解释性质文件（第十二批）的决定》废止，废止理由为"已被《最高人民法院关于审理工伤保险行政案件若干问题的规定》吸收"。《最高人民法院关于审理工伤保险行政案件若干问题的规定》第三条规定："社会保险行政部门认定下列单位为承担工伤保险责任单位的，人民法院应予支持：……

（四）用工单位违反法律、法规规定将承包业务转包给不具备用工主体资格的组织或者自然人，该组织或者自然人聘用的职工从事承包业务时因工伤亡的，用工单位为承担工伤保险责任的单位；（五）个人挂靠其他单位对外经营，其聘用的人员因工伤亡的，被挂靠单位为承担工伤保险责任的单位。前款第（四）项、第（五）项明确的承担工伤保险责任的单位承担赔偿责任或者社会保险经办机构从工伤保险基金支付工伤保险待遇后，有权向相关组织、单位和个人追偿。”可见，对于挂靠其他单位经营的车辆实际所有人聘用的司机因工伤亡的，《最高人民法院关于审理工伤保险行政案件若干问题的规定》明确由被挂靠单位承担工伤保险责任，不再区分车辆实际所有人是否以挂靠单位的名义对外经营。但要注意，《最高人民法院关于审理工伤保险行政案件若干问题的规定》未明确规定被挂靠单位与车辆实际所有人聘用的司机之间构成事实劳动关系。

（十九）达到或超过法定退休年龄但未办理退休手续或者未依法享受城镇职工基本养老保险待遇人员就业时的工伤保险问题

根据《人力资源社会保障部关于执行〈工伤保险条例〉若干问题的意见（二）》第二条第一款的规定，达到或超过法定退休年龄但未办理退休手续或者未依法享受城镇职工基本养老保险待遇的劳动者（如因养老保险缴费不满15年），因工作原因受到事故伤害或患职业病，能享受工伤保险待遇的前提条件是，达到法定退休年龄后继续在原用人单位工作。如果是终止了劳动关系再入职，且又不满足该条第二款规定的条件，即未按项目参保等方式缴纳工伤保险费的，又不属于农民工的，则不能享受工伤保险待遇，但可按人身损害赔偿的途径解决。根据该条第二款的规定，达到、超过法定退休年龄（不管能否领取城镇职工基本养老保险待遇）或已经领取城镇职工基本养老保险待遇（不管是否达到法定退休年龄）的人员再就业的，如果招用单位已按项目参保等方式为其缴纳工伤保险费，因工作原因受到事故伤害或患职业病后，则可以享受工伤保险待遇。

此外，在《最高人民法院行政审判庭关于离退休人员与现工作单位之间是否构成劳动关系以及工作时间内受伤是否适用〈工伤保险条例〉问题的答复》(〔2007〕行他字第6号)中，虽未直接明确离退休人员受聘于工作单位时与现在工作单位之间是否构成劳动关系的问题，但规定在"现工作单位已经为其缴纳了工伤保险费"的前提下，受聘期间因工作受到事故伤害应当适用《工伤保险条例》的有关规定，即意味着可以享受工伤保险待遇。《人力资源社会保障部关于执行〈工伤保险条例〉若干问题的意见(二)》第二条第二款的规定与该司法解释基本一致。《最高人民法院行政审判庭关于超过法定退休年龄的进城务工农民因工伤亡的，应否适用〈工伤保险条例〉请示的答复》(〔2010〕行他字第10号)对"超过法定退休年龄的进城务工农民工"的工伤保险问题作出了特殊规定，与上述〔2007〕行他字第6号司法解释相比，无"现工作单位已经为其缴纳了工伤保险费"的前提条件，也就是说，对于农民工而言，超过法定退休年龄进城务工的，即使其工作单位未为其缴纳工伤保险费，也可以享受工伤保险待遇，当然这个工伤保险待遇由其工作单位承担；但如果其工作单位为该农民工缴纳了工伤保险费，则应当适用〔2007〕行他字第6号司法解释的规定，由工伤保险基金和其工作单位分别依法向该农民工支付工伤保险待遇。

(二十)离开工作岗位或离退休后被诊断、鉴定为职业病时的处理

《人力资源和社会保障部关于执行〈工伤保险条例〉若干问题的意见》第八条、第九条规定了离开工作岗位或离退休后被诊断、鉴定为职业病时的处理问题。对于曾经从事接触职业病危害作业、当时没有发现罹患职业病、离开工作岗位后才被发现的，要及时进行职业病诊断或鉴定。被诊断或鉴定为职业病后，要注意自诊断、鉴定为职业病之日起一年内申请工伤认定，被认定为工伤后要及时进行劳动能力鉴定。如果劳动者在办理退休手续后，或者在劳动或聘用合同解除或终止后，未再从事接触职业病危害作业，那么在诊断或鉴定为职业病之后，可能被认定为工伤。离开工作岗位或离退休后被诊断、鉴定为职业病并被认定为工伤后，照样可以依据工伤保险法律法规的规定享有工伤保险待遇。如果原用人单位在该职工从业期间依法为其缴纳工伤保险费，则分别由工伤保险基金和用人单

位支付工伤保险待遇；原用人单位未依法为该职工缴纳工伤保险费的，由用人单位依法支付工伤保险待遇。

计算离开工作岗位或离退休后被诊断、鉴定为职业病人员的工伤保险待遇时，法律法规的特别规定在于计算基数的确定问题。即在计算离退休后被诊断、鉴定为职业病人员的一次性伤残补助金时，计算基数由其本人退休前 12 个月平均月缴费工资和确诊职业病前 12 个月的月平均养老金取高者确定；在计算解除或终止劳动或聘用合同后被诊断、鉴定为职业病并被鉴定为一级至十级伤残人员的应以本人工资作为基数的工伤保险待遇时，按本人终止或者解除劳动、聘用合同前 12 个月平均月缴费工资计发。当然，在现实中，存在劳动者离退休前未依法参加工伤保险，或者离退休后不能依法享受养老金的情况，那么前述的“月平均月缴费工资”和“确诊职业病前 12 个月的月平均养老金”便无法确定。此时，笔者认为，可以以劳动者离退休前 12 个月的实际平均应发工资作为计算基数，由用人单位支付相关待遇。

（二十一）劳务派遣用工涉及的工伤保险问题

相较于非劳务派遣用工而言，劳务派遣用工在工伤保险问题上，存在参保、工伤认定、工伤待遇标准、责任主体等方面的一些特殊规定，应予注意。

第一，在社会保险（包括工伤保险）参保方面，根据《劳务派遣暂行规定》第十八条的规定，劳务派遣单位跨地区派遣劳动者的，应当在用工单位所在地为被派遣劳动者参加社会保险，按照用工单位所在地的规定缴纳社会保险费，被派遣劳动者按照国家规定享受社会保险待遇。由此，问题来了，既然是跨地区劳务派遣，则说明派遣单位和用工单位的注册登记地不在同一社会保险统筹地区，那么作为用人单位的派遣单位便无法在用工单位所在地为被派遣劳动者参加社会保险。怎么办呢？根据《劳务派遣暂行规定》第十九条的规定，跨地区劳务派遣，而派遣单位在用工单位所在地无分支机构时，用工单位便是为被派遣劳动者参加社会保险的义务主体。当然，未跨地区劳务派遣，即派遣单位和用工单位在同一地时，应当由派遣单位为被派遣劳动者参加社会保险。

第二，在工伤认定方面，根据《劳务派遣暂行规定》第十条、《人力资源社会保障部关于执行〈工伤保险条例〉若干问题的意见（二）》第七条的规定，结合上述第一点的内容，劳务派遣用工在进行工伤认定时，要注意以下问题：

首先，除被派遣劳动者自己申请工伤认定外，申请工伤认定的责任主体为派遣单位，用工单位负有协助义务。但如果属于跨地区劳务派遣，且参保单位是用工单位的话，建议由派遣单位和用工单位共同提出工伤认定申请，向工伤认定部门说明具体情况，并请求在工伤认定决定书中载明具体用工及参保情况。否则，如果只是派遣单位提出工伤认定申请，工伤认定决定书中只载明工伤职工的用人单位为派遣单位，从而使工伤认定决定书认定的用人单位与参保单位不一致，在目前的工伤保险待遇经办实务中，对于用人单位与参保单位不一致的，存在工伤保险基金不予支付工伤保险待遇的情况。为避免难以向工伤保险基金申领工伤保险待遇，笔者提出上述建议。

其次，被派遣劳动者要注意工伤认定地和劳动能力鉴定地的选择。在依法参保的情况下，即派遣单位的分支机构或用工单位在用工单位所在地为被派遣劳动者办理保险的，则在参保地及用工单位所在地进行工伤认定。但如果未依法参保，包括未参加工伤保险以及未在用工单位所在地参加工伤保险（实务中存在在派遣单位所在地参加工伤保险的情况），劳动者则要注意工伤认定地的选择。在根本未参加工伤保险的情况下，应当在用工单位所在地进行工伤认定；参加了工伤保险但不是在用工单位所在地参加的，被派遣劳动者依然有选择在用工单位所在地进行工伤认定的权利，尤其是当用工单位所在地工伤待遇标准高于实际参保地的标准时。否则，未在用工单位所在地进行工伤认定及劳动能力鉴定，而又主张按用工单位所在地的标准享受工伤保险待遇的，会缺乏认定工伤保险待遇具体标准的依据。

第三，在工伤待遇方面。在跨地区劳务派遣的情况下，工伤保险待遇应按照用工单位所在地的标准确定。承接前述第二点的内容，不管依法参保与否，只要用工单位所在地与工伤认定地及劳动能力鉴定地一致，那么在计算工伤保险待遇时一般不会存在问题，按用工单位所在地的标准确定即可。但如果在用工单位所在地之外的地区参保（如劳务派遣单位所在地），且在参保地进行工伤认定和劳动能力鉴定，由于各地的工伤待遇标准不一致，可能产生工伤保险待遇差额问题。且在劳务派遣实务中，选择在派遣单位所在地参保，往往是为了降低派遣单位及用工单位的社会保险费的负担。是否可以根据用工单位所在地之外的地区所作的劳动能力鉴定结果和用工单位所在地的标准计算工伤保险待遇呢？实务中的意见不统一，部分地区主张只能依据当地的劳动能力鉴定结果核算工伤保险待遇。另外，当被派遣劳动者主张待遇差额时，部分地区的劳动争议仲裁机构及人民法院以劳动者在选择工伤认定地及劳动能力鉴定地时即已作出权利处分为由驳回。当然，如果参保地的工伤保险待遇标准高于用工单位所在地，劳动者选择在参保地进行工伤认定和劳动能力鉴定，对其工伤保险待遇不会造成损害，实务中也很少有劳动者提出异议。

第四，在工伤保险责任承担主体方面。根据法律法规的规定，原则上派遣单位为承担工伤保险责任的主体，但如上述第一点所述，用工单位除了应当配合工伤认定相关事宜外，跨地区劳务派遣的情况下用工单位还可能是参保义务主体。如果未依法参保，被派遣劳动者的全部工伤保险待遇应由“用人单位”承担。但当用工单位须承担参保义务时，此时的“用人单位”则不应限于《劳动合同法》第五十八条所界定的用人单位，即劳务派遣单位。根据《劳动合同法》第九十二条第二款的规定，用工单位给被派遣劳动者造成损害的，劳务派遣单位与用工单位承担连带赔偿责任。用工单位不依法参保，即属于给被派遣劳动者造成损害的情形之一，故此时被派遣劳动者可主张由派遣单位和用工单位对相关工伤保险待遇损失承担连带赔偿责任。

（二十二）用人单位补缴工伤保险费后新发生的费用的范围

根据《工伤保险条例》第六十二条第三款的规定，用人单位可以在职工发生工伤后及时参加工伤保险并补缴应当缴纳的工伤保险费、滞纳金，从而由工伤保险基金支付部分“新发生的费用”。何为“新发生的费用”呢？根据《人力资源和社会保障部关于执行〈工伤保险条例〉若干问题的意见》第十二条、《人力资源社会保障部关于执行〈工伤保险条例〉若干问题的意见（二）》第三条的规定，首先，“新发生的费用”限于参加了工伤保险的情况下应由工伤保险基金支付的工伤保险待遇项目范围内。对于无论是否参加工伤保险，均由用人单位支付的工伤保险待遇，比如停工留薪期工资，一次性伤残就业补助金，保留劳动关系且用人单位难以安排工作的五级、六级伤残职工的伤残津贴，停工留薪期内的护理待遇等，当然不在“新发生的费用”之列。其次，在工伤保险基金支付的工伤保险待遇项目范围内，“新发生的费用”也只限于部分项目，即在参加工伤保险后新发生的费用，具体包括参保后新发生的工伤医疗费、工伤康复费、住院伙食补助费、统筹地区以外就医交通食宿费、辅助器具配置费、生活护理费、一级至四级伤残职工伤残津贴、参保后解除劳动合同时的一次性工伤医疗补助金、参保后因工死亡而产生的符合条件的供养亲属抚恤金等。补缴工伤保险费用后，下列待遇仍由用人单位承担：一级至十级伤残职工的一次性伤残补助金，参保前产生的一级至四级伤残职工的伤残津贴，参保前产生的工伤医疗费、住院伙食补助费、辅助器具费、供养亲属抚恤金以及到统筹地区以外就医所需的交通与食宿费用，丧葬补助金，一次性工亡补助金等。

（二十三）安全事故导致工伤或患职业病的工伤待遇和民事赔偿问题

《安全生产法》第五十六条第二款规定：“因生产安全事故受到损害的从业人员，除依法享有工伤保险外，依照有关民事法律尚有获得赔偿的权利的，有权提出赔偿要求。”《职业病防治法》第五十八条规定：“职业病病人除依法享有工伤保险外，依照有关民事法律，尚有获得赔偿的权利的，有权向用人单位提出赔偿要求。”根据上述规定，如果工伤事故被认定为生产安全事故，或者属于职业病，工伤职工及其近亲属既可以享受工伤保险待遇，又有权获得其他民事赔偿。对于此类民事赔偿的项目，根据《民法典》第一千一百七十九条的规定，包括医疗费、护理费、交通费、营养费、住院伙食补助费等为治疗和康复支出的合理费用，因误工减少的收入，造成残疾时的辅助器具费和残疾赔偿金，以及造成死亡时的赔偿丧葬费和死亡赔偿金。《最高人民法院关于审理人身损害赔偿案件适用法律若干问题的解释》第六条至第二十条规定了前述相关赔偿项目的计算方法及支付方式。司法实务中，在认定前述赔偿责任时，适用一般侵权责任归责原则，即行为人因过错侵害他人民事权益造成损害的，应当承担侵权责任；被侵权人对同一损害的发生或者扩大有过错的，可以减轻侵权人的责任。例如，劳动者不按安全生产规程操作，或者劳动者在患职业病的问题上存在过错，那么可以适当减轻用人单位的责任。另外，如果人身损害赔偿项目与已获得的工伤保险待遇项目本质上相同，司法实务中一般在人身损害赔偿项目中扣除相应项目的工伤保险待遇数额，若相应项目的工伤保险待遇数额高于人身损害赔偿项目数额，则不再支持相应的人身损害赔偿项目请求。工伤保险待遇项目中住院治疗的伙食补助费、停工留薪期工资、一次性伤残补助金、伤残津贴、丧葬补助金、供养亲属抚恤金、一次性工亡补助金、安装假肢等辅助器具费，与人身损害赔偿项目中的住院伙食补助费、误工费、残疾赔偿金、丧葬费、被扶养人生活费、死亡赔偿金、残疾辅助器具费，属于在本质上相同的项目。

上述问题参考案例：（2022）苏09民终3586号、（2021）豫民终1306号。

（二十四）工伤保险责任与第三人侵权民事赔偿责任的关系

根据《最高人民法院关于审理人身损害赔偿案件适用法律若干问题的解释》第三条的规定，因工伤事故造成的人身损害，工伤保险责任与民事赔偿责任不可并存，即应当按《工伤保险条例》的规定处理的，不能按民事赔偿的相关规定处理。但如果存在第三人侵权的情形，劳动者受到的伤害被认定为工伤，则劳动者可同时主张工伤保险待遇和第三人侵权的民事赔偿责任。《最高人民法院关于审理工伤保险行政案件若干问题的规定》第八条第三款规定："职工因第三人的原因导致工伤，社会保险经办机构以职工或者其近亲属已经对第三人提起民事诉讼为由，拒绝支付工伤保险待遇的，人民法院不予支持，但第三人已经支付的医疗费用除外。"即对于不可重复享受的项目，该款只规定了医疗费。

（二十五）劳动者依人身保险合同获得的赔偿能否抵扣用人单位应当依法支付的工伤保险待遇问题

根据《保险法》第三十一条的规定，投保人对与其有劳动关系的劳动者具有保险利益；结合该法第十二条的规定，用人单位可以为与其建立劳动关系的劳动者投保人身保险，用人单位是投保人，劳动者是被保险人。但根据《保险法》第三十四条的规定，用人单位为劳动者投保以死亡为给付保险金条件的人身保险的，应经劳动者同意并认可保险金额，否则保险合同无效。另根据《保险法》第三十九条的规定，用人单位作为投保人，不得指定劳动者本人及其近亲属以外的人为受益人，但劳动者作为被保险人在指定受益人时则不受此限制。而根据《保险法》第十八条的规定，受益人是指人身保险合同中由被保险人或者投保人指定的享有保险金请求权的人。因此，当用人单位为劳动者投保人身保险时，谁有权获得保险金，关键看受益人是谁。

在劳动用工实务中，部分用人单位为劳动者投保了人身保险，部分用人单位还以投保人身保险替代依法参加工伤保险，劳动者发生工伤后，主张劳动者依人身保险合同获得的赔偿用以抵扣工伤劳动者的工伤保险待遇，但根据部分地区的司法实务意见，用人单位的该种主张不能得到支持，即用人单位为劳动者投保了人身保险，劳动者作为保险受益人获得赔偿，不能用以抵扣用人单位应当依法支付的工伤保险待遇。

（二十六）当事人签订的工伤赔偿协议的效力问题

劳动者受到事故伤害后，一般的处理程序是先进行工伤认定，被认定为工伤后，除因工死亡外，进行劳动能力鉴定，鉴定伤残等级、停工留薪期、生活自理障碍程度等事项。前述相关工作完成后，依法参加了工伤保险的，由工伤保险基金和用人单位分别依法支付相关工伤保险待遇；未依法参加工伤保险的，由用人单位支付全部的工伤保险待遇。但在劳动用工实务中，并未完全按照前述程序处理工伤保险争议，而是由用人单位和劳动者签订协议，自行处理工伤保险待遇相关事项。签订协议后，劳动者一方申请仲裁、提起诉讼，要求用人单位按法定标准支付工伤保险待遇。对于双方签订的关于工伤保险事宜的协议的效力该如何认定呢？对于该问题，各地出台了相关的司法实务意见，主要观点及做法表现为以下两个方面：

一是不予认可该类协议的效力，认为用人单位应当按法定标准向劳动者支付工伤保险待遇差额。如《北京市高级人民法院、北京市劳动争议仲裁委员会关于劳动争议案件法律适用问题研讨会会议纪要》(2009年)第三十条第二款指出:"用人单位与劳动者就工伤保险待遇达成的协议在履行完毕后,劳动者以双方约定的给付标准低于法定标准为由,在仲裁时效内要求用人单位按法定标准补足差额部分的,应予支持。"

二是依据是否进行工伤认定、劳动能力鉴定以及是否存在欺诈、胁迫、重大误解、显失公平等因素来认定协议的效力。如《天津法院劳动争议案件审理指南》(津高法〔2017〕246号)第三十八条第一款第一项指出,如果工伤赔偿协议是在劳动者已被依法认定为工伤且已完成劳动能力鉴定的前提下签订,就从是否存在欺诈、胁迫以及是否存在一方利用对方处于危困状态、缺乏判断能力等情形致使该协议成立时显失公平的角度认定协议的效力;该条第一款第二项指出,如果该赔偿协议是在劳动者未经劳动行政部门依法认定为工伤且未完成劳动能力鉴定的情形下签订,则从劳动者实际所获补偿是否明显低于法定工伤保险待遇标准的角度认定协议的效力。笔者认为,天津市之所以作出如上意见,是因为:在已进行工伤认定及劳动能力鉴定的情况下,工伤待遇的法定标准基本已经可以确定,当事人签订协议属于对自身权利的处分,除非存在欺诈、胁迫以及乘人之危导致显失公平的情形,一般应当认定协议有效;在未进行工伤认定及劳动能力鉴定的情况下,工伤待遇的法定标准尚不能确定,主要从是否显失公平的角度来认定协议的效力,而不从是否存在欺诈、胁迫等较高标准的角度来进行审查认定。

由于用人单位与劳动者签订工伤赔偿方面的协议属于民事法律行为的一种,可以依据《民法典》第一编第六章第三节民事法律行为的效力的相关规定,来审查认定工伤赔偿协议的效力。

表 2-1　不同工伤情形下工伤保险待遇

<table>
<tr><th>待遇项目</th><th>一级</th><th>二级</th><th>三级</th><th>四级</th><th>五级</th><th>六级</th><th>七级</th><th>八级</th><th>九级</th><th>十级</th><th>工伤死亡</th><th>支付主体</th></tr>
<tr><td>一次性伤残补助金（计算基数为本人工资）</td><td>27个月</td><td>25个月</td><td>23个月</td><td>21个月</td><td>18个月</td><td>16个月</td><td>13个月</td><td>11个月</td><td>9个月</td><td>7个月</td><td>—</td><td>工伤保险基金</td></tr>
<tr><td>伤残津贴</td><td colspan="4">按月支付，一级至四级的标准分别为本人工资的90%、85%、80%、75%，且不得低于当地最低工资标准。达到退休年龄并办理退休手续后，停发伤残津贴，享受基本养老保险待遇（不得低于伤残津贴）</td><td colspan="2">保留劳动关系且用人单位难以安排工作的，用人单位按月支付，五级、六级的标准分别为本人工资的70%、60%，且不得低于当地最低工资标准</td><td>—</td><td>—</td><td>—</td><td>—</td><td>—</td><td>工伤保险基金（五级、六级的支付主体为用人单位）</td></tr>
</table>

续表

待遇项目	一级	二级	三级	四级	五级	六级	七级	八级	九级	十级	工伤死亡	支付主体
一次性工伤医疗补助金	—	—	—	—	经五级、六级伤残职工本人提出解除或者终止劳动关系后支付，具体标准由省、自治区、直辖市人民政府规定		解除或终止劳动关系后支付，具体标准由省、自治区、直辖市人民政府规定				—	工伤保险基金
一次性伤残就业补助金	—	—	—	—	经五级、六级伤残职工提出解除或者终止劳动关系后支付，具体标准由省、自治区、直辖市人民政府规定		解除或终止劳动关系后支付，具体标准由省、自治区、直辖市人民政府规定				—	用人单位
丧葬补助金	一级至四级，在停工留薪期内因工伤导致死亡，或者在停工留薪期满后死亡，其近亲属享有，标准同工伤死亡				五级至十级，在停工留薪期内因工伤导致死亡的，其近亲属享有，标准同工伤死亡						6个月的统筹地区上年度职工月平均工资	工伤保险基金

续表

待遇项目	一级	二级	三级	四级	五级	六级	七级	八级	九级	十级	工伤死亡	支付主体
供养亲属抚恤金	一级至四级，在停工留薪期内因工伤导致死亡，或者在停工留薪期满后死亡，其近亲属享有，标准同工伤死亡				五级至十级，在停工留薪期内因工伤导致死亡的，其近亲属享有，标准同工伤死亡						按照职工本人工资的一定比例按月支付。比例为：配偶每月40%，其他亲属每人每月30%，孤寡老人或者孤儿每人每月在上述标准的基础上增加10%。核定的各供养亲属的抚恤金之和不应高于因工死亡职工生前的工资	工伤保险基金
一次性工亡补助金	一级至十级，在停工留薪期内因工伤导致死亡的，其近亲属享有，标准同工伤死亡										工伤发生时上一年度全国城镇居民人均可支配收入的20倍	工伤保险基金

续表

待遇项目	一级	二级	三级	四级	五级	六级	七级	八级	九级	十级	工伤死亡	支付主体
工伤医疗费	符合工伤保险诊疗项目目录、工伤保险药品目录、工伤保险住院服务标准的费用											工伤保险基金
住院伙食补助费	各地具体规定，查询当地标准											工伤保险基金
到统筹地区以外就医所需的交通、食宿费用	各地具体规定，查询当地标准											工伤保险基金
辅助器具费	经劳动能力鉴定委员会确认后安装和配置，按照国家规定的标准支付											工伤保险基金
停工留薪期工资	停工留薪期内按原工资福利待遇按月支付											用人单位
停工留薪期护理费	需要护理的，派人护理，未派人护理的按当地护工工资标准支付护理费											用人单位
生活护理费	经劳动能力鉴定委员会确认后按月支付，完全不能自理、大部分不能自理、部分不能自理的标准分别为统筹地区上年度职工月平均工资的50%、40%、30%											工伤保险基金

续表

待遇项目	一级	二级	三级	四级	五级	六级	七级	八级	九级	十级	工伤死亡	支付主体
劳动关系及社会保险的处理	一级至四级伤残职工，保留劳动关系，退出工作岗位，由用人单位和职工个人以伤残津贴为基数，缴纳基本医疗保险费。五级、六级伤残职工，保留劳动关系时由用人单位按照规定缴纳应缴纳的各项社会保险费，工伤职工可提出解除或终止劳动关系。七级至十级伤残职工,《工伤保险条例》无特别规定，按一般劳动法律法规执行											
其他:（1）工伤职工工伤复发，确认需要治疗的，享受工伤医疗费、住院伙食补助费、到统筹地区以外就医所需的交通与食宿费用、辅助器具费、停工留薪期工资、停工留薪期护理费工伤待遇。（2）职工因工外出期间发生事故或者在抢险救灾中下落不明的，从事故发生当月起3个月内照发工资，从第4个月起停发工资，由工伤保险基金向其供养亲属按月支付供养亲属抚恤金。生活有困难的，可以预支一次性工亡补助金的50%。职工被人民法院宣告死亡的，按照《工伤保险条例》第三十九条职工因工死亡的规定处理												
说明:（1）工伤职工及其近亲属，根据工伤职工的伤残级别和情况，纵向对照，计算工伤职工可享受的工伤待遇。（2）本表以用人单位已为工伤职工办理工伤保险为前提，若未依法办理，则表中注明由工伤保险基金支付的待遇项目由用人单位支付。（3）本人工资，是指工伤职工因工作遭受事故伤害或者患职业病前12个月平均月缴费工资（因此未参加工伤保险的情况下即不存在本人工资）；本人工资高于统筹地区职工平均工资300%的，按照统筹地区职工平均工资的300%计算；本人工资低于统筹地区职工平均工资60%的，按照统筹地区职工平均工资的60%计算。本人工资低于实际工资的，可主张各项待遇的相应差额。通过社会保险行政部门核定的工伤保险待遇，能计算出本人工资												

三十七 职工医疗保险待遇损害赔偿争议

第一步：认识争议或侵权情形

用人单位未依法为劳动者缴纳医疗保险，劳动者因患病或非因工负伤治疗等情形而产生医疗保险待遇损失。

第二步：提出权利诉求

请求××（单位）支付职工医疗保险待遇损失××元。

计算方法：

具体待遇损失根据国家及地方的医疗保险立法确定。

第三步：提出主张并加以证明

由用人单位向劳动者支付职工医疗保险待遇损失××元，需要满足以下构成要件：一是双方之间成立劳动关系，二是用人单位未依法为劳动者缴纳职工医疗保险，三是劳动者存在职工医疗保险待遇损失，四是劳动者主张的损失金额与法律法规的规定相符。因此，当事人应就双方之间的关系是否属于劳动关系、用人单位是否依法为劳动者缴纳医疗保险、劳动者医疗保险待遇损失的具体情况等事项，提出自身主张并加以证明。

（一）双方之间是否存在劳动关系

劳动者主张职工医疗保险待遇损失，需要以双方之间存在劳动关系为前提。关于劳动关系的认定问题，请参阅“确认劳动关系争议”专题。

（二）用人单位未依法为劳动者缴纳职工医疗保险

未依法缴纳职工医疗保险，包括完全未缴纳（如未建立账户）以及虽有缴纳但缴费基数、缴费年限等不符合法律法规的规定。

（三）劳动者进行治疗并产生相关费用

除法律法规规定的不以就医为前提的医疗保险待遇项目外，对于诸如医疗费用报销等医疗保险待遇项目，即使用人单位未依法为劳动者缴纳医疗保险，但如果劳动者未发生生病及就医事实，则无主张医疗保险待遇损失的前提（此时劳动者可要求用人单位补缴医疗保险）。因此，劳动者主张医疗费用报销等医疗待遇损失的，需要证明自身生病就医的相关情况。

（四）因未依法缴纳职工医疗保险而导致的医疗保险待遇损失

劳动者在证明就医及产生的医疗费用等事实的基础上，需要进一步证明所产生的医疗保险待遇损失，该损失应根据各地医疗保险立法关于诸如医疗费用可报销范围、比例等规定确定。对于法律法规规定的不以就医为前提的医疗保险待遇项目，如医疗保险个人账户注资等，应根据各地关于医疗保险的具体立法确定。

三十八 失业保险待遇损害赔偿争议

第一步：认识争议或侵权情形

用人单位未依法为劳动者缴纳失业保险，劳动者失业后，不能享受相关的失业保险待遇。

第二步：提出权利诉求

请求 ××（单位）支付失业保险待遇损失 ×× 元。

计算方法：

根据《社会保险法》第四十五条、第四十九条，《失业保险条例》第十四条、第二十条、第二十一条，《失业保险金申领发放办法》第十六条等法律法规的规定，失业人员及其遗属可享受的待遇主要包括失业保险金、失业人员在领取失业保险金期间死亡其遗属可享受的一次性丧葬补助金和抚恤金（但同时符合领取基本养老保险丧葬补助金、工伤保险丧葬补助金和失业保险丧葬补助金条件的，其遗属只能选择领取其中的一项）、失业人员在领取失业保险金期间从失业保险基金中支付的失业人员应当缴纳的基本医疗保险费、农民合同制工人的一次性生活补助、职业培训和职业介绍补贴等。失业保险待遇的具体项目及标准，根据国家及地方的失业保险立法确定，请注意查询当地的相关规定。

第三步：提出主张并加以证明

由用人单位向劳动者赔偿失业保险待遇损失 ×× 元，需要满足以下构成要件：一是劳动者不存在不应享受或停止享受失业保险待遇的情形，二是双方的劳动关系已解除或终止，三是解除或终止双方劳动关系非因劳动者本人意愿，四是用人单位未依法为劳动者参加失业保险或存在其他违法情况导致劳动者不能享受失业保险待遇的情形，五是劳动者主张的失业保险待遇损失金额符合法律法规的规定。因此，当事人应就劳动者是否满足享受失业保险待遇的条件、劳动关系解除或终止的原因、用人单位是否依法为劳动者参加失业保险以及是否存在其他导致劳动者不能享受失业保险待遇的情形、劳动者可享受的失业保险待遇项目以及相应的待遇标准等事项，提出自身主张并加以证明。

（一）劳动者是否存在不应享受或停止享受失业保险待遇的情形

根据《社会保险法》第五十一条的规定，如果失业人员存在“重新就业”“应征服兵役”“移居境外”“享受基本养老保险待遇”“无正当理由，拒不接受当地人民政府指定部门或者机构介绍的适当工作或者提供的培训”的情形之一的，停止领取失业保险金，同时停止享受其他失业保险待遇。因此，即使用人单位未依法为劳动者参加失业保险，但劳动者存在前述情形之一，其主张失业保险待遇损失也依法不能成立。此时，虽然劳动者不能主张失业保险待遇损失，但其可要求用人单位补缴失业保险。

（二）劳动者与用人单位的劳动关系存续期间与享受失业保险待遇之间的关系

根据《社会保险法》第四十五条第一项的规定，领取失业保险金的条件之一是已依法参加失业保险并缴费满 1 年。在用人单位未依法为劳动者参加失业保险的情况下，劳动者主张由用人单位支付失业保险金的，根据该条件，即要求双方劳动关系存续期间满一年。不满一年的，用人单位无须支付失业保险金损失，但劳动者可以要求用人单位补缴失业保险。

（三）双方的劳动关系已解除或终止且解除或终止双方劳动关系非因劳动者本人意愿

根据《社会保险法》第四十五条第二项的规定，劳动关系解除或终止，非因劳动者本人意愿中断就业，是劳动者享受失业保险待遇的前提条件之一。根据《实施〈中华人民共和国社会保险法〉若干规定》第十三条等规定，非因劳动者本人意愿中断就业包括下列情形：（1）依照《劳动合同法》第四十四条第一项、第四项、第五项规定终止劳动合同的，即劳动合同因期满，用人单位被依法宣告破产、被吊销营业执照、责令关闭、撤销或者决定提前解散而终止；（2）由用人单位依照《劳动合同法》第三十九条、第四十条、第四十一条规定解除劳动合同的，即用人单位以劳动者存在过失或过错而即时解除劳动合同、用人单位预告解除劳动合同（非过失性辞退）和用人单位经济性裁员；（3）用人单位依照《劳动合同法》第三十六条规定向劳动者提出解除劳动合同并与劳动者协商一致解除劳动合同的；（4）由用人单位提出解除聘用合同或者被用人单位辞退、除名、开除的；（5）劳动者本人依照《劳动合同法》第三十八条规定解除劳动合同的，即劳动者以用人单位违反法律法规的相关规定为由而被迫辞职；（6）法律、法规、规章规定的其他情形。

（四）用人单位未为劳动者依法参加失业保险或存在其他违法情况导致劳动者不能享受失业保险待遇

用人单位未为劳动者参加失业保险，或未按时足额缴纳失业保险费，导致劳动者不能享受或者不能完全享受失业保险待遇的，用人单位依法承担赔偿责任。另外，根据《实施〈中华人民共和国社会保险法〉若干规定》第十九条的规定，如果用人单位在终止或者解除劳动合同时拒不向职工出具终止或者解除劳动关系证明，导致职工无法享受社会保险待遇的，用人单位也应当依法承担赔偿责任。

（五）可享受的失业保险待遇项目

根据《社会保险法》《失业保险条例》《失业保险金申领发放办法》等的规

定，失业人员可享受的待遇主要包括失业保险金、失业人员在领取失业保险金期间从失业保险基金中支付的失业人员应当缴纳的基本医疗保险费、农民合同制工人的一次性生活补助、职业培训和职业介绍补贴、失业人员在领取失业保险金期间死亡其遗属可享受的一次性丧葬补助金和抚恤金等。

失业保险金的标准，按照低于当地最低工资标准、高于城市居民最低生活保障标准的水平，由省、自治区、直辖市人民政府确定。因此，要注意查询当地的相关规定。

根据《劳动和社会保障部办公厅关于对刑满释放或者解除劳动教养人员能否享受失业保险待遇问题的复函 》的规定，在职人员因被判刑收监执行，而被用人单位解除劳动合同的，可以在其刑满、假释后，申请领取失业保险金。失业保险金自办理失业登记之日起计算。失业人员在领取失业保险金期间因被判刑收监执行的，可以在其刑满、假释后恢复领取失业保险金。失业人员在领取失业保险金期间，按照规定同时享受其他失业保险待遇。失业保险金及其他失业保险待遇标准按失业保险的相关现行规定执行。

根据《社会保险法》第四十八条的规定，失业人员在领取失业保险金期间，照样参加基本医疗保险，并可以享受基本医疗保险待遇，且失业人员个人不缴纳基本医疗保险费，其个人应当缴纳的基本医疗保险费由失业保险基金支付。另根据《人力资源和社会保障部关于领取失业保险金人员参加职工基本医疗保险有关问题的通知》的规定：失业保险经办机构为领取失业保险金人员缴纳基本医疗保险费的期限与领取失业保险金期限应当一致；领取失业保险金人员参加职工医保当月起按规定享受相应的住院和门诊医疗保险待遇，享受待遇期限与领取失业保险金期限相一致，不再享受原由失业保险基金支付的医疗补助金待遇；领取失业保险金人员失业保险关系跨省、自治区、直辖市转入户籍所在地的，其职工医保关系随同转移，执行转入地职工医保政策。

根据《社会保险法》第四十九条的规定，失业人员在领取失业保险金期间死亡的，其遗属可以享受一次性丧葬补助金和抚恤金，但个人死亡同时符合领取基本养老保险丧葬补助金、工伤保险丧葬补助金和失业保险丧葬补助金条件的，其遗属只能选择领取其中的一项。根据《失业保险金申领发放办法》第十条、第十六条的规定：死亡失业人员的遗属在领取一次性丧葬补助金和其供养配偶、直系亲属的抚恤金时，应当提供失业人员死亡证明、领取人身份证明、与失业人员的关系证明等材料。失业人员当月尚未领取的失业保险金可由其家属一并领取。失业人员的遗属可领取的丧葬补助金、抚恤金的具体标准，按照各省、自治区、直辖市人民政府的有关规定执行。各位读者注意查询当地的相关规定。

根据《失业保险金申领发放办法》第十六条的规定，职业培训和职业介绍补贴等失业保险待遇的标准按照各省、自治区、直辖市人民政府的有关规定执行。请注意查询当地的相关规定，确定领取失业保险金期间的职业培训、职业介绍补贴等失业保险待遇。

（六）根据本单位的工作年限折算的可领取失业保险金的期限

《社会保险法》和《失业保险条例》对可领取失业保险金的期限作了总体规定：失业人员失业前用人单位和本人累计缴费满 1 年不足 5 年的，可领取不超过 12 个月的失业保险金；累计缴费满 5 年不足 10 年的，可领取不超过 18 个月的失业保险金；累计缴费 10 年以上的，可领取不超过 24 个月的失业保险金。重新就业后，再次失业的，缴费时间重新计算，领取失业保险金的期限可以与前次失业应领取而尚未领取的失业保险金的期限合并计算，但是最长不得超过 24 个月。领取失业保险金的具体期限及计算方法根据各地的规定确定。

在用人单位未依法参加失业保险的情况下，双方劳动关系的存续期间，就相当于上述规定中的缴费年限，即应当根据双方劳动关系的存续期间并结合当地失业保险立法的具体规定，核算劳动者可享受失业保险金的期限。

三十九 生育保险待遇争议

第一步：认识争议或侵权情形

用人单位未依法为劳动者参加生育保险而导致劳动者不能享受生育保险待遇，或者用人单位不依法支付劳动者的生育保险待遇。

第二步：提出权利诉求

请求××（单位）支付生育保险待遇损失××元（含生育医疗待遇、生育津贴、生育奖励待遇等）。

计算方法：

生育医疗费用，包括生育或者流产的检查费、接生费、手术费、住院费和药费等医疗费用，计划生育的医疗费用，以及法律、法规规定的其他项目费用，具体核算以各地的相关规定为准。要注意查询当地关于生育保险的相关规定。

生育津贴，即产假工资，国家层面的法律法规未规定具体的计算方法，由各地地方立法规定。

生育奖励假期间的工资，根据各地的具体规定核算。

第三步：提出主张并加以证明

由用人单位向劳动者支付生育保险待遇损失××元，需要满足以下构成要件：一是双方之间存在劳动关系，二是劳动者符合享受生育保险待遇的条件，三是用人单位未为劳动者依法参加生育保险，四是劳动者主张的生育保险待遇损失金额符合法律法规的规定。因此，当事人应就是否建立劳动关系、劳动者是否存在生育或流产或实施计划生育手术等事实、劳动者可享受的生育保险待遇项目及标准、与计算生育津贴或产假工资等相关的工资标准等事项，提出自身主张并加以证明。

（一）双方之间是否存在劳动关系

劳动者要求用人单位支付生育保险待遇损失，以双方之间存在劳动关系为前提。

（二）劳动者是否存在生育或流产或实施计划生育手术等事实

享受生育保险待遇，首先需要有生育或流产或实施计划生育手术等相关事实，而且对于生育奖励待遇，部分地方性规定中还要求属于合法生育。

（三）用人单位未为劳动者依法参加生育保险

用人单位未依法为劳动者参加生育保险，或者欠付或拒付生育津贴、生育医疗费，给劳动者职工造成损害的，应承担赔偿责任。

（四）实际产生的检查费、接生费、手术费、住院费和药费等生育医疗费用

根据《社会保险法》第五十五条的规定，生育医疗费用包括生育的医疗费用、计划生育的医疗费用以及法律、法规规定的其他项目费用。《企业职工生育保险试行办法》第六条对此亦进行了相关规定。各地的地方立法在此基础上予以了细化。因此，要注意查询当地的具体规定，明确生育医疗费的具体范围以及标准。

（五）可享受的产假或计划生育手术休假天数

根据《女职工劳动保护特别规定》第七条的规定：女职工生育享受 98 天产假，其中产前可以休假 15 天；难产的，增加产假 15 天；生育多胞胎的，每多生

育 1 个婴儿，增加产假 15 天。女职工怀孕未满 4 个月流产的，享受 15 天产假；怀孕满 4 个月流产的，享受 42 天产假。部分地方立法在此基础上进行了进一步的细化，并规定了相关奖励假。因此，要结合自身实际情况，根据当地的具体规定，确定可享受的生育休假天数 。

（六）与计算生育津贴或产假工资相关的工资标准等计算基数

各地对生育津贴或产假工资规定了相应的计算方法，其中包括计算基数的相关规定，注意查询当地规定。

四十 养老保险待遇损失赔偿争议

第一步：认识争议或侵权情形

用人单位未依法为劳动者参加养老保险，且社会保险经办机构不能补办，导致劳动者无法享受养老保险待遇。

第二步：提出权利诉求

请求 ××（单位）支付养老保险待遇损失 ×× 元。

注：该项请求一般需要劳动者达到法定退休年龄或退休条件，产生实际的养老保险待遇损失后，才有主张的前提。在司法实务中，养老保险待遇损失问题是否属于劳动争议仲裁及诉讼的受案范围，则要根据具体的情况而定。综合各地的司法实务意见，对于养老保险待遇损失，一般要先向社会保险经办机构寻求解决，在社会保险经办机构明确不能补办的情况下，可通过劳动争议仲裁及诉讼的方式主张养老保险待遇损失。

计算方法：

根据养老保险的相关规定确定损失金额。

第三步：提出主张并加以证明

由用人单位向劳动者支付养老保险待遇损失 ×× 元，需要满足以下构成要件：一是劳动者已达到法定退休年龄或满足退休条件，二是用人单位未依法为劳动者参加养老保险而导致劳动者不能享受基本养老保险待遇或存在养老保险待遇损失，三是劳动者主张的养老保险待遇损失金额符合法律法规的规定。因此，当事人应就双方之间是否建立过劳动关系以及劳动关系存续期间、劳动者是否达到法定退休年龄或退休条件、养老保险待遇损失的计算依据等事项，提出自身主张并加以证明。

（一）双方之间存在劳动关系及劳动关系存续期间

存在劳动关系是用人单位依法为劳动者参加养老保险的前提，劳动关系存续期间决定用人单位应当依法为劳动者参加养老保险并缴费的期间，该缴费期间与劳动者可享受的养老保险待遇的标准相关。因此，存在劳动关系及劳动关系存续期间需要予以证明。

（二）劳动者是否已达到法定退休年龄或法定退休条件

如根据《国务院关于安置老弱病残干部的暂行办法》第四条的规定，党政机关、群众团体、企业、事业单位的干部，符合下列条件之一的，都可以退休：“（一）男年满六十周岁，女年满五十五周岁，参加革命工作年限满十年的；（二）男年满五十周岁，女年满四十五周岁，参加革命工作年限满十年，经过医院证明完全丧失工作能力的；（三）因工致残，经过医院证明完全丧失工作能力的。”根据《国务院关于工人退休、退职的暂行办法》第一条的规定，全民所有制企业、事业单位和党政机关、群众团体的工人，符合下列条件之一的，应该退休：“（一）男年满六十周岁，女年满五十周岁，连续工龄满十年的；（二）从事井下、高空、高温、特别繁重体力劳动或者其他有害身体健康的工作，男年满五十五周岁、女年满四十五周岁，连续工龄满十年的；（三）男年满五十周岁，女年满四十五周岁，连续工龄满十年，由医院证明，并经劳动鉴定委员会确认，完全丧失劳动能力的；（四）因工致残，由医院证明，并以劳动鉴定委员会确认，完全丧失劳动能力的。”对于法定退休年龄及退休条件问题，应根据《国务院关于安置老弱病残干部的暂行办法》《国务院关于工人退休、退职的暂行办法》《国务院关于严格执行工人退休、退职暂行办法的通知》以及各地的相关规定确定。

（三）用人单位是否依法为劳动者参加养老保险

是否依法参加养老保险，包括是否依法办理养老保险登记、是否按时足额缴纳养老保险费等问题，当事人应根据自身实际情况判断用人单位是否依法参加社会保险。

（四）社会保险经办机构是否明确不能补办

《最高人民法院关于审理劳动争议案件适用法律问题的解释（一）》第一条规定："劳动者与用人单位之间发生的下列纠纷，属于劳动争议，当事人不服劳动争议仲裁机构作出的裁决，依法提起诉讼的，人民法院应予受理……（五）劳动者以用人单位未为其办理社会保险手续，且社会保险经办机构不能补办导致其无法享受社会保险待遇为由，要求用人单位赔偿损失发生的纠纷……"根据该条规定，劳动者通过劳动争议仲裁或诉讼主张养老保险待遇损失的，应先向社会保险经办机构寻求解决，在社会保险经办机构未明确答复不能补办的情况下，而直接申请劳动争议仲裁或提起诉讼，劳动争议仲裁机构及人民法院不予受理。

（五）劳动关系存续期间劳动者的工资情况

工资情况一般决定养老保险的缴费基数，进而影响可享受的养老保险待遇的标准。主张养老保险待遇损失的，一般需要证明劳动关系存续期间劳动者的工资情况。

（六）养老保险待遇损失的具体情况

劳动者可享受的养老保险待遇，应根据各地关于养老保险待遇的具体立法确定。在计算损失时，应根据当地的规定，结合双方劳动关系存续期间、劳动者的工资情况等要素，计算具体的损失金额。

四十一 非法用工伤亡赔偿争议

第一步：认识争议或侵权情形

无营业执照或者未经依法登记、备案的单位以及被依法吊销营业执照或者被撤销登记、备案的单位非法用工导致职工受到事故伤害或者患职业病，或者用人单位使用童工造成童工伤残或死亡。

第二步：提出权利诉求

请求 ×× 支付因非法用工导致的伤亡赔偿 ×× 元。

计算方法：

《非法用工单位伤亡人员一次性赔偿办法》第三条至第六条规定如下：

非法用工单位伤亡人员一次性赔偿包括受到事故伤害或者患职业病的职工或童工在治疗期间的费用、一次性赔偿金。

治疗期间的费用包括治疗期间的生活费、医疗费、护理费、住院期间的伙食补助费以及所需的交通费等费用，全部由伤残职工或童工所在单位支付。生活费按照统筹地区上年度职工月平均工资标准确定，医疗费、护理费、住院期间的伙食补助费以及所需的交通费等费用按照《工伤保险条例》规定的标准和范围确定。

受到事故伤害或者患职业病造成死亡的，一次性赔偿金为死亡时上一年度全国城镇居民人均可支配收入的20倍，丧葬补助等其他赔偿金为死亡时上一年度全国城镇居民人均可支配收入的10倍。当然，如果不是立即死亡，而是经历抢救、治疗过程，非法用工单位还应当支付上述治疗期间的生活费、医疗费、护理费、住院期间的伙食补助费以及所需的交通费等费用。

在未死亡的情况下，确定非法用工一次性赔偿金的数额，需要先经劳动能力鉴定后确定。劳动能力鉴定按照属地原则由单位所在地设区的市级劳动能力鉴定委员会办理，鉴定费用由伤亡职工或童工所在单位支付。经劳动能力鉴定后，确定一级至十级的伤残等级，然后根据伤残等级计算非法用工一次性赔偿金。一次性赔偿等于赔偿基数乘以伤残等级对应的赔偿倍数。其中，赔偿基数为非法用工单位所在工伤保险统筹地区上年度职工年平均工资；一级至十级伤残的一次性赔偿金的赔偿倍数依次为16倍、14倍、12倍、10倍、8倍、6倍、4倍、3倍、2倍、1倍。

第三步：提出主张并加以证明

支付因非法用工导致的伤亡赔偿，需要满足以下构成要件：一是存在非法用工事实，二是存在非法用工导致的伤亡事实，三是当事人主张的伤亡赔偿金额符合法律法规的规定。因此，当事人应就非法用工主体、非法用工事实、伤亡事实、伤残级别等事项，提出自身主张并加以证明。

（一）非法用工主体

主张非法用工伤亡赔偿，首先应证明非法用工主体。《非法用工单位伤亡人员一次性赔偿办法》第二条规定："本办法所称非法用工单位伤亡人员，是指无营业执照或者未经依法登记、备案的单位以及被依法吊销营业执照或者撤销登记、备案的单位受到事故伤害或者患职业病的职工，或者用人单位使用童工造成的伤残、死亡童工。前款所列单位必须按照本办法的规定向伤残职工或者死亡职工的近亲属、伤残童工或者死亡童工的近亲属给予一次性赔偿。"非法用工主体，应满足该条规定的条件。

（二）相关主体的行为是否构成"非法用工"

在司法实务中，双方主体经常存在属于"雇佣关系""承揽关系"等还是属于"非法用工"之争，因为对关系的性质认定不同，承担的责任也不同。司法机关在认定是否属于“非法用工”时，一般首先认定相关主体是否具有无营业执照或者未经依法登记、备案以及被依法吊销营业执照或者被撤销登记、备案而从事生产经营的行为；其次，从相关主体是否有自己的名称、是否有统一的经营场所、业务是否统一处理、对外是否以“单位”的名义经营等角度，认定是否属于非法用工；最后，从劳动者和相关主体之间是否具有隶属性、是否需要服从相关主体的指挥或安排、报酬支付是否具有支付“工资”的特征（如支付周期和金额相对固定）等角度，认定是否属于非法用工，这也是非法用工与雇佣关系、承揽关系等之间的主要区别。使用童工的均属于非法用工。

（三）非法用工行为造成的具体损害事实

损害事实包括事故伤害、患职业病、童工伤残或死亡等。为证明相关事实及受损害的具体程度，需要进行相关的事故认定或鉴定、劳动能力鉴定等程序。非法用工问题所涉及的劳动能力鉴定，按照属地原则由单位所在地设区的市级劳动能力鉴定委员会办理，因此，要注意不要通过司法鉴定的途径办理。主张医疗费、交通费、辅助器具费等费用的，应证明相关费用的具体金额。

（四）应支付的伤亡赔偿金额

具体赔偿金额根据上述“计算方法”中的相关内容确定。

四十二 企业职工基本养老保险遗属待遇损失争议

第一步：认识争议或侵权情形

用人单位未依法为劳动者参加企业职工基本养老保险，导致在劳动者（包括在职人员和退休人员）因病或非因工死亡后，其遗属不能享受企业职工基本养老保险遗属待遇，或存在前述相关待遇的损失。

第二步：提出权利诉求

请求××(单位）支付企业职工基本养老保险遗属待遇损失××元（包括丧葬补助金××、抚恤金××元）。

计算方法：

由于在养老保险、工伤保险（详见本讲“工伤保险待遇争议”专题）、失业保险（详见本讲“失业保险待遇损害赔偿争议”专题）中均规定有劳动者死亡后其遗属或近亲属的丧葬补助金、抚恤金等待遇，且规定了近亲属或遗属的选择权，故在确定企业职工基本养老保险遗属待遇相关损失时，宜综合法律法规的规定并根据劳动者的死亡情形、生前参加社会保险的情况等因素予以把握。相关法律法规及规范性文件具体如下：

（一）社会保险法的相关规定

《社会保险法》

第十七条 参加基本养老保险的个人，因病或者非因工死亡的，其遗属可以领取丧葬补助金和抚恤金；在未达到法定退休年龄时因病或者非因工致残完全丧失劳动能力的，可以领取病残津贴。所需资金从基本养老保险基金中支付。

第四十九条 失业人员在领取失业保险金期间死亡的，参照当地对在职职工死亡的规定，向其遗属发给一次性丧葬补助金和抚恤金。所需资金从失业保险基金中支付。

个人死亡同时符合领取基本养老保险丧葬补助金、工伤保险丧葬补助金和失业保险丧葬补助金条件的，其遗属只能选择领取其中的一项。

（二）部门规章关于职工基本养老保险遗属待遇的相关规定

《企业职工基本养老保险遗属待遇暂行办法》

第二条 参加企业职工基本养老保险的人员（包括在职人员和退休人员，以下简称参保人员）因病或非因工死亡的，其遗属可以领取丧葬补助金和抚恤金（合称遗属待遇）。

第三条 遗属待遇为一次性待遇，所需资金从企业职工基本养老保险统筹基金中列支。

第四条 丧葬补助金的标准，按照参保人员死亡时本省（自治区、直辖市，以下简称本省）上一年度城镇居民月人均可支配收入的 2 倍计算。

第五条 抚恤金标准按以下办法确定：

（一）在职人员（含灵活就业等以个人身份参保人员），以死亡时本省上一年度城镇居民月人均可支配收入为基数，根据本人的缴费年限（包括实际缴费年限和视同缴费年限，下同）确定发放月数。

缴费年限不满 5 年的，发放月数为 3 个月；

缴费年限满 5 年不满 10 年的，发放月数为 6 个月；

缴费年限满 10 年不超过 15 年（含 15 年）的，发放月数为 9 个月；

缴费年限 15 年以上的，每多缴费 1 年，发放月数增加 1 个月。缴费年限 30 年以上的，按照 30 年计算，发放月数最高为 24 个月。

（二）退休人员（含退职人员），以死亡时本省上一年度城镇居民月人均可支配收入为基数，根据本人在职时的缴费年限确定最高发放月数（计算方法与在职人员相同），每领取 1 年基本养老金减少 1 个月，发放月数最低为 9 个月。

本条所述缴费年限和领取基本养老金时间计算到月。

第六条 参保人员因病或非因工死亡，累计缴费年限不足 5 年的，其遗属待遇标准不得超过其个人缴费之和（灵活就业等以个人身份参保人员以记入个人账户部分计算）。

第八条 参保人员因病或非因工死亡，同时符合企业职工基本养老保险、城乡居民基本养老保险遗属待遇条件的，由其遗属选择其中一种领取。已办理企业职工基本养老保险和城乡居民基本养老保险制度衔接手续并领取城乡居民基本养老保险待遇后死亡的，其遗属不再享受企业职工基本养老保险遗属待遇。

第九条 参保人员因下落不明被人民法院宣告死亡的，以人民法院宣告的死亡日期作为其死亡时间，其遗属可以领取遗属待遇。被宣告死亡参保人员再次出现的，已领取的遗属待遇应予退还。

第十条 本办法自 2021 年 9 月 1 日起施行。对在社会保险法实施后至本办法施行前死亡参保人员的遗属尚未享受遗属待遇的，由各省妥善予以处理。

（三）职工基本养老保险遗属待遇的地方性规定（以广东省为例）

《广东省职工假期待遇和死亡抚恤待遇规定》

十、职工（含退休人员）因病或非因工死亡，发给丧葬补助金和抚恤金。

参加企业职工基本养老保险的，所需资金从基本养老保险基金中支付，按照《人力资源社会保障部、财政部关于印发〈企业职工基本养老保险遗属待遇暂行办法〉的通知》等规定执行。

职工在职死亡，从未参加职工基本养老保险的，丧葬补助金由死亡时所在用人单位参照人社部发〔2021〕18 号文规定标准支付。死亡时所在用人单位存在应参保未参保情形的，应当以未参保年限参照人社部发〔2021〕18 号文规定标准支付抚恤金。

职工在职死亡，曾与其建立劳动关系的其他用人单位存在应参保而未参保情形的，职工家属可以参照上述标准，按规定要求相关用人单位赔偿抚恤金损失。

离休人员的相关待遇按照国家和省有关规定执行。

（四）工伤保险立法关于因工死亡职工的近亲属待遇的相关规定

1.《工伤保险条例》

第三十九条 职工因工死亡，其近亲属按照下列规定从工伤保险基金领取丧葬补助金、供养亲属抚恤金和一次性工亡补助金：

（一）丧葬补助金为6个月的统筹地区上年度职工月平均工资；

（二）供养亲属抚恤金按照职工本人工资的一定比例发给由因工死亡职工生前提供主要生活来源、无劳动能力的亲属。标准为：配偶每月40%，其他亲属每人每月30%，孤寡老人或者孤儿每人每月在上述标准的基础上增加10%。核定的各供养亲属的抚恤金之和不应高于因工死亡职工生前的工资。供养亲属的具体范围由国务院社会保险行政部门规定；

（三）一次性工亡补助金标准为上一年度全国城镇居民人均可支配收入的20倍。

伤残职工在停工留薪期内因工伤导致死亡的，其近亲属享受本条第一款规定的待遇。

一级至四级伤残职工在停工留薪期满后死亡的，其近亲属可以享受本条第一款第（一）项、第（二）项规定的待遇。

第四十一条 职工因工外出期间发生事故或者在抢险救灾中下落不明的，从事故发生当月起3个月内照发工资，从第4个月起停发工资，由工伤保险基金向其供养亲属按月支付供养亲属抚恤金。生活有困难的，可以预支一次性工亡补助金的50%。职工被人民法院宣告死亡的，按照本条例第三十九条职工因工死亡的规定处理。

2.《人力资源社会保障部关于执行〈工伤保险条例〉若干问题的意见（二）》

一、一级至四级工伤职工死亡，其近亲属同时符合领取工伤保险丧葬补助金、供养亲属抚恤金待遇和职工基本养老保险丧葬补助金、抚恤金待遇条件的，由其近亲属选择领取工伤保险或职工基本养老保险其中一种。

（五）因工死亡职工的近亲属待遇的地方立法规定（以广东省为例）

《广东省工伤保险条例》

第三十五条 职工因工死亡，其近亲属按照下列规定从工伤保险基金领取丧葬补助金、供养亲属抚恤金和一次性工亡补助金：

（一）丧葬补助金为六个月的全省上年度职工月平均工资。

（二）供养亲属抚恤金按照职工本人工资的一定比例发给由因工死亡职工生前提供主要生活来源、无劳动能力的亲属。标准为：配偶每月百分之四十，其他亲属每人每月百分之三十，孤寡老人或者孤儿每人每月在上述标准的基础上增加百分之十。核定的各供养亲属的抚恤金之和不应当高于因工死亡职工生前的工资。供养亲属的具体范围按照国务院社会保险行政部门的规定执行。

（三）一次性工亡补助金标准为上年度全国城镇居民人均可支配收入的二十倍。

伤残职工在停工留薪期内因工伤导致死亡的，其近亲属享受本条第一款规定的待遇。

一级至四级伤残职工在停工留薪期满后死亡的，其近亲属可以享受本条第一款第一项、第二项规定的待遇。

供养亲属抚恤金每年按照省人民政府的规定进行调整。

（六）失业保险立法关于失业人员死亡后其家属待遇的相关规定

1.《失业保险条例》

第二十条 失业人员在领取失业保险金期间死亡的，参照当地对在职职工的规定，对其家属一次性发给丧葬补助金和抚恤金。

2.《失业保险金申领发放办法》

第十条 失业人员在领取失业保险金期间死亡的，其家属可持失业人员死亡证明、领取人身份证明、与失业人员的关系证明，按规定向经办机构领取一次性丧葬补助金和其供养配偶、直系亲属的抚恤金。失业人员当月尚未领取的失业保险金可由其家属一并领取。

第十六条 失业保险金以及医疗补助金、丧葬补助金、抚恤金、职业培训和职业介绍补贴等失业保险待遇的标准按照各省、自治区、直辖市人民政府的有关规定执行。

（七）失业人员在领取失业保险金期间死亡后其遗属待遇的地方立法规定（以广东省为例）

《广东省失业保险条例》

第二十五条 失业人员在领取失业保险金期间死亡的，其遗属可以一次性领取丧葬补助金和抚恤金以及当月尚未领取的失业保险金。

丧葬补助金按照失业人员死亡时失业保险金领取地地级以上市上年度在岗职工月平均工资的三倍计发，抚恤金按照失业人员死亡时失业保险金领取地地级以上市上年度在岗职工月平均工资的六倍计发。

失业人员的遗属应当在失业人员死亡或者收到宣告失业人员死亡判决书之日起六个月内，凭本人身份证明、与失业人员的关系证明和失业人员的死亡证明，到社会保险经办机构办理领取丧葬补助金、抚恤金和失业保险金的手续。

失业人员死亡同时符合领取失业保险丧葬补助金、基本养老保险丧葬补助金和工伤保险丧葬补助金条件的，其遗属只能选择领取其中的一项。

根据上述规定，当事人在确定企业职工基本养老保险遗属待遇时，可参考表2-2具体确定。

表 2–2　相关死亡情形下丧葬补助金、抚恤金待遇确定方式及支付主体

死亡情形	参保情况	丧葬补助金	抚恤金
工伤死亡（含在停工留薪期内因工伤死亡）	死亡时正参保 / 死亡时未参保但曾经参保 / 从未参保	适用《工伤保险条例》第三十九条及相关地方性规定（如《广东省工伤保险条例》第三十五条，其他地区查询当地规定），不适用《企业职工基本养老保险遗属待遇暂行办法》	同左栏
一级至四级伤残职工在停工留薪期满后因工伤死亡	死亡时正参保 / 死亡时未参保但曾经参保 / 从未参保	因属于工伤导致的死亡，不适用《企业职工基本养老保险遗属待遇暂行办法》，适用《工伤保险条例》第三十九条及相关地方性规定（如《广东省工伤保险条例》第三十五条，其他地区查询当地规定），不存在选择养老保险遗属待遇、工伤保险近亲属待遇、失业保险遗属待遇的前提	同左栏
一级至四级伤残职工在停工留薪期满后因病或非因工死亡	死亡时正参保 / 死亡时未参保但曾经参保 / 从未参保	因属于非因工死亡，可同时适用工伤保险法律法规及《企业职工基本养老保险遗属待遇暂行办法》等规定，根据《人力资源社会保障部关于执行〈工伤保险条例〉若干问题的意见（二）》第一条的规定，近亲属同时符合领取工伤保险丧葬补助金、供养亲属抚恤金待遇和职工基本养老保险丧葬补助金、抚恤金待遇条件的，由其近亲属选择领取工伤保险或职工基本养老保险其中一种。一般根据地方性规定，对比《企业职工基本养老保险遗属待遇暂行办法》的规定，择其高者而主张	同左栏

续表

死亡情形	参保情况	丧葬补助金	抚恤金
在职职工因工外出期间发生事故或者在抢险救灾中下落不明被人民法院宣告死亡	死亡时正参保 / 死亡时未参保但曾经参保 / 从未参保	适用《工伤保险条例》第四十一条的规定	同左栏
非因工下落不明被人民法院宣告死亡	死亡时正参保 / 死亡时未参保但曾经参保 / 从未参保	不适用工伤保险法律法规，根据被宣告死亡职工的参保情况、是否处于失业期间、年龄、是否领取养老金等情况，结合本表以下相关内容确定待遇标准及支付主体	同左栏
在职职工因病或非因工死亡	曾经参保	适用《企业职工基本养老保险遗属待遇暂行办法》，由养老保险基金支付丧葬补助金	适用《企业职工基本养老保险遗属待遇暂行办法》，由养老保险基金按参保年限核算支付抚恤金；与劳动者生前曾存在劳动关系的单位，未依法为该劳动者参加养老保险的，由该单位根据《企业职工基本养老保险遗属待遇暂行办法》的规定，结合本单位未依法参保的情况核算后赔偿损失

续表

死亡情形	参保情况	丧葬补助金	抚恤金
在职职工因病或非因工死亡	从未参保	国家层面的法律法规未明确规定，根据地方性规定确定（如根据《广东省职工假期待遇和死亡抚恤待遇规定》第十条的规定，由死亡时所在单位支付）	与劳动者生前曾存在劳动关系的单位，未依法为该劳动者参加养老保险的，由该单位根据《企业职工基本养老保险遗属待遇暂行办法》的规定，结合本单位未依法参保的情况核算后赔偿损失
领取失业保险金期间因病或非因工死亡	能领取失业保险金则表明曾参保	适用《社会保险法》第四十九条，《企业职工基本养老保险遗属待遇暂行办法》，《失业保险条例》第二十条，《失业保险金申领发放办法》第十条、第十六条以及相关地方性规定（如《广东省失业保险条例》第二十五条，其他地区查询当地规定），由遗属选择基本养老保险丧葬补助金、失业保险丧葬补助金	国家层面的法律法规未规定遗属能否选择基于养老保险的抚恤金或基于失业保险的抚恤金，查询当地的相关规定确定。如果可以选择基于养老保险的抚恤金，则由养老保险基金根据缴费年限核算支付抚恤金；与劳动者生前曾存在劳动关系的单位，未依法为该劳动者参加养老保险的，由该单位根据《企业职工基本养老

续表

死亡情形	参保情况	丧葬补助金	抚恤金
			保险遗属待遇暂行办法》的规定，结合本单位未依法参保的情况核算后赔偿损失
失业但未领取失业保险金期间因病或非因工死亡	曾经参保	适用《企业职工基本养老保险遗属待遇暂行办法》的规定，由养老基金支付丧葬补助金	适用《企业职工基本养老保险遗属待遇暂行办法》的规定，由养老保险按参保年限核算支付抚恤金；与劳动者生前曾存在劳动关系的单位，未依法为该劳动者参加养老保险的，由该单位根据《企业职工基本养老保险遗属待遇暂行办法》的规定，结合本单位未依法参保的情况核算后赔偿损失

续表

死亡情形	参保情况	丧葬补助金	抚恤金
失业但未领取失业保险金期间因病或非因工死亡	从未参保	国家层面的法律法规对此无明确规定，查询所在地区有无相关规定（如根据《广东省职工假期待遇和死亡抚恤待遇规定》第十条的规定，可以推导出此时由与劳动者存在劳动关系的最后一家用人单位支付丧葬补助金）	与劳动者生前曾存在劳动关系的单位，未依法为该劳动者办理养老保险的，由该单位根据《企业职工基本养老保险遗属待遇暂行办法》的规定，结合本单位未依法参保的情况核算后赔偿损失
达到法定退休年龄后死亡	可领取养老金（说明曾经参保）	适用《企业职工基本养老保险遗属待遇暂行办法》，由养老保险基金支付丧葬补助金	适用《企业职工基本养老保险遗属待遇暂行办法》，由养老保险基金依法核算并支付抚恤金；与劳动者生前曾存在劳动关系的单位，未依法为该劳动者办理养老保险的，由该单位根据《企业职工基本养老保险遗属待遇暂行办法》的规定，结合本单位未依法参保的情况核算后赔偿损失

续表

死亡情形	参保情况	丧葬补助金	抚恤金
达到法定退休年龄后死亡	未领取养老金但曾经参保	适用《企业职工基本养老保险遗属待遇暂行办法》，由养老保险基金支付丧葬补助金	适用《企业职工基本养老保险遗属待遇暂行办法》，由养老保险基金依法核算并支付抚恤金；与劳动者生前曾存在劳动关系的单位，未依法为该劳动者办理养老保险的，由该单位根据《企业职工基本养老保险遗属待遇暂行办法》的规定，结合本单位未依法参保的情况核算后赔偿损失
	从未参保	国家层面的法律法规对此无明确规定，查询所在地区有无相关规定（如根据《广东省职工假期待遇和死亡抚恤待遇规定》第十条的规定，可以推导出此时由与劳动者存在劳动关系的最后一家用人单位支付）	与劳动者生前曾存在劳动关系的单位，未依法为该劳动者办理养老保险的，由该单位根据《企业职工基本养老保险遗属待遇暂行办法》的规定，结合本单位未依法参保的情况核算后赔偿损失

第三步：提出主张并加以证明

由用人单位支付企业职工基本养老保险遗属待遇损失××元，需要满足以下构成要件：一是劳动者属于患病或非因工死亡（如果属于因工死亡，则应适用工伤保险法律法规处理）；二是劳动者生前与该单位存在劳动关系；三是劳动关系存续期间用人单位未依法为该劳动者参加企业职工基本养老保险，导致劳动者死亡后其遗属不能享受企业职工基本养老保险遗属待遇或存在待遇损失；四是死亡劳动者遗属主张的待遇损失金额与法律法规的规定相符。因此，当事人应就劳动者死亡原因、是否存在劳动关系及劳动关系存续期间、企业职工基本养老保险参保情况、死亡劳动者的遗属可享受的待遇标准等事项，提出自身主张并加以证明。

（一）关于劳动者的死亡原因

根据《企业职工基本养老保险遗属待遇暂行办法》第二条的规定，劳动者因病或非因工死亡的，其遗属可以享受遗属待遇。如果劳动者属于工伤死亡，则应按工伤保险法律法规处理。另外，《企业职工基本养老保险遗属待遇暂行办法》第九条所规定的劳动者下落不明被人民法院宣告死亡，应属于非因工下落不明，如果属于因工外出期间发生事故或者在抢险救灾中下落不明，则应按《工伤保险条例》第四十一条的规定执行。

（二）关于是否存在劳动关系及劳动关系存续期间

根据《企业职工基本养老保险遗属待遇暂行办法》第二条的规定，只有在参加了企业职工基本养老保险的情况下，参保人员因病或非因工死亡后，其遗属才可以领取遗属待遇。只有在存在劳动关系的情况下，用人单位才有为劳动者参加基本养老保险的义务。因此，劳动者死亡后其遗属要求用人单位赔偿遗属待遇损失的，应证明劳动者生前与被诉用人单位之间存在劳动关系。

从上述计算方式可以看出，劳动者死亡后其遗属可享受的遗属待遇与劳动者生前的企业职工基本养老保险的缴费年限相关，而劳动者在本单位的基本养老保险缴费年限与劳动关系存续期间挂钩，故死亡劳动者的遗属应将劳动者生前与被诉用人单位之间实际的劳动关系存续期间与劳动者在本单位的实际养老保险缴费年限相对比，确定用人单位是否依法在劳动者生前为其参加基本养老保险。在此要注意，根据《社会保险法》第五十八条的规定，用人单位应当自用工之日起30日内为其职工向社会保险经办机构申请办理社会保险登记。

关于是否成立劳动关系的认定及劳动关系的存续期间，请参阅本书第二讲中“确认劳动关系争议”专题内容。

（三）关于劳动者生前在本单位的基本养老保险参保及缴费情况

被诉单位未依法为劳动者参加基本养老保险的情形包括从未参加、未按实际工作年限参加、缴费基数不符合法律规定等情形，故死亡劳动者遗属主张相关待遇损失时，应证明劳动者生前的基本养老保险参保情况。其中，对于遗属待遇与基本养老保险缴费基数之间的关系问题，根据《企业职工基本养老保险遗属待遇暂行办法》第六条的规定，当劳动者生前累计缴费年限不足5年时，其遗属待遇标准与其个人缴费之和相关，其他情形下遗属待遇与缴费基数无关。关于基本养老保险的缴费基数，《社会保险法》第十二条规定：“用人单位应当按照国家规定的本单位职工工资总额的比例缴纳基本养老保险费，记入基本养老保险统筹基金。职工应当按照国家规定的本人工资的比例缴纳基本养老保险费，记入个人账户。无雇工的个体工商户、未在用人单位参加基本养老保险的非全日制从业人员以及其他灵活就业人员参加基本养老保险的，应当按照国家规定缴纳基本养老保险费，分别记入基本养老保险统筹基金和个人账户。”

（四）企业职工基本养老保险遗属待遇损失的具体标准或金额

对于该问题，请根据死亡劳动者的实际情况，参考本讲上述该权利请求计算方法中的相关内容，确定具体损失。

第三讲

劳动争议中的常用证据及使用方法

证据对于维护劳动权利的重要性无须多言，本讲主要介绍维护劳动权利中常见的证据及其使用方法，通过图文并茂的方式，为各位读者展示劳动争议中常用的证据类型，每类证据可以证明的对象以及生成和收集方法。

证据的功夫在平时，希望各位读者在履行劳动合同的过程中，注意相关证据生成并收集保存。否则，真正打起官司时，无证据可用，就会吃亏。

一 工商登记信息、户口簿、就业证等主体信息类资料

发生了法律关系，就会有关系背后的主体，而且法律还对各类关系的主体规定了一定的资格条件，符合资格条件的，才是合法的、正当的、受法律保护的关系。

劳动争议所涉及的法律关系中，不同性质的关系对主体资格亦有不同的要求。比如，在劳动关系中，就要求劳动者和用人单位符合劳动法意义上的主体资格，劳动者要处于法定就业年龄内、用人单位应依法成立等；在工伤保险法律关系中，工伤（含工亡）职工的近亲属主张权利的，就要求符合“近亲属”的资格条件；2018 年 7 月 23 日前在大陆（内地）就业的我国台湾地区、香港特别行政区、澳门特别行政区人员，以及在中国就业的外国人，要求办理了就业证或外国专家证等证件的外国人才有我国劳动法意义上的劳动者的主体资格；劳动争议仲裁及诉讼中的代理法律关系，要求代理人具有担任代理人的资格条件；等等。

在解决劳动争议时，经常涉及证明主体资格条件。此时，就要提交证据证明相关主体符合法律法规所要求的资格条件。比如，提交企业法人、事业单位法人等主体的注册登记信息（见图 3-1、图 3-2），证明该单位具有用人单位的主体资格、各单位之间具有关联性等；提交户口簿，证明具有亲属关系；提交台港澳人员就业证、外国人就业证、外国人居留许可证，证明相关人员具有建立劳动关系的主体资格等。

国家企业信用信息公示系统
National Enterprise Credit Information Publicity System
企业信用信息 | 经营异常名录 | 严重违法失信名单
请输入企业名称、统一社会信用代码或注册号

在营（开业）企业
统一社会信用代码：
注册号：
法定代表人：
登记机关： 广州市市场监督管理局
成立日期： 2014年07月25日
发送报告
信息分享
信息打印

基础信息 | 行政许可信息 | 行政处罚信息 | 列入经营异常名录信息 | 列入严重违法失信名单（黑名单）信息 | 公告信息

▌营业执照信息
· 统一社会信用代码：
· 企业名称：
· 注册号：
· 法定代表人：
· 类型： 其他股份有限公司(非上市)
· 成立日期： 2014年07月25日
· 注册资本： 2000.000000万人民币
· 核准日期： 2023年12月28日
· 登记机关： 广州市市场监督管理局
· 登记状态： 在营（开业）企业
· 住所：
· 经营范围： 软件开发;翻译服务;公司礼仪服务;票务服务;市场营销策划服务;信息系统集成服务;信息技术咨询服务;企业形象策划服务;文化艺术咨询服务;策划创意服务;市场调研服务;会议及展览服务;人力资源供求信息的收集和发布;人力资源管理咨询;人力资源测评;人力资源培训;增值电信服务（业务种类以《增值电信业务经营许可证》载明内容为准）;根据国家有关规定从事互联网人力资源信息服务;人才推荐;人才测评;人才择业咨询指导;人才信息网络服务;人才引进;收集、整理、储存和发布人才、职业供求信息;开展高级人才寻访服务
提示：根据《市场主体登记管理条例》及其实施细则，按照《市场监管总局办公厅关于调整营业执照照面事项的通知》要求，国家企业信用信息公示系统将营业执照照面公示内容作相应调整，详见https://www.samr.gov.cn/zw/zfxxgk/fdzdgknr/djzcj/art/2023/art_9c67139da37a46fc8955d42d130947b2.html

图 3-1　国家企业信用信息公示系统查询的企业法人注册登记信息

机关赋码和事业单位登记管理平台
通知公告　政策法规　技术服务　年度报告
事业单位法人登记信息查询
机关用户服务
事业单位用户服务
基本信息 | 年度报告 | 公告信息 | 公示抽查 | 行政处罚
基本信息
名称
统一社会信用代码
宗旨和业务范围　承担普通高等学历教育,成人学历教育,承担科技人员函授和自考继续教育和培训,相关科学研究与技术开发,科技成果推广与科技咨询服务,国内外校际教育合作和学术交流
住所　广东省广州市天河区五山
法定代表人
经费来源　其他
开办资金　311733万元
举办单位　广东省教育厅
有效期　自 2021年06月02日 至 2026年06月01日
单位状态　正常
登记管理机关　广东省事业单位登记管理局
继续查询 | 返回首页

图 3-2　机关赋码和事业单位登记管理平台查询的事业单位法人信息

二 登记表、报名表、面试通知书、入职通知书等招聘、应聘、面试、入职过程中形成的相关材料

根据《劳动合同法》第七条的规定，用人单位自用工之日起即与劳动者建立劳动关系。招聘应聘阶段，因尚未实际用工，劳动关系尚未建立，尚不产生劳动权利义务，但会产生其他的权利和义务。比如,《劳动合同法》第八条规定:“用人单位招用劳动者时，应当如实告知劳动者工作内容、工作条件、工作地点、职业危害、安全生产状况、劳动报酬，以及劳动者要求了解的其他情况；用人单位有权了解劳动者与劳动合同直接相关的基本情况，劳动者应当如实说明。”由此产生招聘应聘阶段的知情权和如实告知义务，劳动者和用人单位都应当遵循诚信原则，如实告知自身情况，以维护对方的知情权。如果存在隐瞒、欺诈等行为，如提供虚假简历或学历，可能导致劳动合同无效，也为日后的劳动合同解除埋下隐患。又如,《劳动合同法》第九条规定:“用人单位招用劳动者，不得扣押劳动者的居民身份证和其他证件，不得要求劳动者提供担保或者以其他名义向劳动者收取财物。”《劳动法》第三条、第十二条,《就业促进法》第三条均规定：劳动者依法享有平等就业和自主择业的权利；劳动者就业，不因民族、种族、性别、宗教信仰等不同而受歧视。由此产生用人单位不得实施就业歧视的义务，如果用人单位在招聘阶段存在就业歧视行为，如招聘公告上无合法理由地注明“限男性”，劳动者可以起诉主张相应的赔偿。

此外，在招聘应聘阶段，也会产生合同领域的缔约过失责任问题，如《民法典》第五百条规定："当事人在订立合同过程中有下列情形之一，造成对方损失的，应当承担赔偿责任：（一）假借订立合同，恶意进行磋商；（二）故意隐瞒与订立合同有关的重要事实或者提供虚假情况；（三）有其他违背诚信原则的行为。"如果劳动者和用人单位任何一方存在这些行为，导致劳动合同未能订立，并给对方造成损失，就要承担相应的赔偿责任，对方当事人可通过诉讼主张损害赔偿。

招聘应聘成功，双方签订劳动合同，建立起劳动关系，招聘应聘环节的相关证据材料，对日后发生争议时也是有一定证明作用的。例如，可以通过录用通知书证明建立劳动关系的主体、入职时间等事项（见图 3-3），通过岗位和薪资确认书等证据证明关于工作岗位、工资标准、劳动条件等方面的约定（见图 3-4），等等。因此，在招聘应聘阶段，劳动者和用人单位均要注意相关的法律问题，并注意留存相关证据，以维护自身合法权益。

招聘应聘类证据材料主要包括招聘公告、岗位说明书、求职登记表、面试通知书、岗位确认书、录用通知书等。在招聘、应聘、面试、办理入职的过程中，相关信息可能是通过手机短信、QQ、微信、电子邮件等方式发送的，此类证据要注意保存，需要作证据用时截图打印并依法提交即可。

×× 公司录用通知书

×× 先生 / 女士：

经面试沟通，我公司决定录用您到我公司工作，现将相关事宜通知如下：

1. 报到时间：×××× 年 ×× 月 ×× 日 ×× 时 ×× 分。

2. 请您在报到时向我公司提供以下材料：（1）身份证原件及复印件（原件核实后退还）；（2）学历、学位证书以及您曾获得的资历、资格证书原件及复印件（原件核实后退还）；（3）大一英寸免冠照片 2 张；（4）您所在的上一家用人单位出具的解除或终止劳动合同证明原件及复印件（原件核实后退还）；（5）近一个月内的体检报告；（6）您本人的银行卡原件及复印件（原件核实后退还）。

请您携以上资料到我公司人事部报到（联系人：×××，联系电话：……，公司地址：……）。如果您不接受我公司录用，请在收到本通知后 3 日内告知前述人事部联系人；如果您未在通知的入职时间报到，我公司将视为您不接受我公司录用，本录用通知失效。

特此通知。

×× 公司

×××× 年 ×× 月 ×× 日

图 3-3　录用通知书示例

岗位和工资确认书

经 ×× 公司（甲方）与 ×××（乙方）平等友好协商在签订正式书面劳动合同之前，就乙方的岗位及工资事项达成以下共识：

1. 乙方工作岗位：营销部职员。

2. 乙方岗位职责：从事 ×× 产品的销售工作，并负责回收相关销售款项。

3. 乙方工作地点：×× 市辖区范围内。

4. 乙方工资标准：××× 的工资由基本工资（5000 元 / 月，并作为加班费计算基数）+ 岗位工资（3000 元 / 月）+ 绩效工资（具体按《×× 公司月度绩效考核实施办法》执行）+ 年度绩效奖金（具体按《×× 公司年度绩效考核实施办法》执行）组成。

本确认书自 ×××× 年 ×× 月 ×× 日生效，如果将来签订的书面劳动合同与本确认书不一致，则以劳动合同为准。

甲方（盖章）：　　　　乙方（签名）：

法定代表人：

×××× 年 ×× 月 ×× 日　　　　×××× 年 ×× 月 ×× 日

图 3-4　岗位和工资确认书示例

三　工作证、职员证、服务证、出入证、厂牌等用人单位发放的证件

工作证（见图 3–5）、职员证（见图 3–6）、服务证、出入证、厂牌等用人单位发放的证件，可用于证明劳动关系主体。一般而言，相关证件上载明的劳动者和用人单位，就是劳动关系的主体。如果此类证件上的单位名称与劳动者主张的“用人单位”不一致，该类证据的证明效力就偏弱一些。

此外，部分该类证件上注明了“入职”“入厂”时间、工作岗位、工种等信息，可用于证明开始建立劳动关系的时间、工作岗位等事项。

________（公章）________________公司

工 作 证

姓　　名： 张　三

部　　门： 采购部

职　　位： 副经理

入职日期： 2020 年 5 月 20 日

（照片）

图 3–5　工作证示例

职 员 证

姓　　名：张　三

编　　号：007

部　　门：行政人事部

岗　　位：合同管理员

（照片）

（公章）

公司

图 3-6　职员证示例

四 与用人单位规章制度相关的证据

规章制度有“用人单位内部的法律”之称，用人单位组织生产经营，进行劳动用工管理，包括建立劳动关系前的招聘录用条件，入职手续，劳动合同的订立、履行、变更以及解除的相关事宜，考勤制度，工资支付制度，休息休假制度，社会保险制度，奖惩制度等，绝大部分事项都要依据规章进行，而劳动者也要遵守用人单位依法制定的规章制度。因此，规章制度对于劳动者和用人单位而言，都具有重要的意义。

《劳动合同法》第四条规定：“用人单位应当依法建立和完善劳动规章制度，保障劳动者享有劳动权利、履行劳动义务。用人单位在制定、修改或者决定有关劳动报酬、工作时间、休息休假、劳动安全卫生、保险福利、职工培训、劳动纪律以及劳动定额管理等直接涉及劳动者切身利益的规章制度或者重大事项时，应当经职工代表大会或者全体职工讨论，提出方案和意见，与工会或者职工代表平等协商确定。在规章制度和重大事项决定实施过程中，工会或者职工认为不适当的，有权向用人单位提出，通过协商予以修改完善。用人单位应当将直接涉及劳动者切身利益的规章制度和重大事项决定公示，或者告知劳动者。”

根据上述规定，在规章制度方面，要注意以下问题：

第一，要注意制定时的“民主程序”。规章制度讨论 / 协商 / 民主评议会议签名表、征求意见函等证据（见图 3-7、表 3-1、图 3-8），可用于证明在制定规章制度过程中，征求了员工、工会等人员的意见，根据员工、工会意见进行了修订，从而证明规章制度通过民主程序制定。

第二，要依法向劳动者公示或告知规章制度。公示或告知的方式方法很多，可以在单位公告栏、OA 办公系统等平台公示，也可以通过电子邮件发送给劳动者（见图 3-9）、直接送达给劳动者并让劳动者签收（见图 3-10）、对劳动者进行规章制度的培训（见表 3-2）等方式公示或告知规章制度。在公示或告知过程中，注意生成并保存公示的照片以及录音录像资料、规章制度签收记录、规章制度培训签到表等证据，确保在发生争议时有效证明已将规章制度公示或告知劳动者。

第三，规章制度的内容不违反法律法规的强制性规定，且内容应清晰明确。这一点可通过规章制度（如员工手册）本身的内容加以证明。

第四，要注意适用规章制度的准确性，不能本应适用“甲条款”却适用了“乙条款”。用人单位在适用规章制度的过程中，难免会生成相关的证据，如劳动者工资、奖金、提成等项目的核算结果，处罚通知，解除劳动合同通知等，都是适用规章制度的具体表现形式。因此，在作出相关行为时，要注意严格依据规章制度办事。对于劳动者而言，如果用人单位在制定、公示或告知、适用规章制度时，不符合法律法规的规定，损害了自身利益，也要注意留存相关证据证明。

关于征求……（如《××公司员工手册》/《××公司奖惩办法》/《××公司奖金分配办法》等规章制度）意见的通知

全体同事 / 员工代表：

经公司研究决定，现拟定……（如《××公司员工手册》/《××公司奖惩办法》/《××公司奖金分配办法》等），对……事项（如公司的考勤管理 / 员工奖惩 / 奖金分配办法等）进行规范。为与员工平等协商，现将拟定的……（相关规章制度）予以公示，并广泛征求各位员工 / 代表的意见，公司将依据相关意见、建议修改完善。各位员工 / 代表如果有相关意见、建议，请于××××年××月××日前提交给……部门（如人事部 / 行政部等），或通过电子邮件发送至……（电子邮箱地址）。

特此通知！

××公司人事部 / 行政部

××××年××月××日

图 3-7　制定或修改公司规章制度时征求员工意见示例

表 3-1　讨论规章制度会议签到表示例

×× 公司……（如《×× 公司员工手册》/《×× 公司奖惩办法》/《×× 公司奖金分配办法》等规章制度）讨论会议签到表			
会议时间：		参加人数：	
序号	姓名	部门	签名
1	张三	行政部	
2	李四	采购部	
3	王五	销售部	
4	赵六	安保部	
……	……	……	
注：该签到表中应详细写明拟讨论的规章制度的名称，参会人员签名时注意现场监控，确保签名的真实性。			

关于制定 / 修改……（如《×× 公司员工手册》/《×× 公司奖惩办法》/《×× 公司奖金分配办法》等规章制度）征求工会意见的函

×× 公司工会 / 各位工会成员：

为进一步规范……（如公司的考勤管理 / 员工奖惩 / 奖金分配办法等）事宜，公司根据《中华人民共和国劳动法》《中华人民共和国劳动合同法》等法律法规的规定，拟定 / 修订了……（如《×× 公司员工手册》/《×× 公司奖惩办法》/《×× 公司奖金分配办法》等规章制度），现将前述相关规章制度发各公司工会 / 工会成员提出意见。各工会成员如果有相关意见、建议，请于 ×××× 年 ×× 月 ×× 日前提交给……部门（如人事部 / 行政部等），或通过电子邮件发送至……（电子邮箱地址）。各工会成员如果无相关意见、建议，请在本函签名栏签名确认，并于 ×××× 年 ×× 月 ×× 日前将签名确认的函交……部门（如人事部 / 行政部等）。

附件：……（如《×× 公司员工手册》/《×× 公司奖惩办法》/《×× 公司奖金分配办法》等规章制度）

图 3-8　制定或修改规章制度时征求工会意见示例

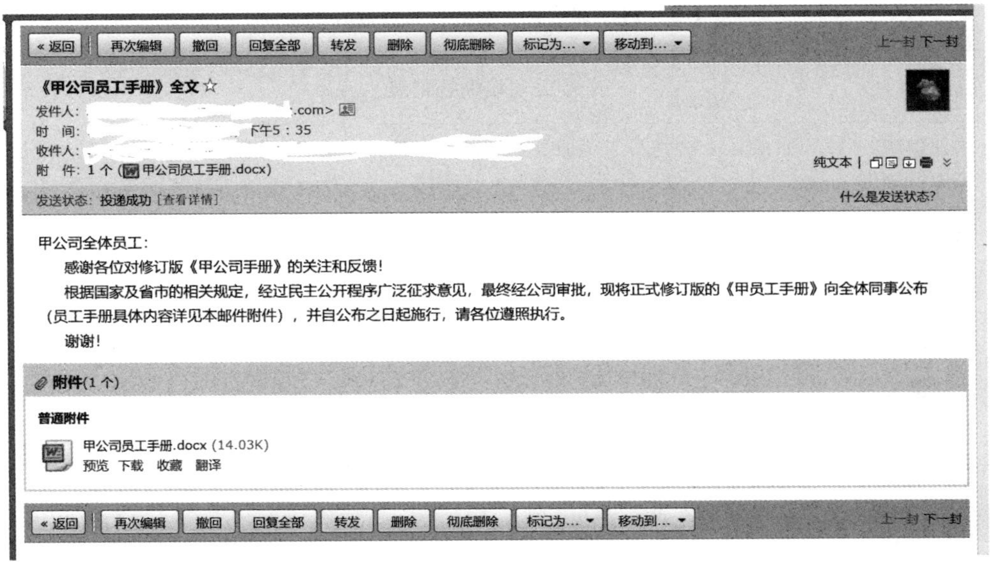

图 3-9　通过电子邮件公示或告知规章制度示例

领取《××公司员工手册》签收单

本人承诺：

我已领取××公司××××年××月××日发布的《××公司员工手册》（文件编号：……），同意该员工手册的相关内容，并承诺认真学习、严格执行该员工手册的相关规定。

签　名：
××××年××月××日

图 3-10　劳动者签收确认用人单位规章制度示例

表 3-2　以培训方式公示或告知规章制度示例

<table>
<tr><td colspan="5">× × 公司培训签到表</td></tr>
<tr><td colspan="5">培训课程：……（如《 × × 公司员工手册》/《 × × 公司奖惩办法》/《 × × 公司奖金分配办法》等规章制度）</td></tr>
<tr><td>培训对象</td><td colspan="4">……（如 × × 公司全体员工 / × × 公司 × × 全体员工）</td></tr>
<tr><td>培训地点</td><td colspan="4"></td></tr>
<tr><td>培训日期 / 时间</td><td colspan="4"></td></tr>
<tr><td>培训讲师</td><td colspan="4"></td></tr>
<tr><td>培训内容</td><td colspan="4">……（写明培训的主要内容，如 × × 规章制度、关于 × × 事项的具体规定）</td></tr>
<tr><td>序号</td><td>部门</td><td>姓名</td><td>签名</td><td>备注</td></tr>
<tr><td>1</td><td>行政部</td><td>张三</td><td></td><td></td></tr>
<tr><td>2</td><td>采购部</td><td>李四</td><td></td><td></td></tr>
<tr><td>3</td><td>销售部</td><td>王五</td><td></td><td></td></tr>
<tr><td>4</td><td>安保部</td><td>赵六</td><td></td><td></td></tr>
<tr><td>……</td><td>……</td><td>……</td><td></td><td></td></tr>
<tr><td colspan="5">注：培训过程中，参会人员签名时注意现场监控，确保签名的真实性。</td></tr>
</table>

五 劳动合同

《劳动合同法》第十七条规定："劳动合同应当具备以下条款：(一)用人单位的名称、住所和法定代表人或者主要负责人；(二)劳动者的姓名、住址和居民身份证或者其他有效身份证件号码；(三)劳动合同期限；(四)工作内容和工作地点；(五)工作时间和休息休假；(六)劳动报酬；(七)社会保险；(八)劳动保护、劳动条件和职业危害防护；(九)法律、法规规定应当纳入劳动合同的其他事项。劳动合同除前款规定的必备条款外，用人单位与劳动者可以约定试用期、培训、保守秘密、补充保险和福利待遇等其他事项。"即规定了劳动合同的必备条款和可以自行约定的条款。在签订劳动合同的过程中，劳动者和用人单位要注意劳动合同的内容符合上述规定。如果劳动合同的内容符合上述规定，则通过劳动合同即可证明该条中所规定的相关事项。

利用劳动合同，可证明以下事项：

一是可证明建立劳动关系的主体。如合同上载明的"用人单位""职工""甲方""乙方"等(见图 3-11)，此类信息一般在劳动合同封面、首部、尾部等处载明，对于劳动者而言，要留意合同上的"用人单位"与真实用工的单位是否一致，合同上的"用人单位"是否依法成立；对于用人单位而言，要留意签订合同的"劳动者"与该劳动者提供的身份证信息是否一致，相关签名是不是该劳动者本人所签，必要时，需要对劳动者身份证的有效性进行验证。

二是可以证明劳动关系存续期间。司法实务中，因补缴社会保险、住房公积金等问题引起的确认劳动关系争议，双方经常对劳动关系存续期间意见不一致，如果双方在劳动关系存续期间依法订立了劳动合同，载明了合同订立时间，约定了合同期限(见图 3-12)，则可以通过劳动合同辅助证明劳动关系存续期间。但由于劳动合同可能中途解除，利用劳动合同主要是证明劳动关系开始建立的时间（在与实际用工情形一致的情况下）。

三是劳动合同中约定的内容可以证明试用期期间、试用期内及试用期满后的工资标准、工资支付时间、支付方式、加班工资计算基数、工作岗位、工作时间、工作纪律、规章制度、解除劳动合同的依据和程序等事项（见图 3-12 至图 3-16）。但要注意实际履行中是否变更了劳动合同的约定，如果变更了，则需要提交相关的证据证明。

此外，劳动用工实践中，双方签订的文件名称不一定是“劳动合同”，可能是“用工协议”“劳务合同”“合作协议”“试用期协议”（见图 3-17）等。即使名称不是劳动合同，仍然具有一定的证明效力，至少能证明双方之间产生过“关系”，至于是不是劳动关系，则需要结合其他情况加以认定。

甲方：×× 公司　　　　乙方：（签名）

法定代表人：

（公章）

（委托代理人）：

×××× 年 ×× 月 ×× 日　　　　×××× 年 ×× 月 ×× 日

劳动合同签收回执

致：×× 公司

本人 ×××（身份证号码：……），谨此确认本人已完整阅读并充分理解和认可于 ×××× 年 ×× 月 ×× 日签署的《×× 公司劳动合同》的全部内容，现确认已收到双方均完整填写并签署过的上述合同文本以及合同文本原件。

签收人：

签收日期：×××× 年 ×× 月 ×× 日

图 3-11　劳动合同（尾部）关于合同主体信息的示例

一、劳动合同期限

（一）合同期限

甲、乙双方同意按以下第 × 种方式确定本合同期限：

1. 有固定期限：从 ×××× 年 ×× 月 ×× 日起至 ×××× 年 ×× 月 ×× 日止；

2. 无固定期限：从 ×××× 年 ×× 月 ×× 日起至法定的终止条件出现时止；

3. 以完成一定的工作为期限：从 ×××× 年 ×× 月 ×× 日起至……工作任务完成时止，并以……为标志。

（二）试用期限

双方同意按以下第 × 种方式确定试用期（试用期包含在劳动合同期限内）：

1. 无试用期；

2. 试用期从 ×××× 年 ×× 月 ×× 日起至 ×××× 年 ×× 月 ×× 日止。

图 3–12　劳动合同关于合同期限、试用期限约定的示例

二、工作内容和工作地点

（一）乙方的工作内容：从事手机销售管理工作。

（二）乙方工作内容确定为：( ) 管理和专业技术类；( ) 工人类。

（三）甲方因生产经营需要调整乙方的工作内容，应协商一致，按变更本合同办理，双方签字或盖章确认的协议书或依法变更通知书作为本合同的附件。

（四）乙方工作地点：广州市。

（五）除临时性工作或者短期学习培训外，如甲方需要乙方到本合同约定以外的地点或单位工作和学习培训，应经双方协商一致并变更劳动合同。

图 3–13　劳动合同关于工作内容、工作地点约定的示例

三、工作时间和休息休假

（一）甲、乙双方同意按以下第 × 种方式确定乙方的工作时间：

1. 标准工时制，即每日工作 8 小时，每周工作 5 天，每周正常工作不超过 40 小时，并至少休息一天。

2. 不定时工作制，即经劳动行政部门审批，乙方所在岗位实行不定时工作制。

3. 综合计算工时工作制，即经劳动行政部门审批，乙方所在岗位实行以：年（ ）、半年（ ）、季（ ）或月（ ）为周期的综合计算工时工作制。

（二）甲方因生产（工作）需要，经工会和乙方协商后可以延长工作时间，除《中华人民共和国劳动法》第四十二条规定的情形外，一般每日不得超过 1 小时，因特殊原因最长每日不得超过 3 小时，每月不得超过 36 小时。

（三）甲方执行法定的及企业依法自行补充的有关工作休息、休假制度，按规定给予乙方享受节日假、年休假、婚假、丧假等带薪假期，并按本合同约定的正常工作时间工资及有关政策法规规定的计算方法支付工资。

图 3–14　劳动合同关于工作时间及休息休假约定的示例

四、劳动报酬

（一）乙方正常工作时间工资标准（计算加班工资基数）按下列第 × 种形式执行，并不得低于当地最低工资标准及本单位集体合同约定的标准。

1. 计时工资：5000 元 / 月；

2. 计件工资：____（70% 以上职工在正常工作时间内可以完成的，本项约定方为成立）；

3. 其他形式：____。

（二）乙方试用期工资为 4500 元 / 月（不得低于本条第一款约定工资的 80% 或单位同一岗位最低档工资的 80%，并不得低于本市最低工资标准）。

（三）甲方依法安排乙方加班的，应按《中华人民共和国劳动法》第四十四条的规定支付加班工资。

（四）工资必须以法定货币支付，不得以实物或其他有价证券等形式替代支付。

（五）甲方与乙方可以依法根据本单位的经营状况、物价指数情况，经过双方协商或者通过集体协商，确定工资正常增长的具体办法。

图 3–15　劳动合同关于劳动报酬约定的示例

续订劳动合同协议书

甲方 ×× 公司（法定代表人：×××，住所……）与乙方（身份证号码……）于 ×××× 年 ×× 月 ×× 日签订的《劳动合同》于 ×××× 年 ×× 月 ×× 日期限届满。经协商一致，双方同意续订劳动合同。续订的劳动合同从 ×××× 年 ×× 月 ×× 日起生效，并重新确定以下新的合同条款：

一、合同期限

续订的劳动合同期限采取以下第 ____ 种方式：

1. 有固定期限：从 ×××× 年 ×× 月 ×× 日起至 ×××× 年 ×× 月 ×× 日止。

2. 无固定期限：从 ×××× 年 ×× 月 ×× 日起至法定的终止条件出现时止。

3. 以完成一定的工作为期限：从 ×××× 年 ×× 月 ×× 日起至 __________ 工作任务完成时止，并以 ________ 为工作任务完成并终止合同的标志。

二、双方认为需要明确的其他事项

×××× 年 ×× 月 ×× 日签订的《劳动合同》中第十四条第二款第三项"特殊情况需岗位、地区变动时双方协调解决"修改为"由于甲方经营需要，甲方有权调整乙方的工作岗位或工作地点"。

图 3–16　续订劳动合同示例

试用期协议

甲方（用人单位）：× 公司，法定代表人：×××，住所……

乙方（劳动者）：张三，身份证号码……，住址……

根据国家法律法规以及本单位招聘管理办法，甲方招聘乙方为试用员工，双方在公平、自愿的基础上，经协商一致签订本协议，以资共同遵守。

一、试用期限为 2 个月，自 ×××× 年 ×× 月 ×× 日起至 ×××× 年 ×× 月 ×× 日止。

二、乙方的工作岗位为：销售部副经理。

三、乙方试用期工资为：8000 元 / 月，该工资标准不低于本单位相同岗位最低档工资的 80% 或者不低于劳动合同约定工资的 80%，且不低于甲方所在地的最低工资标准。试用期间业绩提成及工资发放，根据甲方现行的管理制度执行。

四、试用期间，根据甲方工作需要和乙方工作表现，甲方有权对乙方的工作岗位进行合理调整。

五、试用期间，乙方应认真履责，严格遵守甲方依法制定的各项规章制度，并根据甲方工作安排，保质保量完成各项工作任务。

图 3–17　试用期协议示例

六 工资支付凭证或记录

根据《工资支付暂行规定》第六条的规定，用人单位必须书面记录支付劳动者工资的数额、时间、领取者的姓名以及签字，并保存两年以上备查。用人单位在支付工资时应向劳动者提供一份其个人的工资清单。故履行劳动合同过程中，劳动者要注意监督或要求用人单位履行上述义务，如此才能生成工资支付凭证或记录等相关证据，才有利于维护自身权利。

在用工实践中，用人单位支付工资的方式主要有两种，一种是现金支付，另一种是转账。其中，转账方式包括银行转账、微信以及支付宝等电子转账方式。另外，部分单位在支付工资时发放工资表、工资条等，部分单位则不予发放。发放工资表、工资条时，也包括发放纸质的和通过电子邮箱、微信、QQ 等发放电子工资条等形式。

工资支付凭证或记录可以证明以下事项：

一是可以证明劳动关系主体。在一般情况下，工资支付主体和劳动关系的主体应当是一致的。如工资单、工资条、工资表上注明的单位名称（见图 3-18 至图 3-20）、单位相关人员的签名，银行转账记录上的“对方账号与户名”（见图 3-21），微信转账记录中的支付方，发放电子工资条的电子邮箱的所有者等。如果用人单位发放的工资支付记录不能显示支付主体，比如单位通过现金方式支付工资且未发放工资表、工资条等凭证，纸质工资条上无单位名称、签名等，那么劳动者就要注意采取其他手段辅助证明，如领取工资条时通过录音、录像、拍照等方式证明发放主体。通过转账方式支付工资时，可能是用私人账号、私人微信转账，此时要注意收集该人与用人单位之间存在一定关系的证据。劳动者在银行打印工资发放记录时，如果发现记录上无工资支付账号与户名等相关信息，可要求银行出具相关证明。此外，支付工资过程中所表现出来的特征可用于证明是否符合劳动关系的特征及认定标准。比如工资支付时间相对固定（每月的某个时间点或某个时间段支付工资），支付金额相对固定（每月的工资金额相差不大），那么就更符合劳动关系的特征。如果双方本意是建立承揽关系、劳务关系等非劳动关系，那么单位在支付相关报酬要加以注明，避免与支付“工资”相混淆。

二是工资支付时间可辅助证明劳动关系存续期间。无特殊情况时，工资支付时间与劳动关系存续期间应当是一致的。

三是工资单、工资台账等工资支付记录可以证明工资标准、工资结构、加班费计算基数及支付情况、未休年休假工资的计算基数及支付情况、解除或终止劳动关系前12个月内的平均工资等事项（见图3-18至图3-20）。劳动者和用人单位可根据案件实际情况适用工资清单证明相关内容。

要注意，工资支付银行流水清单一般反映的是实际支付的工资，即为代扣代缴社会保险费用、个人所得税、住房公积金等相关税费后的实发金额，但这些代扣代缴的项目本属于劳动者的工资范畴，故实发工资并不能准确反映工资标准。在计算相关工资标准时，要注意将代扣代缴的部分加进来。

××公司工资单

部门：________ 姓名 ________ 所属月份 ____ 计薪天数 ____

应发项目						应扣项目	
固定工资		综合补贴		高温费		养老保险（个人）	
基本工资		岗位津贴		月度奖金		失业保险（个人）	
职务工资		外勤补贴		季度奖金		医疗保险（个人）	
平时加班费		调动补贴		前期工资补发		住房公积金（个人）	
法定休假日加班费		探亲补贴		前期工资补扣		福利费扣款	
计件工资		住房补贴		缺勤扣款		其他扣款	
中班津贴		外派津贴		夜班津贴		工资个税	
应付工资				实发工资			
领取工资单签名：							

图3-18 工资单示例

××公司工资条

序号	姓名	所属年月	基本工资	岗位工资	应出勤时数	实际出勤时数	出勤工资	工作日延长工作时间加班费	休息日加班费	法定休假日加班费	绩效工资	住宿补贴	高温津贴	夜班补贴	缺勤扣发	应发工资	代扣社保	代扣公积金	代扣个人所得税	实发工资	员工确认签名

图 3–19　工资条示例

××公司＿＿年＿＿月工资表

序号	年月	姓名	劳动定额（件）	劳动定额内完成件数	劳动定额内计件单价	超额完成件数	超额件数单价	工作日延长工作时间加班费	休息日加班费	法定休假日加班费	高温津贴	应发工资合计	代扣社保	代扣公积金	代扣个人所得税	实发工资
注：如对以上工资情况有异议，请于收到本工资表后5日内书面向公司人事部提出。																

图 3–20　工资表示例

中国建设银行个人活期账户交易明细

卡号/账号……客户名称……币别：人民币/元　钞汇标志：钞　起始日期……截止日期……

	摘要	交易日期	交易金额	账户余额	商户/网点号及其名称	对方账户与户名
1	消费	……	……	……	……	……
2	账户管理费	……	……	……	……	……
3	自定义	……	……	工资	……	××有限公司
4	ATM 取款	……	……	……	……	……
5	消费	……	……	……	……	××有限公司
6	自定义	……	……	工资	……	……

图 3–21　发放工资的银行流水清单示例

七 考勤记录

劳动用工实务中，用人单位的考勤方式较多，如手工记录、打纸质卡、打指纹、人脸识别、微信定位等。不管采用哪种方式，都要注意留存相关证据。

考勤记录可以证明以下事项：

一是可以证明劳动关系主体及存续期间。一般而言，实施考勤的主体即是劳动关系的主体。因此，利用考勤记录证明劳动关系，要注意考勤记录上是否载明有相关主体信息，比如是否有用人单位的名称、盖章以及相关人员的签名等（见表 3-3、表 3-4）。如果考勤记录上没有用人单位主体信息，则需要通过其他手段辅助证明，比如在考勤时或者用人单位核对考勤记录时通过录音录像拍照等方式证明考勤主体。此外，在无特殊情况下，实施考勤期间和劳动关系存续期间应当一致。

二是证明休息休假情况。考勤记录可以用于证明有无加班情况以及加班的具体时间或时长、有无享受带薪年休假、产假、患病或因工负伤医疗期等休息休假待遇。如果考勤记录中没有相关休息休假的记录，劳动者可用于证明用人单位未安排休息休假。所以用人单位在安排休息休假时，要注意形成相关的记录。

此外，在未依法签订劳动合同的情况下，考勤记录还可用于证明应当支付未签订劳动合同的二倍工资的期间。

表 3-3　考勤登记表示例

××公司××××年××月考勤登记表

部门：＿＿＿＿＿　　　　本月法定工作日＿＿天　应勤工时＿小时

编号	姓名	日期 时间	1	2	3	4	5	6	7	8	9	10	11	12	13	14	15	16	17	18	19	20	21	22	23	24	25	26	27	28	29	30	31	出勤天数	缺勤工时	员工签名
1	张三	上午																																		
		下午																																		
		加班																																		
2	李四	上午																																		
		下午																																		
		加班																																		
3	王五	上午																																		
		下午																																		
		加班																																		

表 3-4　考勤明细表示例

××公司××××年××月××员工考勤明细表

部门	编号	姓名	日期	打卡次数	打卡时间
采购部	007	张三	2022年1月1日	0	—
采购部	007	张三	2022年1月2日	0	—
采购部	007	张三	2022年1月3日	2	08:55:34;18:05:45
采购部	007	张三	2022年1月4日	4	08:45:23;11:58:21;13:58:33;18:10:22

八 社会保险缴费记录、住房公积金缴费记录、个人所得税缴费清单

在用人单位依法为劳动者缴纳了社会保险、住房公积金的情况下，劳动者可查询打印相关缴费记录（见图 3-22 至图 3-24），在必要时作为证据使用。另外，用人单位应当代扣代缴劳动者的个人所得税，从而形成劳动者的个人所得税纳税记录。

社会保险缴费记录可证明以下事项：

一是劳动关系主体及存续期间。在无异地劳务派遣情形下，根据法律法规的规定，缴纳社会保险的主体与用人单位主体应当一致，缴纳社会保险的时间与劳动关系存续期间要一致。劳动者在职期间，要注意及时查询自己的社会保险缴费记录，如发现不一致，要及时维权，避免产生社会保险缴费主体、缴费期间与劳动关系主体以及实际存续期间不一致的情况。

二是可以证明累计工作年限及在本单位的工作年限。缴纳社会保险的期间，应计入劳动者的累计工作时间。而累计工作年限及在本单位的工作年限，与可享受的年休假天数、患病或非因工负伤的医疗期的期间、解除或终止劳动合同的经济补偿或赔偿金的补偿或赔偿年限、失业保险金的领取月数等事项，息息相关。故在发生相关争议需要证明工作年限问题时，可通过社会保险缴费记录予以证明。

三是可以证明工资情况以及用人单位是否按劳动者的实际工资缴纳社会保险费。社会保险缴费记录会载明缴费工资，如果用人单位是按劳动者的实际工资缴纳社会保险费，那么缴费记录就可以用于证明劳动者的工资标准。在用人单位未依据劳动者的实际工资缴纳社会保险费的情况下，可通过社会保险记录主张用人单位补缴相关费用，以及支付由此导致的养老、医疗、生育、失业、工伤保险待遇差额。

个人所得税纳税清单、住房公积金缴费记录，与上述社会保险费缴费记录有相似的证明作用。

く返回　收入纳税明细　批量申诉

收入合计 ⑦：230960.00元

已申报税额合计：7684.38元

工资薪金　2023-12
所得项目小类：正常工资薪金
扣缴义务人：
收入：15099.00元
已申报税额：560.73元

工资薪金　2023-11
所得项目小类：正常工资薪金
扣缴义务人：广州市　院
收入：15099.00元
已申报税额：560.73元

工资薪金　2023-10
所得项目小类：正常工资薪金
扣缴义务人：广州市　院
收入：19599.00元
已申报税额：1010.73元

工资薪金　2023-09
所得项目小类：正常工资薪金
扣缴义务人：广州市　院
收入：15099.00元
已申报税额：560.73元

劳务报酬　2023-08
所得项目小类：一般劳务报酬
扣缴义务人：广州　科技有...
收入：4000.00元
已申报税额：640.00元

图 3-22　个人所得税纳税记录示例

缴费历史明细表

个人编号： 姓名： 证件号码：

养老保险缴费月数： 现在单位名称：无

开始缴费日期	终止缴费日期	累计月数	缴费基数	各险种缴费历史						单位编号	单位名称	核定方式
				养老		失业		工伤（元）	生育（元）			
				单位缴费（元）	个人缴费（元）	单位缴费（元）	个人缴费（元）					
201109	201202	6	2018.00	1452.96	968.64	0.00	0.00	0.00	0.00	52065061	广州市 有限公司	正常
201109	201202	6	2725.00	0.00	0.00	0.00	0.00	0.00	138.96	52065061	广州市 有限公司	正常
201109	201202	6	1800.00	0.00	0.00	216.00	0.00	54.00	0.00	52065061	广州市 有限公司	正常
201306	201306	1	2873.00	0.00	0.00	0.00	0.00	0.00	24.42	55133997	广州市 人力资源服务有限公司	补收
201306	201306	1	2258.00	270.96	180.64	0.00	0.00	0.00	0.00	55133997	广州市 人力资源服务有限公司	补收
201306	201306	1	1550.00	0.00	0.00	23.25	7.75	7.75	0.00	55133997	广州市 人力资源服务有限公司	补收
201307	201310	4	2529.00	1213.92	809.28	0.00	0.00	0.00	0.00	55133997	广州市 人力资源服务有限公司	正常
201307	201310	4	3188.00	0.00	0.00	0.00	0.00	0.00	108.40	55133997	广州市 人力资源服务有限公司	正常
201307	201310	4	1550.00	0.00	0.00	74.40	31.00	31.00	0.00	55133997	广州市 人力资源服务有限公司	正常
201412	201412	1	2139.00	256.68	171.12	0.00	0.00	0.00	0.00	68049620	广东 科技股份有限公司	正常
201412	201504	5	1550.00	0.00	0.00	69.75	38.75	38.75	0.00	68049620	广东 科技股份有限公司	正常

图 3–23 社会保险缴费历史明细示例

住房公积金个人信息表

<table>
<tr><td colspan="6">单位名称及账号</td></tr>
<tr><td>姓名</td><td colspan="2"></td><td>公积金账号</td><td colspan="2"></td></tr>
<tr><td>个人编号</td><td colspan="2"></td><td>缴存状态</td><td colspan="2"></td></tr>
<tr><td>证件类型</td><td colspan="2"></td><td>证件号</td><td colspan="2"></td></tr>
<tr><td>开户日期</td><td colspan="2"></td><td>销户日期</td><td colspan="2"></td></tr>
<tr><td>销户网点</td><td colspan="2"></td><td>经办人代码</td><td colspan="2"></td></tr>
<tr><td>工资</td><td></td><td>缴存基数</td><td></td><td>单位缴存比例</td><td>8%</td></tr>
<tr><td>单位缴存额</td><td></td><td>个人缴存比例</td><td>8%</td><td>个人缴存额</td><td></td></tr>
<tr><td>缴至年月</td><td colspan="2"></td><td>上年结转余额</td><td colspan="2"></td></tr>
<tr><td>本年缴存额</td><td colspan="2">0.00</td><td>本年支取额</td><td colspan="2"></td></tr>
<tr><td>余额</td><td colspan="2"></td><td>其中定期余额</td><td colspan="2"></td></tr>
<tr><td>其中活期余额</td><td colspan="2">0.00</td><td>利息总额</td><td colspan="2"></td></tr>
<tr><td>公积金贷款余额</td><td colspan="2"></td><td>联系电话</td><td colspan="2"></td></tr>
</table>

打印日期：　　　　　　　　操作员：　　　　　　　　中心经办网点盖章：

图 3-24　住房公积金缴费信息示例

九 解除或终止劳动合同时的相关证据

在解除或终止劳动合同争议中，除工作年限、解除或终止劳动合同前 12 个月内劳动者的平均工资外，解除或终止劳动合同是否合法是双方诉争的焦点，也是证明的焦点。关于解除或终止劳动合同的合法性问题，请参阅本书第二讲“违法解除或终止劳动关系的赔偿金争议”专题中的相关内容。

一般而言，合法解除或终止劳动合同，应注意以下要点：（1）合法合理选择劳动合同的解除或终止方式；（2）解除或终止时应明确具体的理由及依据；（3）解除或终止事实及理由应符合法律法规规定；（4）严格依照法定程序解除或终止；（5）遵守法律法规限制解除情形的规定（如《劳动法》第二十九条、《劳动合同法》第四十二条的规定）。当发生解除或终止劳动合同是否合法的争议时，从举证角度而言，劳动者和用人单位双方要围绕着上述要点举证，以证明解除的违法性（对于劳动者而言）或合法性（对于用人单位而言）。

解除或终止劳动合同过程中形成的相关证据，比如向工会告知解除事宜的通知书（见图 3–25）、用人单位向劳动者作出的解除或终止劳动合同通知书（见图 3–26）、劳动者向用人单位作出的解除或终止劳动合同通知书（见图 3–27）等证据，一般能够证明实施解除或终止行为的主体、解除或终止的原因、解除或终止的依据、解除或终止的时间等事项。而对于相关主体是否有权解除或终止劳动合同、解除或终止劳动合同的理由是否成立及合法等事项，则需要进一步结合其他证据证明。例如，当用人单位以劳动者严重违反规章制度为由解除劳动合同时，如果劳动者对用人单位的规章制度不予认可，则用人单位需要进一步举证证明其规章制度符合《劳动合同法》第四条规定；当劳动者依据《劳动合同法》第三十八条解除劳动合同时，则需要进一步证明用人单位存在《劳动合同法》第三十八条所规定的相关情形，或由用人单位证明其不存在《劳动合同法》第三十八条规定的相关情形。

关于解除与 ×× 员工的劳动合同的通知函

×× 工会：

因 ××（劳动者姓名）存在……情形（写明解除劳动合同的原因，如严重违反公司规章制度），公司决定根据……（写明解除的法律法规及规章制度依据，如《中华人民共和国劳动合同法》第三十九条、《×× 公司员工手册》第七十条）的规定，与 ×× 劳动者解除劳动合同。

如工会认为有不妥之处，请在收到此函后 ×× 日内提出相关意见。如果工会在 ×× 日内没有复函，则视为工会同意公司的处理意见，公司将与 ×× 劳动者解除劳动合同。如有疑问，可联系 ×× 部门 ×× 人员，联系电话……

特此通知。

×× 公司

×××× 年 ×× 月 ×× 日

签收栏

本人（本单位）已经收到上述文件，并已知悉其内容。

签收人：

年　　月　　日

图 3-25　用人单位将解除劳动合同事宜通知工会示例

解除劳动合同通知书

××先生/女士：

依据《中华人民共和国劳动合同法》及其他法律法规的规定，因您存在下列事由（以勾选项为准），本公司决定依法解除此前您与公司订立的劳动合同（合同期限：××××年××月××日至××××年××月××日）：( )严重违反公司的规章制度；( )严重失职，营私舞弊，给用人单位造成重大损害；( )同时与其他用人单位建立劳动关系，对完成本公司的工作任务造成严重影响，或者经用人单位提出，拒不改正；( )因存在《中华人民共和国劳动合同法》第二十六条第一款第一项规定的情形致使劳动合同无效的；( )依法被追究刑事责任；( )其他。

双方劳动合同解除时间为××××年××月××日，您的薪资结算至××××年××月××日，请您于××××年××月××日前办理工作交接手续，逾期未办理的，相关法律后果由您承担。

××公司

××××年××月××日

员工签收签名：　　　　××××年××月××日

图3-26　用人单位解除劳动合同通知示例

解除劳动合同通知书

××公司（用人单位名称）：

因贵单位存在下列情形（以勾选项为准），本人现决定根据《中华人民共和国劳动合同法》第三十八条的规定从××××年××月××日起解除与贵单位的劳动合同：( )未按约定提供劳动保护或者劳动条件；( )未及时足额支付劳动报酬；( )未依法缴纳社会保险；( )单位规章制度违反法律法规的规定，损害了本人权益；( )其他。

根据《中华人民共和国劳动合同法》第四十六条的规定，贵单位应向本人支付解除劳动合同的经济补偿，如单位拒绝支付，本人将通过法律途径主张。

特此通知。

本人签名：

××××年××月××日

用人单位签收人：　　　　签收时间：

图3-27　劳动者解除劳动合同通知书示例

十 职业病诊断证明书、职业病鉴定书、工伤认定决定书、劳动能力鉴定意见、工伤保险待遇审核表等工伤（含职业病）系列证据

享受工伤保险待遇，以所受伤害被认定为工伤并经劳动能力鉴定为前提（工伤死亡时无须进行劳动能力鉴定）。具体的工伤保险待遇，需要根据伤残等级或是否工伤死亡确定。患职业病的，在工伤认定之前，还要经过职业病诊断、鉴定程序。

在职业病诊断及鉴定、工伤认定、劳动能力鉴定、劳动争议仲裁及诉讼等程序中，需要对确认劳动者职业史、职业病危害接触史相关的劳动关系存续期间、工种、工作岗位或者在岗时间等事实，受伤事实以及受伤原因、受伤程度，劳动功能障碍程度等事实，提交相关证据予以证明。例如，在职业病诊断及鉴定程序中，通过职业健康体检报告（见图 3–28）等证据，证明职业危害情况；在申请工伤认定时，通过职业病诊断证明书（见图 3–29）、职业病鉴定书（见图 3–30）等证据，证明自身所受伤害符合认定为工伤的情形；在劳动能力鉴定程序中，通过认定工伤决定书（见图 3–31、图 3–32）等证据，证明自身所受伤害已被认定工伤、受伤时间（决定停工留薪期的起始时间）等事实；在劳动争议仲裁及诉讼程序中，通过劳动能力鉴定意见（见图 3–33、图 3–34）、工伤待遇审核表（见图 3–35）等证据，证明劳动功能障碍程度、生活自理障碍程度、停工留薪期、工伤保险费缴费基数（与计算多项工伤保险待遇相关）、工伤保险金支付的待遇项目及具体金额等事实。

职业健康体检报告

登 记 号：
姓　　名：
性　　别：男
年　　龄：46 岁
单　　位：广州市　　　　　有限公司
工　　号：
部　　门：
类　　别：在岗期间
职业危害：硫化物
接害工龄：
总 工 龄：　　年
体检日期：

广东省工伤康复医院　　　　地址：广东省广州市白云大道北启德路 68 号　　电话：020−61789603

图 3−28　载明有危害因素等信息的职业健康体检报告示例

职业病诊断证明书

编号：

<table>
<tr><td>姓名</td><td></td><td>性别</td><td>男</td><td>身份证号码</td><td></td></tr>
<tr><td>用人单位名称</td><td colspan="5">××集团股份有限公司</td></tr>
<tr><td>职业病危害接触史</td><td colspan="5">2007年　月至2018年　月在　　　　股份有限公司当抛光工、搅拌工、抽灰工，工作中均接触矽尘，工龄11年3个月。
　　　　股份有限公司提供　　年12月　　日　　　　　车间工作场所粉尘TWA采样检测结果为：矽尘（总尘）0.35mg/m³，矽尘（呼尘）0.15mg/m³。</td></tr>
<tr><td colspan="6">诊断结论：职业性矽肺壹期</td></tr>
<tr><td colspan="6">处理意见：1. 脱离粉尘作业；
2. 1年后复查。

诊断医师：　　　　　　　　　　　　诊断机构：
（签名）　　　　　　　　　　　　　（公章）
2019年　　月　　日　　　　　　　　年　　月　　日</td></tr>
</table>

注：本职业病诊断证明书不用作劳动关系的证明。如对本诊断结论有异议，可以在接到本证明书30日内向广州市职业病诊断鉴定委员会申请职业病鉴定。

广州市职业病诊断鉴定委员会办公室地址：广州市人民中路388号

联系电话：020-81844041　　邮编：510180　　传真：020-81848872

图3-29　职业病诊断证明书示例

职业病鉴定书

穗卫职鉴　　号

<table>
<tr><td>姓名</td><td></td><td>性别</td><td>男</td><td>身份证号码</td><td></td></tr>
<tr><td>用人/单位名称</td><td colspan="5">有限公司</td></tr>
<tr><td>职业病
危害
接触史</td><td colspan="5">（劳动者）　与　（用人单位）　　有限公司共同确认的职业史：　年　月至　年　月、　年　月至　年　月、　年　月至　年　月分别在该公司从事抛光、搅拌、抽灰工作，工作中接触粉尘、噪声等。</td></tr>
<tr><td colspan="6">申请鉴定主要理由：
（用人单位）　　有限公司（用人单位）对广州市职业病防治院　年　月　日作出的“穗职诊　　号”职业病诊断结论有异议，申请首次鉴定。</td></tr>
<tr><td colspan="6">鉴定依据：
（劳动者）有生产性矿物性粉尘职业接触史，其X射线后前位胸片（片号：　，拍摄日期：　年　月　日）符合尘肺壹期影像学改变。依据《中华人民共和国职业病防治法》《职业病诊断与鉴定管理办法》《职业性尘肺病的诊断》（GBZ 70—2015），职业病鉴定专家组认为，维持原职业病诊断结论。</td></tr>
<tr><td colspan="6">鉴定结论：
职业性矽肺壹期

广州市职业病诊断鉴定委员会
年　月　日</td></tr>
</table>

注：1. 根据《中华人民共和国职业病防治法》和《职业病诊断与鉴定管理办法》的规定，如当事人对设区的市级职业病鉴定结论不服的，可以在接到职业病鉴定之日起 15 日内向广东省职业病鉴定办公室申请再鉴定。

2. 广东省职业病鉴定办公室联系方式：广州市惠福西路进步里 2 号　020-81854026

图 3-30　职业病鉴定书示例

广州市白云区人力资源和社会保障局

编号：

认定工伤决定书

申请人： 有限公司

职工姓名： 性别：男 身份证号码：

用人单位： 有限公司

职业/工种/工作岗位：制板工人 事故地点：单位内

事故时间： 年 月 日 申请日期： 年 月 日

职业病诊断结论：职业性矽肺壹期。

年 月 日受理 有限公司的工伤认定申请后，根据提交的材料调查核实情况如下：(劳动者)于 年 月至 年 月、 年 月至 年 月、 年 月至 年 月分别在 有限公司从事抛光、搅拌、抽灰工作，工作中接触粉尘、噪声等。 年 月 日经广州市职业病诊断鉴定委员会鉴定为："职业性矽肺壹期。"

(劳动者) 患职业病，符合《广东省工伤保险条例》第九条第四项之规定，属于工伤认定范围，现予以认定为工伤。

如对本工伤认定决定不服的，可自接到本决定书之日起60日内向广州市人力资源和社会保障局（地址：广州市越秀区连新路43号，电话：83359656）或者广州市白云区人民政府(地址：广州市白云区大金钟路25号，电话：36500250)申请行政复议，或者于6个月内向广州铁路运输法院提起行政诉讼。

（工伤认定专用章）

年 月

注：本通知一式四份，社会保险行政部门、职工或者其近亲属、用人单位、社会保险经办机构各留存一份。

图 3–31 认定工伤决定书（因职业病）示例

广州市天河区人力资源和社会保障局

编号：　　　　号

认定工伤决定书

申请人：

职工姓名：　　性别：男　身份证号码：

用人单位：　　有限公司

职业/工种/工作岗位：骑手　事故地点：天河区

事故时间：　年　月　日　申请日期：　年　月　日

工伤伤情（或职业病）诊断结论：肋骨骨折；腹部损伤；胸部损伤；上肢开放性伤口；下肢损伤；肺挫伤

　　年　月　日受理（劳动者）的工伤认定申请后，根据提交的材料调查核实情况如下：　　在上班途中发生交通事故受伤。

（劳动者）同志受到的事故伤害（或患职业病），符合《广东省工伤保险条例》第九条第六项之规定，属于工伤认定范围，现予以认定（或视同）为工伤。

如对本工伤认定决定不服的，可自接到本决定书之日起60日内向广州市人力资源和社会保障局或广州市天河区人民政府申请行政复议（地址和电话：广州市越秀区连新路43号，020-83359656；广州市天河区龙口东路210号，电话：38805613）申请行政复议，或者于6个月内向广州铁路运输法院提起行政诉讼（地址和电话：广州市荔湾区花地大道中68号荔胜广场南塔8-15号，020-37890824）提起行政诉讼。

（工伤认定专用章）

2022年08月03日

注：本通知一式四份，社会保险行政部门、职工或者其近亲属、用人单位、社会保险经办机构各留存一份。

图 3-32　认定工伤决定书（因事故伤害）示例

广州市劳动能力鉴定委员会

编号：   号

初次鉴定（确认）意见书

被鉴定人：
身份证号：
用人单位：   有限公司
发生工伤或被诊断、鉴定为职业病的时间：   年   月   日
工伤认定部位或诊断：肋骨骨折；腹部损伤；胸部损伤；上肢开放性伤口；下肢损伤；肺挫伤

根据《劳动能力鉴定 职工工伤与职业病致残等级》国家标准，经鉴定，劳动功能障碍等级为拾级。

根据《劳动能力鉴定 职工工伤与职业病致残等级》国家标准和《广东省工伤保险条例》第十七条第三款，经鉴定，生活自理障碍等级为未达级。

根据《工伤保险条例》、《广东省工伤保险条例》和《广东省职工外伤、职业病医疗终结鉴定标准》，确认停工留薪期 2022 年 3 月 21 日至 2022 年 8 月 20 日。

工伤职工及其近亲属或用人单位对本结论书中“劳动功能障碍等级”“生活自理障碍等级”不服的，一是可以自收到本结论书之日起 15 日内向本委员会申请复查；对复查鉴定不服的，可以自收到复查鉴定结论之日起 15 日内向广东省劳动能力鉴定委员会申请再次鉴定；二是可以自收到本结论书之日起 15 日内向广东省劳动能力鉴定委员会申请再次鉴定。

广州市劳动能力鉴定委员会
2022 年 08 月 30 日

注：本结论书一式四份，工伤职工、用人单位、社会保险经办机构、本委员会各一份。

图 3–33　劳动能力鉴定意见（因事故伤害）示例

广州市劳动能力鉴定委员会

编号：　　　　号

初次鉴定（确认）意见书

被鉴定人：
身份证号：
用人单位：　　　　　有限公司
发生工伤或被诊断、鉴定为职业病的时间：　　年　月　日
工伤认定部位或诊断：职业性矽肺壹期。

根据《劳动能力鉴定 职工工伤与职业病致残等级》国家标准，经鉴定，劳动功能障碍等级为柒级。

根据《劳动能力鉴定 职工工伤与职业病致残等级》国家标准和《广东省工伤保险条例》第十七条第三款，经鉴定，生活自理障碍等级为未达级。

根据《工伤保险条例》、《广东省工伤保险条例》和《广东省职工外伤、职业病医疗终结鉴定标准》，确认停工留薪期2019年2月25日至2019年3月24日。

根据《工伤保险条例》和《广东省工伤保险条例》，确认2019年5月20日至2020年12月1日，关于职业性矽肺壹期的治疗不属于工伤复发，但属于原工伤部位的继续治疗，且存在医疗依赖。

工伤职工及其近亲属或用人单位对本结论书中“劳动功能障碍等级”“生活自理障碍等级”不服的，一是可以自收到本结论书之日起15日内向本委员会申请复查；对复查鉴定不服的，可以自收到复查鉴定结论之日起15日内向广东省劳动能力鉴定委员会申请再次鉴定；或可以自收到本结论书之日起15日内向广东省劳动能力鉴定委员会申请再次鉴定。

广州市劳动能力鉴定委员会
（印章：广州市劳动能力鉴定委员会 业务专用章（1））
20[illegible]08日

注：本结论书一式四份，工伤职工、用人单位、社会保险经办机构、本委员会各一份。

图3–34　劳动能力鉴定意见（因职业病）示例

工伤待遇审核表

待遇台账日期：

单位所属区：

单位编号：

单位名称：

个人编号		姓名		身份证号码	
工伤时间		伤残等级	伤残六级	护理级别	无护理依赖
是否存在发生工伤后的补缴行为	否	与工伤发生所在单位保留劳动关系	是	一次性计发扣减月数	0
待遇开始时间		工伤人员状态		先行支付类型	非先行支付
待遇项目及金额	一次性伤残补助金	108224.0 元	一次性医疗补助金	0 元	补发退发
	伤残津贴	一次性 / 按月领取	护理费	一次性 / 按月领取	0.00 元
		0 元		0 元	
	支付合计：	108224.0 元			
发放账户信息	待遇发放银行户名				
	待遇发放银行账号			开户行名称	
一级至四级伤残职工待遇申请及待遇发放情况	参保人待遇享受方式	不属于 1 ~ 4 级工残			
	医疗费征缴方式				
	伤残津贴和护理费领取方式	一次性领取			

图 3–35　工伤待遇审核表示例

十一 病历资料

在享受患病或非因工负伤的医疗期待遇，支付工伤医疗费、住院伙食补助费、停工留薪期内的护理待遇等时，需要使用相关的病历资料来证明是否符合享受相关待遇的条件。例如，病历资料中的入院及出院时间（见图 3-36），可证明住院天数进而证明工伤待遇中住院伙食补助费的标准；病历资料中的医嘱或诊断意见（见图 3-36）、医院诊断证明书（见图 3-37）等证据，可证明是否可以享受患病或非因工负伤的医疗期或停工留薪期内的护理待遇等；病历资料中的医疗费用及其项目，可在工伤医疗费、医疗保险待遇损失等争议中，证明相关医疗费的具体项目及金额。

出院小结

姓名：　　　科室：　骨关节外科　　床号：　　住院号：

性别：　女　　年龄：　岁　单位：　　有限公司

入院日期：2018-08-16　　　　第 1 次住院

出院日期：2019-01-14　　　　共住院 151 天

入院诊断：左股骨颈骨折内固定术后

入院时情况：

患者因"摔倒致左髋部疼痛、活动受限术后5个月"入院。查体：缓慢拄拐步行，左下肢未负重，骨盆外形无异常，左髋外下方见手术切口疤痕，左髋外侧压痛（+），VAS评分2-3/10分，叩击痛（+），左下肢纵向叩击痛（-），骨盆分离征及挤压征（-），左侧"4"字征（+），左腹股沟中点压痛（+），左髋关节内旋外旋活动受限，屈伸活动受限；左下肢肌肉萎缩，肌群肌力下降，约3+级，左下肢无明显缩短畸形，右足背动脉搏动正常，左下肢末梢血运、运动及感觉良好。辅助检查：中医院大学第一附属医院2018年8月7日左髋关节X线检查示：左股骨颈骨折内固定术后复查：左股骨颈骨折端对位对线良好，骨折线较稍模糊，可见骨痂生长，左股骨头形态尚可，内固定无明显松动、断裂。

住院经过：

入院后完善相关检查：三大常规未见明显异常、　　传染病检查未见特殊异常；2018年8月17日X线示：1. 左中下肺纤维灶；双肺纹理增多、增粗，紊乱，请结合临床；胸椎左侧弯畸形；2. 左股骨颈骨内固定术后，左股骨颈头下见模糊骨折线，股骨颈短缩折端稍嵌插，局部骨质密度增高。心电图示正常。B超示肝、胆囊、脾脏、胰腺未见明显异常。2018年8月27日CT检查示左股骨颈骨折内固定术后改变，左股骨颈缩短，断端稍嵌插，骨折端骨痂形成，骨折线仍较明显。完善相关初评后，予行：1. PT：关节松动训练、运动疗法及牵伸技术、等长肌力训练等；2. OT：左下肢功能训练、作业疗法等；3. 中医针灸，艾灸、红外线治疗、中药热奄包治疗；4. 理疗：低频脉冲电治疗、中频脉冲电治疗、超激光疼痛治疗；5. 综合康复护理与康复训练指导；6. 临床药物活血化瘀、消炎镇痛、促进骨折愈合等对症支持治疗。2018-10-15因左髋关节及术口区周围疼痛予银质针治疗。2019年1月3日复查CT检查示左股骨颈骨折内固定术后改变，左股骨颈缩短，断端稍嵌插，骨折端可见骨痂生长，较前未见明显变化。

出院情况：

患者精神食欲可，睡眠一般，未诉特殊不适，二便正常。查体：缓慢拄拐步行，左下肢已部分负重，左髋外侧压痛（+），VAS评分2-3/10分，叩击痛（-），左侧"4"字征（+），左腹股沟中点压痛（+），左髋关节内旋外旋，屈伸活动受限；左下肢肌肉萎缩，肌群肌力下降，约4+级。

出院诊断：

左股骨颈骨折内固定术后骨折延迟愈合。

出院医嘱：

1. 建议继续行左髋关节活动度及左下肢肌群肌力训练；2. 注意训练强度，避免引起二次损伤；3. 建议半年后复查CT查看骨折愈合情况；4. 建议休息一个月；5. 门诊随诊；6. 出院带药：恒古骨伤愈合剂 25ml 隔天一次 口服 1盒、骨松宝颗粒 1袋 每天三次 口服 3盒；消痛贴膏 2贴 敷患处 每日1次 2盒；白脉软膏 10g 敷患处 每日1次 5支；7. 住院期间陪护1人；

上级医师：　　　　住院医师：

记录日期：

图 3-36　载明住院期间、出院医嘱等信息的病历资料示例

广 东 省 工 伤 康 复 医 院
出 院 诊 断 证 明 书

姓名：　　　　性别：女　　年龄：岁　　住院号：　　　　科 室：

入院日期：2019-11-04　　出院日期：2020-01-17　　住院天数：74 天

出院诊断：

左股骨颈骨折内固定术后骨折延迟愈合。

出院后建议：

1．门诊随诊；2．加强左下肢肌群肌力和活动灵活性康复训练；3．股骨颈骨折后存在股骨头坏死可能，建议定期复查CT或者MRIT查看股骨头情况；4．预防摔跤意外；5．建议休息1个月；6．出院带药：氟比洛芬凝胶贴膏(辅) 2盒 2贴 外用。

复诊信息：吴武副主任医师专家门诊，每周一上午。科室医生办公室电话：020-6178 9093。

广东省工伤康复医院 未经本院盖章无效 诊断专用章 (1)

医师：

日期：

图 3–37　医院诊断证明书示例

十二 录音录像、手机短信、QQ或微信等即时通信聊天记录、电子邮件等电子数据证据

视听资料和电子数据是《民事诉讼法》第六十六条所规定的两种法定证据种类，而且《最高人民法院关于适用〈中华人民共和国民事诉讼法〉的解释》还对视听资料和电子数据的定义以及表现形式作出了规定。根据该司法解释第一百一十六条的规定：视听资料包括录音资料和影像资料；电子数据是指通过电子邮件、电子数据交换、网上聊天记录、博客、微博客、手机短信、电子签名、域名等形成或者存储在电子介质中的信息；存储在电子介质中的录音资料和影像资料，适用电子数据的规定。《最高人民法院关于民事诉讼证据的若干规定》第十四条还规定："电子数据包括下列信息、电子文件：（一）网页、博客、微博客等网络平台发布的信息；（二）手机短信、电子邮件、即时通信、通讯群组等网络应用服务的通信信息；（三）用户注册信息、身份认证信息、电子交易记录、通信记录、登录日志等信息；（四）文档、图片、音频、视频、数字证书、计算机程序等电子文件；（五）其他以数字化形式存储、处理、传输的能够证明案件事实的信息。"

通过上述规定，相信大家对视听资料和电子数据的具体范围已经有了较为清晰的认识，在这里不再过多解释。这里补充说明视听资料。视听资料在现实中的表现形式常见的有通过录音笔、手机等形成的录音，通过数码相机形成的录音、录像，监控录像等。另外，关于视听资料和电子数据，要提醒各位读者注意以下四个问题：

第一，并非所有以录音、影像、音频、视频等方式呈现的材料就是视听资料或电子数据。比如，以录音、录像、音频、视频等方式记录的证人所说的话，就不属于视听资料或电子数据，而属于证人证言。既然属于证人证言，那么在证据提交、质证以及证据审核认定上，就要适用与视听资料和电子数据不同的规定。比如，对于证人证言，一般要求证人出庭作证。因此，对于以录音、录像、电子信息呈现的材料，首先要分清楚其属于哪类证据。至于怎么区分，笔者认为可以从形成时间、制作主体、记载内容等方面着手。比如，如果是在案件事实过程中形成的，反映相关事实发生当时的情况，一般就是视听资料或电子数据。

第二，视听资料和电子数据之间也要注意区分。如根据《最高人民法院关于适用〈中华人民共和国民事诉讼法〉的解释》的规定，存储在电子介质中的录音资料和影像资料，适用电子数据的规定。比如，同样是存储在手机中的“声音”，如果是微信聊天语音，就属于电子数据；如果是通话录音，或者通过手机录制的谈话内容，那就属于视听资料。

第三，形成视听资料或电子数据的过程中，不要违法犯罪。我国明令禁止销售、购买或者使用部分录音摄像器材，如针孔摄像机；特殊监视监听设备只有法定职能部门才能使用；任何个人和组织都不得非法持有、使用窃听、窃照等专用间谍器材；刑事法律中规定有“非法使用窃听、窃照专用器材罪”。因此，在形成视听资料或电子数据的过程中，不要侵害他人合法权益，不要违反国家法律法规的强制性规定。

第四，注意保留视听资料和电子数据的原件或原始载体。原件或原始载体，对于质证以及证据的审核认定均有重要意义，因此要注意保留。

十三 证人证言

证人证言在劳动争议中运用也比较广泛，劳动者和用人单位都经常用到。特别是劳动者一方，因为生成、收集、提交书证、物证、视听资料、电子数据等证据的能力相对较弱，所以发生争议打官司时，经常运用证人证言证明相关事实。但实践证明，广大劳动者和用人单位在运用证人证言时，往往存在一些误区。比如，不及时申请证人出庭作证，证人证言的形式不符合法律要求等。

关于证人资格问题，《民事诉讼法》第七十五条规定："凡是知道案件情况的单位和个人，都有义务出庭作证。有关单位的负责人应当支持证人作证。不能正确表达意思的人，不能作证。"《最高人民法院关于民事诉讼证据的若干规定》第六十七条规定："不能正确表达意思的人，不能作为证人。待证事实与其年龄、智力状况或者精神健康状况相适应的无民事行为能力人和限制民事行为能力人，可以作为证人。"

关于瑕疵证人证言的补强规则及证人证言的证明力问题，根据法律法规的规定，与一方当事人或者其代理人有利害关系的证人陈述的证言，当事人的陈述，不能单独作为认定案件事实的依据。此外，物证、档案、鉴定意见、勘验笔录或者经过公证、登记的书证，其证明力一般大于其他书证、视听资料和证人证言；证人提供的对与其有亲属或者其他密切关系的当事人有利的证言，其证明力一般小于其他证人证言。

根据《民事诉讼法》第七十六条、《最高人民法院关于民事诉讼证据的若干规定》第七十六条的规定，除存在"因健康原因不能出庭"、"因路途遥远，交通不便不能出庭"、"因自然灾害等不可抗力不能出庭"以及"其他有正当理由不能出庭"的情形之一，经人民法院许可，可以通过书面证言、视听传输技术或者视听资料等方式作证的外，经人民法院通知，证人应当出庭作证；证人确有困难不能出庭作证，申请以书面证言、视听传输技术或者视听资料等方式作证的，应当向人民法院提交载明有不能出庭的具体原因的申请书。根据《最高人民法院关于民事诉讼证据的若干规定》第六十八条的规定：人民法院应当要求证人出庭作证，接受审判人员和当事人的询问，但证人在审理前的准备阶段或者人民法院调查、询问等双方当事人在场时陈述证言的，视为出庭作证；双方当事人同意证人以其他方式作证并经人民法院准许的，证人可以不出庭作证；无正当理由未出庭的证人以书面等方式提供的证言，不得作为认定案件事实的根据。可见，除存在法律规定的特别情形外，证人出庭作证是证人证言产生相应法律效力的条件之一。

根据《最高人民法院关于适用〈中华人民共和国民事诉讼法〉的解释》第一百一十七条，《最高人民法院关于民事诉讼证据的若干规定》第六十九条、第七十条的规定：证人出庭作证包括当事人申请人民法院通知和人民法院依职权通知两种方式。未经人民法院通知，证人不得出庭作证，但双方当事人同意并经人民法院准许的除外。当事人申请证人出庭作证的，应当在举证期限届满前向人民法院提交申请书，申请书应当载明证人的姓名、职业、住所、联系方式，作证的主要内容，作证内容与待证事实的关联性，以及证人出庭作证的必要性（申请书可参考本书第九讲“解决劳动争议要会写文书——常用法律文书及制作方法”中“通知证人出庭作证申请书”样式制作）。但如果当事人申请证人出庭作证的事项与待证事实无关，或者没有通知证人出庭作证的必要，人民法院不予准许当事人的申请。对于存在“涉及可能损害国家利益、社会公共利益”“涉及身份关系”“涉及民事诉讼法第五十八条规定诉讼”“当事人有恶意串通损害他人合法权益可能”“涉及依职权追加当事人、中止诉讼、终结诉讼、回避等程序性事项”的情形之一，人民法院可以依职权通知证人出庭作证。

《最高人民法院关于适用〈中华人民共和国民事诉讼法〉的解释》第一百一十九条、第一百二十条，《最高人民法院关于民事诉讼证据的若干规定》第七十一条、第七十七条规定了证人具结制度。根据前述规定，人民法院在证人出庭作证前应当告知其如实作证的义务以及作伪证的法律后果，责令其签署保证书并在法庭上宣读保证书的内容，但无民事行为能力人和限制民事行为能力人作为证人的除外。证人经人民法院准许，以书面证言方式作证的，应当签署保证书；以视听传输技术或者视听资料方式作证的，应当签署保证书并宣读保证书的内容。证人拒绝签署保证书的，不得作证，并自行承担相关费用。证人确有正当理由不能宣读保证书的，由书记员代为宣读并进行说明。证人签署保证书适用法律法规关于当事人签署保证书的规定，证人保证书的内容适用当事人保证书的规定。

对于证人作证方式及询问证人问题，根据《最高人民法院关于民事诉讼证据的若干规定》第七十二条至第七十四条的规定：证人应当客观陈述其亲身感知的事实，作证时不得使用猜测、推断或者评论性语言。证人作证前不得旁听法庭审理，作证时不得以宣读事先准备的书面材料的方式陈述证言。证人言辞表达有障碍的，可以通过其他表达方式作证。证人应当就其作证的事项进行连续陈述。当事人及其法定代理人、诉讼代理人或者旁听人员不得干扰证人陈述，否则人民法院会予以制止，必要时可以依照《民事诉讼法》的相关规定进行处罚。审判人员可以对证人进行询问，当事人及其诉讼代理人经审判人员许可后可以询问证人，询问证人时其他证人不得在场，人民法院认为有必要的，可以要求证人之间进行对质。

关于证人作证的保障、保护及伪证制裁问题，根据《民事诉讼法》第七十七条,《最高人民法院关于适用〈中华人民共和国民事诉讼法〉的解释》第一百一十八条,《最高人民法院关于民事诉讼证据的若干规定》第七十五条、第七十八条的规定：证人因履行出庭作证义务而支出的交通、住宿、就餐等必要费用（按照机关事业单位工作人员差旅费用和补贴标准计算），以及误工损失（按照国家上年度职工日平均工资标准计算），由败诉一方当事人负担。当事人申请证人作证的，由该当事人先行垫付；当事人没有申请，人民法院通知证人作证的，由人民法院先行垫付。证人出庭作证后，可以向人民法院申请支付证人出庭作证费用。证人有困难需要预先支取出庭作证费用的，人民法院可以根据证人的申请在出庭作证前支付。当事人及其诉讼代理人对证人的询问与待证事实无关，或者存在威胁、侮辱证人或不适当引导等情形的，审判人员应当及时制止，必要时可以依照《民事诉讼法》的相关规定进行处罚。证人故意作虚假陈述，诉讼参与人或者其他人以暴力、威胁、贿买等方法妨碍证人作证，或者在证人作证后以侮辱、诽谤、诬陷、恐吓、殴打等方式对证人打击报复的，人民法院应当根据情节，依照《民事诉讼法》的规定，对行为人进行处罚。

《劳动人事争议仲裁办案规则》第十八条规定：“争议处理中涉及证据形式、证据提交、证据交换、证据质证、证据认定等事项，本规则未规定的，可以参照民事诉讼证据规则的有关规定执行。”故在劳动争议仲裁中，对于证人证言问题，《劳动争议调解仲裁法》《劳动人事争议仲裁办案规则》等法律法规无专门规定的，可适用民事诉讼证据规则的有关规定，如当事人在劳动争议仲裁中申请证人出庭作证的，应当在仲裁举证期限内提出。

第四讲

维护劳动权利

应合理选择法律途径

——兼谈主管（受案范围）制度

当发生劳动争议或劳动权利被侵害时，首先要清楚有哪些维护权利的途径，进而根据自身情况采取相应的法定方法。我们经常见到的情况是，劳动者或用人单位欲解决相关争议，维护自身合法权益，却采取了不当的途径，找错了主管部门，或者没有合理利用法律赋予的维权方法，从而导致跑冤枉路，甚至争议最终未能有效解决。因此，解决劳动争议，维护劳动权利，首先要弄清楚相关的法律途径。

一 协商和解

通过协商解决争议在日常生活及劳动关系领域其实很常见，经常有用人单位和劳动者签订相关协议解决某项争议。通过协商解决劳动争议，主要依靠当事人懂法守法、互谅互让、诚实守信。协商解决劳动争议的主要好处在于不伤和气、省时省力、不过分影响劳动者生活以及用人单位的生产经营秩序，构建和谐的劳动关系。

立法对用人单位和劳动者达成的相关和解协议也赋予了相关的法律效力，主要有以下规定：

《企业劳动争议协商调解规定》第十一条规定："协商达成一致，应当签订书面和解协议。和解协议对双方当事人具有约束力，当事人应当履行。经仲裁庭审查，和解协议程序和内容合法有效的，仲裁庭可以将其作为证据使用。但是，当事人为达成和解的目的作出妥协所涉及的对争议事实的认可，不得在其后的仲裁中作为对其不利的证据。"

《最高人民法院关于审理劳动争议案件适用法律问题的解释（一）》第三十五条规定："劳动者与用人单位就解除或者终止劳动合同办理相关手续、支付工资报酬、加班费、经济补偿或者赔偿金等达成的协议，不违反法律、行政法规的强制性规定，且不存在欺诈、胁迫或者乘人之危情形的，应当认定有效。前款协议存在重大误解或者显失公平情形，当事人请求撤销的，人民法院应予支持。"

根据上述规定，和解协议对当事人具有约束力，但和解协议不具有强制执行力，即当事人不可以凭和解协议向人民法院申请执行。和解协议在仲裁中可以作为证据使用，证明相关事实，但当事人为达成和解的目的作出妥协所涉及的对争议事实的认可，不得在其后的仲裁中作为对其不利的证据，也可以理解为当事人为达成和解协议所作出的让步不构成“自认”。和解协议不违反法律、行政法规的强制性规定，且不存在欺诈、胁迫或者乘人之危情形的，应当认定有效。“应当认定有效”即意味着裁判机关可以采信该协议，并依据协议进行裁判。例如，对于解除劳动合同的经济补偿，双方协商并达成和解协议支付 8 万元，因未履行而进入仲裁及诉讼程序，即使依法计算应支付 10 万元的经济补偿，但裁判机关很有可能会依据双方的协议而裁判支付 8 万元，因为在协商过程中，当事人已对自己的权利作出处分。

另外，如果和解协议存在重大误解或者显失公平情形，可以向劳动争议仲裁机构或人民法院申请撤销。对于以上条文中涉及的“欺诈”“胁迫”“乘人之危”“重大误解”“显失公平”的认定，以及民事行为的效力、撤销权的行使等相关问题，须根据《民法典》的相关规定加以把握。

二 申请调解

调解是双方当事人在有关调解组织的调处下处理争议的一种方式。在我国，劳动争议调解组织主要包括企业劳动争议调解委员会、依法设立的基层人民调解组织、在乡镇和街道设立的具有劳动争议调解职能的组织。此外，在劳动争议仲裁和诉讼程序中，也可进行调解，而且调解是劳动争议仲裁的必经程序，所以我们可以看到几乎每一份仲裁裁决书中都会写上“本案经调解无效”这样一句话。

可适用调解方式解决的争议类型比较广泛，一般而言，凡是在履行劳动合同、集体合同，执行劳动保障法律、法规和企业劳动规章制度等方面产生的争议，都可向相关调解组织申请调解，但要注意以下问题：

第一，根据《劳动法》第十八条、《劳动合同法》第二十六条的规定，对劳动合同无效或者部分无效有争议的，由劳动争议仲裁机构或者人民法院确认，故劳动合同无效或部分无效的争议一般不适用调解。

第二，根据《最高人民法院关于适用〈中华人民共和国民事诉讼法〉的解释》第一百四十三条的规定，身份关系确认案件以及其他根据案件性质不能进行调解的案件，不得调解。根据《劳动人事争议仲裁办案规则》第七十五条的规定，对于确认劳动关系的调解协议的仲裁审查申请，仲裁委员会不予受理。故对于确认劳动关系问题，建议一般也不适用调解。

除劳动争议仲裁机构和人民法院出具的调解书外，其他调解组织经调解而形成的调解书都没有强制执行力，一方当事人不履行时，另一方当事人不可向人民法院申请强制执行。因此，对于非劳动争议仲裁机构和人民法院出具的调解书，建议当事人最好通过申请仲裁审查调解协议、向人民法院申请司法确认等方式，将达成的调解协议赋予强制执行效力，对自身的权利更有保障。

《劳动人事争议仲裁办案规则》第七十四条至第七十九条,《企业劳动争议协商调解规定》第二十七条第二款、第二十八条第二款规定了调解协议的劳动争议仲裁审查。就调解协议申请仲裁审查，要注意以下六个问题：

一是要注意《劳动人事争议仲裁办案规则》第七十八条所规定的仲裁委员会不予制作调解书的情形。对于具有“违反法律、行政法规强制性规定”“损害国家利益、社会公共利益或者公民、法人、其他组织合法权益”“当事人提供证据材料有弄虚作假嫌疑”“违反自愿原则”“内容不明确”情形之一的调解协议，以及具有其他不能制作调解书的情形的调解协议，仲裁委员会不予制作调解书。不予制作调解书，即表明调解协议不符合或违反法律法规的规定，因此在调解过程中以及签订调解协议时，要注意避免出现上述情形。

二是要由双方当事人共同向劳动争议机构提出申请，不能只一方当事人提出。

三是应当在自调解协议生效之日起 15 日内提出，不要超过申请期限。

四是要向有管辖权的仲裁委员会提出申请。仲裁委员会的管辖划分要注意查询当地的具体规定。

五是应当提交符合法律法规规定的资料。即应当提交仲裁审查申请书、调解协议和身份证明、资格证明以及其他与调解协议相关的证明材料，并提供双方当事人的送达地址、电话号码等联系方式。

六是对于达成的确认劳动关系的调解协议，建议不用提出审查申请，仲裁委员会一般不会受理。

《人民调解法》第三十三条,《民事诉讼法》第二百零五条、第二百零六条,《最高人民法院关于适用〈中华人民共和国民事诉讼法〉的解释》第三百五十一条至第三百五十八条规定了调解协议的申请司法确认。根据上述规定，申请司法确认调解协议，要注意以下问题：

一是要注意人民法院不予受理或应当裁定驳回调解协议司法确认申请的情形。如果调解协议具有“不属于人民法院受理范围”“不属于收到申请的人民法院管辖”“涉及适用其他特别程序、公示催告程序、破产程序审理”“调解协议内容涉及物权、知识产权确权”等情形之一，人民法院不予受理司法确认调解协议申请；受理申请后发现有上述不予受理情形的，会裁定驳回当事人的申请。如果调解协议具有“违反法律强制性规定”“损害国家利益、社会公共利益、他人合法权益”“违背公序良俗”“违反自愿原则”等情形之一，人民法院会裁定驳回申请。因此，当事人在调解过程中，首先要注意不要有上述情形。

二是要由双方当事人共同向人民法院提出申请，不能只一方当事人提出；可以由当事人本人提出申请，也可以由符合法定条件的代理人提出申请。

三是应当在自调解协议生效之日起 30 日内提出，不要超过申请期限。

四是要向有管辖权的人民法院提出申请。如果人民法院邀请调解组织开展先行调解，向作出邀请的人民法院提出申请；如果调解组织自行开展调解，向当事人住所地、标的物所在地、调解组织所在地的基层人民法院提出；调解协议所涉纠纷应当由中级人民法院管辖的，向相应的中级人民法院提出；如果调解组织自行开展的调解，有两个以上调解组织参与，符合法律规定的各调解组织所在地人民法院均有管辖权；如果双方当事人共同向两个以上有管辖权的人民法院提出申请，由最先立案的人民法院管辖。

五是申请形式上，书面和口头都可以。口头申请的，人民法院应当记入笔录，并由当事人签名、捺印或者盖章。

六是要提交符合法律法规规定的材料。申请司法确认调解协议，应当向人民法院提交调解协议、调解组织主持调解的证明，以及与调解协议相关的财产权利证明等材料，并提供双方当事人的身份、住所、联系方式等基本信息。当事人在申请时未提交上述材料的，或者人民法院认为根据提交的材料还有疑义的，应当在人民法院指定的期限内补交材料或补充陈述，否则人民法院可以按撤回申请处理。

七是应当按人民法院的要求共同到场对案件进行核实，以及根据人民法院的要求限期补充陈述或者补充证明材料。

八是要注意人民法院依法确认调解协议无效后的救济途径。如果人民法院依法确认调解协议无效，当事人可以通过调解方式变更原调解协议或者达成新的调解协议，也可以向人民法院提起诉讼。

另外，《人力资源社会保障部、最高人民法院关于劳动人事争议仲裁与诉讼衔接有关问题的意见（一）》第一条规定了劳动人事争议仲裁委员会对调解协议仲裁审查申请不予受理或者经仲裁审查决定不予制作调解书，以及人民法院不予确认调解协议后，后续的法律途径应当如何进行的问题，相关内容详见本讲“申请劳动争议仲裁及提起诉讼”专题。

三 向劳动保障行政部门投诉或举报

向劳动行政部门投诉或举报也是维护劳动权利的途径之一。此处的劳动行政部门应作广义理解，应包括劳动保障监察部门（如各地的劳动保障监察支队 / 中队 / 大队）、社会保险征缴机构等。且对于部分劳动纠纷问题，如补缴社会保险费，在我国部分地区，只能通过向劳动行政部门投诉的方式解决，劳动争议仲裁和诉讼不受理补缴社会保险的争议。

相较于仲裁和诉讼，通过投诉方式维护劳动权利，在举证责任上并无严格要求，某些问题不需要当事人提交相关证据，反而劳动行政部门可以主动调查取证，调取的证据还可以在仲裁或诉讼阶段使用。

和劳动争议仲裁机构以及人民法院的处理结果为作出相关裁判文书不同，劳动行政部门的主要处理结果为作出行政处理决定和行政处罚决定。在执行方面，和生效的裁判文书由当事人向人民法院申请强制执行不同，当事人对劳动保障行政部门作出的行政处罚决定、责令支付劳动者工资报酬、赔偿金或者征缴社会保险费等行政处理决定逾期不履行的，劳动保障行政部门可以申请人民法院强制执行，或者依法强制执行。

对于投诉结果的救济途径，比如对劳动行政部门不予立案处理、逾期不作出处理结果、作出的行政处理决定或行政处罚决定等不服，可以提起行政复议或行政诉讼。

提请注意的是，违反劳动保障法律、法规或者规章的行为在两年内未被劳动保障行政部门发现，也未被举报、投诉的，劳动保障行政部门不再查处。该两年的期限，自违反劳动保障法律、法规或者规章的行为发生之日起计算；违反劳动保障法律、法规或者规章的行为有连续或者继续状态的，自行为终了之日起计算。因此，投诉或举报要及时。

不是所有的劳动侵权行为或劳动争议都适合用投诉的方式解决，劳动保障监察有其特定的主管范围。对于劳动保障监察的主管范围问题，我们先了解不属于其职权范围或处理范围的事项。

《劳动保障监察条例》第二十一条规定："用人单位违反劳动保障法律、法规或者规章，对劳动者造成损害的，依法承担赔偿责任。劳动者与用人单位就赔偿发生争议的，依照国家有关劳动争议处理的规定处理。对应当通过劳动争议处理程序解决的事项或者已经按照劳动争议处理程序申请调解、仲裁或者已经提起诉讼的事项，劳动保障行政部门应当告知投诉人依照劳动争议处理或者诉讼的程序办理。"

《人力资源社会保障部关于实施〈劳动保障监察条例〉若干规定》第十六条规定："下列因用人单位违反劳动保障法律行为对劳动者造成损害，劳动者与用人单位就赔偿发生争议的，依照国家有关劳动争议处理的规定处理：（一）因用人单位制定的劳动规章制度违反法律、法规规定，对劳动者造成损害的；（二）因用人单位违反对女职工和未成年工的保护规定，对女职工和未成年工造成损害的；（三）因用人单位原因订立无效合同，对劳动者造成损害的；（四）因用人单位违法解除劳动合同或者故意拖延不订立劳动合同，对劳动者造成损害的；（五）法律、法规和规章规定的其他因用人单位违反劳动保障法律的行为，对劳动者造成损害的。"第十七条规定："劳动者或者用人单位与社会保险经办机构发生的社会保险行政争议，按照《社会保险行政争议处理办法》处理。"上述规定中的"有关劳动争议处理的规定"主要是指协商、调解、仲裁、诉讼的相关规定。即对于上述事项或争议，劳动保障监察部门不予处理。

除上述排除性规定外，对于其他事项，一般可通过劳动保障监察处理。关于劳动保障监察可处理的具体问题或事项，主要规定于《劳动法》《劳动合同法》《劳动合同法实施条例》《劳动保障监察条例》等法律法规中，请各位读者注意掌握。

四 申请劳动争议仲裁及提起诉讼

劳动争议仲裁及诉讼是解决劳动争议的重要机制，是依法对劳动争议在事实上作出判断、在权利义务上作出处理的两种法律制度。

劳动争议仲裁，是指劳动争议仲裁机构根据当事人的申请，居中处理劳动争议的一种程序。相较于协商、调解以及劳动保障监察，劳动争议仲裁的程序性更强，一般要经过申请、立案、送达、答辩、庭前准备、开庭审理、裁决等步骤，与诉讼程序相类似。但相较于诉讼，劳动争议仲裁审理期限更短，某些程序更灵活。

在仲裁处理过程中，如果调解成功，仲裁机构会出具调解书，该调解书具有强制执行力，一方不履行的，另一方可向人民法院申请强制执行。如果调解不成功，则要依法作出仲裁裁决。

对于劳动争议仲裁机构作出的仲裁裁决，期满当事人均不起诉或申请撤销的，则裁决书发生法律效力，一方当事人不履行的，另一方当事人可申请强制执行。

符合法定条件时，当事人可向人民法院提起诉讼以解决劳动争议及维护劳动权利。可向人民法院提起诉讼的劳动争议包括以下情形：

1. 根据《最高人民法院关于审理劳动争议案件适用法律问题的解释（一）》第十五条的规定，劳动者以用人单位的工资欠条为证据直接向人民法院起诉，诉讼请求不涉及劳动关系其他争议的，视为拖欠劳动报酬争议，按照普通民事纠纷受理。即此类争议无须劳动争议仲裁前置，当事人可以直接提起诉讼。

2. 根据《最高人民法院关于审理劳动争议案件适用法律问题的解释（一）》第五十一条、《人力资源社会保障部、最高人民法院关于劳动人事争议仲裁与诉讼衔接有关问题的意见（一）》第一条的规定，当事人在《劳动争议调解仲裁法》第十条规定的调解组织主持下仅就劳动报酬争议达成调解协议，用人单位不履行调解协议确定的给付义务，劳动者直接提起诉讼的，人民法院可以按照普通民事纠纷受理。

3. 根据《最高人民法院关于审理劳动争议案件适用法律问题的解释（一）》第十三条、《人力资源社会保障部、最高人民法院关于劳动人事争议仲裁与诉讼衔接有关问题的意见（一）》第一条的规定，因支付拖欠劳动报酬、工伤医疗费、经济补偿或者赔偿金事项达成调解协议，用人单位在协议约定期限内不履行的，劳动者持调解协议书依法向人民法院申请支付令，但被人民法院裁定终结督促程序后，劳动者可以依据调解协议直接向人民法院提起诉讼，人民法院应予受理；或就前述调解协议依据《民事诉讼法》的规定共同向人民法院申请司法确认，人民法院不予确认，劳动者依据调解协议直接提起诉讼的，人民法院应予受理。也就是说，因拖欠劳动报酬、工伤医疗费、经济补偿或者赔偿金事项达成调解协议而用人单位在协议约定期限内不履行的，劳动者可以先行申请支付令，或申请司法确认，如果通过申请支付令或申请司法确认可以解决问题，自然就不用再申请劳动争议仲裁或提起诉讼；如果通过申请支付令或申请司法确认不能解决问题，则可以直接起诉而不必先行申请劳动争议仲裁；但如果不申请支付令且不申请司法确认，则需要先行申请劳动争议仲裁，对仲裁结果不服的再行起诉。

4. 劳动争议仲裁委员会接受劳动争议仲裁申请后，不予受理或者逾期未作出是否受理决定的，申请人可以就该劳动争议事项向人民法院提起诉讼。但劳动争议仲裁委员会不予受理后，不要盲目提起诉讼，要注意区分不同情况具体把握，并注意以下五个方面：

第一，如果仲裁委员会是以主体不适格为由不予受理，那么就要认真研究主体是否适格，确属主体错误的，则变更主体再行申请仲裁，否则，起诉后人民法院经审查确属主体不适格的，照样裁定不予受理或者驳回起诉。

第二，如果仲裁委员会以无管辖权为由不予受理，一般情况下会向申请人作出书面说明并告知申请人向有管辖权的仲裁委员会申请仲裁，申请人可以按仲裁委员会的说明，向有管辖权的仲裁委员会提出仲裁申请。但如果申请人不按说明申请仲裁，而是坚持起诉到人民法院的，人民法院会作如下处理：经审查认为该劳动争议仲裁委员会对案件确无管辖权的，应当告知当事人向有管辖权的劳动争议仲裁委员会申请仲裁；经审查认为该劳动争议仲裁委员会有管辖权的，应当告知当事人申请仲裁，并将审查意见书面通知该劳动争议仲裁委员会，劳动争议仲裁委员会仍不受理，当事人就该劳动争议事项提起诉讼，人民法院应予受理。因此，当仲裁委员会以无管辖权为由不予受理后，要再仔细研究一下劳动争议仲裁的管辖问题。

第三，如果仲裁委员会以没有明确的仲裁请求及事实理由为由不予受理，就要依据“主体明确、定性明确、定量明确”的原则，再次审查自身的仲裁请求及事实理由是否明确，如果确属不明确，应当明确后再申请劳动争议仲裁，否则，对于不明确的诉讼请求，人民法院也不会受理。

第四，如果仲裁委员会以不属于劳动争议，或不属于劳动争议仲裁的受案范围为由不予受理，不要放弃提起诉讼，因为起诉后，即使人民法院也认为不属于劳动争议，但属于人民法院主管的其他争议，人民法院也会受理。

第五，如果仲裁委员会是依据“一事不再理”的原则不予受理，那么就要仔细审查自身的情况是否构成“一事不再理”。构成“一事不再理”的，人民法院不会受理；已经受理的，除法律、司法解释另有规定外，裁定驳回起诉。“一事不再理”的构成要件，除《劳动人事争议仲裁办案规则》第三十四条的规定外，还有《最高人民法院关于适用〈中华人民共和国民事诉讼法〉的解释》第二百四十七条的规定，即当事人就已经提起诉讼的事项在诉讼过程中或者裁判生效后再次起诉，同时符合下列条件的，构成重复起诉：“（一）后诉与前诉的当事人相同；（二）后诉与前诉的诉讼标的相同；（三）后诉与前诉的诉讼请求相同，或者后诉的诉讼请求实质上否定前诉裁判结果。”当事人重复起诉的，裁定不予受理；已经受理的，裁定驳回起诉，但法律、司法解释另有规定的除外。但该解释第二百四十八条同时规定，裁判发生法律效力后，发生新的事实，当事人再次提起诉讼的，人民法院应当依法受理。因此，当事人要否定“一事不再理”的，需要证明发生了新的事实。

5. 因劳动争议仲裁逾期未结案而提起诉讼。根据法律法规的规定，劳动争议仲裁应当自受理仲裁申请之日起45日内结案，案情复杂需要延期的，经仲裁委员会主任或者其委托的仲裁院负责人书面批准，可以延期，但延长期限不得超过15日，且应书面通知当事人。逾期未作出仲裁裁决的，当事人可以就该劳动争议事项向人民法院提起诉讼，并应当提交该仲裁机构出具的受理通知书或者其他已接受仲裁申请的凭证、证明。当事人因仲裁庭逾期未作出仲裁裁决而提起诉讼且人民法院立案受理的，仲裁委员会应当决定终止审理该案件；当事人未就该争议事项向人民法院提起诉讼的，仲裁委员会应当继续处理。但根据《劳动人事争议仲裁办案规则》第四十六条的规定：仲裁庭追加当事人或者第三人的，仲裁期限从决定追加之日起重新计算；申请人需要补正材料的，仲裁委员会收到仲裁申请的时间从材料补正之日起重新计算；当事人增加、变更仲裁请求的，仲裁期限从受理增加、变更仲裁请求之日起重新计算；仲裁申请和反申请合并处理的，仲裁期限从受理反申请之日起重新计算；案件移送管辖的，仲裁期限从接受移送之日起重新计算；中止审理期间、公告送达期间不计入仲裁期限内。关于可以终止审理的情形，规定在该办案规则第四十七条中。

另外要注意，根据《最高人民法院关于审理劳动争议案件适用法律问题的解释（一）》第十二条的规定，当事人以劳动争议仲裁机构逾期未作出受理决定或仲裁裁决为由直接提起诉讼，如果劳动争议仲裁中存在“移送管辖”“正在送达或送达延误”“等待另案诉讼结果、评残结论”“正在等待劳动争议仲裁机构开庭”“启动鉴定程序或者委托其他部门调查取证”“其他正当事由”等情况，人民法院不予受理。因此，要注意把握是否可以提起诉讼的具体情况，同时要注意根据《劳动人事争议仲裁办案规则》第四十六条、第四十七条的规定把握仲裁审理期限。

6. 不服仲裁裁决而起诉。劳动争议仲裁裁决分为终局裁决和非终局裁决，裁决内容同时涉及终局裁决和非终局裁决的，应当分别制作裁决书，并告知当事人相应的救济权利。另外，劳动争议仲裁可以对案件中一部分事实已经清楚的事项先行裁决，还可以依据当事人的申请对符合法定条件的（当事人之间权利义务关系明确、不先予执行将严重影响申请人的生活）追索劳动报酬、工伤医疗费、经济补偿或者赔偿金的案件裁决先予执行，并移送人民法院执行。针对上述不同类型的裁决，当事人不服的，可依法采取不同的救济途径。

第一，对于终局裁决，劳动者不服的，可以自收到仲裁裁决书之日起 15 日内向人民法院提起诉讼；用人单位不服的，则不能起诉，而是可以自收到仲裁裁决书之日起 30 日内向劳动争议仲裁委员会所在地的中级人民法院申请撤销该终局裁决。根据《最高人民法院关于审理劳动争议案件适用法律问题的解释（一）》第二十一条的规定：如果劳动者对终局裁决向基层人民法院提起诉讼，同时用人单位向中级人民法院申请撤销终局裁决，则中级人民法院应不予受理；但如果劳动者被人民法院驳回起诉或者劳动者撤诉，用人单位可以自收到人民法院的裁定书之日起 30 日内，向劳动争议仲裁机构所在地的中级人民法院申请撤销仲裁裁决。

第二，对于非终局裁决，劳动者或用人单位不服的，均可以自收到仲裁裁决书之日起 15 日内向人民法院提起诉讼。

第三，如果劳动人事争议仲裁委员会作出的同一仲裁裁决同时包含终局裁决事项和非终局裁决事项，当事人对仲裁裁决不服，该怎么处理呢？根据《最高人民法院关于审理劳动争议案件适用法律问题的解释（一）》第二十条的规定，此时应当按非终局裁决处理，即意味着劳动者和用人单位都可以针对该裁决在法定期限内提起诉讼。

第四，如果仲裁裁决书未载明该裁决为终局裁决或非终局裁决，用人单位该怎么办呢？根据《最高人民法院关于审理劳动争议案件适用法律问题的解释（一）》第十八条的规定，此时由人民法院审查判断：如果人民法院经审查认为该仲裁裁决为非终局裁决，则由基层人民法院受理用人单位的起诉；如果人民法院经审查认为该仲裁裁决为终局裁决，则由中级人民法院受理用人单位撤销仲裁裁决的申请。因此，对于用人单位而言，面对一份没有载明属于终局裁决还是属于非终局裁决的仲裁裁决书，向基层人民法院起诉或者向中级人民法院申请撤销都可以，起诉或申请后，由人民法院审查确认按哪种程序处理。

第五，对于仲裁机构作出的先行裁决，当事人不服的，根据该裁决属于终局裁决还是非终局裁决，按照上述介绍的方法采取相应的救济途径。

第六，对于仲裁裁决先予执行，当事人不服依法提起诉讼的，人民法院不予受理。用人单位不履行先行裁决中的给付义务，劳动者依法申请强制执行的，人民法院应予受理。如果事后证明仲裁裁决先予执行错误，可通过执行回转的方式解决。执行回转按《民事诉讼法》以及相关司法解释的规定操作。

第七，根据《最高人民法院关于审理劳动争议案件适用法律问题的解释（一）》第九条的规定：劳动争议仲裁机构仲裁的事项不属于人民法院受理的案件范围，当事人不服依法提起诉讼的，人民法院不予受理；已经受理的，裁定驳回起诉。但事实上，人民法院的受案范围要宽于劳动争议仲裁的受案范围，如果不属于人民法院的受案范围，往往也不属于劳动争议仲裁的受案范围。在此种情况下，如果当事人认为仲裁机构超过其受案范围处理案件，可以向作出裁决的仲裁机构申请撤销该仲裁案件。如果人民法院不予受理，当事人又不向仲裁机构申请撤销该案件，那么仲裁裁决是否生效呢？关于该问题，法律法规未明确规定。笔者认为，如果仲裁机构确实处理了不属于其受案范围的争议，那么裁决不应该生效，仲裁机构自身发现问题后，应当予以纠正；如果进入执行程序，对方当事人可在执行程序中提出异议，进而由执行法院处理。

此外，劳动争议仲裁机构作出仲裁裁决后，当事人对裁决中的部分事项不服，依法提起诉讼的，劳动争议仲裁裁决整体不发生法律效力，即使当事人接受的裁决事项，也不发生法律效力。但集体劳动争议中，只是部分劳动者不服起诉的，仲裁裁决对未起诉的部分劳动者发生法律效力。

诉讼程序包括一审、二审、审判监督等程序，当事人应根据具体情况提起相应的程序。

虽然劳动仲裁争议仲裁及诉讼是解决劳动争议的重要机制，但不是所有与劳动权利相关的诉求都可以通过仲裁及诉讼主张和实现，劳动争议仲裁及诉讼有其特定的受案范围，只有在其受案范围内的争议类型及权利诉求，才会被立案受理。《劳动人事争议仲裁办案规则》第三十条以及《民事诉讼法》第一百二十二条以及相关司法解释对此均有明确规定。

实践中的争议类型多种多样，在诉讼中，根据不同的争议类型，划分了不同的案由。在一般情况下，人民法院的受案范围，也就是人民法院处理的争议类型，比劳动争议仲裁的受案范围广泛，劳动争议仲裁主要只处理劳动争议。

根据《最高人民法院关于审理劳动争议案件适用法律问题的解释（一）》第六条的规定：劳动争议仲裁机构以不属于劳动争议为由不予处理，当事人不服提起诉讼的，人民法院经审查认为属于劳动争议的，不能让当事人再行申请劳动争议仲裁，而是应当立案受理；经审查认为不属于劳动争议，但属于人民法院主管的其他类型的案件，如合同纠纷、侵权纠纷等，人民法院应当受理。经审查认为不属于人民法院主管的争议类型的，则不予受理。

《劳动争议调解仲裁法》第二条、《劳动人事争议仲裁办案规则》第二条、《最高人民法院关于审理劳动争议案件适用法律问题的解释（一）》第一条，总体规定了劳动争议仲裁及诉讼的受案范围。上述规定涉及的争议类型主要包括：确认劳动关系争议，订立、履行、变更、解除和终止劳动合同争议，除名、辞退和辞职、离职争议，工作时间、休息休假、社会保险、福利、培训以及劳动保护争议，返还劳动合同定金、保证金、抵押金、抵押物争议，办理劳动者的人事档案、社会保险关系等移转手续争议，养老金损失争议，企业自主进行改制引发的争议，法律、法规规定的其他劳动争议。

上述规定比较概括，而在申请仲裁或提起诉讼时，当事人要提出明确具体的仲裁请求或诉讼请求，因此，在实务中，要根据当事人提出的请求判断是否属于仲裁机构和人民法院的受案范围。在发生争议后，当事人欲通过劳动争议仲裁及诉讼途径解决争议的，要学会提出属于仲裁及诉讼受案范围的请求。比如，对于“确认劳动关系争议”，仲裁及诉讼请求一般为“请求确认 ××（劳动者）与 ××（用人单位）之间于 ×××× 年 ×× 月 ×× 日至 ×××× 年 ×× 月 ×× 日存在劳动关系”。

根据《劳动法》第十八条及《劳动合同法》第二十六条的规定，确认合同无效或部分无效的争议，属于劳动争议仲裁机构及人民法院的受案范围，同时该类争议也只能由劳动争议仲裁机构和人民法院处理，劳动行政部门无权处理，也不能通过调解解决。其中，劳动合同部分无效，是指劳动合同中的某些条款，比如关于工资标准、工作时间、休息休假、试用期、工作地点、社会保险等事项的部分条款，因违反法律法规的强制性规定或具有其他无效的情形而无效。

《劳动法》第八十九条、第九十五条、第九十七条、第九十八条、第一百零二条,《劳动合同法》第八十条、第九十五条,《劳动保障监察条例》第二十一条,《人力资源社会保障部关于实施〈劳动保障监察条例〉若干规定》第十六条等所规定的应当承担赔偿责任的争议或侵权事项，一般属于劳动争议仲裁及诉讼的受案范围。在这些法律条文中，列明了一些争议或侵权情形，规定由劳动行政部门给予某种处理措施，并作出诸如“造成损害的，应当承担赔偿责任”之类的规定。这种规定模式表明，对于相关的争议或侵权情形，未造成相关损害的，可以向劳动行政部门投诉或举报；如果造成了相关损害，主张损害赔偿，属于劳动争议仲裁及诉讼的受案范围，而劳动行政部门对损害赔偿则不会处理（通过《劳动保障监察条例》第二十一条、《人力资源社会保障部关于实施〈劳动保障监察条例〉若干规定》第十六条的规定可以体现出来）。

当事人主张损害赔偿时，要根据法律法规的规定提出明确的损害赔偿请求。比如,《劳动法》第八十九条规定:“用人单位制定的劳动规章制度违反法律、法规规定的，由劳动行政部门给予警告，责令改正；对劳动者造成损害的，应当承担赔偿责任。”据此可提出的具体仲裁请求或诉讼请求为:“请求 ×× 单位赔偿因其制定的劳动规章制度违反法律、法规规定而造成的损害 ×× 元。”

综合上述相关条文的规定，下列损害赔偿争议，属于仲裁机构和人民法院的受案范围：用人单位的规章制度违法给劳动者造成的损害，用人单位违反法律法规对女职工和未成年工的保护规定造成的损害，劳动合同无效造成的损害，用人单位招用尚未解除劳动合同的劳动者对原用人单位造成的经济损失，劳动者违法解除劳动合同对用人单位造成的经济损失，用人单位提供的劳动合同文本未载明法律法规规定的劳动合同必备条款或者用人单位未将劳动合同文本交付劳动者给劳动者造成的损害，未依法订立书面劳动合同或无固定期限劳动合同的二倍工资，违法约定试用期的赔偿金，用人单位违法以担保或者其他名义向劳动者收取财物、扣押劳动者档案或者其他物品给劳动者造成的损害，以暴力、威胁或者非法限制人身自由的手段强迫劳动给劳动者造成的损害，违章指挥或者强令冒险作业危及劳动者人身安全给劳动者造成的损害，侮辱、体罚、殴打、非法搜查或者拘禁劳动者给劳动者造成的损害，劳动条件恶劣、环境污染严重给劳动者造成的损害，用人单位未依法向劳动者出具解除或者终止劳动合同的书面证明给劳动者造成的损害，劳动者违反劳动合同中约定的保密义务或者竞业限制给用人单位造成的损失，劳务派遣单位、用工单位违反法律法规有关劳务派遣规定给劳动者造成的损害，不具备合法经营资格的用人单位的违法犯罪行为给劳动者造成损害，等等。

非全日制用工所产生的争议可以属于劳动争议仲裁机构及人民法院的受案范围，但要求从事非全日制用工的劳动者及用人单位属于劳动法意义上的劳动者和用人单位，否则，双方之间不构成劳动关系，相关争议不能按劳动争议处理规定执行。比如，如果是劳动者向家庭或个人提供非全日制劳动，因为家庭或个人不是劳动法意义上的用人单位，双方产生的争议不属于劳动争议，不属于劳动争议仲裁机构的受案范围，但可能属于人民法院的受案范围，可以依法提起民事诉讼解决相关争议。

年休假、工资支付、执行最低工资标准、工伤待遇、非法用工损害赔偿、失业保险待遇、生育保险待遇等方面的争议，属于劳动争议仲裁机构和人民法院的受案范围。另外，凡是法律法规中规定按“劳动争议处理”的争议事项，一般都可以依法申请劳动争议仲裁及提起诉讼，劳动争议仲裁机构和人民法院应当受理。

根据《劳动和社会保障部办公厅关于劳动争议案中涉及商业秘密侵权问题的函》的规定：用人单位与劳动者通过劳动合同或专门的协议约定了保守商业秘密的事项，由于劳动者未履行，造成用人单位商业秘密被侵害而发生劳动争议，属于劳动争议仲裁机构及人民法院的受案范围。双方未约定，用人单位主张劳动者侵权的，则该侵权纠纷不属于劳动争议仲裁机构的受案范围，但属于人民法院的受案范围。

根据《最高人民法院关于安徽省高级人民法院关于李向阳等十人与亳州市烟草专卖局劳动争议纠纷一案的请示的复函》的规定，安置单位与退伍义务兵就安置问题产生的争议，不属于劳动争议，不是劳动人事争议仲裁机构及人民法院的受案范围。但安置或形成事实劳动关系后，因工资、保险及福利待遇等劳动权利义务发生争议的，则属于劳动人事争议仲裁机构及人民法院处理劳动争议的范围。

根据《最高人民法院关于审理劳动争议案件适用法律问题的解释（一）》第二条的规定，下列纠纷不属于劳动争议，即不属于人民法院受理劳动争议的范围："（一）劳动者请求社会保险经办机构发放社会保险金的纠纷；（二）劳动者与用人单位因住房制度改革产生的公有住房转让纠纷；（三）劳动者对劳动能力鉴定委员会的伤残等级鉴定结论或者对职业病诊断鉴定委员会的职业病诊断鉴定结论的异议纠纷；（四）家庭或者个人与家政服务人员之间的纠纷；（五）个体工匠与帮工、学徒之间的纠纷；（六）农村承包经营户与受雇人之间的纠纷。"上述争议亦不属于劳动争议仲裁的受案范围。

五 申请支付令

部分劳动争议，可以不经申请劳动争议仲裁，而通过向人民法院申请支付令的方式解决。如果人民法院发出了支付令，债务人（如用人单位）应当自收到支付令之日起15日内清偿债务，或者向人民法院提出书面异议。债务人自收到支付令之日起15日内不提出异议又不履行支付令的，债权人（如劳动者）可以向人民法院申请执行。

《劳动合同法》第三十条、《劳动争议调解仲裁法》第十六条、《最高人民法院关于适用〈中华人民共和国民事诉讼法〉的解释》第四百二十七条规定了可以申请支付令的劳动争议类型，以及人民法院受理支付令的条件。其中，要注意自身有无对待给付义务、债务人（劳动争议中一般为用人单位）是否下落不明（实践中用人单位“跑路”的情况下可能不适合申请支付令）、人民法院有无管辖权等与支付令的受理条件相关的事项。

《民事诉讼法》第二百二十八条，《最高人民法院关于适用〈中华人民共和国民事诉讼法〉的解释》第四百三十八条、第四百三十九条，《最高人民法院关于审理劳动争议案件适用法律问题的解释（一）》第十三条规定了支付令失效后，后续程序如何开展和处理的问题。在一般民事争议中，支付令失效后，自动转入诉讼程序，如果申请支付令的一方当事人不同意提起诉讼，应当自收到终结督促程序裁定之日起7日内向受理申请的人民法院提出，未向受理申请的人民法院表明不同意提起诉讼的，视为向受理申请的人民法院起诉。但在劳动争议中，如果是因用人单位拖欠或者未足额支付劳动报酬，劳动者依据《劳动合同法》第三十条第二款规定申请支付令，被人民法院裁定终结督促程序后，劳动者则不能直接起诉，而应先行申请劳动争议仲裁；如果因支付拖欠劳动报酬、工伤医疗费、经济补偿或者赔偿金事项达成调解协议，用人单位在协议约定期限内不履行，劳动者依据《劳动争议调解仲裁法》第十六条规定申请支付令被人民法院裁定终结督促程序后，则劳动者可依据调解协议直接向人民法院提起诉讼。

《民事诉讼法》第十七章、《最高人民法院关于适用〈中华人民共和国民事诉讼法〉的解释》第十九部分等规定了支付令具体操作程序，申请支付令的过程中，要按相关规定行事。

六 申请先行支付医疗费用或工伤保险待遇

向社会保险行政部门申请先行支付医疗费用及工伤保险待遇，可以使劳动者生病或受工伤后及时得到救治，或者及时享受相关待遇，有利于充分维护劳动者的权益。

关于申请先行支付医疗费的问题，《社会保险法》第三十条、《社会保险基金先行支付暂行办法》第二条规定了向基本医疗保险基金申请先行支付医疗费用的条件。

根据上述规定，向基本医疗保险基金申请先行支付医疗费用，应同时满足两项条件：一是已经参加基本医疗保险；二是由于第三人的侵权行为造成伤病，医疗费用依法应当由第三人负担，第三人不支付或者无法确定第三人。未依法参加医疗保险的，不可申请先行支付，但可通过提起民事诉讼的途径向第三人追偿医疗费。

另外，根据《社会保险基金先行支付暂行办法》第二条的规定，超过第三人责任部分的医疗费用，由基本医疗保险基金按照国家规定支付。因此，当用人单位未依法为劳动者参加医疗保险时，可以由医疗保险基金支付的部分，劳动者可通过投诉、申请劳动争议仲裁及提起诉讼的方式主张由用人单位承担。

关于申请先行支付工伤保险待遇的问题。工伤问题中，申请由社会保险基金先行支付有三种类型：一是向医疗保险基金申请先行支付工伤医疗费，二是向工伤保险基金申请先行支付工伤医疗费，三是向工伤保险基金申请先行支付工伤保险待遇。

在这里，首先要明确一点，申请先行支付的工伤保险待遇（包括工伤医疗费）的项目，是在参加了工伤保险的情况下应当由工伤保险基金支付的项目。对于即使参加了工伤保险但应由用人单位支付的工伤保险待遇项目，比如停工留薪期工资、一次性伤残就业补助金等，不可申请先行支付，而应当通过调解、仲裁及诉讼等劳动争议处理途径解决。

三种先行支付分别有不同的前提条件及操作程序。向医疗保险基金申请先行支付工伤医疗费的前提条件是：（1）由于第三人的侵权行为造成伤病，第三人不支付工伤医疗费用或者无法确定第三人；（2）工伤职工已依法参加基本医疗保险。注意，向医疗保险基金申请先行支付医疗费用时，不需要已被认定为工伤。

向工伤保险基金申请先行支付工伤医疗费的前提条件是：（1）由于第三人的侵权行为造成伤病，第三人不支付工伤医疗费用或者无法确定第三人；（2）所受伤害被认定为工伤，即应当先行进行工伤认定。

向工伤保险基金申请先行支付工伤保险待遇的条件是：（1）所受伤害被认定为工伤，即应当先行进行工伤认定。另外，除工伤死亡外，工伤保险待遇要依据伤残等级确定，故笔者认为，还应当先行进行劳动能力鉴定。（2）工伤职工所在用人单位未依法缴纳工伤保险费（已依法缴纳工伤保险费的，由工伤保险基金支付工伤保险待遇即可，无须申请先行支付）。（3）存在"用人单位被依法吊销营业执照或者撤销登记、备案""用人单位拒绝支付全部或者部分费用""依法经仲裁、诉讼后仍不能获得工伤保险待遇，法院出具中止执行文书""职工认为用人单位不支付的其他情形"之一的情形。从上述条件可以看出，申请医疗保险基金和工伤保险基金先行支付，只在部分情形下适用，不是所有情况下都可成功申请先行支付。

另外还要注意，申请先行支付，应当提交法律法规所规定的材料。个人申请先行支付医疗费用、工伤医疗费用或者工伤保险待遇的，应当提交所有医疗诊断、鉴定等费用的原始票据等证据。个人因向第三人或者用人单位请求赔偿需要医疗费用、工伤医疗费用或者工伤保险待遇的原始票据等证据的，可以向社会保险经办机构索取复印件，并将第三人或者用人单位赔偿情况及时告知社会保险经办机构。

申请先行支付，应遵循诚实信用原则，不得以欺诈、伪造证明材料或者其他手段骗取社会保险待遇，否则由社会保险行政部门责令退回骗取的社会保险金，处骗取金额 2 倍以上 5 倍以下的罚款；获得先行支付的相关待遇后，又从第三人或者用人单位处获得医疗费用、工伤医疗费用或者工伤保险待遇的，应当主动退还，拒不退还的，社会保险经办机构可以从以后支付的相关待遇中扣减其应当退还的数额，或者向人民法院提起诉讼。

社会保险经办机构依法先行支付工伤保险待遇后，用人单位应当在社会保险经办机构责令的期限内偿还；逾期不偿还的，社会保险经办机构可以向银行和其他金融机构查询用人单位的存款账户，申请县级以上社会保险行政部门作出划拨应偿还款项的决定，并书面通知用人单位开户银行或者其他金融机构划拨其应当偿还的数额；用人单位账户余额少于应当偿还数额的，社会保险经办机构可以要求其提供担保，签订延期还款协议；用人单位未按时足额偿还且未提供担保的，社会保险经办机构可以申请人民法院扣押、查封、拍卖其价值相当于应当偿还数额的财产，以拍卖所得偿还所欠数额。此外，社会保险经办机构向用人单位追偿工伤保险待遇发生的合理费用以及用人单位逾期偿还部分的利息损失等，应当由用人单位承担。因此，为了避免产生不必要的负担或损失，建议用人单位依法及时支付工伤职工的工伤保险待遇。

《社会保险基金先行支付暂行办法》第三条、第五条、第七条至第十七条规定了先行支付具体办理程序及相应救济程序，具体办理时根据上述规定办理即可。

社会保险经办机构作出不予先行支付的决定，或者核定先行支付的数额，以及对用人单位作出先行支付的追偿决定或者划拨决定，都属于具体行政行为，当事人不服的，可以依法申请行政复议或者提起行政诉讼。

七 申请执行

当相关法律文书已经生效，但一方当事人拒绝履行时，对方当事人可以通过申请执行的方式实现自身权益。

根据《劳动争议调解仲裁法》第五十一条，《民事诉讼法》第二百三十五条、第二百四十七条、第二百五十条，《最高人民法院关于适用〈中华人民共和国民事诉讼法〉的解释》第四百六十条、第四百六十一条等的规定，发生法律效力的仲裁调解书、裁决书，民事判决和裁定、调解书以及其他生效法律文书，当事人应当履行。一方拒绝履行的，对方当事人可以向人民法院申请强制执行，其中对于人民法院作出的判决、裁定，也可以由审判员移送执行员执行。

申请执行要注意以下问题：

第一，执行的主管机关为人民法院。实践中，部分当事人向劳动争议仲裁机构申请执行生效的仲裁裁决书或调解书，这是不对的，生效的仲裁裁决书和调解书也应当由人民法院强制执行。

第二，要注意可申请强制执行的法律文书的类型及要求。可申请强制执行的法律文书包括发生法律效力的劳动争议仲裁裁决书和调解书，民事判决、裁定和调解书，实现担保物权裁定、确认调解协议裁定、支付令，以及公证机关依法赋予强制执行效力的债权文书等其他应当由人民法院执行的法律文书。其中，对于调解书，在劳动争议中，只有劳动争议仲裁委员会和人民法院作出的或依法确认的调解书，才可申请执行，其他调解组织出具的调解书不具有强制执行力。申请人民法院执行的生效法律文书应当具备权利义务主体明确、给付内容明确的条件，法律文书确定继续履行合同的，应当明确继续履行的具体内容。

第三，要注意申请执行的管辖，即向哪个人民法院申请强制执行的问题。关于执行的管辖问题，详见本书第五讲中“执行的管辖”专题。

第四，要注意申请执行的期间以及相应的起算时间。申请执行的期间为两年，从法律文书规定履行期间的最后一日起计算；法律文书规定分期履行的，从规定的每次履行期间的最后一日起计算；法律文书未规定履行期间的，从法律文书生效之日起计算。但被执行人不能偿还债务，债权人发现被执行人有其他财产的，可以随时请求人民法院执行，不受申请执行时效的限制；终结执行后，申请执行人发现被执行人有可供执行财产的，可以再次申请执行，再次申请不受申请执行时效期间的限制。

申请执行期间与诉讼时效具有相同的性质，同样适用时效中止、中断的规定。如果当事人超过了申请执行期间提出申请，人民法院不能以超过申请执行时效期间为由不予受理执行申请，被执行人也不能在履行全部或部分义务后再提出已过申请执行时效期间的异议或抗辩，但被执行人在履行义务前提出已过申请执行时效期间的异议或抗辩，异议依法成立的，人民法院不予执行。

八 参加社会保险和缴纳住房公积金争议的解决途径

对于参加社会保险、缴纳住房公积金所涉及的争议，比如未缴或欠缴社会保险费、住房公积金，以及未缴或欠缴所导致的待遇损失等争议，宜区分情况采取以下解决途径：

1. 向社会保险费及住房公积金征收机构投诉要求用人单位补缴

目前，全国大部分地区的社会保险费征收机构为税务机关，住房公积金的征收机构为住房公积金管理中心。根据《社会保险法》第六十三条的规定，当用人单位未依法足额缴纳社会保险费时，劳动者可以向社会保险费征收机构投诉，由社会保险费征收机构责令用人单位限期缴纳或者补足社会保险费，并结合具体情况，采取如下措施：向银行和其他金融机构查询用人单位存款账户；通知用人单位开户银行或者其他金融机构划拨社会保险费；要求用人单位提供担保，签订延期缴费协议；申请人民法院扣押、查封、拍卖用人单位的价值相当于应当缴纳社会保险费的财产，以拍卖所得抵缴社会保险费。《住房公积金管理条例》第三十八条规定："违反本条例的规定，单位逾期不缴或者少缴住房公积金的，由住房公积金管理中心责令限期缴存；逾期仍不缴存的，可以申请人民法院强制执行。"

实务中，上述职能部门在接到劳动者的投诉后，可能会认为劳动者提供的材料不足以证明双方之间存在劳动关系或劳动关系的具体存续期间，从而要求劳动者先行申请劳动争议仲裁、提起诉讼确认劳动关系。但申请劳动争议仲裁及提起诉讼，需要一定的时间，同时根据《劳动人事争议仲裁办案规则》第二十六条的规定，确认劳动关系争议适用申请仲裁时效。因此，此时，劳动者宜根据实际情况具体把握。

如果认为自身提交的相关证据足以证明劳动关系及其存续期间，比如，有在职期间的全部真实劳动合同、工资支付记录、考勤记录、个人所得税纳税记录、部分社会保险险种（实务中主要为工伤保险）的缴费记录等，可以对相关部门的要求提出异议，并要求相关职能部门出具书面通知或决定，然后持相关书面通知或决定依法申请行政复议或提起行政诉讼。

如果劳动关系及其存续期间确实存疑，比如，证明劳动关系的证据不完整、不充分，或者在职期间存在多个工资支付主体导致劳动关系主体非专业人士难以认定等情况，那么可以听取相关职能部门的意见先行申请劳动争议仲裁，对仲裁结果不服的依法提起诉讼，请求确认与被诉单位之间存在劳动关系。

2. 向劳动保障监察部门投诉或举报

根据《劳动保障监察条例》第十一条的规定，用人单位参加各项社会保险和缴纳社会保险费的情况属于劳动保障行政部门实施监察的事项，即属于其主管范围。当用人单位未依法参加社会保险和缴纳社会保险费时，劳动者可以向劳动保障行政部门投诉或举报。

3. 申请劳动争议仲裁、提起诉讼

根据《劳动争议调解仲裁法》、关于审理劳动争议的相关司法解释的规定及各地司法实务意见，因社会保险事宜而发生的争议，属于劳动争议仲裁和诉讼的受案范围，当事人可依法申请仲裁，对仲裁结果不服的可依法提起诉讼。但要注意，在司法实务中，不是任何类型的社会保险及住房公积金争议都属于劳动争议仲裁及诉讼的受案范围，对于未建立社会保险关系、欠缴社会保险费或未按规定的工资基数足额缴纳社会保险费的争议，劳动者主张由用人单位参保或者补缴社会保险费的，仲裁机构和人民法院一般不予受理，劳动者应当通过劳动行政部门解决。

对于用人单位未履行社会保险方面的法定义务，导致劳动者有养老、工伤、医疗、失业、生育等具体待遇损失的，劳动者可通过仲裁及诉讼途径主张由用人单位赔偿相关损失。

另外，如果可以补办社会保险手续，例如，养老保险可以补缴进而依法享受养老保险待遇，应先通过补办的程序解决；当社会保险经办机构确定不能补办，劳动者无法享受社会保险待遇时，劳动者可通过仲裁及诉讼途径主张由用人单位支付相关待遇损失。特别是对于养老保险待遇，因为该待遇一般要劳动者达到法定退休条件后才开始享受，且可以通过补缴、一次性买足不够 15 年缴费年限的社保等方式解决，故主张养老保险待遇损失的，一般要在达到法定退休条件后，且社会保险经办机构明确不能补办时，才可通过仲裁及诉讼的方式要求用人单位赔偿养老保险待遇损失。

九 集体合同争议的解决途径

集体合同争议，主要包括两种，一种是因签订集体合同发生争议，另一种是因履行集体合同发生争议。

根据《劳动法》第八十四条,《劳动合同法》第五十六条,《集体合同规定》第四十九条、第五十条、第五十五条等的规定，相较于一般劳动争议，集体合同争议的特殊之处在于：因签订集体合同发生争议，当事人一方或双方可以书面向劳动保障行政部门提出协调处理申请，劳动保障行政部门认为必要时也可以进行协调处理，但不能通过劳动争议仲裁或诉讼的途径解决；对于履行集体合同发生争议，解决途径与一般劳动争议无区别，即可通过协商、调解、投诉或举报、劳动争议仲裁、诉讼等途径解决。

根据《劳动人事争议仲裁办案规则》第六十三条第二款的规定：因履行集体合同发生的劳动争议，经协商解决不成的，工会可以依法申请仲裁；尚未建立工会的，由上级工会指导劳动者推举产生的代表依法申请仲裁。

十 解决10人以上集体劳动争议的特别规定

《劳动争议调解仲裁法》第七条规定："发生劳动争议的劳动者一方在十人以上，并有共同请求的，可以推举代表参加调解、仲裁或者诉讼活动。"

根据该条规定，对于有共同请求的（如同样要求用人单位支付工资、解除劳动合同的经济补偿等）、劳动者为10人以上的劳动争议，可以不用每个人都参加调解、仲裁或诉讼活动，可以推举代表参加。此种制度，一般被称为10人以上集体劳动争议处理制度。

10人以上集体劳动争议可以推举代表参加调解、仲裁或诉讼活动，具体该如何操作呢？

根据《劳动人事争议仲裁办案规则》第六十三条第一款的规定，对于10人以上的集体劳动争议仲裁案件，推举代表3~5人。仲裁实务中，10人以上集体劳动争议推举代表参加仲裁活动的，需要向仲裁委员会提交推举代表书，全体当事人需要在推举代表书上签名确认，并载明代表权限。除"变更、放弃仲裁请求或者承认对方当事人的仲裁请求，进行和解，必须经被代表的当事人同意"外，代表人参加仲裁的行为对其所代表的当事人发生效力。如果代表人有权变更、放弃仲裁请求或者承认对方当事人的仲裁请求，进行和解，应当在推举代表书上授权；没有在推举代表书上授权的，当事人须在涉及前述具体事项时决定是否同意。

除推举代表制度外，对于10人以上的集体劳动争议，在仲裁处理程序上，还有以下特别规定：

1. 立案受理及通知方面，根据《劳动人事争议仲裁办案规则》第五条、第六十四条的规定：10人以上的集体劳动争议，仲裁委员会应当优先立案，优先审理；应当自收到10人以上集体劳动争议仲裁申请之日起5日内作出受理或者不予受理的决定；决定受理的，应当自受理之日起5日内将仲裁庭组成人员、答辩期限、举证期限、开庭日期和地点等事项一次性通知当事人。

2. 送达程序方面，根据《劳动人事争议仲裁办案规则》第二十条第二款的规定，因企业停业等原因导致无法送达且劳动者一方在10人以上的，或者受送达人拒绝签收仲裁文书的，通过在受送达人住所留置、张贴仲裁文书，并采用拍照、录像等方式记录的，自留置、张贴之日起经过3日即视为送达，不受该条第一款的限制。

3. 仲裁庭组庭方面，根据《劳动人事争议仲裁办案规则》第六十五条的规定：仲裁委员会处理集体劳动人事争议案件，应当由3名仲裁员组成仲裁庭，设首席仲裁员；处理因履行集体合同发生的劳动争议，应当按照三方原则组成仲裁庭处理。即一般不能由独任庭审理10人以上集体劳动争议案件。

4. 协商、调解、裁决程序方面，根据《劳动人事争议仲裁办案规则》第六十六条的规定，仲裁庭处理集体劳动人事争议，开庭前应当引导当事人自行协商，或者先行调解，还可以邀请法律工作者、律师、专家学者等第三方共同参与调解。协商或者调解未能达成协议的，仲裁庭应当及时裁决。

5. 开庭场所方面，根据《劳动人事争议仲裁办案规则》第六十七条的规定，仲裁庭开庭场所可以设在发生争议的用人单位或者其他便于及时处理争议的地点。

另外要注意，对于符合《劳动人事争议仲裁办案规则》第五十六条规定的可以简易处理的10人以上集体劳动争议案件，处理程序方面可以不受上述的相关限制，比如可以由独任庭审理符合简易处理条件的10人以上集体劳动争议案件。

第五讲

维护劳动权利

要找对说理的地方

——管辖制度

本书前面介绍了主管（受案范围）制度，现在来介绍另一个问题，即管辖制度。主管制度与管辖制度相结合，才能最终确定解决争议的具体部门。

一 级别管辖

级别管辖是确认具体争议案件管辖问题的首要环节。此处的“级别”，一般对应的是争议处理机构或部门的“级别”。在处理劳动争议的相关机构或部门中，人民法院在级别上分为基层、中级、高级和最高，其他争议处理机构或部门在法律上未像人民法院这样划分级别，同时也不像诉讼那样存在一审、二审、再审等审级的划分，且级别管辖解决的是各级人民法院之间受理第一审民事案件的分工和权限问题，故严格来说，除诉讼程序外，其他劳动争议处理程序不宜适用“级别管辖”这一概念。但实务中，除人民法院外的其他与解决劳动争议相关的机构或部门，事实上是存在级别之分的，该种级别主要与行政级别对应。例如，尽管根据《劳动争议调解仲裁法》第十七条的规定，劳动争议仲裁委员会不按行政区划层层设立，但《劳动人事争议仲裁办案规则》第九条规定：“仲裁委员会发现已受理案件不属于其管辖范围的，应当移送至有管辖权的仲裁委员会，并书面通知当事人。对上述移送案件，受移送的仲裁委员会应当依法受理。受移送的仲裁委员会认为移送的案件按照规定不属于其管辖，或者仲裁委员会之间因管辖争议协商不成的，应当报请共同的上一级仲裁委员会主管部门指定管辖。”其中使用了“上一级”这一概念。此外，如《劳动保障监察条例》第十三条也规定，“上级劳动保障行政部门根据工作需要，可以调查处理下级劳动保障行政部门管辖的案件”。所以对于解决劳动争议的非诉讼程序，可以套用诉讼程序中的级别管辖制度。

《最高人民法院关于审理劳动争议案件适用法律问题的解释（一）》第三条规定：“劳动争议案件由用人单位所在地或者劳动合同履行地的基层人民法院管辖。劳动合同履行地不明确的，由用人单位所在地的基层人民法院管辖……”该规定将劳动争议的级别管辖问题基本明确，即劳动争议案件的一审法院为基层人民法院，中级以上人民法院一般不会管辖一审劳动争议案件。而解决劳动争议的其他程序的“级别管辖”问题，比如申请工伤认定、申请劳动争议仲裁、向劳动保障行政部门投诉等，在当地应当向哪一“级别”的机构或部门提出，目前尚无全国性的统一规定，一般由各地作出具体规定。因此，在解决劳动争议的过程中，要注意查询当地关于“级别管辖”的相关规定。

二 地域管辖

将地域管辖中的“地域”解释为“行政区域”，可能更通俗易懂。事实上，地域管辖中的地域跟行政区域直接挂钩。例如，在一个地级行政区域内，一般会存在若干个县（区）级行政区域，而在这些县（区）级行政区域内会设立相应的机构或部门，如甲、乙、丙区均会设立人民法院、劳动争议仲裁委员会等。而在级别上，甲、乙、丙区人民法院、劳动争议仲裁委员会等是平级的。因此，如果仅从级别上对管辖问题进行规定，尚不能明确管辖机构或部门。于是，便产生了地域管辖制度。在民事诉讼中，地域管辖解决的是同级人民法院之间受理民事案件的分工和权限问题，一般按照法院的辖区和争议案件的隶属关系来进行具体划分。在解决劳动争议的其他程序中，也会涉及“地域管辖”的问题，比如在A市辖区内，存在8个区的劳动争议仲裁委员会、8个区的劳动保障监察部门，那么这8个区的仲裁委员会、劳动保障监察部门如何划分管辖，就属于地域管辖问题。因此，当事人在维权过程中，还要注意查询当地的地域管辖相关规定。

三　共同管辖和选择管辖

尽管通过级别管辖和地域管辖能基本确定管辖机构或部门，但在某些情况下，由于法律法规的规定和案件事实的因素，还是会出现多个机构或部门对某一案件都有管辖权的情况。比如,《劳动争议调解仲裁法》第二十一条规定:“劳动争议仲裁委员会负责管辖本区域内发生的劳动争议。劳动争议由劳动合同履行地或者用人单位所在地的劳动争议仲裁委员会管辖。双方当事人分别向劳动合同履行地和用人单位所在地的劳动争议仲裁委员会申请仲裁的，由劳动合同履行地的劳动争议仲裁委员会管辖。”即劳动合同履行地和用人单位所在地的仲裁委员会对某个案件都有管辖权（劳动合同履行地、用人单位所在地具体由哪个仲裁委员会管辖由级别管辖和地域管辖解决），此时，如果劳动合同履行地与用人单位所在地不一致（比如用人单位登记注册地在北京，而实际用工地在上海），则导致两个地方的仲裁委员会都可以对该案进行管辖。再进一步假设，如果劳动者或者用人单位分别向两地申请了仲裁或提起了诉讼，那么应由哪个地方来管辖呢？为解决此问题，便产生了法律上的共同管辖和选择管辖制度。

民事诉讼中的共同管辖，是指两个以上法院对同一案件都有管辖权。选择管辖，是指当事人在两个以上法院对同一案件都有管辖权的情况下，可以从中选择一个法院起诉。但现实中，一个案件会存在多个或多方当事人，每个人都有自己的想法，从而就会出现不同的选择。此外，现实中还存在一个当事人向两个以上有管辖权的法院都起诉的情况。上述因素就导致了不同的法院对同一案件都予以立案受理，但又不能让两个不同的法院对同一案件同时进行审理，于是就产生了共同管辖规则。由此可以看出，共同管辖和选择管辖实质上是相伴相生的，有共同管辖存在，才会产生当事人选择管辖；当因当事人的选择而出现管辖“打架”

的情况时，又要用共同管辖规则来解决。

根据《民事诉讼法》及相关司法解释的规定，共同管辖和选择管辖的规则主要有：

1. 两个以上人民法院都有管辖权的诉讼，原告可以向其中一个人民法院起诉；原告向两个以上有管辖权的人民法院起诉的，由最先立案的人民法院管辖。

2. 两个以上人民法院都有管辖权的诉讼，先立案的人民法院不得将案件移送给另一个有管辖权的人民法院。人民法院在立案前发现其他有管辖权的人民法院已先立案的，不得重复立案。

3. 两个以上人民法院对同一案件都有管辖权并已分别立案的，后立案的人民法院在得知有关法院先立案的情况后，应当裁定将案件移送给先立案的人民法院。此外，当事人基于同一法律关系或者同一法律事实而发生的纠纷，以不同诉讼请求分别向有管辖权的不同法院起诉的，当事人可以申请由后立案的法院将案件移送给先立案的法院，由先立案的人民法院合并审理。

除诉讼程序外，其他劳动争议处理程序中也会存在共同管辖和选择管辖的问题，比如在劳动争议仲裁程序中，其他程序对该问题有明确规定的，依据相关规定处理；未明确规定的，可参照上述诉讼程序的相关规定处理。

四 专属管辖和协议管辖

民事诉讼中的专属管辖，是指法律明确规定某种类型的案件只能由特定的法院管辖，其他法院没有管辖权，当事人也不得通过协议而变更此种管辖。比如《民事诉讼法》第三十四条规定：“下列案件，由本条规定的人民法院专属管辖：（一）因不动产纠纷提起的诉讼，由不动产所在地人民法院管辖；（二）因港口作业中发生纠纷提起的诉讼，由港口所在地人民法院管辖；（三）因继承遗产纠纷提起的诉讼，由被继承人死亡时住所地或者主要遗产所在地人民法院管辖。”即属于专属管辖的规定。

协议管辖，也叫作约定管辖，是指双方当事人在相关争议发生之前或者之后，以协议的方式约定管辖法院。当然，这种协商约定不是没有任何限制的，根据《民事诉讼法》及相关司法解释的规定，协议管辖应遵循以下规则：

1. 协议管辖不得违反级别管辖和专属管辖的相关规定。

2. 只能针对一审民事案件的管辖进行约定。这是因为管辖问题本来就只针对第一审案件，第二审法院只能是一审法院的上一级法院，故当事人不能协商约定二审法院。

3. 只能在法律规定的法院范围内进行协商选择。根据《民事诉讼法》第三十五条的规定，合同或者其他财产权益纠纷的当事人只能在被告住所地、合同履行地、合同签订地、原告住所地、标的物所在地等与争议有实际联系的地点的人民法院中选择。

4. 管辖协议所约定的管辖法院应当在起诉时能够确定，不能确定的，依照《民事诉讼法》的相关规定确定管辖。当然，管辖协议约定两个以上与争议有实际联系地点的人民法院管辖，原告可以向其中一个人民法院起诉。

5. 应当采用书面形式，包括书面合同中的协议管辖条款或者诉讼前以书面形式达成的选择管辖的协议，不能是口头方式。

此外，根据《民事诉讼法》第三十五条的规定，协议管辖的案件只限于合同或者其他财产权益纠纷。

我国劳动争议处理的相关法律法规中无协议管辖的相关规定，一般认为劳动争议不可协议管辖，故当事人在劳动合同或其他协议中约定劳动争议仲裁及诉讼的管辖是无效的。

五 裁定管辖

民事诉讼中的裁定管辖包括移送管辖、指定管辖和管辖权的转移。虽然法律法规对管辖问题有了较为明确的规定，但在具体执行时，还是要靠人来执行，既然是由人来执行，那么就难免有搞错的时候。由此，移送管辖应运而生。

移送管辖，是指某个机构或部门在受理案件后，发现自己对该案无管辖权，从而将案件移送给其认为有管辖权的机构或部门。可以看出，移送管辖实际上是一种发现错误后的补救措施。当然这种补救措施是争议处理机构或部门的主动补救，除此之外，当事人还可通过管辖异议进行补救（详见管辖异议的相关内容）。

移送之后，会出现两种情况：一种情况是受移送的机构或部门认为自己有管辖权，接受移送并对争议进行处理。此时，问题解决。另一种情况是受移送的机构或部门认为自己也没管辖权，不应当受理。此时，可以把案件退回去或者移送给其他的机构或部门吗？答案是不可以。受移送机构或部门应将案件报上级机构或部门指定管辖。

指定管辖并不仅限于解决移送管辖后出现的问题，根据《民事诉讼法》及相关司法解释的规定，指定管辖主要适用于以下三种情形：（1）受移送的人民法院认为自己对案件没有管辖权；（2）有管辖权的人民法院由于特殊原因，比如本院全体法官都需要回避，不能行使管辖权；（3）人民法院之间因管辖权发生争议，协商解决不了，从而报请它们的共同上级人民法院指定管辖。

另根据法律法规的规定，发生管辖权争议的两个人民法院因协商不成报请它们的共同上级人民法院指定管辖时，双方同属一个地、市辖区的基层人民法院的，由该地、市的中级人民法院及时指定管辖；同属一个省、自治区、直辖市的两个人民法院的，由该省、自治区、直辖市的高级人民法院及时指定管辖；双方为跨省、自治区、直辖市的人民法院，高级人民法院协商不成的，由最高人民法院及时指定管辖。依照上述规定报请上级人民法院指定管辖时，应当逐级进行。对报请上级人民法院指定管辖的案件，下级人民法院应当中止审理。指定管辖裁定作出前，下级人民法院对案件作出判决、裁定的，上级人民法院应当在裁定指定管辖的同时，一并撤销下级人民法院的判决、裁定。

管辖权的转移，是指经报请本院的上级人民法院批准，将本院管辖的第一审民事案件交下级人民法院审理；或者由下级人民法院报请上级人民法院同意，将下级人民法院管辖的第一审民事案件交由上级人民法院审理。因此，管辖权的转移包括向上转移和向下转移。

六 管辖恒定

事物是发展变化的，此时确定管辖所依据的事实或条件，在案件处理过程中，到彼时可能就发生了变化。管辖是否也要随着这种变化而变化呢？如果可以变化，就意味着在案件处理过程中，原争议处理机构或部门就会因为管辖原因的变化而丧失了管辖权，需要将案件移送到另外的机构或部门去处理，从而使案件的处理不安定或不稳定，这种不安定又会导致当事人的诉累和司法资源的不必要耗费。如果一律不许变化，那么又给了恶意当事人钻空子的机会。例如，当事人可以通过改变标的金额而规避级别管辖，起诉时以较低的金额起诉，将本属于中级人民法院管辖的案件变为基层人民法院管辖，然后在诉讼过程中增加或变更诉讼请求而增加标的金额。为了解决该问题，法律便创制了管辖恒定制度。

所谓的管辖恒定，实际上就是管辖“固定”的意思，是指在法定条件和情形下，以起诉时为准来确定管辖，即使在诉讼进程中据以确定管辖的因素发生变化，也不再改变管辖。例如，《最高人民法院关于适用〈中华人民共和国民事诉讼法〉的解释》第三十七条至第三十九条、《劳动人事争议仲裁办案规则》第八条第三款即是关于管辖恒定的规定。

七 管辖异议

前面介绍的管辖制度的相关内容，一方面是为了明确管辖问题，从而找到准确的管辖机构或部门；另一方面也是为管辖异议问题作铺垫。弄懂了管辖制度，才能判断一个案件的管辖是否正确，如果认为不正确，就可以提管辖异议。

管辖异议，是指当事人在争议处理过程中，对争议处理机构或部门对该案的管辖权质疑，进而要求受案机构或部门放弃对本案的处理。管辖异议的对象，可以是上述的级别管辖问题，也可以是地域管辖问题。

根据《劳动人事争议仲裁办案规则》第十条、《民事诉讼法》第一百三十条的规定，提出管辖异议的时间，在劳动争议仲裁和诉讼中都要求是答辩期间内。劳动争议仲裁的答辩期间是收到应诉通知后的10日内，民事一审的答辩期间是收到应诉通知后的15日内。当事人若提出管辖异议，要注意在法定期间内行使。

审判机关应审查当事人提出的管辖异议，然后作出移送或驳回管辖异议的裁定，当事人对驳回管辖异议裁定不服的，可以在收到裁定后的10日内向上一级人民法院提起上诉。但在劳动争议仲裁中，根据《劳动争议调解仲裁法》第四十九条的规定，对于终局裁决，用人单位有证据证明作出裁决的劳动争议仲裁委员会无管辖权的，可以自收到仲裁裁决书之日起30日内，向劳动争议仲裁委员会所在地的中级人民法院申请撤销裁决。即用人单位认为受理案件的劳动争议仲裁委员会无管辖权，如果其管辖异议被驳回，则需要等该仲裁委员会作出终局裁决后，依法向人民法院申请撤销该裁决。除此之外，《劳动争议调解仲裁法》及《劳动人事争议仲裁办案规则》未规定仲裁委员会驳回当事人的管辖异议后，当事人可采取的救济途径。这就意味着，在劳动争议仲裁中，当事人提出管辖异议，仲裁委员会予以驳回后，当事人就必须接受该仲裁委员会的管辖。但根据

《劳动人事争议仲裁办案规则》第九条的规定，在移送案件的过程中，受移送的仲裁委员会认为移送的案件按照规定不属于其管辖，或者仲裁委员会之间因管辖争议协商不成的，应当报请共同的上一级仲裁委员会主管部门指定管辖。因此，当管辖异议被劳动争议仲裁委员会驳回后，当事人可尝试向其上一级仲裁委员会投诉。

八 默认管辖

上面讲了管辖异议，在审判机关原本没管辖权的情况下，如果当事人不依法提出管辖异议，会发生什么后果呢?《民事诉讼法》第一百三十条第二款规定:“当事人未提出管辖异议，并应诉答辩或者提出反诉的，视为受诉人民法院有管辖权，但违反级别管辖和专属管辖规定的除外。”此即关于默认管辖的规定。

默认管辖，也被称作应诉管辖，意思是享有管辖异议权的当事人没有提出管辖异议并应诉答辩的，视为受理案件的机构或部门具有管辖权，但不得违反级别管辖和专属管辖的规定。在这里，应诉答辩成了当事人认可管辖的一种外在形式，通过当事人应诉答辩推定当事人对审判机关具有管辖权的默认。应诉答辩的含义或形式，主要包括当事人参加争议处理程序，就争议案件的实体问题进行答辩和陈述。另外，因为反诉以本诉的存在为前提，所以当事人提起反诉的，也应被视为对受案审判机关管辖权的认可。

根据《最高人民法院关于适用〈中华人民共和国民事诉讼法〉的解释》第二百二十三条的规定，如果当事人提出管辖异议和应诉答辩同时进行，则不产生默认管辖的效力，人民法院仍应当对管辖异议进行审查。

到此，关于管辖制度的理论知识我们先介绍这么多，下面，我们来看看解决劳动争议中，不同维权途径或程序中的管辖问题。

九 劳动保障监察的管辖

根据《劳动保障监察条例》第十三条的规定：对用人单位的劳动保障监察，由用人单位用工所在地的县级或者设区的市级劳动保障行政部门管辖；上级劳动保障行政部门根据工作需要，可以调查处理下级劳动保障行政部门管辖的案件；劳动保障行政部门对劳动保障监察管辖发生争议的，报请共同的上一级劳动保障行政部门指定管辖。另外，根据该条规定，省、自治区、直辖市人民政府可以对劳动保障监察的管辖制定具体办法。因此，当事人在举报或投诉前，要注意查询当地劳动保障监察的具体管辖划分。

十 劳动争议仲裁涉及的管辖问题

根据《劳动争议调解仲裁法》第二十一条、《劳动人事争议仲裁办案规则》第八条的规定，劳动争议由劳动合同履行地或者用人单位所在地的劳动争议仲裁委员会管辖。其中，合同履行地具有优先管辖权，即双方当事人分别向劳动合同履行地和用人单位所在地的劳动争议仲裁委员会申请仲裁的，由劳动合同履行地的劳动争议仲裁委员会管辖。有多个劳动合同履行地的，由最先受理的仲裁委员会管辖。劳动合同履行地不明确的，由用人单位所在地的仲裁委员会管辖。其中，劳动合同履行地为劳动者实际工作场所地；用人单位所在地为用人单位注册、登记地或者主要办事机构所在地；用人单位未经注册、登记的，其出资人、开办单位或者主管部门所在地为用人单位所在地。各地存在省、地级市、县（区）劳动争议仲裁机构，因此，在一个地区内，一般存在各仲裁机构之间的管辖划分，当事人申请劳动争议仲裁时，要注意查询当地劳动争议仲裁的管辖规定。

《劳动人事争议仲裁办案规则》第九条规定了劳动争议仲裁中的移送管辖问题，其操作方式与前述民事诉讼中的移送管辖基本相同。即仲裁委员会发现已受理案件不属于其管辖范围的，应当移送至有管辖权的仲裁委员会，并书面通知当事人；对上述移送案件，受移送的仲裁委员会应当依法受理。受移送的仲裁委员会认为移送的案件按照规定不属于其管辖，或者仲裁委员会之间因管辖争议协商不成的，应当报请共同的上一级仲裁委员会主管部门指定管辖。

《劳动人事争议仲裁办案规则》第十条规定了劳动争议仲裁的管辖异议问题。在劳动争议仲裁中，当事人提出管辖异议的，要注意在答辩期内（收到应诉通知后10日内）提出。仲裁委员会应当审查当事人提出的管辖异议，异议成立的，将案件移送至有管辖权的仲裁委员会并书面通知当事人；异议不成立的，应当书面决定驳回。当事人逾期提出管辖异议的，不影响仲裁程序的进行。

十一 劳动争议诉讼的管辖

根据《劳动争议调解仲裁法》第四十九条的规定，用人单位申请撤销仲裁终局裁决的，管辖法院为作出终局裁决的劳动争议仲裁委员会所在地的中级人民法院，其他人民法院无管辖权。劳动者和用人单位对非终局裁决提起诉讼，以及劳动者对终局裁决提起诉讼的（用人单位不可对终局裁决提起诉讼），管辖法院为用人单位所在地或劳动合同履行地的基层人民法院。劳动合同履行地不明确的，由用人单位所在地的基层人民法院管辖。

在劳动争议实践中，会出现劳动者起诉多个单位、劳动合同履行和用人单位所在地不一致等情况，从而使管辖问题也相对复杂。例如，劳动合同履行地和劳动者住所地在广州，用人单位所在地在上海，劳动者在广州申请劳动争议仲裁并由广州的劳动争议仲裁机构作出仲裁裁决后，当事人要起诉的，广州和上海的法院均有管辖权，从而发生在广州仲裁但在上海一审、二审的现象。又如，如果存在共同用工，劳动者起诉了几个用人单位，各个用人单位的住所地不一致，则导致多地的人民法院有管辖权。解决劳动争议诉讼中的相关管辖问题，要结合前面介绍的地域管辖、共同管辖、选择管辖、裁定管辖、管辖恒定、默认管辖等相关规定确定。

十二 申请支付令的管辖

根据《最高人民法院关于适用〈中华人民共和国民事诉讼法〉的解释》第二十三条、第四百二十五条的规定：债权人申请支付令，由债务人住所地基层人民法院管辖。两个以上人民法院都有管辖权的，债权人可以向其中一个基层人民法院申请支付令；债权人向两个以上有管辖权的基层人民法院申请支付令的，由最先立案的人民法院管辖。

根据《劳动合同法》第三十条、《劳动争议调解仲裁法》第十六条的规定，用人单位拖欠或未足额支付劳动报酬的，或者因支付拖欠劳动报酬、工伤医疗费、经济补偿或者赔偿金事项达成调解协议但用人单位在协议约定期限内不履行，劳动者可以依法向人民法院申请支付令。前述争议中，债权人为劳动者，债务人为负有支付义务的用人单位。因此，就前述争议申请支付令的，由用人单位所在地的基层人民法院管辖。

十三 执行的管辖

法律文书执行的管辖问题分为两种情况。

一是如果据以执行的法律文书是民事判决、裁定以及刑事判决、裁定中的财产部分，即生效法律文书是人民法院作出的，则由第一审人民法院或者与第一审人民法院同级的被执行的财产所在地人民法院管辖，也就是说，即使案件经过了二审、再审，也是由第一审人民法院管辖；但发生法律效力的实现担保物权裁定、确认调解协议裁定、支付令，由作出裁定、支付令的人民法院或者与其同级的被执行财产所在地的人民法院执行，即如果不向作出实现担保物权和确认调解协议裁定、支付令的人民法院申请执行，而是向被执行的财产所在地的人民法院申请执行，要向与作出裁定、支付令的人民法院同级的人民法院提出申请，比如裁定是中级人民法院作出的，则要向被执行财产所在地的中级人民法院申请执行。

二是据以执行的生效法律文书不是人民法院作出的，比如是由劳动争议仲裁机构作出的，则由被执行人住所地或者被执行的财产所在地人民法院管辖。因此，在异地用工的情况下，比如上海的用人单位在广州用工，发生争议后由广州的劳动争议仲裁机构作出生效的仲裁裁决，如果上海的用人单位在广州没有财产，那么可能就需要由用人单位所在地的上海相关法院管辖。

十四 职业病诊断及鉴定、工伤认定、劳动能力鉴定的管辖

解决劳动争议过程中，对于工伤（含职业病）争议，往往需要经过职业病诊断及鉴定、工伤认定、劳动能力鉴定的程序，因此，有必要掌握向哪个部门申请职业病诊断及鉴定、工伤认定和劳动能力鉴定。

根据《职业病防治法》第四十四条、第五十二条规定：职业病诊断，由用人单位所在地、劳动者本人户籍所在地或者经常居住地依法承担职业病诊断的医疗卫生机构管辖；如果当事人对职业病诊断有异议，可以向作出诊断的医疗卫生机构所在地地方人民政府卫生行政部门申请鉴定；职业病诊断争议由设区的市级以上地方人民政府卫生行政部门根据当事人的申请，组织职业病诊断鉴定委员会进行鉴定；如果对设区的市级职业病诊断鉴定委员会的鉴定结论不服，可以向省、自治区、直辖市人民政府卫生行政部门申请再鉴定。其中的“卫生行政部门”，在现阶段是各地的卫生健康委员会。

工伤认定的主管部门是劳动行政部门，也就是各地的人力资源和社会保障部门。各地劳动行政部门关于工伤认定管辖的具体划分，要注意查询当地的相关规定。根据《工伤保险条例》第二十三条、第二十六条的规定：劳动能力鉴定由用人单位、工伤职工或者其近亲属向设区的市级劳动能力鉴定委员会提出申请；申请鉴定的单位或者个人对设区的市级劳动能力鉴定委员会作出的鉴定结论不服的，可以在收到该鉴定结论之日起 15 日内向省、自治区、直辖市劳动能力鉴定委员会提出再次鉴定申请；省、自治区、直辖市劳动能力鉴定委员会作出的劳动能力鉴定结论为最终结论。其中，要特别注意，对于因用人单位注册地与生产经营地或劳动合同履行地不在同一统筹地区、劳务派遣单位跨地区派遣劳动者、建

筑施工企业在施工项目所在地按项目参加工伤保险等因素导致的参保地与生产经营地或劳动合同履行不一致时，参加了工伤保险的，应当由参保地的劳动行政部门及劳动能力鉴定委员会管辖工伤认定和劳动能力鉴定事项，并按照参保地的规定依法享受工伤保险待遇；未参加工伤保险的，应当由生产经营地的劳动行政部门及劳动能力鉴定委员会管辖工伤认定、劳动能力鉴定事项，并按照生产经营地的规定依法由用人单位支付工伤保险待遇。

第六讲

解决劳动争议

应准确确定权利义务人

——当事人制度

准确确定劳动权利义务人以及争议处理中的当事人，对解决劳动争议有着重要意义。《最高人民法院关于审理劳动争议案件适用法律问题的解释（一）》第七条规定："劳动争议仲裁机构以申请仲裁的主体不适格为由，作出不予受理的书面裁决、决定或者通知，当事人不服依法提起诉讼，经审查确属主体不适格的，人民法院不予受理；已经受理的，裁定驳回起诉。"即如果未准确确定当事人，则面临劳动争议仲裁申请或劳动争议诉讼不被受理或被驳回的风险。

劳动争议处理实务中，发生主体不适格的情况主要有"告错主体"和主张劳动权利但相关主体不属于劳动争议当事人两种类型。对于前一种类型，可以变更适格主体后再行主张劳动权利。对于后一种类型，不属于劳动争议的当事人，并不意味着不属于其他争议类型的当事人，劳动争议仲裁以主体不适格为由不予受理或驳回仲裁申请后，或者当事人提起劳动争议诉讼并主张劳动权利而被人民法院以主体不适格为由不予受理或驳回起诉后，当事人可以以其他案由提起民事诉讼，但此时主张的权利则不应是劳动权利。

一 劳动争议仲裁及诉讼当事人的一般规定

根据《劳动争议调解仲裁法》第二十二条第一款的规定，发生劳动争议的劳动者和用人单位为劳动争议仲裁案件的双方当事人。其中的“劳动者”和“用人单位”，有特定的含义及范围。除法律法规另有规定外，符合法律定义的“劳动者”及“用人单位”，才可以成为劳动争议仲裁的当事人。在一般情况下，具有建立劳动关系主体资格的“劳动者”和“用人单位”，就劳动争议申请劳动争议仲裁才会被受理，因此，要结合本书第二讲“确认劳动关系争议”的专题内容掌握劳动争议仲裁的当事人问题。

总体而言，要根据年龄（如除文艺、体育和特种工艺单位招用未满16周岁的未成年人外，是否年满16周岁且未达到法定退休年龄）、身份（如是否在校学生、保险代理人、出租汽车司机、农业劳动者、现役军人和家庭保姆等）、国籍（中国人和外国人要成为我国劳动法意义上的“劳动者”要求不一样）等因素判决是否属于劳动法意义上的“劳动者”及劳动争议仲裁的当事人；要根据用人单位是否登记注册、是否属于劳动法律法规列举的“用人单位”（企业、个体经济组织、民办非企业单位、国家机关、事业单位、社会团体、合伙组织、基金会、依法取得营业执照或者登记证书的分支机构）的范畴来判断“用人单位”是否属于劳动争议仲裁的当事人。

根据《民事诉讼法》第五十一条、《最高人民法院关于适用〈中华人民共和国民事诉讼法〉的解释》第五十二条的规定，公民、法人和其他组织可以作为民事诉讼的当事人，其中的其他组织，是指合法成立、有一定的组织机构和财产，但又不具备法人资格的组织，包括依法登记领取营业执照的个人独资企业，依法登记领取营业执照的合伙企业，依法登记领取我国营业执照的中外合作经营企业、外资企业，依法成立的社会团体的分支机构、代表机构，依法设立并领取营业执照的法人的分支机构，依法设立并领取营业执照的商业银行、政策性银行和非银行金融机构的分支机构，经依法登记领取营业执照的乡镇企业、街道企业，以及其他符合法律法规规定的条件的组织。当然，如果是通过民事诉讼的方式解决劳动争议，也要求当事人具有劳动法意义上的“劳动者”和“用人单位”的主体资格。当相关争议不属于劳动争议时，就不需要经过劳动争议仲裁的前置程序，而是以诸如人身损害赔偿纠纷、合同纠纷等为案由类型通过一般民事诉讼的程序解决。

二 劳务派遣用工争议的当事人

劳务派遣用工一般存在三方主体，即派遣单位、用工单位和被派遣劳动者。根据《劳动合同法》第九十二条的规定，用工单位给被派遣劳动者造成损害的，劳务派遣单位与用工单位承担连带赔偿责任。当然，连带责任是否成立，要视具体情况而定，相关内容详见本书第二讲“违法劳务派遣的损害赔偿争议”专题。《劳动合同法》第九十二条及其他法律法规未规定劳务派遣单位给劳动者造成损害的，用工单位须承担连带赔偿责任，即意味着如果只是派遣单位给劳动者造成损害导致劳动者主张损害赔偿，用工单位可以不作为一方当事人。但《劳动争议调解仲裁法》第二十二条第二款规定：“劳务派遣单位或者用工单位与劳动者发生劳动争议的，劳务派遣单位和用工单位为共同当事人。”该规定中使用“或者”一词，即意味着无论是劳务派遣单位和用工单位哪一方与劳动者发生劳动争议，劳务派遣单位和用工单位均应作为共同当事人，不能只将劳务派遣单位和用工单位的其中一方作为当事人。

三 法人分立、合并时当事人的确定

法人合并，是指两个或两个以上的法人合并为一个法人，分为新设合并和吸收合并两种形式。新设合并是两个以上的法人合并为一个新法人的合并方式，原法人的主体资格消灭，如甲公司与乙公司合并为丙公司，甲公司和乙公司注销；吸收合并是一个法人吸收被合并的其他法人，合并后只有一个法人存续，被吸收法人的主体资格消灭，如甲公司吸收合并乙公司，合并后甲公司存续，乙公司注销。

法人分立，是指一个法人分为两个或两个以上法人，分为新设分立和存续分立两种形式。新设分立是指原法人解散，分立为两个或两个以上新法人，原法人主体资格消灭的分立方式，如甲公司分立为乙公司和丙公司，分立后甲公司注销；存续分立是指原法人依然存续，但分出部分财产设立新法人的分立方式，分立后原法人和新法人都有主体资格，如甲公司分立出乙公司，分立后甲公司依然存续。

法人分立和合并后的主体资格情况，可通过查询注册登记信息来掌握，注册登记信息显示未注销的，还具有主体资格；注册登记信息显示注销的，即表示该法人的主体资格消灭。

根据《民法典》第六十七条的规定：法人合并的，其权利和义务由合并后的法人享有和承担；法人分立的，其权利和义务由分立后的法人享有连带债权，承担连带债务，但是债权人和债务人另有约定的除外。根据《最高人民法院关于审理劳动争议案件适用法律问题的解释（一）》第二十六条的规定：用人单位与其他单位合并的，合并前发生的劳动争议，由合并后的单位为当事人；用人单位分立为若干单位的，其分立前发生的劳动争议，由分立后的实际用人单位为当事人；用人单位分立为若干单位后，具体承受劳动权利义务的单位不明确的，分立后的单位均为当事人。劳动争议中，用人单位分立或合并的，要根据实际用工情况确定当事人，确定依据主要包括劳动合同签订或变更情况、工资支付主体的变化情况、工作安排与管理主体的变化情况等。

四 法人或者其他组织依法终止后行为人仍以其名义进行民事活动时当事人的确定

根据《最高人民法院关于适用〈中华人民共和国民事诉讼法〉的解释》第六十二条的规定，法人或者其他组织依法终止后，行为人仍以其名义进行民事活动的，以行为人为当事人。这里的“行为人”，可以是自然人，也可以是法人或其他组织。法人或其他组织是否终止，可通过查询注册登记信息判断，注册登记信息显示注销的，该法人或其他组织已终止。

五 法人的分支机构用工时当事人的确定

根据《劳动合同法实施条例》第四条的规定，劳动合同法规定的用人单位设立的分支机构，依法取得营业执照或者登记证书的（可根据该分支机构的性质到相应登记主管机关的网站查询该分支机构是否登记注册），可以作为用人单位与劳动者订立劳动合同。即依法取得营业执照或者登记证书的分支机构具有建立劳动关系的主体资格，可以作为劳动关系的一方主体，若产生劳动争议，可直接以该分支机构作为一方当事人。另根据《民法典》第七十四条第二款的规定，法人对其设立的分支机构从事民事活动产生的民事责任承担法律责任或补充清偿责任。故与分支机构产生劳动争议时，可将设立该分支机构的法人作为共同当事人，如《广东省劳动人事争议处理办法》第四十二条第二款作了类似规定。

根据《劳动合同法实施条例》第四条的规定，法人设立的分支机构未依法取得营业执照或者登记证书的，受用人单位委托，可以与劳动者订立劳动合同。该分支机构接受用人单位的委托与劳动者订立劳动合同，即属从事代理行为，法人是被代理人，该分支机构是代理人。根据《民法典》第一百六十二条的规定，代理人在代理权限内，以被代理人名义实施的民事法律行为，对被代理人发生效力，相应法律后果应由被代理人承担。因此，在非依法设立或者虽依法设立但没有领取营业执照的分支机构接受委托与劳动者签订劳动合同的情况下，当然可以将设立该分支机构的法人作为当事人，如《广东省劳动人事争议处理办法》第四十二条第一款作了类似规定。但如果不存在委托情形，而是该分支机构直接用工并产生相关争议，根据《最高人民法院关于适用〈中华人民共和国民事诉讼法〉的解释》第五十三条的规定，法人非依法设立的分支机构，或者虽依法设立但没有领取营业执照的分支机构，以设立该分支机构的法人为当事人。

六 个体工商户用工时当事人的确定

根据《民法典》第五十四条的规定，自然人从事工商业经营，经依法登记，为个体工商户。个体工商户可以起字号。能查询到注册登记信息的“个体工商户”，才具备劳动法上的用工主体资格。对于劳动争议仲裁及诉讼中当事人的确定，根据《最高人民法院关于适用〈中华人民共和国民事诉讼法〉的解释》第五十九条的规定：个体工商户以营业执照上登记的经营者为当事人；有字号的，以营业执照上登记的字号为当事人，但应同时注明该字号经营者的基本信息。营业执照上登记的经营者与实际经营者不一致的，以登记的经营者和实际经营者为共同诉讼人。关于个体工商户的债务承担问题，根据《民法典》第五十六条第一款的规定：个体工商户的债务，个人经营的，以个人财产承担；家庭经营的，以家庭财产承担；无法区分的，以家庭财产承担。

七 单位未依法登记、未办理营业执照、被吊销营业执照、营业执照到期继续经营、被责令关闭、被撤销，以及用人单位解散、歇业、破产、挂靠经营时劳动争议当事人的确定

“单位或组织”有时会存在非正常存续或经营的状态，即存在“应登记而未登记”“未办理营业执照”“营业执照被吊销”“营业执照到期继续经营”“被责令关闭”“解散”“歇业”“未办理营业执照、营业执照被吊销或者营业期限届满仍继续经营并以挂靠等方式借用他人营业执照经营”等情形。

“应登记而未登记”或“未办理营业执照”的，不具备劳动法意义上的用工主体资格，不是劳动法意义上的“用人单位”，与劳动者之间因用工而产生的关系不属于劳动关系，除符合法定条件的工伤保险争议、非法用工争议等争议外，双方之间的其他争议不属于劳动争议，亦不能成为劳动争议的当事人，不属于劳动争议仲裁的受案范围，双方之间的其他争议可通过民事诉讼途径解决。根据《劳动人事争议仲裁办案规则》第六条的规定，发生争议的用人单位未办理营业执照，不能承担相关责任的，应当将用人单位和其出资人、开办单位或者主管部门作为共同当事人。根据《最高人民法院关于适用〈中华人民共和国民事诉讼法〉的解释》第六十二条的规定，法人或者其他组织应登记而未登记，行为人即以该法人或者其他组织名义进行民事活动的，以行为人为当事人。根据《最高人

民法院关于审理劳动争议案件适用法律问题的解释（一）》第二十九条的规定，劳动者与未办理营业执照的用人单位发生争议的，应当将用人单位或者其出资人列为当事人；根据该司法解释第三十条的规定，未办理营业执照的用人单位，以挂靠等方式借用他人营业执照经营的，应当将用人单位和营业执照出借方列为当事人。因此，不管是工伤保险争议、非法用工争议，还是其他类型的民事争议，在此种情况下，都可以根据上述规定将相应的“出资人、开办单位或者主管部门”“行为人”“营业执照出借方”作为一方当事人。

对于“营业执照被吊销”“营业执照到期继续经营”“被责令关闭”“解散”“歇业”等情形，因其未注销，主体资格并未丧失，是劳动关系的一方主体，在劳动争议仲裁或诉讼中，应作为一方当事人。如果其不能承担相关责任，可以根据具体情况，结合法律法规规定的相应情形，将“出资人”“开办单位”“主管部门”“股东”“发起人”“营业执照出借方”等主体作为共同当事人。

八 存在发包、分包、转包、承包经营情形时劳动争议当事人的确定

《劳动合同法》第九十四条规定：“个人承包经营违反本法规定招用劳动者，给劳动者造成损害的，发包的组织与个人承包经营者承担连带赔偿责任。”《劳动人事争议仲裁办案规则》第七条规定：“劳动者与个人承包经营者发生争议，依法向仲裁委员会申请仲裁的，应当将发包的组织和个人承包经营者作为共同当事人。”《劳动和社会保障部关于确立劳动关系有关事项的通知》第四条规定：“建筑施工、矿山企业等用人单位将工程（业务）或经营权发包给不具备用工主体资格的组织或自然人，对该组织或自然人招用的劳动者，由具备用工主体资格的发包方承担用工主体责任。”《最高人民法院关于审理劳动争议案件适用法律问题的解释（一）》第二十八条规定：“劳动者在用人单位与其他平等主体之间的承包经营期间，与发包方和承包方双方或者一方发生劳动争议，依法提起诉讼的，应当将承包方和发包方作为当事人。”

当存在发包、分包、转包、承包经营情形时，首先，要判断相关发包、分包、转包、承包经营行为是否合法，如果违法，可以将发包方、分包方、转包方、承包方等主体作为劳动争议的共同当事人。其次，要判断直接招工用工的主体是否具有建立劳动关系的主体资格。如果具备相应资格，一般将有主体资格的用人单位作为当事人；如果直接招工用工的主体不具有建立劳动关系的主体资格，则可将发包、分包、转包、承包经营的各方主体作为共同当事人，无论这些主体是法人或其他组织还是自然人。

九 设立中的单位（单位筹备期间）用工时当事人的确定

根据《民法典》第七十五条的规定：设立人为设立法人从事的民事活动，其法律后果由法人承受；法人未成立的，其法律后果由设立人承受，设立人为二人以上的，享有连带债权，承担连带债务；设立人为设立法人以自己的名义从事民事活动产生的民事责任，第三人有权选择请求法人或者设立人承担。根据《最高人民法院关于适用〈中华人民共和国公司法〉若干问题的规定（三）》第一条至第五条的规定：发起人是指为设立公司而签署公司章程、向公司认购出资或者股份并履行公司设立职责的人，包括有限责任公司设立时的股东。发起人为设立公司以自己名义对外签订合同，合同相对人可以请求该发起人承担合同责任；公司成立后，合同相对人可以请求公司承担合同责任。发起人以设立中公司名义对外签订合同，公司成立后，合同相对人可以请求公司承担合同责任；公司成立后有证据证明发起人利用设立中公司的名义为自己的利益与相对人签订合同，公司可以以此为由主张不承担合同责任，但相对人为善意的除外。公司因故未成立，债权人可以请求全体或者部分发起人对设立公司行为所产生的费用和债务承担连带清偿责任。发起人因履行公司设立职责造成他人损害，公司成立后，受害人可以请求公司承担侵权赔偿责任。根据原劳动和社会保障部办公厅《关于用人单位筹备组与职工发生劳动争议有关问题意见的函》的规定，用人单位在组建过程中，其筹备组与职工发生劳动争议的，筹备组和发起人（法人）共同作为劳动争议主体，承担连带责任。

单位组建筹备期间（设立中），尚不具有法人资格，也没有建立劳动关系的主体资格，故以设立中的法人名义直接用工时不构成劳动法意义上的劳动关系。

如果是设立人或发起人以其自身名义直接用工，且设立人或发起人具有用工主体资格，则劳动者与该设立人或发起人之间构成劳动关系。对于法人设立或筹备期间发生的争议，涉及劳动权利义务问题的，可根据实际用工主体，根据以上规定来确定案件的当事人。

十 涉及"合伙"用工时当事人的确定

我国目前的合伙主要有个人合伙和合伙企业。不管是个人合伙还是合伙企业，只有经依法登记注册，才具有用工主体资格，才可以与劳动者依法建立劳动关系。未经依法登记注册而用工的，可能构成非法用工，是非法用工损害赔偿争议中的一方当事人；不构成非法用工的，双方之间的争议属于一般民事纠纷，不属于劳动争议。

在登记注册方面，个人合伙领取的是个体工商户营业执照，同时可以起字号；合伙企业领取的则是合伙企业营业执照。根据《最高人民法院关于适用〈中华人民共和国民事诉讼法〉的解释》第六十条的规定，未依法登记领取营业执照的个人合伙的全体合伙人为共同诉讼人。个人合伙有依法核准登记的字号的，应在法律文书中注明登记的字号。全体合伙人可以推选代表人；被推选的代表人，应由全体合伙人出具推选书。因此，当劳动者与个人合伙发生劳动争议而申请仲裁或提起诉讼时，应当将全体合伙人作为仲裁被申请人或被告，同时在法律文书中注明该个人合伙依法核准登记的字号。而对于合伙企业，根据《民法典》第一百零二条的规定，其属于非法人组织的一种类型；同时根据《民事诉讼法》第五十一条及《最高人民法院关于适用〈中华人民共和国民事诉讼法〉的解释》第五十二条的规定，依法登记领取营业执照的合伙企业，可以作为民事诉讼的当事人。

根据《民法典》第九百七十三条的规定，合伙人对合伙债务承担连带责任。但个人合伙、合伙企业以及不同类型的合伙企业，承担责任的方式不同。对于个人合伙而言，各合伙人对合伙债务承担无限连带责任。

对于合伙企业而言，根据《合伙企业法》的规定，合伙企业可以分为普通合伙企业和有限合伙企业，其中，普通合伙企业中还包括特殊的普通合伙企业。特殊的普通合伙企业是指合伙人依照下列规则承担责任的普通合伙企业：一个合伙人或者数个合伙人在执业活动中因故意或者重大过失造成合伙企业债务的，应当承担无限责任或者无限连带责任，其他合伙人以其在合伙企业中的财产份额为限承担责任；合伙人在执业活动中非因故意或者重大过失造成的合伙企业债务以及合伙企业的其他债务，由全体合伙人承担无限连带责任。即在特殊的普通合伙企业中，并非全部合伙人一律承担无限连带责任。以专业知识和专门技能为客户提供有偿服务的专业服务机构，可以设立为特殊的普通合伙企业，如律师事务所。特殊的普通合伙企业名称中，应当标明“特殊普通合伙”字样。

除特殊的普通合伙企业外，一般的普通合伙企业由普通合伙人组成，合伙人对合伙企业债务承担无限连带责任，合伙企业名称中应当标明“普通合伙”字样。

有限合伙企业由普通合伙人和有限合伙人组成，普通合伙人对合伙企业债务承担无限连带责任，有限合伙人以其认缴的出资额为限对合伙企业债务承担责任。有限合伙企业名称中应当标明“有限合伙”字样，登记事项中应当载明有限合伙人的姓名或者名称及认缴的出资数额。

劳动者入职合伙企业时，要注意通过注册登记信息了解该合伙企业的类型。在劳动争议仲裁或诉讼中，以该合伙企业作为一方当事人。但在执行程序中，根据《最高人民法院关于民事执行中变更、追加当事人若干问题的规定》第十四条的规定：作为被执行人的合伙企业，不能清偿生效法律文书确定的债务，申请执行人可以申请变更、追加普通合伙人为被执行人；作为被执行人的有限合伙企业，财产不足以清偿生效法律文书确定的债务，申请执行人可以申请变更、追加未按期足额缴纳出资的有限合伙人为被执行人，由该有限合伙人在未足额缴纳出资的范围内承担责任。此外，根据该司法解释第十六条的规定，合伙企业作为被执行人，不能清偿生效法律文书确定的债务，申请执行人可以申请变更、追加依法对合伙企业的债务承担责任的主体为被执行人。

十一 争议主体死亡或者终止时当事人的确定

在劳动争议中，无论是争议处理程序启动前，还是在处理过程中，可能会发生劳动者死亡或者用人单位终止的情况。劳动者死亡后，如果有劳动争议需要处理，以其继承人为当事人参加仲裁、诉讼等争议处理活动。继承人的范围，依据《民法典》的相关规定执行，但涉及因工或非因工死亡待遇、社会保险待遇等方面的争议的，当事人的范围要依据相应的法律法规确定，如《因工死亡职工供养亲属范围规定》的规定。

对于法人而言，根据《民法典》第七十二条的规定：在清算结束并完成法人注销登记时，法人终止；依法不需要办理法人登记的，清算结束时法人终止。需要办理注销登记的，可通过查询其注册登记信息看其是否注销。根据《最高人民法院关于适用〈中华人民共和国民事诉讼法〉的解释》第六十四条的规定：企业法人解散的，依法清算并注销前，以该企业法人为当事人；未依法清算即被注销的，以该企业法人的股东、发起人或者出资人为当事人。《最高人民法院关于适用〈中华人民共和国公司法〉若干问题的规定（二）》第十条规定："公司依法清算结束并办理注销登记前，有关公司的民事诉讼，应当以公司的名义进行。公司成立清算组的，由清算组负责人代表公司参加诉讼；尚未成立清算组的，由原法定代表人代表公司参加诉讼。"

另外，根据《民事诉讼法》第一百五十三条、第二百四十三条，《最高人民法院关于适用〈中华人民共和国民事诉讼法〉的解释》第四百七十条的规定：诉讼过程中，作为一方当事人的法人或者其他组织终止，尚未确定权利义务承受人的，应当中止诉讼；执行过程中，作为被执行人的法人或者其他组织终止的，由其权利义务承受人履行义务；作为一方当事人的法人或者其他组织终止，尚未确定权利义务承受人的，人民法院应当裁定中止执行；执行中作为被执行人的法人或者其他组织被注销的，如果依照有关实体法的规定有权利义务承受人，可以裁定该权利义务承受人为被执行人。因此，用人单位终止后，可以以其终止后的权利义务承受人为当事人，并可通过在登记机关查询其注销登记信息，确定其权利义务承受人的具体范围。

十二 用人单位招用尚未解除劳动合同的劳动者发生争议时当事人的确定

《劳动法》第九十九条和《劳动合同法》第九十一条规定，用人单位招用尚未解除劳动合同的劳动者，对原用人单位或其他用人单位造成经济损失的，应当承担连带赔偿责任。《违反〈劳动法〉有关劳动合同规定的赔偿办法》第六条对新用人单位应当承担的连带赔偿的份额、原用人单位可主张的赔偿范围及计算方法作了相关规定。而对于此类争议当事人的确定，《最高人民法院关于审理劳动争议案件适用法律问题的解释（一）》第二十七条区分了三种情形：一是对用人单位因招用尚未解除劳动合同的劳动者，原用人单位与劳动者发生的劳动争议，原用人单位与劳动者为劳动争议案件的当事人，新用人单位原则上不列为当事人；但如果原用人单位与劳动者之间的劳动争议是因新用人单位招用该劳动者而发生，可以将新用人单位列为第三人。二是如果原用人单位以新用人单位侵权为由起诉，原用人单位和新用人单位为当事人，但该侵权行为是新用人单位招用劳动者而引起，劳动者的行为也可能构成侵权行为的一部分或者是起因，故可以列劳动者为第三人。三是如果原用人单位以新用人单位和劳动者共同侵权为由起诉，则新用人单位和劳动者列为共同当事人。

十三 工伤（含工亡）争议中当事人的确定

在一般情况下，构成工伤以存在劳动关系为前提，在工伤认定过程中，首先会对双方之间是否构成劳动关系作出认定。因此，在依法建立劳动关系的情况下，工伤争议的当事人一般为构成劳动关系主体的劳动者及用人单位。即劳动者和用人单位均符合劳动法律法规所规定的主体资格，双方之间所形成的关系符合构成劳动关系的法律要件，当发生工伤争议时，构成劳动关系主体的劳动者和用人单位为工伤争议的当事人。但根据法律法规的规定，在部分情形下，认定为工伤及承担工伤保险责任，不以存在劳动关系为前提，即当“建设单位、施工总承包单位或具有用工主体资格的分包单位”“具备用工主体资格的承包单位”将工程（业务）违法发包、分包、转包给不具备用工主体资格的组织或个人时，以及“个人挂靠其他单位对外经营”时，因“不具备用工主体资格的组织或者自然人”“个人”不具有与劳动者建立劳动关系的主体资格，故其与被招用的人员之间不构成劳动关系；而在司法实务中，一般以“不具备用工主体资格的组织或者自然人”“个人”招用的人员与具备用工主体资格的发包、分包、转包单位之间无建立劳动关系的合意、双方之间的关系不符合劳动关系的构成要件为由，不予确认二者之间的劳动关系。即使不存在劳动关系，当存在违法发包、分包、转包情形时，具备用工主体资格的发包、分包、转包单位仍然需要承担工伤保险责任，是工伤争议中的一方当事人，“不具备用工主体资格的组织或者自然人”“个人”可以作为相关工伤争议的第三人。

在因工死亡的情况下，主张死亡职工的近亲属可享受相关待遇的（丧葬补助金、供养亲属抚恤金和一次性工亡补助金等），死亡职工的近亲属为争议当事人，且一般要求全部符合法律规定的近亲属作为共同当事人，并承担证明具有相应主体资格的证明责任。如果是主张因工死亡待遇之外的其他权利，则不需要全部近亲属作为案件的当事人。

另外，根据《工伤保险条例》第四十三条的规定：用人单位分立、合并、转让的，承继单位应当承担原用人单位的工伤保险责任；原用人单位已经参加工伤保险的，承继单位应当到当地经办机构办理工伤保险变更登记。根据《最高人民法院关于审理工伤保险行政案件若干问题的规定》第三条的规定：职工与两个或两个以上单位建立劳动关系，工伤事故发生时，职工为之工作的单位为承担工伤保险责任的单位；劳务派遣单位派遣的职工在用工单位工作期间因工伤亡的，派遣单位为承担工伤保险责任的单位；单位指派到其他单位工作的职工因工伤亡的，指派单位为承担工伤保险责任的单位。

十四 劳动争议的第三人

根据《劳动争议调解仲裁法》第二十三条的规定，与劳动争议案件的处理结果有利害关系的第三人，可以申请参加仲裁活动或者由劳动争议仲裁委员会通知其参加仲裁活动。根据《民事诉讼法》第五十九条的规定，对当事人双方的诉讼标的，第三人认为有独立请求权的，有权提起诉讼。对当事人双方的诉讼标的，第三人虽然没有独立请求权，但案件处理结果同其有法律上的利害关系的，可以申请参加诉讼，或者由人民法院通知其参加诉讼。人民法院判决承担民事责任的第三人，有当事人的诉讼权利义务。第三人因不能归责于本人的事由未参加诉讼，但有证据证明发生法律效力的判决、裁定、调解书的部分或者全部内容错误，损害其民事权益的，可以自知道或者应当知道其民事权益受到损害之日起 6 个月内，向作出该判决、裁定、调解书的人民法院提起诉讼。人民法院经审理，诉讼请求成立的，应当改变或者撤销原判决、裁定、调解书；诉讼请求不成立的，驳回诉讼请求。另根据《最高人民法院关于适用〈中华人民共和国民事诉讼法〉的解释》第八十一条的规定：有独立请求权的第三人有权向人民法院提出诉讼请求和事实、理由，成为当事人；无独立请求权的第三人，可以申请或者由人民法院通知参加诉讼。第一审程序中未参加诉讼的第三人，申请参加第二审程序的，人民法院可以准许。根据《最高人民法院关于适用〈中华人民共和国民事诉讼法〉的解释》第二百二十二条的规定，原告在起诉状中直接列写第三人的，视为其申请人民法院追加该第三人参加诉讼。是否通知第三人参加诉讼，由人民法院审查决定。

十五 劳动争议仲裁遗漏当事人时人民法院如何处理

根据《最高人民法院关于适用〈中华人民共和国民事诉讼法〉的解释》第七十三条的规定：必须共同进行诉讼的当事人没有参加诉讼的，人民法院应当依照《民事诉讼法》的规定，通知其参加；当事人也可以向人民法院申请追加。人民法院对当事人提出的申请，应当进行审查，申请理由不成立的，裁定驳回；申请理由成立的，书面通知被追加的当事人参加诉讼。另根据该司法解释第七十四条的规定，人民法院追加共同诉讼的当事人时，应当通知其他当事人。应当追加的原告，已明确表示放弃实体权利的，可不予追加；既不愿意参加诉讼，又不放弃实体权利的，仍应追加为共同原告，其不参加诉讼，不影响人民法院对案件的审理和依法作出判决。

在劳动争议仲裁中，对于必须共同进行仲裁活动的当事人，可以参照上述相关规定执行。如果当事人不服劳动争议仲裁机构作出的仲裁裁决，依法提起诉讼，人民法院审查认为仲裁裁决遗漏了必须共同参加仲裁的当事人，该如何操作呢？是否需要追加当事人后重新进行仲裁活动呢？根据《最高人民法院关于审理劳动争议案件适用法律问题的解释（一）》第三十一条的规定，此时人民法院应当依法追加遗漏的人为诉讼当事人，被追加的当事人应当承担责任的，人民法院应当一并处理，而不需要当事人再行申请劳动争议仲裁。

第七讲

解决劳动争议

要有时间观念

——期间制度

做事情要有时间观念，解决劳动争议及维护劳动权利也是一样。但在劳动争议处理的实务中，我们经常见到当事人因错过了法定期限而无法办理相关事项，只能扼腕叹息、懊恼不已。劳动争议处理制度中，涉及时间问题的制度之一就是期间制度。根据期间制度的相关规定，要求当事人以及争议处理部门（如劳动争议仲裁机构、人民法院等）必须在法定的期间内完成相应的工作，否则，对于当事人而言，可能丧失相应的权利，例如丧失提出管辖异议、申请回避的权利或机会等；对于争议处理部门而言，则属于程序违法。因此，在劳动争议处理过程中，要特别注意法律法规对相关事项办理期间的规定，以便在正确的时间内做正确的事，充分维护自身的合法权益。

一 期间的种类

期间首先可分为期限和期日。期限是指劳动争议处理主体（调解组织、劳动行政部门、仲裁机构、人民法院等）、当事人和其他参与人单独实施或完成相关活动或行为所应遵守的时间，例如，审理期限就是指仲裁机构或人民法院审结案件的期限，答辩期限是当事人提交答辩状进行答辩的期限，举证期限是当事人提交证据的期限。期限一般是一段时间，比如，当事人对非终局仲裁裁决不服的，提起诉讼的期限是收到仲裁裁决书后的 15 日。期日则是指劳动争议处理主体、当事人和其他参与人一同实施或完成相关活动所应遵守的时间。例如，开庭审理日，就是仲裁员或法官、当事人和其他参与人共同进行开庭审理活动的时间。

期间另有两种分类方法，一种是将期间分为法定期间、指定期间和约定期间，另一种是将期间分为可变期间和不可变期间。

法定期间是指由法律直接规定的期间，如审理期限、答辩期限、上诉期限、申请执行期限等，都属于法定期间。指定期间是指争议处理主体根据法律授权指定的期间，如仲裁机构或人民法院可以给当事人指定举证期限。约定期限是指当事人根据法律规定而协商一致并经争议处理主体认可的期限。例如，根据《最高人民法院关于民事诉讼证据的若干规定》第五十一条的规定，举证期限可以由当事人协商，并经人民法院准许。

不变期间，是指一经确定，相关主体就应严格遵守、不得加以变更的期限。一般而言，法定期间属于不变期间。但也存在例外，例如一审普通程序的审理期限，法定是 6 个月，但如果遇到特殊情况，经法院院长批准，可以延长 6 个月；如果延长 6 个月还是不够，经上级法院批准，还可以再延长。可变期间，是指期间确定后，如果在规定期间内出现了相关情况，争议处理主体可以根据当事人的申请或依职权加以变更的期间。对于可变期间，当事人可以申请延长，审判机关也可以根据实际情况主动延长。

二 期间的计算

期间的计算单位为公历的年、月、日、小时。具体以哪种为单位，应根据法律法规的具体规定确定。

关于期间开始计算的时间问题，按照年、月、日计算期间的，开始的当日不计入，自下一日开始计算。比如，当事人2021年1月5日签收一审判决书，则其上诉期限从1月6日开始计算。按照小时计算期间的，根据《民法典》第二百零一条的规定，自法律规定或者当事人约定的时间开始计算。《最高人民法院关于适用〈中华人民共和国民事诉讼法〉的解释》第一百二十五条规定："依照民事诉讼法第八十五条第二款规定，民事诉讼中以时起算的期间从次时起算；以日、月、年计算的期间从次日起算。"民事诉讼中按小时计算期间的，从次时起算。

关于期间到期或结束问题，主要有以下规则：

1.期间以日、小时为计算单位的，终期根据法律法规规定的期间天数或小时数与开始的日期或时数相加确定。比如，当事人2021年1月5日签收一审判决书，上诉期限为15日，则其上诉期限的到期日为2021年1月20日。期间以月和年为计算单位的，终期为到期月的对应日；没有对应日的，月末日为期间的最后一日。其中的"对应日"，是指开始日的对应日。比如，某期间为6个月，开始日为2月14日，那么期间的最后一日就是当年的8月14日。其中"没有对应日的，月末日为期间的最后一日"是什么情况呢？比如，某期间为6个月，开始日为5月31日，到期月为11月，但11月没有31日，那么月末日即11月30日为期间的最后一日。

2.根据《民法典》第二百零三条的规定，期间的最后一日是法定休假日的，以法定休假日结束的次日为期间的最后一日。根据《民事诉讼法》第八十五条的规定，期间届满的最后一日是法定休假日的，以法定休假日后的第一日为期间届满的日期。

3. 根据《民法典》第二百零三条的规定：期间的最后一日的截止时间为24时；有业务时间的，停止业务活动的时间为截止时间。

关于期间是否包括“本数”的问题，要根据法律法规的具体规定而定，法律法规条文中使用了“以上”“以下”“以内”“届满”“内”的，则包括本数；使用了“不满”“超过”“以外”“不足”的，则不包括本数。比如“自调解协议生效之日起三十日内”，因使用了“内”，包括本数，即该期间最长可以是30日。如果规定为“不满三十日”，则不包括本数。

关于期间中的“工作日”“自然日”问题。部分法律法规加以明确规定，如《劳动人事争议仲裁办案规则》第八十条即规定该规则中的“三日”“五日”“十日”指工作日，“十五日”“四十五日”指自然日。某期间指“工作日”的意思即该期间扣除法定休假日和休息日，某期间指“自然日”即该期间不扣除法定休假日和休息日。比如，劳动争议仲裁的答辩期间为10日，根据上述规定，10日是指工作日，如果该10日跨了两个周末，那么该答辩期间实际上是14个自然日。提请注意，民事诉讼中并无此规定，《民事诉讼法》及相关司法解释未区分期间是工作日还是自然日，即民事诉讼中的期间相当于按自然日计算，诸如“上诉期限”“答辩期限”“举证期限”等期间并不扣除法定休假日和休息日（仅到期日为法定休假日和休息日时可顺延至下一个工作日），当事人要注意把握好民事诉讼中的期间。在没有明确规定的情况下，期间一般是指自然日，当事人要注意把握时间。

另外，根据《民事诉讼法》第八十五条的规定，期间不包括在途时间，诉讼文书在期满前交邮的，不算过期。

三 期限的顺延

根据《民事诉讼法》第八十六条的规定，当事人因不可抗拒的事由或者其他正当理由耽误期限的，在障碍消除后的10日内，可以申请顺延期限，是否准许，由人民法院决定。期限顺延是期限耽误后的救济途径，但要注意耽误的原因为不可抗拒的事由或者其他正当理由，如果是自身主观上的原因或过错，则需要承担相应的不利后果。

四 劳动争议仲裁及诉讼中常涉事项的办理期限

在劳动争议仲裁及诉讼中，仲裁及诉讼参与人、仲裁机构、人民法院等主体需要办理的主要事项及其办理期限如下：

1. 劳动争议仲裁委员会受理或不予受理仲裁申请，或通知当事人补充申请材料的期限：收到仲裁申请之日起 5 日内。

2. 劳动争议仲裁委员会通知当事人仲裁庭组成情况的期限：受理仲裁申请之日起 5 日内。

3. 劳动争议仲裁委员会向当事人送达仲裁申请书副本的期限：受理仲裁申请后 5 日内。

4. 劳动争议仲裁答辩期限：收到仲裁申请书副本后 10 日内。（但被申请人逾期未提交答辩书的，不影响仲裁程序的进行）

5. 劳动争议仲裁委员会送达答辩书副本的期限：收到答辩书后 5 日内。

6. 当事人提出劳动争议仲裁管辖异议的期限：仲裁答辩期满前书面提出。

7. 劳动争议仲裁中申请回避的期限：在案件开庭审理前提出，回避事由在案件开庭审理后知晓的，也可以在庭审辩论终结前提出。

8. 劳动争议仲裁委员会对回避申请作出决定的期限：回避申请提出的 3 日内。

9. 劳动争议仲裁被申请人提出反申请的期限：仲裁答辩期间内。

10. 劳动争议仲裁委员会作出是否受理仲裁反申请的期限：自收到被申请人反申请之日起 5 日内。

11. 仲裁委员会送达撤销案件决定书的期限：自决定撤销案件后 5 日内。

12. 劳动争议仲裁委员会通知开庭时间、地点的期限：开庭 5 日前。

13. 当事人申请劳动争议仲裁延期开庭的期限：开庭 3 日前。

14. 劳动争议仲裁申请人增加或变更仲裁请求的期限：举证期限届满前。（否则应当另行申请仲裁）

15. 劳动争议仲裁的举证期限：仲裁委员会指定的期限内。

16. 劳动争议仲裁案件的审理期限：自受理仲裁申请（或者追加当事人或者第三人，或受理增加、变更仲裁请求，或受理反申请，或接受案件移送）之日起 45 日内，案情复杂需要延期的，经劳动争议仲裁委员会主任批准，可以延期并书面通知当事人，但是延长期限不得超过 15 日。（中止审理期间、公告送达期间不计入仲裁期限内）

17. 劳动者不服终局仲裁裁决，以及劳动者和用人单位不服非终局仲裁裁决向人民法院提起诉讼的期限：收到仲裁裁决书之日起 15 日内。

18. 用人单位不服终局仲裁裁决向人民法院申请撤销裁决的期限：自收到仲裁裁决书之日起 30 日内。（向劳动争议仲裁委员会所在地的中级人民法院申请）

19. 终局裁决被撤销后当事人向人民法院起诉的期限：自收到撤销裁定书之日起 15 日内。

20. 当事人向人民法院提交授权委托书的期限：开庭审理前。

21. 人民法院受理或不予受理起诉的期限：人民法院接到当事人提交的民事起诉状时，对符合《民事诉讼法》第一百二十二条的规定，且不属于第一百二十七条规定情形的，应当登记立案；对当场不能判定是否符合起诉条件的，应当接收起诉材料，并出具注明收到日期的书面凭证。需要补充必要相关材料的，人民法院应当及时告知当事人。在补齐相关材料后，应当在 7 日内决定是否立案。

22. 人民法院送达起诉状副本的期限：立案之日起 5 日内。

23. 被告的答辩期限：收到起诉状副本之日起 15 日内。（但被告不提出答辩状的，不影响人民法院审理）

24. 人民法院送达答辩状副本给原告的期限：收到答辩状之日起 5 日内。

25. 民事诉讼当事人提出管辖异议的期限：答辩期间内。

26. 人民法院告知当事人合议庭组成人员的期限：审判人员确定后 3 日内。

27. 人民法院通知开庭时间、地点的期限：开庭 3 日前。

28. 民事诉讼当事人的举证期限：可以由当事人协商，并经人民法院准许。人民法院指定举证期限的，适用第一审普通程序审理的案件不得少于 15 日，当事人提供新的证据的第二审案件不得少于 10 日。适用简易程序审理的案件不得超过 15 日，小额诉讼案件的举证期限一般不得超过 7 日。人民法院初次指定举证期限后，可以根据当事人因客观困难申请延期举证、对已经提供的证据申请提供反驳证据或者对证据来源及形式等方面的瑕疵进行补正、变更仲裁请求等情况而延长或重新指定举证期限。举证期限届满后，当事人提供反驳证据或者对已经提供的证据的来源、形式等方面的瑕疵进行补正的，人民法院可以酌情再次确定举证期限，该期限不受前述规定的期间限制。

29. 当事人申请延长举证期限：举证期限届满前提出。

30. 申请人民法院责令对方当事人提交其控制之下的书证的期限：举证期限届满前。

31. 当事人申请证人出庭作证的期限：举证期限届满前提出。

32. 申请诉讼证据保全的期限：举证期限届满前。

33. 人民法院作出财产保全裁定、采取保全措施的期限：对于诉讼财产保全申请，人民法院接受申请后，对情况紧急的，必须在 48 小时内作出裁定；裁定采取保全措施的，应当立即开始执行。对于诉前财产保全申请，人民法院接受申请后，必须在 48 小时内作出裁定；裁定采取保全措施的，应当立即开始执行。

34. 利害关系人在人民法院采取诉前保全措施后提起诉讼或申请仲裁的期限：人民法院采取保全措施后 30 日内。（否则人民法院应当解除保全）

35. 民事诉讼简易程序转为普通程序后原告补交案件受理费的期限：自接到人民法院交纳诉讼费用通知之日起 7 日内。（原告无正当理由未按期足额补交的，按撤诉处理，已经收取的诉讼费用退还一半）

36. 一审普通程序的审限：立案之日起 6 个月内审结，有特殊情况需要延长的，经该院院长批准，可以延长 6 个月；还需要延长的，报请上级人民法院批准。[注：根据《最高人民法院关于适用〈中华人民共和国民事诉讼法〉的解释》

第二百四十三条的规定,《民事诉讼法》第一百五十二条(2023 年修正后为第一百四十九条)规定的审限，是指从立案之日起至裁判宣告、调解书送达之日止的期间，但公告期间、鉴定期间、双方当事人和解期间、审理当事人提出的管辖异议以及处理人民法院之间的管辖争议期间不应计算在内]

37. 简易程序的审限：立案之日起 3 个月内审结，审理期限到期后，双方当事人同意继续适用简易程序的，经该院院长批准，可以延长审理期限。延长后的审理期限累计不得超过 6 个月。

38. 人民法院当庭宣判、定期宣判送达判决书的期限：当庭宣判的，应当在 10 日内发送判决书；定期宣判的，宣判后立即发给判决书。

39. 当事人对一审判决或裁定提起上诉的期限：收到判决书之日起 15 日内，或收到裁定书之日起 10 日内。

40. 原审法院送达上诉状副本、对方当事人对上诉状答辩、人民法院送达上诉答辩状副本和原审法院向二审法院报送上诉材料的期限：原审人民法院收到上诉状，应当在 5 日内将上诉状副本送达对方当事人，对方当事人在收到之日起 15 日内提出答辩状。人民法院应当在收到答辩状之日起 5 日内将副本送达上诉人。对方当事人不提出答辩状的，不影响人民法院审理。原审人民法院收到上诉状、答辩状，应当在 5 日内连同全部案卷和证据，报送第二审人民法院。

41. 二审法院审理上诉案件的期限：人民法院审理对判决的上诉案件，应当在第二审立案之日起 3 个月内审结。有特殊情况需要延长的，由该院院长批准。人民法院审理对裁定的上诉案件，应当在第二审立案之日起 30 日内作出终审裁定。有特殊情况需要延长审限的，由该院院长批准。

42. 当事人申请再审的期限：判决、裁定、调解书发生法律效力后 6 个月内提出；有《民事诉讼法》第二百一十一条第一项、第三项、第十二项、第十三项规定情形的，自知道或者应当知道之日起 6 个月内提出。

43. 支付令相关的期限：债权人提出申请后，人民法院应当在 5 日内通知债权人是否受理。人民法院受理申请后，经审查债权人提供的事实、证据，对债权债务关系明确、合法的，应当在受理之日起 15 日内向债务人发出支付令；申请不成立的，裁定予以驳回。债务人应当自收到支付令之日起 15 日内清偿债务，或者向人民法院提出书面异议。债务人在前述规定的期间不提出异议又不履行支付令的，债权人可以向人民法院申请执行。支付令失效后，申请支付令的一方当事人不同意提起诉讼的，应当自收到终结督促程序裁定之日起 7 日内向受理申请的人民法院提出；7 日内未向受理申请的人民法院表明不同意提起诉讼的，视为向受理申请的人民法院起诉，债权人提出支付令申请的时间，即为向人民法院起诉的时间。

44. 人民法院采取执行前保全措施后当事人申请执行的期限及逾期后果：债权人在法律文书指定的履行期间届满后 5 日内不申请执行的，人民法院应当解除保全。

45. 申请执行的期间：2 年，从法律文书规定履行期间的最后一日起计算；法律文书规定分期履行的，从最后一期履行期限届满之日起计算；法律文书未规定履行期间的，从法律文书生效之日起计算。申请执行时效的中止、中断，适用法律有关诉讼时效中止、中断的规定。申请恢复执行原生效法律文书，适用《民事诉讼法》第二百四十六条申请执行期间的规定。申请执行期间因达成执行中的和解协议而中断，其期间自和解协议约定履行期限的最后一日起重新计算。债权人根据《民事诉讼法》第二百六十一条规定请求人民法院继续执行的，不受《民事诉讼法》第二百四十六条规定申请执行时效期间的限制。经过财产调查未发现可供执行的财产，在申请执行人签字确认或者执行法院组成合议庭审查核实并经院长批准后，可以裁定终结本次执行程序。依照前述规定终结执行后，申请执行人发现被执行人有可供执行财产的，可以再次申请执行。再次申请不受申请执行时效期间的限制。因撤销申请而终结执行后，当事人在《民事诉讼法》第二百四十六条规定的申请执行时效期间内再次申请执行的，人民法院应当受理。

46. 申请执行人可向执行法院的上一级法院申请执行的条件及期限：人民法院自收到申请执行书之日起超过 6 个月未执行的，申请执行人可以向上一级人民法院申请执行。

47. 第三人对已经发生法律效力的判决、裁定、调解书提起撤销之诉的期限：自知道或者应当知道其民事权益受到损害之日起 6 个月内，向作出生效判决、裁定、调解书的人民法院提出。

48. 案外人、当事人对执行异议裁定不服提起执行异议之诉的期限：自裁定送达之日起 15 日内。（由执行法院管辖）

49. 申请执行人提起执行异议之诉的期限：自执行异议裁定送达之日起 15 日内。

50. 人民法院冻结被执行人银行存款、查封和扣押动产、查封不动产、冻结其他财产权的期限：人民法院冻结被执行人的银行存款的期限不得超过 1 年，查封、扣押动产的期限不得超过 2 年，查封不动产、冻结其他财产权的期限不得超过 3 年。

51. 债权人或者被执行人对分配方案提出书面异议的期限：自收到分配方案之日起 15 日内。

52. 当事人、利害关系人对执行异议裁定申请复议的期限：自裁定送达之日起 10 日内。（向上一级人民法院申请复议）

53. 案外人对执行标的提出异议的期限：在该执行标的执行程序终结前提出。

54. 案外人对人民法院驳回执行异议裁定后提起诉讼或申请再审的期限：认为原判决、裁定、调解书内容错误损害其民事权益的，可以自执行异议裁定送达之日起 6 个月内，向作出原判决、裁定、调解书的人民法院申请再审。与原判决、裁定无关的，可以自裁定送达之日起 15 日内向人民法院提起诉讼。

第八讲

解决劳动争议

不能躺在权利上睡大觉

——时效制度

在劳动争议处理实务中，经常有当事人特别是劳动者一方未能准确把握时效问题，导致自身权利不能有效实现。本专题介绍时效制度的相关问题，涉及时效制度的法律意义、诉讼时效、劳动争议申请仲裁时效、时效的起算、时效中断、时效中止、时效的适用规则等内容。

一 诉讼时效与除斥期间

《民法典》第一百八十八条规定："向人民法院请求保护民事权利的诉讼时效期间为三年。法律另有规定的，依照其规定。诉讼时效期间自权利人知道或者应当知道权利受到损害以及义务人之日起计算。法律另有规定的，依照其规定。但是，自权利受到损害之日起超过二十年的，人民法院不予保护，有特殊情况的，人民法院可以根据权利人的申请决定延长。"根据该规定，除法律另有规定外，一般的诉讼时效期间为 3 年。其中"法律另有规定的"，就我国目前的立法情况而言，主要是指《专利法》《产品质量法》《海商法》《拍卖法》《环境保护法》等法律法规的规定。本条中"但是，自权利受到损害之日起超过二十年的，人民法院不予保护"，即关于最长诉讼时效的规定。根据这一规定，最长诉讼时效的期间是从权利被侵害之日起计算，即使权利人不知道自己的权利被侵害，时效最长也是 20 年，超过 20 年，人民法院不予保护。

另外，在《民法典》第九章"诉讼时效"中，第一百九十九条规定："法律规定或者当事人约定的撤销权、解除权等权利的存续期间，除法律另有规定外，自权利人知道或者应当知道权利产生之日起计算，不适用有关诉讼时效中止、中断和延长的规定。存续期间届满，撤销权、解除权等权利消灭。"该条实际上是关于除斥期间的规定。在某些情况下，根据法律的规定或当事人的约定，某种权利会预定一定的存续期间，如果权利人在此期间不行使权利，预定的存续期间届满，该种权利即消灭，也就是被除斥。例如，《民法典》第一百五十二条规定："有下列情形之一的，撤销权消灭：（一）当事人自知道或者应当知道撤销事由之日起一年内、重大误解的当事人自知道或者应当知道撤销事由之日起九十日内没有行使撤销权；（二）当事人受胁迫，自胁迫行为终止之日起一年内没有行使撤销权；（三）当事人知道撤销事由后明确表示或者以自己的行为表明放弃撤销权。当事人自民事法律行为发生之日起五年内没有行使撤销权的，撤销权消灭。”第一千一百二十四条规定：“继承开始后，继承人放弃继承的，应当在遗产处理前，以书面形式作出放弃继承的表示；没有表示的，视为接受继承。受遗赠人应当在知道受遗赠后六十日内，作出接受或者放弃受遗赠的表示；到期没有表示的，视为放弃受遗赠。”这里“一年”“六十日”，就是撤销权和受遗赠权的除斥期间。

除斥期间可以分为法定除斥期间和约定除斥期间。例如，《民法典》第五百六十四条规定：“法律规定或者当事人约定解除权行使期限，期限届满当事人不行使的，该权利消灭。法律没有规定或者当事人没有约定解除权行使期限，自解除权人知道或者应当知道解除事由之日起一年内不行使，或者经对方催告后在合理期限内不行使的，该权利消灭。”这一规定表明，对于解除权行使期限，可以由法律规定除斥期间，也可以由当事人自行约定除斥期间，法律没有规定以及当事人没有约定时，还允许由对方当事人催告确定合理期间。

从上述介绍可以看出，诉讼时效和除斥期间都是因为时间的因素而影响权利的存续或行使的法律制度。但两者又有很大的区别：（1）法律后果不同。诉讼时效届满的后果是丧失胜诉权，即丧失了法律的保护，权利本身并没有被消灭；而除斥期间届满后，权利本身消灭了。（2）期间是否可变不同。诉讼时效是可变期间，在符合法律规定的情形下，可以中止、中断甚至延长；而除斥期间是不可变期间，不得中止、中断或延长。（3）适用的权利类型不同。诉讼时效主要适用于请求权，而除斥期间则主要适用于追认权、撤销权、解除权等形成权。此外，在适用上，除斥期间可以凭借法院的职权而直接主动适用，不依赖于当事人的主张；而诉讼时效的适用一般以当事人提出时效抗辩为前提，法院不能主动释明或适用。

二 劳动争议申请仲裁时效

根据《劳动法》第八十二条的规定，提出仲裁要求的一方应当自劳动争议发生之日起60日内向劳动争议仲裁委员会提出书面申请。2008年5月1日开始施行的《劳动争议调解仲裁法》第二十七条第一款规定：“劳动争议申请仲裁的时效期间为一年。仲裁时效期间从当事人知道或者应当知道其权利被侵害之日起计算。”第四款规定：“劳动关系存续期间因拖欠劳动报酬发生争议的，劳动者申请仲裁不受本条第一款规定的仲裁时效期间的限制；但是，劳动关系终止的，应当自劳动关系终止之日起一年内提出。”此即关于劳动争议申请仲裁时效期间的规定。

根据上述规定，在2008年5月1日之前，申请仲裁时效期间为60日；自2008年5月1日起，除劳动关系存续期间因拖欠劳动报酬发生争议的外，其他争议申请仲裁时效期间为1年。对于拖欠劳动报酬争议，在劳动关系存续期间不受1年申请仲裁时效的限制，但劳动关系终止的，应当自劳动关系终止之日起一年内提出。此处的“终止”，事实上也包括解除的情形。对于该款规定，笔者的理解为：对于拖欠劳动报酬的争议，劳动关系存续期间，劳动者可以主张多年的（不限于1年内）被拖欠的劳动报酬；劳动关系解除或终止的，如果劳动者在解除或终止后的1年内提出，那么仍然可以主张整个在职期间被拖欠的劳动报酬；但如果未在解除或终止劳动关系后的1年内提出，则丧失胜诉权。

三 时效的起算

根据《劳动争议调解仲裁法》第二十七条的规定，仲裁时效期间从当事人知道或者应当知道其权利被侵害之日起计算。根据《民法典》第一百八十八条第二款的规定：诉讼时效期间自权利人知道或者应当知道权利受到损害以及义务人之日起计算，法律另有规定的依照其规定；但自权利受到损害之日起超过20年的，人民法院不予保护，有特殊情况的，人民法院可以根据权利人的申请决定延长。可以看出，《民法典》对于时效期间的起算，除知道或应当知道权利受到损害的条件外，还增加了一个条件，即知道或应当知道义务人。

根据上述规定，除最长时效外，其他时效从权利人知道或者应当知道权利受到损害以及义务人之日起计算。此处的“知道或应当知道”，是指有证据表明权利人知道自己的权利被侵害的日期，或者根据相关情形推定权利人知道自己的权利被侵害的日期。而对于最长诉讼时效，则不考虑权利人是否知道或应当知道的问题，而是从客观的权利受到损害之日起算。当然，对于劳动争议，是否可以适用最长时效问题，目前的司法实践中尚存在争议。

根据《民法典》第一百八十九条的规定，当事人约定同一债务分期履行的，诉讼时效期间自最后一期履行期限届满之日起计算。例如，用人单位与劳动者约定在劳动关系解除后，分期给劳动者支付欠付的工资及解除劳动合同的经济补偿，那么该工资及解除劳动合同的经济补偿的申请仲裁时效从最后一期支付日的次日起算。

根据《最高人民法院关于审理民事案件适用诉讼时效制度若干问题的规定》第四条的规定，未约定履行期限的合同的时效起算，主要分三种情况：第一种，依据《民法典》第五百一十条、第五百一十一条的规定，看能否确定履行期限，如果可以，那么就从确定的履行期限届满开始计算；第二种，如果依据法律法规的规定依然不能确定履行期限，那么债权人可以给债务人一定宽限期限，宽限期限届满债务人仍不履行的，时效从宽限期限届满之日起开始计算；第三种，即债务人在债权人第一次向其主张权利时即明确表示不履行义务的，则时效期间从债务人明确表示不履行义务之日起计算。

四 时效中断

时效中断，是指因发生或存在法律法规所规定的事由，致使已经经过的时效期间归于无效，待时效中断的事由消除后或有关程序终结时，时效期间重新起算。比如，某劳动者与用人单位于2018年5月10日解除劳动合同，双方之间产生争议，那么申请劳动争议仲裁的时效期间为2018年5月11日至2019年5月10日。在此期间，该劳动者于2019年4月15日曾向用人单位主张过权利（有证据证明），单位于2019年4月20日答复劳动者不能满足其主张，那么劳动者该主张权利的行为即构成时效中断的事由，在单位答复后，时效期间重新计算，即劳动者申请仲裁的时效期间变为2019年4月21日至2020年4月20日。

根据《民法典》第一百九十五条、《劳动争议调解仲裁法》第二十七条、《最高人民法院关于审理民事案件适用诉讼时效制度若干问题的规定》第八条至第十七条、《劳动人事争议仲裁办案规则》第二十七条等，可产生时效中断效力的情形或方式主要包括三种：一是权利人直接向义务人主张权利及提出履行请求，二是义务人同意履行义务，三是权利人通过第三方向义务人主张权利及提出履行请求。

权利人欲通过第一种方式产生时效中断效力的，要注意生成和留存证据，以证明向义务人主张过权利。向义务人主张权利的方式主要包括：（1）与义务人协商。根据《企业劳动争议协商调解规定》第三十一条的规定，协商过程中，应区分不同情形确定中断后的时效重新起算点：一是一方当事人提出协商要求后，另一方当事人不同意协商或者在5日内不作出回应的，从不同意协商之日起或满5日起重新计算时效；二是在约定的协商期限内，一方或者双方当事人不同意继续协商的，从不同意继续协商之日起重新计算时效；三是在约定的协商期限内未达成一致意见的，从约定的协商期限届满之日起重新计算时效；四是达成和解协议后，一方或者双方当事人在约定的期限内不履行和解协议的，从约定的履行期限届满之日起重新计算时效。（2）直接向对方当事人送交主张权利文书，对方当事人在文书上签字、盖章或者虽未签字、盖章但能够以其他方式证明该文书到达对方当事人。（3）以发送信件或者数据电文方式主张权利，信件或者数据电文到达或者应当到达对方当事人。（4）当事人一方为金融机构，依照法律规定或者当事人约定从对方当事人账户中扣收欠款本息。（5）当事人一方下落不明，对方当事人在国家级或者下落不明的当事人一方住所地的省级有影响的媒体上刊登具有主张权利内容的公告，但法律和司法解释另有特别规定的，适用其规定。

第二种情形，义务人同意履行，即义务人作出履行义务的意思表示或行为，比如义务人答应在某时期还债。同时，义务人作出分期履行、部分履行、提供担保、请求延期履行、制订清偿债务计划等承诺或者行为的，也应当认定为当事人一方同意履行义务。在此种情形下，权利人也要注意生成和留存相关证据。

第三种情形，通过第三方向义务人主张权利，主要包括：向调解组织申请调解；向依法有权解决相关民事纠纷的国家机关、事业单位、社会团体等社会组织提出保护相应民事权利的请求或向有关部门投诉；向仲裁委员会申请仲裁；向人民法院起诉；申请支付令；申请破产、申报破产债权；为主张权利而申请宣告义务人失踪或死亡；申请诉前财产保全、诉前临时禁令等诉前措施；申请强制执行；申请追加当事人或者被通知参加诉讼；在诉讼中主张抵销；向公安机关、人民检察院、人民法院报案或者控告，请求保护民事权利；其他与提起诉讼具有同等诉讼时效中断效力的事项。通过上述方式主张权利的，时效从权利人作出相关行为时中断，从相关程序终结时重新计算。例如，权利人向公安机关、人民检察院、人民法院报案或者控告，请求保护其民事权利的，诉讼时效从其报案或者控告之日起中断；上述机关决定不立案、撤销案件、不起诉的，诉讼时效期间从权利人知道或者应当知道不立案、撤销案件或者不起诉之日起重新计算；刑事案件进入审理阶段，诉讼时效期间从刑事裁判文书生效之日起重新计算。

此外，关于时效中断，还要注意以下问题：（1）权利人对同一债权中的部分债权主张权利，诉讼时效中断的效力及于剩余债权，但权利人明确表示放弃剩余债权的情形除外。（2）对于连带债权人中的一人发生诉讼时效中断效力的事由，应当认定对其他连带债权人也发生诉讼时效中断的效力。（3）对于连带债务人中的一人发生诉讼时效中断效力的事由，应当认定对其他连带债务人也发生诉讼时效中断的效力。（4）债权人提起代位权诉讼的，应当认定对债权人的债权和债务人的债权均发生诉讼时效中断的效力。（5）债权转让的，应当认定诉讼时效从债权转让通知到达债务人之日起中断；在债务承担情形下，构成原债务人对债务承认的，应当认定诉讼时效从债务承担意思表示到达债权人之日起中断。

五 时效中止

时效中止，我们可以从字面意思理解为时效“中间停止”，中止期间，不计入时效期间内，待中止的事由消除后，时效期间继续计算。诉讼时效中止的事由消除怎么继续计算，在《民法总则》（已废止）施行（2017年10月1日）前，是产生中止事由前剩多少就继续算多少，比如在时效期间届满前3个月，发生了时效中止的事由，那么时效中止的事由消除后，诉讼时效期间继续计算3个月；在《民法总则》（已废止）施行后，则统一再给6个月，比如，在诉讼时效期间届满的前一天发生时效中止事由，那么时效中止的事由消除后，再经过6个月，时效期间届满。《民法典》出台后，《民法典》第一百九十四条规定：“在诉讼时效期间的最后六个月内，因下列障碍，不能行使请求权的，诉讼时效中止：（一）不可抗力；（二）无民事行为能力人或者限制民事行为能力人没有法定代理人，或者法定代理人死亡、丧失民事行为能力、丧失代理权；（三）继承开始后未确定继承人或者遗产管理人；（四）权利人被义务人或者其他人控制；（五）其他导致权利人不能行使请求权的障碍。自中止时效的原因消除之日起满六个月，诉讼时效期间届满。”与《民法总则》（已废止）的规定是一致的。

《劳动争议调解仲裁法》第二十七条第三款规定：“因不可抗力或者有其他正当理由，当事人不能在本条第一款规定的仲裁时效期间申请仲裁的，仲裁时效中止。从中止时效的原因消除之日起，仲裁时效期间继续计算。”《劳动人事争议仲裁办案规则》第二十八条规定：“因不可抗力，或者有无民事行为能力或者限制民事行为能力劳动者的法定代理人未确定等其他正当理由，当事人不能在规定的仲裁时效期间申请仲裁的，仲裁时效中止。从中止时效的原因消除之日起，仲裁时效期间继续计算。”可见，申请仲裁时效中止的相关规定与诉讼时效中止的规定存在不一致之处，主要区别有两点：一是申请仲裁时效中止未要求时效中止事由发生在时效期间的最后 6 个月内，即在申请仲裁时效期间内，只要发生时效中止事由的，任何时候都可以时效中止。二是中止的事由消除后时效期间怎么继续计算的问题。申请仲裁时效中止的事由消除后，中止前时效期间剩余多少，则中止事由消除后继续计算多少；而诉讼时效中止的事由消除后，继续计算 6 个月的诉讼时效期间。

六 时效的适用规则

关于时效的适用，我们要注意把握以下几点：

1. 诉讼时效只适用于部分债权请求权，对于其他类型的权利不适用。《最高人民法院关于审理民事案件适用诉讼时效制度若干问题的规定》第一条规定："当事人可以对债权请求权提出诉讼时效抗辩，但对下列债权请求权提出诉讼时效抗辩的，人民法院不予支持：（一）支付存款本金及利息请求权；（二）兑付国债、金融债券以及向不特定对象发行的企业债券本息请求权；（三）基于投资关系产生的缴付出资请求权；（四）其他依法不适用诉讼时效规定的债权请求权。"

2. 时效的相关问题，包括时效的期间、计算方法以及中止、中断的事由等，均由法律规定，当事人约定无效，而且也不能对时效利益预先放弃。

3. 裁判机关不得主动适用或者释明时效问题。《民法典》第一百九十三条规定："人民法院不得主动适用诉讼时效的规定。"《最高人民法院关于审理民事案件适用诉讼时效制度若干问题的规定》第二条规定："当事人未提出诉讼时效抗辩，人民法院不应对诉讼时效问题进行释明。"如果在案件审理过程中，裁判机关对时效问题进行了释明，或者在当事人未提出时效抗辩的情况下，主动适用时效的相关规定处理具体争议，都是违反时效适用规则的。

4. 享有时效抗辩权的人一旦放弃时效抗辩（作出同意履行义务的意思表示或者自愿履行义务，在仲裁或诉讼中未提出时效抗辩等），则不得再行主张时效权利，但基于新的证据能够证明对方当事人的请求权已过时效期间的情形除外。《民法典》第一百九十二条规定："诉讼时效期间届满的，义务人可以提出不履行义务的抗辩。诉讼时效期间届满后，义务人同意履行的，不得以诉讼时效期间届满为由抗辩；义务人已经自愿履行的，不得请求返还。"《最高人民法院关于审理民事案件适用诉讼时效制度若干问题的规定》第三条规定：“当事人在一审期间未提出诉讼时效抗辩，在二审期间提出的，人民法院不予支持，但其基于新的证据能够证明对方当事人的请求权已过诉讼时效期间的情形除外。当事人未按照前款规定提出诉讼时效抗辩，以诉讼时效期间届满为由申请再审或者提出再审抗辩的，人民法院不予支持。”第十八条规定：“主债务诉讼时效期间届满，保证人享有主债务人的诉讼时效抗辩权。保证人未主张前述诉讼时效抗辩权，承担保证责任后向主债务人行使追偿权的，人民法院不予支持，但主债务人同意给付的情形除外。”第十九条规定：“诉讼时效期间届满，当事人一方向对方当事人作出同意履行义务的意思表示或者自愿履行义务后，又以诉讼时效期间届满为由进行抗辩的，人民法院不予支持。当事人双方就原债务达成新的协议，债权人主张义务人放弃诉讼时效抗辩权的，人民法院应予支持。超过诉讼时效期间，贷款人向借款人发出催收到期贷款通知单，债务人在通知单上签字或者盖章，能够认定借款人同意履行诉讼时效期间已经届满的义务的，对于贷款人关于借款人放弃诉讼时效抗辩权的主张，人民法院应予支持。”

第九讲

解决劳动争议

要会写文书

——常用法律文书及制作方法

法律文书在当事人处理法律事务时有着重要作用，是当事人运用法律手段维护自身权利的重要工具，是当事人行使仲裁及诉讼权利、履行仲裁及诉讼义务的重要凭证。在劳动争议处理实务中，部分当事人存在不能正确制作相关法律文书的问题。本专题重点介绍劳动争议解决过程中当事人常用法律文书的应用场景及制作方法，包括授权委托书、证据材料清单、劳动争议仲裁申请书及裁答辩状、民事起诉状及答辩状、支付令申请书、延长举证期限申请书、调查收集证据申请书、通知证人出庭作证申请书、鉴定申请书及各类保全申请书等 20 余种。

一 授权委托书

根据《劳动争议调解仲裁法》第二十四条、《民事诉讼法》第六十一条的规定，当事人可以委托代理人参加仲裁及诉讼活动。

可委托作为仲裁或诉讼代理人的人员范围包括：律师、基层法律服务工作者，当事人的近亲属或者工作人员，当事人所在社区、单位以及有关社会团体推荐的公民。但无民事行为能力人、限制民事行为能力人以及其他依法不能作为仲裁或诉讼代理人的，当事人不得委托其作为仲裁或诉讼代理人。其中，根据《最高人民法院关于适用〈中华人民共和国民事诉讼法〉的解释》第八十五条、第八十六条、第八十七条的规定：当事人的近亲属是指与当事人有夫妻、直系血亲、三代以内旁系血亲、近姻亲关系以及其他有抚养、赡养关系的亲属。当事人的工作人员是指与当事人有合法劳动人事关系的职工。有关社会团体推荐公民担任诉讼代理人的，应当符合下列条件：（1）社会团体属于依法登记设立或者依法免予登记设立的非营利性法人组织；（2）被代理人属于该社会团体的成员，或者当事人一方住所地位于该社会团体的活动地域；（3）代理事务属于该社会团体章程载明的业务范围；（4）被推荐的公民是该社会团体的负责人或者与该社会团体有合法劳动人事关系的工作人员。专利代理人经中华全国专利代理人协会推荐，可以在专利纠纷案件中担任诉讼代理人。

根据《民事诉讼法》第二百七十四条、第二百七十五条，《最高人民法院关于适用〈中华人民共和国民事诉讼法〉的解释》第五百二十二条至第五百二十四条、第五百二十六条、第五百二十七条等规定：外国人、无国籍人、外国企业和组织在人民法院起诉、应诉，需要委托律师代理诉讼的，必须委托中华人民共和国的律师。但涉外民事诉讼中的外籍当事人，可以委托本国人为诉讼代理人，也可以委托本国律师以非律师身份担任诉讼代理人；外国驻华使领馆官员，受本国公民的委托，可以以个人名义担任诉讼代理人，但在诉讼中不享有外交或者领事特权和豁免。涉外民事诉讼中，外国驻华使领馆授权其本馆官员，在作为当事人的本国国民不在中华人民共和国领域内的情况下，可以以外交代表身份为本国国民在中华人民共和国聘请中华人民共和国律师或者中华人民共和国公民代理民事诉讼。在中华人民共和国领域内没有住所的外国人、无国籍人、外国企业和组织委托中华人民共和国律师或者其他人代理诉讼，从中华人民共和国领域外寄交或者托交的授权委托书，应当经所在国公证机关证明，并经中华人民共和国驻该国使领馆认证，或者履行中华人民共和国与该所在国订立的有关条约中规定的证明手续后，才具有效力。但对于外国当事人所在国与中华人民共和国没有建立外交关系的，可以经该国公证机关公证，经与中华人民共和国有外交关系的第三国驻该国使领馆认证，再转由中华人民共和国驻该第三国使领馆认证。对于外国人、外国企业或者组织的代表人在人民法院法官的见证下签署授权委托书，或者在中华人民共和国境内签署授权委托书且经中华人民共和国公证机构公证，委托代理人进行民事诉讼的，人民法院应予认可。

当事人委托他人参加仲裁及诉讼活动，应当向劳动争议仲裁委员会及人民法院提交有委托人签名或者盖章的委托书，授权委托书必须记明委托事项和权限。仲裁或诉讼代理人代为承认、放弃、变更仲裁或诉讼请求，进行和解，提起仲裁反申请或反诉或者上诉，必须有委托人的特别授权。授权委托书仅写“全权代理”而无具体授权的，诉讼代理人无权代为承认、放弃、变更诉讼请求，进行和解，提出反诉或者提起上诉。适用简易程序审理的案件，双方当事人同时到庭并径行开庭审理的，可以当场口头委托诉讼代理人，由人民法院记入笔录。侨居在国外的中华人民共和国公民从国外寄交或者托交的授权委托书，必须经中华人民共和国驻该国的使领馆证明；没有使领馆的，由与中华人民共和国有外交关系的第三国驻该国的使领馆证明，再转由中华人民共和国驻该第三国使领馆证明，或者由当地的爱国华侨团体证明。仲裁或诉讼代理人的权限如果变更或者解除，当事人应当书面告知仲裁机构或人民法院，并由仲裁机构或人民法院通知对方当事人。

仲裁及诉讼代理人除应当依法提交授权委托书外，律师应当提交律师执业证、律师事务所证明材料，基层法律服务工作者应当提交法律服务工作者执业证、基层法律服务所出具的介绍信以及当事人一方位于本辖区内的证明材料，当事人的近亲属应当提交身份证件和与委托人有近亲属关系的证明材料，当事人的工作人员应当提交身份证件和与当事人有合法劳动人事关系的证明材料（如劳动合同、社会保险缴费记录、工资支付记录等），当事人所在社区、单位推荐的公民应当提交身份证件、推荐材料和当事人属于该社区、单位的证明材料，有关社会团体推荐的公民应当提交身份证件和符合《最高人民法院关于适用〈中华人民共和国民事诉讼法〉的解释》第八十七条规定条件的证明材料。

委托仲裁及诉讼代理人，可参考以下样式出具授权委托书。

授权委托书
（自然人委托仲裁及诉讼代理人用）

委托人：张三，男，1982 年 ×× 月 ×× 日出生，土家族，住址：湖北省巴东县 ×× 镇 ×× 村，联系方式：186×××××6。

受委托人：李四，男，×× 律师事务所律师，单位地址：××××，联系方式：186×××××7。

受委托人：王五，女，1986 年 ×× 月 ×× 日出生，汉族，住所：湖北省巴东县 ×× 镇 ×× 村。联系方式：186×××××8。受托人系委托人的配偶。

现委托李四、王五在张三与 ×× 公司劳动争议一案中，作为张三的委托仲裁（诉讼）代理人。

委托代理人李四、王五的代理事项和权限为：代为提起劳动仲裁，提起诉讼，申请证据及财产保全，递交证据材料，出庭应诉，变更、增加仲裁（诉讼）请求，参与调解、和解，提出上诉，代为申请强制执行、申请列入失信名单等。

本授权期限：至劳动争议仲裁、诉讼一审、诉讼二审、执行阶段终结。

本授权为特别授权。

委托人（签名）

××××年××月××日

授权委托书
（法人或者其他组织委托仲裁及诉讼代理人用）

委托单位：××××公司，住所：广东省广州市××区××路××号。

法定代表人/主要负责人：张三，总经理，联系方式：……

受委托人：李四，男，××律师事务所律师，联系方式：……

受委托人：王五，女，××××公司人事部经理，联系方式：……

现委托李四、王五在我公司与赵六劳动争议一案中，作为我公司参加仲裁（诉讼）的委托代理人。

委托代理人李四代理事项和权限为：代为提起仲裁申请或起诉，递交证据材料，签收法律文书，参加仲裁（诉讼）活动。

委托代理人王五的代理事项和权限为：代为提起劳动仲裁，提起诉讼，申请证据及财产保全，递交证据材料，出庭应诉，变更、增加仲裁（诉讼）请求，参与调解、和解，提出上诉，代为申请强制执行、申请列入失信名单等。

本授权期限：至劳动仲裁、诉讼一审、诉讼二审、执行阶段终结。

委托单位（公章和签名）

××××年××月××日

二 证据材料清单

申请劳动争议仲裁或者提起劳动争议诉讼时，一般都要提交相应的证据材料证明自己的主张。根据《最高人民法院关于民事诉讼证据的若干规定》第十九条第一款的规定，提交证据材料时，应当对提交的证据材料逐一分类编号，对证据材料的来源、证明对象和内容作简要说明，签名盖章，注明提交日期，并依照对方当事人人数提出副本。因此，在提交证据时，需要编制一份证据材料清单或目录。

证据材料清单或目录没有固定格式，可参考表 9–1 样式制作：

表 9–1　证据材料清单参考样式

序号	证据名称	份数	页数	原件 / 复制件	证明目的	备注

表 9–1 中的“证明目的”，可以换成“证明对象”，意思就是通过这份证据能证明什么内容或事实。一份证据可以证明不同的证明对象，比如一份劳动合同，可以用来证明合同主体（往往也是劳动关系主体）、合同期限、工资标准、加班费计算基数的约定、工作时间的约定等，所以证据提交者要根据案件具体情况及自己的目的填写。

另外，再介绍一版证据清单的填写样式（见表 9–2）。

表 9-2 证据材料清单填写样式

仲裁申请人（或仲裁被申请人、原告、被告、第三人等）证据材料清单					
序号	证据名称（按证据类型、书证文件的抬头名称等填写）	原件/复制件	证明对象（通过证据可证明的内容，如劳动合同证明劳动关系、工资条证明工资情况等）	页数/件数（填写证据具体的纸张页数）	页码
1	劳动合同	复印件	证明双方之间存在劳动关系	10 页	1 ~ 10
2	工资清单	复印件	工资标准	15 页	11 ~ 25
3	解除劳动合同通知书	复印件	用人单位单方违法解除劳动合同	1 页	26
4	岗位任命书	复印件	本人的工作岗位及工资标准	2 页	27 ~ 28
5	谈话录音	刻录件	用人单位违法解除劳动合同	1 件	
提交人：×××× 提交时间：×××× 年 ×× 月 ×× 日 签收人：×××× 签收时间：×××× 年 ×× 月 ×× 日					

三 劳动争议仲裁申请书

根据《劳动争议调解仲裁法》第二十八条、《劳动人事争议仲裁办案规则》第二十九条的规定：申请人申请劳动争议仲裁应当提交书面仲裁申请，并按照被申请人人数提交副本。仲裁申请书应当载明下列事项：（1）劳动者的姓名、性别、出生日期、身份证件号码、住所、通讯地址和联系电话，用人单位的名称、住所、通讯地址、联系电话和法定代表人或者主要负责人的姓名、职务；（2）仲裁请求和所根据的事实、理由；（3）证据和证据来源，证人姓名和住所。但对于书写仲裁申请确有困难的，可以口头申请，由仲裁委员会记入笔录，经申请人签名、盖章或者捺印确认。

申请劳动争议仲裁，可参考以下样式制作仲裁申请书。

仲裁申请书

申请人：×××（姓名），男/女，××××年××月××日生，××族，住所……　联系电话……（此项相关内容按身份证上的信息填写）

法定代理人：×××，……（如果申请人是无民事行为能力或者限制民事行为能力人，应当写明法定代理人姓名、性别、出生日期、民族、职业、工作单位、住所、联系方式，在诉讼地位后括注与原告的关系。如果申请人不是无民事行为能力或者限制民事行为能力人，此栏则不用写）

委托代理人：×××，……（如果委托了代理人，应当写明委托仲裁代理人基本信息；没有委托代理人的，此栏则不用写）

被申请人：××××（此处写明单位名称），住所……

法定代表人：×××，联系方式……（写明单位办公电话，或该单位法定代表人、人事主管、法务主管等相关人员电话，以方便仲裁委员会送达）

现办公地址：××××（如果实际办公地址与注册登记信息上的不一致，则在此处写明）

（上述用人单位名称、法定代表人姓名、住所，按单位的注册登记信息写，一字不误；注册登记信息可登录市场监督管理部门、事业单位登记管理部门、民政部门等主管机关的网站查询）

仲裁请求：

……（根据争议的具体情况提出仲裁请求，如请求确认申请人与被申请人之间于××××年××月××日至××××年××月××日存在劳动关系、请求被申请人支付××××年××月××日至××××年××月××日的工资××元、请求被申请人支付违法解除劳动关系的赔偿金××元、请求被申请人支付工伤保险待遇××元等。仲裁请求应当明确具体，即要有明确的“定性”“定量”及责任主体）

事实与理由：

……（根据具体争议情形陈述提出仲裁请求所依据的事实与理由，即提出自己的法律主张和事实主张。例如，本人于2019年5月20日入职被申请人处工作，双方在劳动合同中约定加班费计算为5000元/月。工作期间，被申请人安排本人工作日延长工作时间加班88小时，休息日加班22天，法定休假日加班6天，但被申请人未依据《中华人民共和国劳动法》第四十四条的规定支付加班费。现特申请劳动争议仲裁，以维护自身合法权益）

此致

××××劳动人事争议仲裁委员会

附件：1.《仲裁申请书》副本××份；

2.证据清单及有关证据材料××份。

（申请书副本和证据清单及证据材料数量根据被申请人的数量确定，即告一个被申请人，则要提供两份同样的材料，告两个被申请人，则要提供三份同样的

材料，以此类推）

申请人：×××（手写签名）

××××年××月××日（写明提交申请书的日期）

四 劳动争议仲裁答辩书

根据《劳动争议调解仲裁法》第三十条、《劳动人事争议仲裁办案规则》第三十三条的规定，被申请人收到仲裁申请书副本后，应当在10日内向仲裁委员会提交答辩书。被申请人未提交答辩书的，不影响仲裁程序的进行。

进行劳动争议仲裁答辩，可参考以下样式制作仲裁答辩书。

仲裁答辩书

答辩人：×××× 公司，住所……

法定代表人／主要负责人：××××，职务…… 联系方式：……

委托代理人：×××，……

被答辩人：×××，……

对 ×××× 劳动人事争议仲裁委员会 ×××× 号（写明仲裁案号）一案的仲裁请求，答辩如下：

……（此处写明答辩意见，针对申请人提出的仲裁请求以及依据的事实与理由，在答辩中提出自己的主张。例如：被答辩人要求答辩人支付加班费，但其该请求无事实及法律依据，请求仲裁委员会予以驳回。根据《中华人民共和国劳动法》第四十四条的规定，属于用人单位安排劳动者延长工作时间的，才需要按照法定标准支付高于劳动者正常工作时间工资的工资报酬。而本案中，被答辩人无任何证据证明答辩人安排其加班，亦无任何证据证明其存在加班事实，应承担举证不能的不利后果。被答辩人要求答辩人支付解除劳动合同的经济补偿及代通知金，但答辩人属于依法终止劳动合同，被答辩人该项请求依法不能成立。被答辩人于××××年××月××日达到法定退休年龄，根据《中华人民共和国劳动合同法实施条例》第二十一条的规定，双方劳动合同关系因此终止，同时根据《劳动合同法》第四十六条的规定，此种终止情形不属于应当支付解除或终止劳动合同的经济补偿的范围，亦不属于应当支付代通知金的情形，故请求仲裁委员会依法驳回申请人的该项仲裁请求）

证据和证据来源，证人姓名和住所……（写明反驳仲裁申请人的仲裁请求所依据的相关证据）

此致

××××劳动人事争议仲裁委员会

附：本答辩书副本×份（依据仲裁申请人的数量而定）

答辩人（公章或签名）

××××年××月××日

五 民事起诉状

关于哪些情形下可提起劳动争议诉讼，在本书第四讲中的“申请劳动争议仲裁及提起诉讼”部分已详细介绍，请各位读者参阅。

《民事诉讼法》第一百二十三条规定：“起诉应当向人民法院递交起诉状，并按照被告人数提出副本。书写起诉状确有困难的，可以口头起诉，由人民法院记入笔录，并告知对方当事人。”第一百二十四条规定：“起诉状应当记明下列事项：（一）原告的姓名、性别、年龄、民族、职业、工作单位、住所、联系方式，法人或者其他组织的名称、住所和法定代表人或者主要负责人的姓名、职务、联系方式；（二）被告的姓名、性别、工作单位、住所等信息，法人或者其他组织的名称、住所等信息；（三）诉讼请求和所根据的事实与理由；（四）证据和证据来源，证人姓名和住所。”《最高人民法院关于适用〈中华人民共和国民事诉讼法〉的解释》第二百零九条第二款规定：“起诉状列写被告信息不足以认定明确的被告的，人民法院可以告知原告补正。原告补正后仍不能确定明确的被告的，人民法院裁定不予受理。”第二百一十条规定：“原告在起诉状中有谩骂和人身攻击之辞的，人民法院应当告知其修改后提起诉讼。”

当事人提交起诉状时，应注意要符合上述规定。向人民法院提起诉讼，可以参考以下样式制作起诉状。

民事起诉状
（公民提起民事诉讼用）

原告：×××，男/女，××××年××月××日生，×族，……（写明工作单位和职务或职业），住……　联系方式：……

法定代理人：×××，……

委托代理人：×××，……

被告：×××，……

……

（以上写明当事人和其他诉讼参加人的姓名或者名称等基本信息）

诉讼请求：

……（根据具体案情及可主张的权利写明自身诉讼请求。对于劳动争议案件，劳动者的诉讼请求主要是针对劳动争议仲裁委员会不予受理、没有支持或驳回仲裁请求，仲裁委员会已经支持的仲裁请求，劳动者在起诉时仍可以将之列为诉讼请求。例如：1. 请求判决原告与被告自××××年××月××日起按原工作岗位及原工资标准继续履行劳动合同；2. 请求判决被告支付××××年××月的工资差额2000元；3. 请求判决由被告承担本案诉讼费用）

事实和理由：

……［主要写明提出诉讼请求所依据的事实、相关的法律法规等。在提出事实与理由时，要注意结合相关权利的构成要件全面提出，具体可参阅本书对各项劳动权利构成要件的分析。另外，劳动争议中，劳动者提起诉讼，一般是在不服劳动争议仲裁委员会处理结果的情况下提出，故在事实与理由部分，可同时写明对劳动争议仲裁委员会相关处理的具体异议，以增强事实与理由陈述的针对性。例如：原告于2018年3月入职被告处任职厨师，工资标准为12000元/月，自2020年10月起，被告降低原告工资为10000元/月，双方就此产生争议，原告依法提起劳动争议仲裁，但仲裁裁决认定事实及适用法律均错误，原告不服该裁决，现提起诉讼，主要事实及理由如下：1. 被告在劳动争议仲裁中提交的证据不能作为认定调岗降薪具有合法性和合理性的依据。为证明其调岗降薪行为的合法性和合理性，被告在仲裁阶段提交了就餐者的意见记录、处罚会议记录表等证据。但就餐者的意见记录真实性存疑，是否属于就餐者所写被告未举证证明，被告在原告申请仲裁之前从未向原告出示过，未就其中提及的问题告知原告并调查核实让原告签名确认，且依据公司的员工奖惩办法，如果相关就餐者的意见属实，被告应给予原告相应的处罚，但原告从未收到过任何处罚通知；且餐饮业本身存在众口难调的问题，该意见属于就餐者的主观意见，被告在未经调查核实的情况下即将其作为调岗降薪的依据，明显不合法也不合理。会议记录表中未明确提出原告不能胜任工作，也未记载任何明确的原告工作中存在的问题，该会议记录表为被告单方制作，无原告本人参与及签名确认，形成时间无法证明。2. 被告调岗降薪的行为不符合《劳动合同》的约定。原、被告签订的《劳动合同》中，对调整工作岗位及劳动报酬的事项作出了约定，其中包括不能胜任工作，并对不能胜任工作的情形予以了明确，即“不能按甲方（被告）要求完成合理的岗位工作任务安排的”“绩效考核不合格的”等。如上所述，被告提交的证据并不能证明原告不能胜任工作，且至原告提起诉讼时，原告依然在原岗位工作（但工资已降低）也能证明原告并非不能胜任工作；被告在调岗降薪前，也未让原告参与任何绩效考核。因此，被告的调岗降薪行为随意性太大，未遵照《劳动合同》的约定。3. 被告调岗降薪的行为违反程序及规章制度的规定。根据被告的员工奖惩办法，如果原告存在被告在仲裁中主张的相关行为，则被告应当给予原告相应扣分等处罚，而不是调岗降薪。但被告从未对原告进行过处罚，既证明其所主张的原告不能胜任工作不能成立，也证明其直接采取调岗降薪的措施违反程序及其自身规章制度。4. 被告调岗降薪未经协商一致且未采取书面形式。被告对原告调岗降薪属于变更劳动合同，在被告无调岗降薪的正当合法理由及依据的情况下，根据《中华人民共和国劳动合同法》第三十五条的规定，应当与原告协商一致并采用书面形式。被告在未经协商一致的情况下实施调岗降薪，应属违法。5. 被告应当按照原劳动合同约定的岗位及工资标准继续履行劳动合同，并支付工资差额。基于被告调岗降薪行为的违法性，被告应当恢复原告的工资标准，且应当支付 2020 年 10 月已产生的工资差额。综上所述，请求贵院支持原告的诉讼请求］

证据和证据来源，证人姓名和住所：

……（写明相关的证据情况，如果制作了证据材料清单，此处可写“详见证据材料清单”）

此致

××××人民法院

附：本起诉状副本×份

起诉人（签名）

××××年××月××日

民事起诉状
（法人或者其他组织提起民事诉讼用）

原告：×××，住所……

法定代表人/主要负责人：×××，……（写明职务），联系方式：……

委托代理人：×××，……

被告：×××，……

……

（以上写明当事人和其他诉讼参加人的姓名或者名称等基本信息）

诉讼请求：

……［根据具体案情及可主张的权利写明自身诉讼请求。对于劳动争议案件，如果劳动者申请劳动仲裁且仲裁委员会支持了劳动者的仲裁请求，用人单位对此不服，提起诉讼时的诉讼请求一般为请求人民法院判决用人单位无须承担仲裁委员会裁决的相关法律责任，或请求人民法院判决双方之间不存在仲裁委员会所确认的法律关系（如劳动关系），例如：1. 请求判决原告与被告之间于2018年1月1日至2020年5月6日不存在劳动关系；2. 请求判决原告无须向被告支付解除劳动合同的经济补偿5000元；3. 请求判决原告无须向被告支付2020年未休年休假工资2000元；4. 请求判决被告承担本案诉讼费用。如果用人单位针对劳动者申请劳动争议仲裁，仲裁委员会未支持或驳回用人单位的仲裁请求，用人单位不服，那么提起诉讼时一般是将仲裁请求转化为诉讼请求，例如：1. 请求判决被告向原告支付未依法解除劳动合同给原告所造成的损失 10000 元；2. 请求判决被告向原告支付违反竞业限制协议的违约金 30000 元；3. 请求确认原告与被告之间的竞业限制协议于 2020 年 12 月 31 日解除；4. 请求判决由被告承担本案诉讼费用］

事实与理由：

……（主要写明提出诉讼请求所依据的事实、相关法律法规的规定等。在提出事实与理由时，要注意结合相关权利的构成要件全面提出，具体可参阅本书对各项劳动权利构成要件的分析。另外，劳动争议中，用人单位提起诉讼，一般是在不服劳动争议仲裁委员会的处理结果的情况下提出，故在事实与理由部分，可同时写明对劳动争议仲裁委员会相关处理结果的具体异议，以增强事实与理由陈述的针对性。例如：原告与被告之间产生劳动争议，被告申请劳动争议仲裁，××仲裁委员会认定事实及适用法律错误，裁决原告承担其本无须承担的法律责任，原告对此不服，特提起诉讼。请求法院判决：1. 原告与被告之间不存在劳动关系。原、被告之间签订有承揽协议，明确约定被告从原告处承揽运动鞋加工业务，虽然工作场地及原材料由原告提供，但被告须向原告支付场地租金及原材料费用，被告工作期间不受原告的管理和安排，原告的规章制度不适用于被告，故双方之间的关系不符合《劳动和社会保障部关于确立劳动关系有关事项的通知》第一条关于劳动关系成立条件的规定，仲裁委员会认定双方之间存在劳动关系明显不当。2. 基于双方之间不存在劳动关系，双方之间无劳动权利义务关系，仲裁委员会裁决原告向被告支付加班费、未休年休假工资、解除劳动合同的经济补偿属适用法律错误，请求人民法院予以纠正，判决被告无须承担仲裁裁决确定的法律责任）

证据和证据来源，证人姓名和住所：

……（写明相关的证据情况，如果制作了证据材料清单，此处可写“详见证据材料清单”）

此致

××××人民法院

附：本起诉状副本×份

起诉人（签名）

××××年××月××日

六 民事答辩状

根据《民事诉讼法》第一百二十八条的规定，一审程序中，被告应当在收到起诉状副本之日起 15 日内提出答辩状。根据《民事诉讼法》第二百八十五条的规定，在中华人民共和国领域内没有住所的被告应当在收到起诉状副本后 30 日内提出答辩状。被告不提出答辩状的，不影响人民法院对案件的审理。答辩状应当记明被告的姓名、性别、年龄、民族、职业、工作单位、住所、联系方式，法人或者其他组织的名称、住所和法定代表人或者主要负责人的姓名、职务、联系方式。

向人民法院提交答辩状，可以参考以下样式制作文书。

民事答辩状
（公民对民事起诉提出答辩用）

答辩人：×××，男/女，××××年××月××日生，×族，……（写明工作单位和职务或职业），住……　联系方式：……

法定代理人：×××，……

委托代理人：×××，……

被答辩人：×××，……

（以上写明答辩人和其他诉讼参加人的姓名或者名称等基本信息）

对××××人民法院××××号……（写明当事人和案由）一案的起诉，答辩如下：

……（此处写明具体答辩意见。劳动争议中，当用人单位不服仲裁裁决起诉后，劳动者可结合仲裁裁决提出相关答辩意见。例如：答辩人与被答辩人之间的劳动争议，×××× 劳动争议仲裁委员会已作出仲裁裁决，该裁决认定事实清楚，适用法律正确，答辩人接受该仲裁裁决，另发表答辩意见如下：1. 被答辩人存在安排答辩人加班但未依法支付加班费的事实，应当向答辩人支付加班费。答辩人在劳动争议仲裁中提交了相关考勤记录，被答辩人质证时确认该证据的真实性，仲裁委员会亦采信了该证据，该证据可证明答辩人存在加班事实，故被答辩人应当根据《中华人民共和国劳动法》第四十四条的规定向答辩人支付加班费。2. 被答辩人违法解除与答辩人之间的劳动合同，应依法支付违法解除劳动合同的赔偿金。在被答辩人向答辩人发出的解除劳动合同通知书中，被答辩人以答辩人严重违反规章制度为由解除劳动合同，并于劳动争议仲裁中提交了相关规章制度，但被答辩人无证据证明该规章制度依据民主程序制定，亦无证据证明已将该规章制度公示或告知给答辩人，答辩人在职期间并不知悉该规章制度，该规章制度因不符合《中华人民共和国劳动合同法》第四条的规定而未被劳动争议仲裁委员会采信。此外，被答辩人主张的答辩人严重违反规章制度的具体行为事实并不存在，属于被答辩人凭空捏造，被答辩人应承担举证不能的不利后果。综上所述，请人民法院依法驳回被答辩人的诉讼请求，并依法判决被答辩人履行仲裁裁决所确定的法律义务）

证据和证据来源，证人姓名和住所：

……（写明相关的证据情况，如果制作了证据材料清单，此处可写“详见证据材料清单”）

此致

×××× 人民法院

附：本答辩状副本 × 份

答辩人（签名）

×××× 年 ×× 月 ×× 日

民事答辩状
（法人或者其他组织对民事起诉提出答辩用）

答辩人：×××，住所地……

法定代表人/主要负责人：×××，……（写明职务），联系方式：……

委托代理人：×××，……

被答辩人：×××，……

（以上写明答辩人和其他诉讼参加人的姓名或者名称等基本信息）

对××××人民法院××××号……（写明当事人和案由）一案的起诉，答辩如下：

……［此处写明答辩意见。劳动争议中，劳动者不服劳动争议仲裁委员会的处理结果提起诉讼后，用人单位可结合仲裁处理情况，针对劳动者的诉求提出答辩意见。例如：答辩人与被答辩人之间的劳动争议，被答辩人向××××劳动争议仲裁委员会申请仲裁，该仲裁委员会驳回其仲裁请求，答辩人认为仲裁裁决认定事实清楚，适用法律正确，故请求人民法院依法驳回被答辩人的诉讼请求，主要事实及理由如下：1. 被答辩人要求答辩人支付2022年度未休年休假工资，但被答辩人于2022年入职答辩人处，其无证据证明在入职前曾连续工作满12个月，故根据《职工带薪年休假条例》（国务院令第514号）第二条的规定，2022年度被答辩人尚不具有享受带薪年休假的条件，故答辩人无须向其支付未休年休假工资。2. 被答辩人主张的解除劳动合同的经济补偿依法不应支持。被答辩人因自身家庭原因，主动从答辩人处辞职，其填写的辞职申请表注明辞职原因为个人原因，此种情形下，被答辩人要求答辩人支付解除劳动合同的经济补偿于法无据，请求人民法院依法予以驳回］

证据和证据来源，证人姓名和住所：

……（写明相关的证据情况，如果制作了证据材料清单，此处可写“详见证据材料清单”）

此致

××××人民法院

附：本答辩状副本×份

答辩人（公章和签名）

××××年××月××日

七 增加、变更仲裁请求/诉讼请求申请书

在劳动争议仲裁或诉讼中，可以增加仲裁请求或诉讼请求。根据《劳动人事争议仲裁办案规则》第四十四条、第四十六条的规定，劳动争议仲裁申请人在举证期限届满前可以提出增加或者变更仲裁请求，但仲裁期限从受理增加、变更仲裁请求之日起重新计算。如果申请人在举证期限届满后提出增加或者变更仲裁请求的，应当另行申请仲裁。

根据《民事诉讼法》及相关司法解释的规定，在案件受理后法庭辩论结束前，或者二审裁定撤销一审判决发回重审的案件，或者再审裁定撤销原判决、裁定发回重审的案件，符合“原审未合法传唤缺席判决，影响当事人行使诉讼权利”“追加新的诉讼当事人”“诉讼标的物灭失或者发生变化致使原诉讼请求无法实现”“当事人申请变更、增加的诉讼请求或者提出的反诉，无法通过另诉解决”的情形之一的，原告、反诉原告、有独立请求权的第三人可以增加诉讼请求，且属于可以合并审理的，人民法院应当合并审理。

根据《最高人民法院关于审理劳动争议案件适用法律问题的解释（一）》第十四条的规定：人民法院受理劳动争议案件后，当事人在诉讼中增加诉讼请求，由人民法院判断所增加的诉讼请求与讼争的劳动争议是否具有不可分性，如果具有不可分性，则应当合并审理，当事人无须就该请求再先行申请劳动争议仲裁；如果增加的请求涉及独立的劳动争议，则当事人应当先行申请仲裁，人民法院不应合并审理。对于不可分性的具体含义，法律法规未明确规定，交由人民法院根据具体案情自由裁量。

增加、变更仲裁请求或诉讼请求，可以参考以下样式制作申请书。

增加仲裁请求 / 诉讼请求申请书

申请人：×××，男 / 女，×××× 年 ×× 月 ×× 日出生，× 族，……（写明工作单位和职务或者职业），住……　联系方式：……

法定代理人：×××，……

委托代理人：×××，……

（以上写明申请人和其他诉讼参加人的姓名或者名称等基本信息）

请求事项：

对于贵院 ×××× 号……（写明当事人和案由，如张三与甲公司劳动争议）一案，申请增加仲裁请求 / 诉讼请求如下：……（写明增加的仲裁请求或诉讼请求，例如：1. 请求裁决 / 判决本案被申请人 / 被告向申请人 / 原告支付违法解除劳动合同的赔偿金 50000 元；2. 请求裁决 / 判决被申请人 / 被告向申请人 / 原告支付因未依法出具解除合同的证明所造成的损失 20000 元）

事实和理由：

……（此处写明增加仲裁请求 / 诉讼请求的事实和理由，例如：申请人与被申请人劳动争议一案，贵委 / 贵院已依法受理，目前正在等待开庭审理。在申请人申请劳动争议仲裁后，被申请人无故解除了与申请人的劳动合同，属于违法解除，根据《中华人民共和国劳动合同法》第四十八条的规定，被申请人应当向申请人支付违法解除劳动合同的赔偿金。此外，被申请人未依法出具解除劳动合同的证明，导致申请人不能向新用人单位提供该证明而无法重新就业，根据《中华人民共和国劳动合同法》第八十九条的规定，被申请人应当向申请人赔偿不能重新就业获得收入的损失。现为提高效率，特申请增加相关仲裁请求，请求贵委 / 贵院予以合并处理）

此致

×××× 劳动人事争议仲裁委员会 /×××× 人民法院

申请人（签名或者盖章）

×××× 年 ×× 月 ×× 日

变更仲裁请求／诉讼请求申请书

申请人：×××，男／女，××××年××月××日出生，×族，……（写明工作单位和职务或者职业），住……　联系方式：……

法定代理人：×××，……

委托代理人：×××，……

（以上写明申请人和其他诉讼参加人的姓名或者名称等基本信息）

请求事项：

申请将你院××××号……（写明当事人和案由，如张三与甲公司劳动争议）一案的仲裁请求／诉讼请求……（写明原仲裁请求／诉讼请求具体内容，如请求裁决被申请人向申请人支付2022年度加班费1800元），变更为……（写明变更的仲裁请求／诉讼请求具体内容，如请求裁决被申请人向申请人支付2022年度未休年休假工资1800元）

事实和理由：

……［写明变更仲裁请求／诉讼请求的事实和理由，例如：申请人在被申请人处工作期间，被申请人未依法安排申请人休2022年度的带薪年休假，根据《职工带薪年休假条例》（国务院令第514号）第五条的规定，应当向申请人支付未休年休假工资。申请人原仲裁请求要求被申请人支付加班费，属于对自身权利认识不当，故现特申请将原要求被申请人支付加班费的仲裁请求变更为要求被申请人支付2022年度未休年休假工资1800元］

此致

××××劳动争议仲裁委员会／××××人民法院

申请人（签名或者盖章）

××××年××月××日

八 民事上诉状

根据《民事诉讼法》第一百七十一条至第一百七十三条、第二百八十六条，《最高人民法院关于适用〈中华人民共和国民事诉讼法〉的解释》第三百一十八条的规定：当事人不服地方人民法院第一审判决的，有权在判决书送达之日起15日内向上一级人民法院提起上诉。当事人不服地方人民法院第一审裁定的，有权在裁定书送达之日起10日内向上一级人民法院提起上诉。在中华人民共和国领域内没有住所的当事人，不服第一审人民法院判决、裁定的，有权在判决书、裁定书送达之日起30日内提起上诉。上诉应当递交上诉状，其内容应当包括当事人的姓名，法人的名称及其法定代表人的姓名或者其他组织的名称及其主要负责人的姓名；原审人民法院名称、案件的编号和案由；上诉的请求和理由。上诉状应当通过原审人民法院提出，并按照对方当事人或者代表人的人数提出副本。当事人直接向第二审人民法院上诉的，第二审人民法院应当在5日内将上诉状移交原审人民法院。一审宣判时或者判决书、裁定书送达时，当事人口头表示上诉的，人民法院应告知其必须在法定上诉期间内递交上诉状。未在法定上诉期间内递交上诉状的，视为未提起上诉。虽递交上诉状，但未在指定的期限内交纳上诉费的，按自动撤回上诉处理。

提起上诉，可以参考以下样式制作上诉状。

民事上诉状

上诉人（原审诉讼地位，如原审原告）：×××，男/女，××××年××月××日出生，×族，……（写明工作单位和职务或者职业），住…… 联系方式：……

法定代理人：×××，……

委托代理人：×××，……

被上诉人（原审诉讼地位，如原审被告）：×××，……

……

（以上写明当事人和其他诉讼参加人的姓名或者名称等基本信息）

×××因与×××……（写明案由，如劳动争议）一案，不服××××人民法院作出的××××号民事判决/裁定，现提起上诉。

上诉请求：

……（此处写明上诉所提出的诉求。如果一审未支持原告的诉讼请求，原告不服，提起上诉，上诉请求可参照以下示例提出：1.请求撤销××××人民法院××××号民事判决，改判确认张三与甲公司之间2022年4月20日至2023年4月19日存在劳动关系，判令被上诉人向上诉人支付2022年5月20日至2023年4月19日未订立书面劳动合同的两倍工资55000元、违法解除劳动关系的赔偿金10000元、2022年至2023年的未休年休假工资2298.85元；2.判令被上诉人承担一审、二审诉讼费用。如果一审支持了原告的诉讼请求，被告不服，提起上诉，上诉请求可参照以下示例提出：1.请求撤销一审判决，驳回被上诉人一审的诉讼请求；2.本案一审、二审诉讼费用由被上诉人承担）

上诉理由：

……［可根据案件事实及法律法规的规定，结合一审审理的情况提出上诉理由，例如：1.一审判决未确认上诉人与被上诉人之间存在劳动关系错误。本案双方当事人虽未签订书面劳动合同，但上诉人在一审中提交的工资支付记录、考勤记录、工作记录及相关微信聊天记录等证据，足以证明上诉人为被上诉人提供劳动、接受被上诉人的管理，被上诉人向上诉人支付劳动报酬，故根据《劳动和社会保障部关于确立劳动关系有关事项的通知》（劳社部发〔2005〕12号）第一条的规定，应确认上诉人与被上诉人之间存在事实劳动关系。2. 基于双方之间存在事实劳动关系，在被上诉人未依法与上诉人签订书面劳动合同、未为上诉人缴纳社会保险费、未安排上诉人休年休假导致上诉人被迫解除劳动关系的情况下，根据《中华人民共和国劳动合同法》第三十八条、第四十六条、第八十二条以及《职工带薪年休假条例》（国务院令第514号）第五条的规定，被上诉人应当向上诉人支付未订立书面劳动合同的两倍工资、解除劳动合同的经济补偿以及未休年休假工资。综上所述，本案一审判决认定事实不清，法律适用错误，请求二审法院撤销一审判决，支持上诉人的全部诉求］

此致

××××人民法院

附：本上诉状副本×份

上诉人（签名或者盖章）

××××年××月××日

九 先予执行申请书

根据《劳动争议调解仲裁法》第四十四条、《劳动人事争议仲裁办案规则》第五十一条的规定：仲裁庭对追索劳动报酬、工伤医疗费、经济补偿或者赔偿金的案件，符合当事人之间权利义务关系明确、不先予执行将严重影响申请人的生活的条件，可以根据当事人的申请，裁决先予执行，移送人民法院执行。劳动者申请先予执行的，可以不提供担保。

根据《民事诉讼法》第一百零九条、第一百一十条，《最高人民法院关于适用〈中华人民共和国民事诉讼法〉的解释》第一百六十九条、第一百七十条的规定：对于“追索赡养费、扶养费、抚养费、抚恤金、医疗费用”、“追索劳动报酬”以及“因情况紧急需要先予执行”（包括“需要立即停止侵害、排除妨碍”“需要立即制止某项行为”“追索恢复生产、经营急需的保险理赔费”“需要立即返还社会保险金、社会救助资金”“不立即返还款项，将严重影响权利人生活和生产经营”）之一的案件，符合“当事人之间权利义务关系明确，不先予执行将严重影响申请人的生活或者生产经营”“被申请人有履行能力”条件的，人民法院根据当事人的申请，可以裁定先予执行。对于先予执行申请，人民法院可以责令申请人提供担保，申请人不提供担保的，驳回申请。先予执行应当限于当事人诉讼请求的范围，并以当事人的生活、生产经营的急需为限。申请人败诉的，应当赔偿被申请人因先予执行遭受的财产损失。

申请先予执行，可参照以下样式制作申请书。

先予执行申请书

申请人：×××，男/女，××××年××月××日出生，×族，……（写明工作单位和职务或者职业），住…… 联系方式：……

法定代理人：×××，……

委托代理人：×××，……

被申请人：×××，……

……

（以上写明当事人和其他诉讼参加人的姓名或者名称等基本信息）

请求事项：

请求裁定……（写明先予执行措施，如请求裁定被申请人先予支付2023年8月工资8000元及工伤医疗费200000元）

事实和理由：

申请人×××与×××之间……（写明案由，如劳动争议）一案，你院××××号（写明案号）已立案……（写明申请先予执行的事实和理由，例如：申请人在被申请人处工作时受伤，后被认定为工伤，目前正在进行劳动能力鉴定。申请人受伤后，被申请人未支付申请人受伤前一个月的工资，且被申请人未依法为申请人缴纳工伤保险费，导致申请人不能报销工伤医疗费，申请人在自行支付医疗费后，目前经济已十分困难。双方权利义务关系明确，不先予执行将严重影响申请人的生活，故特请求裁定被申请人先予支付申请人的工资及工伤医疗费）

申请人提供……（写明担保财产的名称、性质、数量或数额、所在地点等，如申请人提供案外人×××名下×××号牌小轿车一辆）作为担保。

此致

××××劳动争议仲裁委员会/××××人民法院

申请人（签名或者盖章）

××××年××月××日

十 执行申请书

关于申请执行的相关问题，本书第四讲“申请执行”一节已详细介绍，请予参阅，此处不予赘述。申请执行，可以参考以下样式制作执行申请书。

执行申请书

申请执行人：×××，男/女，××××年××月××日出生，×族，……（写明工作单位和职务或者职业），住…… 联系方式：……

法定代理人：×××，……

委托代理人：×××，……

被执行人：×××，……

……

（以上写明申请执行人、被执行人和其他诉讼参加人的姓名或者名称等基本信息）

申请执行人×××与被执行人×××……（写明案由）一案，××××人民法院（或其他生效法律文书的作出机关）作出的××××号民事判决（或其他生效法律文书）已发生法律效力。被执行人×××未履行/未全部履行生效法律文书确定的给付义务，特向贵院申请强制执行。

请求事项：

……（写明请求执行的内容，例如：1. 请求依法强制被执行人支付申请人人民币××元；2. 依法强制被执行人支付迟延履行利息××元；3. 被执行人承担执行费用）

此致

××××人民法院

附：生效法律文书×份

申请执行人（签名或者盖章）

××××年××月××日

十一 支付令申请书

如本书第四讲中“申请支付令”的内容所述，申请支付令是维护劳动权利的途径之一。申请支付令，可以参考以下样式制作申请书。

支付令申请书

申请人：×××，男/女，××××年××月××日出生，×族，……（写明工作单位和职务或者职业），住……　联系方式：……

法定代理人：×××，……

委托代理人：×××，……

被申请人：×××，……

……

（以上写明当事人和其他诉讼参加人的姓名或者名称等基本信息）

请求事项：

向被申请人×××发出支付令，督促被申请人×××给付申请人×××……（例如：支付2023年6月至9月的劳动报酬×××元，或支付×××调解协议书约定的款项×××元，并支付约定的违约金及利息×××元）

事实和理由：

……（写明债权债务关系发生的事实、证据等，例如：申请人于2002年7月至2022年11月在被申请人处工作，后双方因解除劳动合同问题产生争议，经×××调解委员会调解，申请人与被申请人签署调解协议书，约定被申请人支付申请人解除劳动合同赔偿金6500元，并约定被申请人于2023年12月31日前付清。调解协议生效且履行期限届满后，申请人多次催促，被申请人未依约履行支付义务。基于以上事实，且申请人与被申请人之间并无其他债权债务关系，根据《中华人民共和国劳动争议调解仲裁法》第十六条的规定，申请人特提起申请，请求人民法院向被申请人发出支付令，督促被申请人向申请人支付调解协议约定解除劳动合同的经济补偿 6500 元。又如：申请人原是被申请人的工作人员，双方签订有《劳动合同》并履行 6 个多月，因被申请人长期无力及时足额支付工资，双方签订《劳动合同解除协议》，约定双方的劳动关系解除，被申请人于 2022 年 12 月 31 日前向申请人支付欠付的工资 23801.8 元。该协议约定的履行期限届满后，被申请人未依约向申请人支付工资，经申请人催要后仍拒不支付。现为维护申请人的合法权益，根据《中华人民共和国劳动合同法》第三十条的规定，特申请人民法院向被申请人发出支付令，督促被申请人给付申请人工资 23801.8 元）

此致

×××× 人民法院

申请人（签名或者盖章）

×××× 年 ×× 月 ×× 日

十二 仲裁审查或司法确认调解协议申请书

关于申请仲裁审查或司法确认调解协议的具体操作，请参阅本书第四讲中“申请调解”专题的相关内容。申请仲裁审查或司法确认调解协议，可以参考以下样式制作申请书。

仲裁审查或司法确认调解协议申请书

申请人：×××，男/女，××××年××月××日出生，×族，……（写明工作单位和职务或者职业），住……　联系方式：……

法定代理人：×××，……

委托诉讼代理人：×××，……

申请人：×××，男/女，××××年××月××日出生，×族，……（写明工作单位和职务或者职业），住……　联系方式……

法定代理人：×××，……

委托诉讼代理人：×××，……

（以上写明申请人和其他诉讼参加人的姓名或者名称等基本信息）

请求事项：

确认申请人×××与×××于××××年××月××日达成的……（写明调解协议名称）有效。

事实和理由：

××××年××月××日，申请人×××与×××经……（写明调解

组织名称）主持调解，达成了如下调解协议……（写明调解协议内容）

申请人出于解决纠纷的目的自愿达成协议，没有恶意串通、规避法律的行为；如果该协议给国家、集体或他人造成损害，愿意承担相应的民事责任和其他法律责任。

此致

××××劳动人事争议仲裁委员会/××××人民法院

附：调解协议及调解组织主持调解的证明等材料

申请人（签名或者盖章）

××××年××月××日

十三 管辖权异议书

关于管辖异议，请参阅本书第五讲“管辖制度”中的相关内容。提出管辖异议，可以参考以下样式制作异议书。

管辖权异议书

异议人（被告）：×××，男/女，××××年××月××日出生，×族，……（写明工作单位和职务或者职业），住……　联系方式：……

法定代理人：×××，……

委托诉讼代理人：×××，……

（以上写明异议人和其他诉讼参加人的姓名或者名称等基本信息）

请求事项：

将××××劳动争议仲裁委员会/××××人民法院××××号……（写明案件当事人和案由，如张三与甲公司劳动争议）一案移送××××劳动争议仲裁委员会/××××人民法院管辖。

事实和理由：

……（写明提出管辖权异议的事实和理由，例如：异议人与张三签订劳动合同建立劳动关系，劳动合同中约定合同履行地点为上海市××区。因工作需要，张三工作期间需至各地出差，出差时间长短不一，故其出差地不属于劳动合同履行地。根据《中华人民共和国劳动争议调解仲裁法》第二十一条的规定，劳动争议由劳动合同履行地或者用人单位所在地的劳动争议仲裁委员会管辖。另根据《劳动人事争议仲裁办案规则》第八条的规定，劳动合同履行地不明确的，由用人单位所在地的仲裁委员会管辖。本案异议人注册地及双方约定的合同履行地均在上海市××区，广州市仅是张三的出差地点，故广州市劳动人事争议仲裁委员会对本案无管辖权，请求将本案移送上海市××区劳动人事争议仲裁委员会管辖。又如：异议人与张三劳动争议一案，经广州市劳动人事争议仲裁委员会仲裁后，异议人不服仲裁裁决，向异议人注册地所在地的上海市××区人民法院提起诉讼，该院已受理。张三不服仲裁裁决向你院提起诉讼，但其提起诉讼的时间在异议人提起诉讼之后，且你院的受理时间亦在上海市××区人民法院受理之后，故根据《中华人民共和国民事诉讼法》的相关规定，请求你院将本案移送上海市××区人民法院管辖）

此致

××××劳动争议仲裁委员会/××××人民法院

异议人（签名或者盖章）

××××年××月××日

十四 延长举证期限申请书

劳动争议仲裁及诉讼的举证期限问题，请参阅本书第七讲“期间制度”中“劳动争议仲裁及诉讼中常涉事项的办理期限”专题的相关内容。

如果逾期举证了，会产生什么法律后果呢？这个问题要根据具体情况而定，逾期举证不一定就导致证据失权。首先，逾期提供证据的，劳动争议仲裁委员会或人民法院应当责令说明理由，必要时可以要求其提供相应的证据。然后，根据当事人的态度或理由而定。在态度方面，当事人拒绝说明理由的，可以根据不同情形不予采纳该证据，或者采纳该证据但予以训诫。在理由方面，如果因客观原因逾期提供证据，或者对方当事人对逾期提供证据未提出异议，视为未逾期；因故意或者重大过失逾期提供的证据，不予采纳，但是，该证据与案件基本事实有关的，应当采纳，并依照《民事诉讼法》第六十八条、第一百一十八条第一款的规定予以训诫、罚款；非因故意或者重大过失逾期提供的证据，人民法院应当采纳，并对当事人予以训诫。

司法实务中，我们经常见到，一方当事人逾期提交证据后，另一方当事人就以逾期为由不予质证，根据上述规定，这种做法可能不是很明智。在此，笔者提出建议供各位读者参考。当一方当事人逾期提交证据质证时，对方当事人可以说：“对方逾期提交证据，我方不予质证。但如果仲裁委或法院认为可以采纳该证据，我方的质证意见是……”

如果在指定的举证期限内不能提交证据，可依法申请延长举证期限，但要注意在举证期限届满前提出。申请延期举证，可参考以下样式制作申请书。

延期举证申请书

申请人：×××，男/女，××××年××月××日出生，×族，……（写明工作单位和职务或者职业），住……　联系方式：……

法定代理人：×××，……

委托诉讼代理人：×××，……

（以上写明申请人和其他诉讼参加人的姓名或者名称等基本信息）

请求事项：

申请延长你院××××号……（写明当事人和案由，如张三与甲公司劳动争议）一案的举证期限至××××年××月××日。

事实和理由：

申请人×××与×××……（写明案由）一案，原定举证期限自××××年××月××日至××××年××月××日……（写明申请延长举证期限的理由，例如：涉案纠纷历时较长，各类证据繁多，部分证据尚在进行公证，需等待公证结果，客观上无法按期完成举证）

此致

××××劳动争议仲裁委员会/××××人民法院

申请人（签名或者盖章）

××××年××月××日

十五 责令对方提交书证申请书

根据《最高人民法院关于适用〈中华人民共和国民事诉讼法〉的解释》第一百一十二条,《最高人民法院关于民事诉讼证据的若干规定》第四十五条、第四十六条的规定：书证在对方当事人控制之下的，承担举证证明责任的当事人可以在举证期限届满前书面申请人民法院责令对方当事人提交。但如果当事人申请提交的书证不明确、书证对于待证事实的证明无必要、待证事实对于裁判结果无实质性影响、书证未在对方当事人控制之下或者不符合《最高人民法院关于民事诉讼证据的若干规定》第四十七条情形的，人民法院不予准许。申请理由成立的，人民法院应当责令对方当事人提交，因提交书证所产生的费用，由申请人负担。控制书证的当事人无正当理由拒不提交书证的，人民法院可以认定对方当事人所主张的书证内容为真实。控制书证的当事人以妨碍对方当事人使用为目的，毁灭有关书证或者实施其他致使书证不能使用行为的，人民法院可以认定对方当事人主张以该书证证明的事实为真实。

根据《最高人民法院关于民事诉讼证据的若干规定》第四十七条第一款的规定，下列情形，控制书证的当事人应当提交书证:（1）控制书证的当事人在诉讼中曾经引用过的书证;（2）为对方当事人的利益制作的书证;（3）对方当事人依照法律规定有权查阅、获取的书证;（4）账簿、记账原始凭证;（5）人民法院认为应当提交书证的其他情形。

另外,《劳动人事争议仲裁办案规则》第十八条规定:“争议处理中涉及证据形式、证据提交、证据交换、证据质证、证据认定等事项，本规则未规定的，可以参照民事诉讼证据规则的有关规定执行。”因此，在劳动争议仲裁中，当事人也可以向劳动争议仲裁机构申请责令对方当事人提交其控制之下的书证。

申请书应当载明所申请提交的书证名称或者内容、需要以该书证证明的事实及事实的重要性、对方当事人控制该书证的根据以及应当提交该书证的理由。责令对方提交书证可参考以下样式制作申请书。

责令对方提交书证申请书

申请人：×××，男/女，××××年××月××日出生，×族，……（写明工作单位和职务或者职业），住……　联系方式：……

法定代理人：×××，……

委托诉讼代理人：×××，……

被申请人：×××，……

……

（以上写明当事人和其他诉讼参加人的姓名或者名称等基本信息）

请求事项：

裁定责令×××提交……（写明书证名称）

事实和理由：

你院××××号……（写明当事人和案由，如张三与甲公司劳动争议）一案，……（写明书证在被申请人的控制之下的事实以及申请书证提交命令的理由，例如：甲公司招聘张三，张三入职后，甲公司将已盖有公司公章的劳动合同交张三签名。微信聊天记录显示，张三签名后将劳动合同文本交付给甲公司，此后甲公司未将劳动合同文本交付给张三，张三多次催要，甲公司均以各种理由拒绝。劳动合同中约定了工资标准，而甲公司并未按约定足额支付工资，现双方产生争议成诉，为证明双方约定的工资标准，请求你院责令甲公司提交其掌握的书面劳动合同，以查明案件事实，作出公正公平的裁判）

此致

××××劳动争议仲裁委员会/××××人民法院

申请人（签名或者盖章）

××××年××月××日

十六　调查收集证据申请书

《劳动人事争议仲裁办案规则》第十六条规定：“当事人因客观原因不能自行收集的证据，仲裁委员会可以根据当事人的申请，参照民事诉讼有关规定予以收集；仲裁委员会认为有必要的，也可以决定参照民事诉讼有关规定予以收集。”

《民事诉讼法》第六十七条第二款规定：“当事人及其诉讼代理人因客观原因不能自行收集的证据，或者人民法院认为审理案件需要的证据，人民法院应当调查收集。”《最高人民法院关于适用〈中华人民共和国民事诉讼法〉的解释》第九十四条第一款对此进行了解释，该款规定：“民事诉讼法第六十七条第二款规定的当事人及其诉讼代理人因客观原因不能自行收集的证据包括：（一）证据由国家有关部门保存，当事人及其诉讼代理人无权查阅调取的；（二）涉及国家秘密、商业秘密或者个人隐私的；（三）当事人及其诉讼代理人因客观原因不能自行收集的其他证据。”该司法解释第九十五条规定：“当事人申请调查收集的证据，与待证事实无关联、对证明待证事实无意义或者其他无调查收集必要的，人民法院不予准许。”第九十六条第一款规定：“民事诉讼法第六十七条第二款规定的人民法院认为审理案件需要的证据包括：（一）涉及可能损害国家利益、社会公共利益的；（二）涉及身份关系的；（三）涉及民事诉讼法第五十八条规定诉讼的；（四）当事人有恶意串通损害他人合法权益可能的；（五）涉及依职权追加当事人、中止诉讼、终结诉讼、回避等程序性事项的。”该条第二款规定：“除前款规定外，人民法院调查收集证据，应当依照当事人的申请进行。”

从以上规定可以看出，在劳动争议仲裁及诉讼中，仲裁机构和人民法院可以根据当事人的申请或依职权调查收集证据。但无论是依申请调查取证，还是依职权主动调查取证，都有一定的范围及条件限制。事实上，仲裁机构及人民法院处于居中裁判的角色，除上述规定的情形外，仲裁机构及人民法院不能随意调查或收集证据，证明案件事实主要由当事人负责。

当需要向仲裁机构或人民法院申请调查收集证据时，可参考以下样式制作申请书。

调查收集证据申请书

申请人：×××，男/女，××××年××月××日出生，×族，……（写明工作单位和职务或者职业），住……　联系方式：……

法定代理人：×××，……

委托诉讼代理人：×××，……

（以上写明申请人和其他诉讼参加人的姓名或者名称等基本信息）

请求事项：

申请你院调查收集……（写明证据名称，如××公安局××××年××月××日作出的关于××事项的询问笔录）

事实和理由：

你院××××号……（写明当事人和案由，如张三与甲公司劳动争议）一案，……（写明申请人因客观原因不能自行收集，申请法院调查收集证据的理由。例如：甲公司否认与申请人之间存在劳动关系，并否认向申请人支付过工资，而申请人打印出的银行流水清单中，仅显示转账方的支付账号，未显示使用该银行账号的主体。对此，申请人多次至银行请求其出具关于该银行账号使用主体的说明或证明，通过本人提交的录像可以证明，银行均拒绝出具。支付工资的主体是证明劳动关系主体的重要依据，与待证事实之间具有关联性，在银行拒绝出具相关说明或证明而导致申请人客观上不能提供该证据的情况下，根据法律法规的规定，特申请××××劳动争议仲裁委员会或××××人民法院向银行调查收集该证据）

此致

××××劳动争议仲裁委员会/××××人民法院

申请人（签名或者盖章）

××××年××月××日

十七 通知证人出庭作证申请书

关于证人出庭作证的相关问题，请参阅本书第三讲“劳动争议中的常用证据及使用方法”中“证人证言”专题的相关内容。申请通知证人出庭作证，可以参考以下样式制作申请书。

证人出庭作证申请书

申请人：×××，男/女，××××年××月××日出生，×族，……（写明工作单位和职务或者职业），住…… 联系方式：……

法定代理人：×××，……

委托诉讼代理人：×××，……

（以上写明申请人和其他诉讼参加人的姓名或者名称等基本信息）

请求事项：

因××××号……（写明当事人和案由，如张三与甲公司劳动争议）一案，申请你院通知×××（写明证人的姓名、职业、住所、联系方式等信息）出庭作证，以证明……（写明待证事实或作证的主要内容，如张三与甲公司之间存在事实劳动关系）

事实和理由：

……（写明申请证人出庭的事实和理由，作证内容与待证事实的关联性，以及证人出庭作证的必要性等内容。例如：证人×××是甲公司的工作人员，申请人入职甲公司时，由证人×××招聘，并由其为申请人办理入职手续，且申请人在甲公司工作期间，每月向证人×××提交考勤记录，由证人×××核算本人工资。在甲公司未与申请人签订劳动合同，未向申请人交付工资条、考勤记录等材料的情况下，申请人无有效证据证明双方之间存在劳动关系。为证明申请人与甲公司之间存在劳动关系，特申请贵委或贵院准许 ××× 作为本案的证人出庭作证，望贵委能予以允许）

此致

×××× 劳动争议仲裁委员会 /×××× 人民法院

申请人（签名或者盖章）

×××× 年 ×× 月 ×× 日

十八 鉴定申请书

劳动争议仲裁及诉讼中，对于某些专门性问题，如劳动合同中签名是不是劳动者本人所签，难以确定真实性的，可以由有鉴定资格的鉴定人作出鉴定意见，以达到相应证明作用。仲裁及诉讼中的鉴定，可以由当事人的申请而启动，也可以由仲裁机构及人民法院依职权启动。

首先，申请鉴定，需要满足申请鉴定的事项与待证事实有关联，或者对证明待证事实有意义的条件，否则仲裁机构或人民法院不予准许。仲裁机构或人民法院在审理案件过程中认为待证事实需要通过鉴定意见证明的，应当向当事人释明，并指定提出鉴定申请的期间。

其次，当事人申请鉴定，可以在举证期限届满前提出，或者应当在人民法院指定期间内提出，并预交鉴定费用及提供鉴定所需要的相关材料。案件处理终结后，鉴定费用由鉴定结果对其不利方负担。逾期不提出申请或者不预交鉴定费用的，视为放弃申请。对需要鉴定的待证事实负有举证责任的当事人，在仲裁机构或人民法院指定期间内无正当理由不提出鉴定申请或者不预交鉴定费用，或者拒不提供相关材料，致使待证事实无法查明的，应当承担举证不能的法律后果。但符合《最高人民法院关于适用〈中华人民共和国民事诉讼法〉的解释》第九十六条第一款规定情形的，即使当事人未提出申请，人民法院也应当依职权委托鉴定。

最后，对于鉴定人的选择和确定，由双方当事人先行协商；协商不成的，由仲裁机构或人民法院指定。仲裁机构或人民法院依职权委托鉴定的，可以在询问当事人的意见后，指定具备相应资格的鉴定人。

申请鉴定，可参考以下样式制作申请书。

鉴定申请书

申请人：×××，男/女，××××年××月××日出生，×族，……（写明工作单位和职务或者职业），住……　联系方式：……

法定代理人：×××，……

委托诉讼代理人：×××，……

（以上写明申请人和其他诉讼参加人的姓名或者名称等基本信息）

请求事项：

因××××号……（写明当事人和案由，如张三与甲公司劳动争议）一案，申请对……（写明鉴定种类、鉴定事项，如劳动合同上张三签名的真实性）进行鉴定。

事实和理由：

……（写明申请鉴定的事实和理由，例如：张三要求鉴定申请人支付未依法订立书面劳动合同的两倍工资，并对甲公司提交的书面劳动合同上其签名的真实性予以否认，特申请对该劳动合同上张三签名的真实性进行鉴定，望贵委或贵院予以准许）

此致

××××劳动争议仲裁委员会/××××人民法院

申请人（签名或者盖章）

××××年××月××日

十九 诉前证据保全申请书

根据《民事诉讼法》第八十四条的规定，因情况紧急，在证据可能灭失或者以后难以取得的情况下，利害关系人可以在提起诉讼或者申请仲裁前向证据所在地、被申请人住所地或者对案件有管辖权的人民法院申请保全证据。另根据《最高人民法院关于民事诉讼证据的若干规定》第二十九条的规定，人民法院采取诉前证据保全措施后，当事人向其他有管辖权的人民法院提起诉讼的，采取保全措施的人民法院应当根据当事人的申请，将保全的证据及时移交受理案件的人民法院。

申请诉前证据保全，可参考以下样式制作申请书。

诉前证据保全申请书

申请人：×××，男/女，××××年××月××日出生，×族，……（写明工作单位和职务或者职业），住…… 联系方式：……

法定代理人：×××，……

委托诉讼代理人：×××，……

被申请人：×××，……

……

（以上写明当事人和其他诉讼参加人的姓名或者名称等基本信息）

请求事项：

请求裁定……（写明证据保全措施，例如：扣押申请人张三在被申请人甲公司处的劳动合同、2020年9月1日至2022年4月30日的考勤记录、工资表等

证据）

事实和理由：

……（写明诉前申请证据保全的事实和理由，例如：申请人张三入职甲公司，双方签订有劳动合同，其中约定加班费的计算基数为6000元，但甲公司未将劳动合同文本交付给张三，张三多次索要均无果。在职期间，甲公司多次安排张三加班，但其仅按3000元的计算基数支付张三的加班费。甲公司通过指纹打卡进行考勤，每次加班均有打卡记录，但甲公司从未将考勤记录交张三确认，每月支付工资亦未向张三交付工资清单。现张三为维护自身合法权益，拟申请劳动争议仲裁要求甲公司按双方约定的6000元的计算基数支付加班费差额，考虑到甲公司可能销毁劳动合同、考勤记录及工资支付记录，从而否认双方关于加班费计算基数的约定、张三的加班情况等事实，存在证据可能灭失或者以后难以取得的可能性，特申请贵院对张三与甲公司签订的劳动合同、考勤记录、工资支付记录实施诉前保全措施，扣押相关证据，以维护张三的合法权益）

申请人提供……（写明担保财产的名称、性质、数量或数额、所在地等）作为担保。

此致

××××人民法院

申请人（签名或者盖章）

××××年××月××日

二十 诉讼证据保全申请书

根据《民事诉讼法》第八十四条的规定，在证据可能灭失或者以后难以取得的情况下，当事人可以在诉讼过程中向人民法院申请保全证据，人民法院也可以主动采取保全措施。

根据《最高人民法院关于适用〈中华人民共和国民事诉讼法〉的解释》第九十八条第一款、《最高人民法院关于民事诉讼证据的若干规定》第二十五条的规定，申请诉讼证据保全，申请书应当载明需要保全的证据的基本情况、申请保全的理由以及采取何种保全措施等内容，并应当在举证期限届满前向人民法院提出。

申请诉讼证据保全，可参考以下样式制作申请书。

诉讼证据保全申请书

申请人：×××，男/女，××××年××月××日出生，×族，……（写明工作单位和职务或者职业），住……　联系方式：……

法定代理人：×××，……

委托诉讼代理人：×××，……

被申请人：×××，……

……

（以上写明当事人和其他诉讼参加人的姓名或者名称等基本信息）

请求事项：

因××××号……（写明当事人和案由，如张三与甲公司劳动争议）一案，请求裁定……（写明证据保全措施，例如：对甲公司在2022年期间出台的薪酬制度、张三向甲公司提交的提成核算表、甲公司制作的提成确认表以提存、拍照、复制、查封、录像等形式进行证据保全）

事实和理由：

……（写明申请诉讼证据保全的事实和理由，例如：申请人张三入职被申请人甲公司从事销售工作，甲公司出台了相关的销售提成制度，但相关制度未交付给张三，只在公司会议上口头传达。张三在职期间完成了大量销售任务，向甲公司提交了提成核算表，该核算表经甲公司核实后被制作成提成确认表交张三签名确认，该确认表上亦有公司财务及总经理的签名，但甲公司未将该确认表交付给张三，且未按该确认表载明的金额向张三支付提成。张三申请劳动争议仲裁要求甲公司支付提成未获支持，故依法提起诉讼维护自身合法权益，诉讼中，甲公司和在劳动争议仲裁程序中一样否认其出台过相关提成制度及制作过提成确认表，对于张三提交的提成核算表，以属于张三单方制作未经其确认为由不予认可。为防止甲公司销毁其相关规章制度、提成确认表等证据致使证据可能灭失或者以后难以取得，特申请贵院对甲公司的销售提成制度、提成确认表等证据采取保全措施）

此致

××××人民法院

申请人（签名或者盖章）

××××年××月××日

二十一 诉前财产保全申请书

根据《民事诉讼法》第一百零四条的规定，利害关系人因情况紧急，不立即申请保全将会使其合法权益受到难以弥补的损害的，可以在提起诉讼或者申请仲裁前，向被保全财产所在地、被申请人住所地或者对案件有管辖权的人民法院申请采取保全措施。

《人力资源社会保障部、最高人民法院关于加强劳动人事争议仲裁与诉讼衔接机制建设的意见》第三条规定了劳动争议中的保全问题。根据该条规定，在目前的司法实务中，很多地区要求劳动者通过劳动争议仲裁机构提交保全申请，所以在劳动争议仲裁过程中申请财产保全的，要注意查询当地的具体办理流程。

申请诉讼前财产保全，应当提供担保，不提供担保的，人民法院会裁定驳回申请。另外，在人民法院采取保全措施后30日内，应当依法提起诉讼或者申请仲裁，否则，人民法院应当解除保全。

申请诉前财产保全，可参考以下样式制作申请书。

诉前财产保全申请书

申请人：×××，男/女，××××年××月××日出生，×族，……（写明工作单位和职务或者职业），住…… 联系方式：……

法定代理人：×××，……

委托诉讼代理人：×××，……

被申请人：×××，……

……

（以上写明当事人和其他诉讼参加人的姓名或者名称等基本信息）

请求事项：

查封/扣押/冻结被申请人×××的……（写明保全财产的名称、性质、数量或数额、所在地等，如名下10万元银行存款或其他等值财产），期限为××××年××月××日至××××年××月××日。

事实和理由：

……（写明诉前申请财产保全的事实和理由，例如：被申请人甲公司经营状况不佳，并无理由解除了与申请人张三的劳动合同，属于违法解除，依法应支付违法解除劳动合同的赔偿金。申请人已经准备申请劳动争议仲裁，现因情况紧急，申请人已经发现被申请人有转移财产的情况，为确保违法解除劳动合同的赔偿金能执行到位，故向贵院申请诉前财产保全，请裁如所请。如因采取保全措施不当，造成甲公司财产损失，申请人承担责任）

申请人提供……（写明担保财产的名称、性质、数量或数额、所在地等）作为担保。

此致

××××人民法院

申请人（签名或者盖章）

××××年××月××日

二十二 诉讼财产保全申请书

根据《民事诉讼法》第一百零三条、《最高人民法院关于适用〈中华人民共和国民事诉讼法〉的解释》第一百五十二条至第一百六十三条的规定，在一审、二审、再审过程中以及开始执行前，对于可能因当事人一方的行为或者其他原因，使判决难以执行或者造成当事人其他损害的案件，当事人可以向人民法院申请诉讼财产保全，人民法院在必要时也可以裁定采取保全措施，从而确保判决的得以执行或者避免其他损害。

当然，申请保全的权利不可滥用，申请保全有错误的，申请人应当赔偿被申请人因保全所遭受的损失。

对于诉讼保全的担保问题，由人民法院根据案件的具体情况决定是否应当提供担保以及担保的数额。

另外，根据《最高人民法院关于审理劳动争议案件适用法律问题的解释（一）》第四十九条的规定，在诉讼过程中，劳动者向人民法院申请采取财产保全措施，人民法院经审查认为申请人经济确有困难，或者有证据证明用人单位存在欠薪逃匿可能的，应当减轻或者免除劳动者提供担保的义务，及时采取保全措施。人民法院作出的财产保全裁定中，应当告知当事人在劳动争议仲裁机构的裁决书或者在人民法院的裁判文书生效后 3 个月内申请强制执行。逾期不申请的，人民法院应当裁定解除保全措施。

申请诉讼财产保全，可参考以下样式制作申请书。

诉讼财产保全申请书

申请人：×××，男/女，××××年××月××日出生，×族，……（写明工作单位和职务或者职业），住…… 联系方式：……

法定代理人：×××，……

委托诉讼代理人：×××，……

被申请人：×××，……

……

（以上写明当事人和其他诉讼参加人的姓名或者名称等基本信息）

请求事项：

查封/扣押/冻结被申请人×××的……（写明保全财产的名称、性质、数量或数额、所在地等，如冻结被申请人的银行存款人民币10万元或查封被申请人价值10万元人民币的财产），期限为××××年××月××日至××××年××月××日。

事实和理由：

××××号……（写明当事人和案由，如张三与甲公司劳动争议）一案，……（写明申请诉讼财产保全的事实和理由，例如：被申请人甲公司违法解除与申请人张三的劳动合同，张三申请劳动争议仲裁，劳动争议仲裁委员会经审理裁决甲公司向张三支付违法解除劳动合同的赔偿金10万元。甲公司不服，提起诉讼，该案正在贵院审理中。现张三发现甲公司有转移财产迹象，为确保贵院作出的生效法律文书能得到顺利执行，特向贵院申请诉讼财产保全，望贵院依法作出裁定。如因采取保全措施不当，造成甲公司财产损失，张三承担责任）

申请人提供……（写明担保财产的名称、性质、数量、数额、所在地等）作为担保。

此致

××××人民法院

申请人（签名或者盖章）

××××年××月××日